Death & Co

デス・アンド・コー
モダンクラシック・カクテル
デビッド・カプラン／ニック・フォーチャルド／アレックス・デイ

DAVID KAPLAN
NICK FAUCHALD
ALEX DAY

Death & Co

MODERN CLASSIC COCKTAILS

［日本語版監修］
一般財団法人
カクテル文化振興会理事長
岸 久

［訳］
二階堂行彦

楽工社

日本語版監修者序言

　本書は、デス・アンド・コーという一杯のカクテルを
創造するために、このバーに今いる人、かつていた人、
これから出会う人を——個々人の考え方も含めて——
シェイクしてダブルストレインした、そんな印象の最良
書である。
　日本のバー関係者にとっても、とても参考になるし、
共感できることも満載である。
　店の運営、出勤時間、チームワーク、甘さや酸味に関
すること、レシピの構成——。デス・アンド・コーに行
きたくなる、とても素敵な本である。

岸　久

本書に寄せられた推薦の言葉

「本書は、次世代のバーテンダーの奮起をうながす啓蒙書になるだろう。デス・アンド・コーのスタッフは全員が一丸となって、もてなしの心と独創性を等量に混ぜ合わせたサービスを実現した。彼らの思い切った試みは、イースト・シックスス・ストリートのささやかなサロンだけにとどまらず、はるかに広く影響を及ぼしている。本書によって、デス・アンド・コーがもたらす影響はさらに大きくなるだろう」

——**デイル・デグロフ**
（ニューヨーク・カクテル界の重鎮。
"The Craft of the Cocktail"の著者）

「世界でも屈指のバーを徹底的に掘り下げた魅力的な本書には、デス・アンド・コーをこの業界の真の勝者に押し上げたのと同じ強い意思と意欲があふれている。本書は、カクテルとカクテルを提供するバーに興味を持つすべての人にとって、知りたいことがすべて盛り込まれたワンストップ・ショップであり、そのうえすばらしい読み物でもある」

——**ギャズ・リーガン**
（「ゲーリー・リーガン」の名前でも知られるバーテンダー。
「『The Spirit Business』誌が選ぶ、歴史上最高の
バーテンダー10人」の1人に選出された）

「デス・アンド・コーはいまやニューヨークのカクテル文化になくてはならない存在であり、それはこれから何年間もずっと変わらないだろう。デビッドとアレックスはニューヨークの（そして世界中の）人々の酒の飲み方に影響にあたえた。わたしはそのことを、彼らのバーに入るたびに実感させられる。わたしが料理に取り組むのとまったく同じように、彼らはドリンクのひとつひとつに創意工夫を凝らし、材料をつなぎ合わせ、根気強くテストをくり返し、完璧を追い求め、それぞれのレシピを結びつけてひとつの物語を紡ごうとしている。彼らのすることは、すべてが真の芸術と真の情熱に根差している。そして本書は、カクテルに興味を持つすべての人にとって、時代を超えて参考資料の役目を果たすことだろう」

——**ダニエル・ハム**
（イレブン・マジソン・パークのシェフ兼共同所有者）

「デス・アンド・コーは、わたしたちアメリカ人の酒の飲み方を変えた。このエレガントで知的な本には、現在アメリカで働くトップグラスのバーテンダー／ミクソロジストから選び抜かれた強者ども（全員デス・アンド・コーの出身者）が創作したドリンクのレシピが収録され、さらにはドリンクづくりをあらゆる面から見たうえでの適切で簡潔なアドバイスまでついていて、一度読めばきっと忘れられなくなるだろう」

——**デビッド・ワンドリッチ**
（歴史家。カクテル史研究の第一人者）

目次

まえがき　トビー・チェッキーニ 9

はじめに　デビッド・カプラン 14

本書をいかに読み、いかに楽しむか
デイブ、ニック、アレックス 24

第1章　デス・アンド・コーのある夜の営業 26

デス・アンド・コー用語辞典 35

第2章　バーをつくる 40

スピリッツのテイスティングと評価 46

ジン 50

ラム 55

テキーラとメスカル 59

ウイスキー 63

ブランデー 68

そのほかのスピリッツ 72

風味づけの酒〔ベース・スピリッツ以外の酒〕 75

column　チーター・ボトル 82

ビターズ 85

インフュージョン 86

甘味料 87

フレッシュ・ジュース 88

column　マドリングする生の材料 89

そのほかの材料 92

ガーニッシュ 93

column　ツイストを火であぶる 95

デス・アンド・コー コラボ製品 99

氷 101

column　質の悪い氷を使うには 103

第3章　ドリンクをつくる 106

道具 110

グラス 127

テクニック 131

column　ステア vs シェイク 133

column　2杯（そして4杯!）を同時にステアする方法 138

column　一度に複数のドリンクを作る 145

第4章　ニュークラシックを創作する 152

テイスティング 156

カクテルのテイスティングと評価 161

ドリンクを創作するための4つの戦略 168

相性のいいフレーバーの組み合わせ 174

ドリンクのネーミング 176

パンチ 179

カクテルをまとめて作り置きする 181

バーテンダーズ・チョイス 182

第5章　スペック 186

クラシックとビンテージ 191

ジン シェイク 209

ジン ステア 218

ラム シェイク 228

CONTENTS

ラム ステア 234

テキーラとメスカル シェイク 241

テキーラとメスカル ステア 251

ウイスキー シェイク 259

ウイスキー ステア 268

ブランデー シェイク 275

ブランデー ステア 282

スパークリング・カクテル 287

フォーティファイド・ワインのカクテル 298

パンチ 302

ジュレップ 313

フリップとフィズ 317

スウィズル 321

マルティプル・チョイス 326

アクアビット 328

サゼラックのバリエーション 330

ネグローニのバリエーション 334

ダイキリのバリエーション 337

デス・アンド・コーのファミリー・ダイキリ・アルバム ... 342

マンハッタンのバリエーション 345

オールドファッションドのバリエーション 349

付録1 甘味料とインフュージョンと
　　　そのほかの調合物 356

付録2 デス・アンド・コーからの推薦図書 368

付録3 材料等の供給元 370

度量衡換算表 371

謝辞 372

日本で入手が難しいと考えられる
酒・食材のリスト (日英対照) 380

索引 384

column　**代表的カクテル紹介**

　オアハカ・オールドファッションド 29

　アペリティーボ・ジュレップ 43

　ストレンジ・ブリュー 109

　フロール・デ・ヘレス 155

　カンファレンス 189

column　**常連のお客様**

　ビル・デイリー神父 39

　ドン・リー 53

　トム・チャドウィック 105

　シェリー・ハリスン 126

　グレン・T・ウー 130

　ガロ・イェリン 151

　アマドル・アコスタ 177

　アンソニー・サーニコラとレジナ・コナーズ 185

◎凡例

* 〔　〕内は訳注です。

* 本書で紹介される酒・食材のうち、日本語版刊行段階で国内での入手が難しいと思われるものについては、カタカナ表記にしたうえで、その語の後ろに＊印を付けました。また、それらの酒・食材をまとめた日本語／英語対照リストを巻末に付けました。検索等にご活用下さい。

* 本書で紹介される商品やWEBサイトの情報は、原著または日本語版の刊行時のものです。

* 1ティースプーンは小さじ1(5ml)、1テーブルスプーンは大さじ1(15ml) です。

* 「コーシャー・ソルト」は、米国でよく使われる粗塩の一種です。日本でも販売されています。

FOREWORD
まえがき
トビー・チェッキーニ

チェッキーニ氏は、ニューヨーク市の著名なバーテンダーであり、カクテル本の著者でもある。
氏は、1990年代にコスモポリタンの大ブームを引き起こした立役者であり、
そのものずばり『コスモポリタン』というタイトルの回顧録も著わしている。
以下の文は、チェッキーニ氏が2009年にデス・アンド・コーで短期のゲスト・バーテンダーを務めていたとき、
ある友人に送ったEメールからの抜粋である。

親愛なるレイディへ、ずいぶん長い返信になる。

本当にまいった。君からのメールを、これほどほろ苦く感じたことはない。メールが届いた昨夜の午前2時は、デス・アンド・コーというこの奇妙なカクテル・マニアの根城（ねじろ）でゲスト・バーテンダーとして3度目のトレーニング・シフトを終えて、ちょうど帰ったところだった。わたしの両手はもうぼろぼろで、腰はこちこちに固まって刺すように痛むが、それより大きいのは心の傷だ。

これまでのいきさつを少し説明しておこう。同じようにカクテルに強いこだわりを共有する急進的なバーテンダーばかりが集まったバーが、ロンドンからサンフランシスコやシアトルまで、さらには遠い東京やポートランドの地にも、ボストンやフィラデルフィアの一部にも、次々とできている。でも、やっぱり中心地はニューヨークとロンドンだろう。わたしは、重鎮といわれる人たちとはたいてい知り合いだし、みんなわたしが誰かということは多少なりとも知っているが、そのわたしも、ここではいつもただの脇役にすぎない。

ここには、とても若くひたむきでマニアックなスタッフがそろっている。みんな、アボッツ・ビターズやクレーム・ド・バイオレット（どちらも何十年も前に姿を消した材料）の本当のレシピに関する各人の解釈について夢中になって論争し、氷について（形状や精製工程や、そのほか日本の銀座流のようにブロック・アイスを砕くのがよいかどうか、クラッシュド・アイスを作る場合は、スコッツマン製氷機を使うほうがよいか、完全な均質性

を保つためにキャンバスの袋に入れてハンマーでたたくほうがよいか、といったことについて）侃々諤々（かんかんがくがく）の議論を闘わせている。そのいっぽうで、彼らは思いつく限りのあらゆるチンキやインフュージョン液を工夫したり、何千というリキュールやピメント・ドラムやアマーロを見つけたり、名前をつけるのに忙しい。それは、要するに、ほかのいろいろなジャンルと同じように、部外者が立ち入れないひとつの完結したサブワールドなのだ。料理の世界でも、音楽や文学の世界でも、とことんまで突き詰めようとする度を超えてマニアックな連中は、どこにでもいるものだ。

なかにはすごいと思うこともあるけれど、たいていはうんざりさせられる。こうした時勢（いまやまさに時勢）を総合的に見ると、ドリンクというものは、このうえなく新鮮な最高品質の材料を使って正しい知識に基づいて手をかけて作るべきものだ、という自分の信念を、あらためて強くさせられる。とはいえ、口ひげをロウで固めたり、金メッキのホーソーン・ストレイナーを使っても、美味しいドリンクができるわけではない。だから、こうした新しい世代のバーテンダーたちが材料よりも見かけを重視するのかどうかを、わたしはぜひ知りたかった。

美味しいカクテルを作る技術にのみひたすらこだわる店が、ひとつあった。そこでは、ドリンクが技術的にも芸術的にも高いレベルで構築されていて、わたしのような年寄りの皮肉屋でさえ、ただの傍観者になるしかない。

それが、かの有名なデス・アンド・コーだ。イースト・ビレッジにあるこのカクテル・バーは、とてもこぢんまりとしているが、熱気にあふれている。数週間前、ブライアン・ミラー——この店のヘッド・バーテンダーを務めるナイスガイ——に電話をもらって、スタッフがニューオリンズのカクテル大会に出場するので、その間助っ人をしてくれないか、と頼まれた。ここのバーテンダーは、みんなとてもすてきなやつばかりで、おそろしいほど手際がよくて、腕がいい。本当にすごいんだよ。

わたしはデス・アンド・コーが気に入った。よくあるマニアックなカクテル・バーと違って、ここのスタッフはすごくいかしていて、知識も技能も本当にしっかりしている。わたしが店に入ってスコッチをロックでくれと言っても、そんなものはやめて、クミンとハバネロとラベンダー入りのロブ・ロイはどうですか、などと押しつけがましいことは言わない。たしかに、彼らもみんなわたしのことを知っていて、うやうやしい態度で接してくれるし、いつもおだてられていい気分にさせてくれるものだから、またこの店に足を運んでしまうというところもある。以前、友人を何人か連れてこの店に来たとき、ちょうど店じまいをしているところで、もう客は入れないようにしていたのだけれど、わたしがいることに気づくと、呼び戻して店に入れてくれて、後片づけをしている間一杯飲ませてくれた。あれはうれしかったね。

だから、ブライアンから電話をもらって、まことにぶしつけなお願いですけど、スタッフが出払っている間、うちの店のカウンターに助っ人として立ってもらえるなら、できればその後もバックアップとして助けてもらえるなら、こんな光栄なことはありませんと、そう言われたとき、わたしは思ったんだ。**行きつけの本格的なバーのなかで、もし自分がカウンターに立つことがあるとすれば、この店しかないだろう、**とね。

わたしは笑って、それはとてもありがたいオファーだ、と言って快諾した。そして、うんざりするような本の企画書を作るために一日中コンピュータの画面をにらんでいるのはやめにして、バーのカウンターに立つほうが、自分にとってはいいだろう、と言った。ブライアンはすっかり感激し、恐縮した様子で、うちのスタッフはみなトビー・チェッキーニといっしょに仕事をしたがっていて、いろいろなことについて教えを乞いたいと思って

いる、と言った。わたしは、そう言ってくれるのはありがたいが、1年間のブランクでなまった腕を取り戻すだけでも一苦労だろうし、わたしはいつもほかの人の砂場はそっと歩くことにしているので、おたくの店でのやり方に少しずつ慣れていくようにするだけで、わたしにとっては精一杯だろう、と言っておいた。

わたしは、今週3回研修のシフトについた。新米と同じように、ほかのスタッフのすることを見よう見まねでやった。この3度のシフトを体験したあとで、わたしに言えることは、これだけだ。「落とし穴は思わぬところにある」というが、この店はまさにそうだ。この店でやっていることは、何から何まで、わたしがずっとやってきたことと、まるっきりあべこべなんだ。これは、彼らのやり方が間違っているという意味では全然ないし、わたしが間違っているという意味でもない。ただ、わたしと彼らとでは、基本的な前提が同じではないということだ。

まず、カクテルの作り方に対する考え方からして、全然違う。最近の新しい考え方では、できるだけ手早く冷やし、希釈の程度はできるだけ少なくするのをよしとしている。わたしは、希釈はカクテルを作るうえで欠かせない要素のひとつだと思っていて、そう教えているから、それに合わせてシェイクやビルドをしている。だから、ビルドのときは、まず大きなティンに氷を詰めるけれど、この店では、まず小さなティンを使い、「ドライ」で始める。つまり、氷を使わないんだ。ここでは、いちばん量の少ない材料から順に入れていくけれど、これは賢いやり方だ。もしミスをしても、捨てるのはビターズ2ふり分と、レモンジュース1オンスだけでいい。高いジンを2オンスも捨てなくてすむ。だけど、わたしはいつもベース・スピリッツから入れる。もう、そういう手順で覚え込んでしまっているんだ。彼らが使う材料は、レストランのミザンプラス（下ごしらえ）みたいに多種多様ですばらしい。何十種類ものジュースやインフュージョンした酒、手作りのチンキやビターズ、マドリングする新鮮なフルーツやハーブ、スパイス、野菜、その他もろもろ。本当に目を見張る思いだが、ただわたしがいつも思うのは、いったいどうしてこの連中はこれほどまでに自分にきびしいのか、ということだ。

この問題が何よりもはっきり表れているのが、ドリン

ク・リストだ。どうやら、先々週73品目あったメニューが、57品目に選り分けられているのだ。リストは、スウィズルとコブラーとスリングの各セクションに分かれていて、ほかにもクラシックのなじみのカテゴリーがすべて含まれている。彼らに言わせると、フリップのセクションをけずったあとだから、わたしは運がいいらしい。ここのフリップは、卵白と卵黄を別々にしてポートワインで作るんだ。それはともかく、いいかい、こうしたドリンクはどれもみなこの店のオリジナル・カクテルで、普通の既成のクラシック・カクテルは取り入れてさえいない。ということはつまり、どれほど熟練したバーテンダーだろうと、わたしも含めてだけれど、ドリンクのメニューの方向性を読み取ろうとしてもさっぱりわからない、ということなんだ。どれもみな知らないカクテルばかりなんだから。

ほとんどのドリンクは6種類以上の材料を使い、なかには12種類もの材料を使うものもある。氷も、何種類も違うものを使う。シェイクに使う氷と、ストレーナーで漉したあとで入れる氷は種類が違う。シェーカーも、ガラス製品も、ガーニッシュも、フロートのような見た目の細工も、リンスも、特製のツイストも、ドリンクによって違ってくる。

一口で言えば——それでもまだ言い足りないけれど——正気の沙汰じゃない。店の中は2つの部署に分かれている。「サービス」は、自動券売機で券を買ったテーブルの客にドリンクを作る。「ポイント」は、12席あるカウンターの客にドリンクを出す。わたしは、研修のシフトを3日間やってみたが、メニューの品目が多すぎるせいで、どちらの仕事も満足にできなかった。2日目と3日目は、立ちすくんでしまって、ただもうおろおろして、フィーダーから吐き出された券を見るだけで言い知れぬ恐怖にとらわれ、びっしり書き込まれたレシピのカンニングペーパーのところまであたふたと行ったり来たりしながら、一度にひとつずつこの恐ろしげなカクテルを作った。カウンターに初めて立った新米のように、おびえた子どものような気分にさせられる状況なんて、想像したこともなかったが、そこではすっかり役立たずになってしまった。わたしは、本当にこの連中のじゃまにしかなっていない。まさに、悪夢の中にいるようなものだ。だから、当然かもしれないが、店から帰って眠りに

つくと、イチゴをミントやキュウリといっしょにマドリングしたり、スグリをインフュージョンしたオールドオーバーホルト・ライウイスキーを取ろうとする夢を必ず見て、一晩中うなされることになる。

デス・アンド・コーのバーテンダーは、まるで刃物のような切れ者ぞろいだ。たった4人で店を切り盛りしている。彼らはすべてのドリンクを自分たちで創作し、洗練し、すべてのレシピを知り尽くしている。メニューは残らず頭に入っているから、レシピをデジタル符号のように数字だけで互いに伝えることができるほどだ（たとえば、「ミス・ビヘイビンは、1/4、1/4、1/2、1と1/2、1/2、2でよかったかな？」で通じてしまう）〔数字の単位はオンス＝30㎖〕。

きっと、わたしはおよそ自分の手に余ることに手を出してしまったのだろう。

PDT（Please Don't Tell「誰にも言わないで」の略）という本格的なバーを経営しているジム・ミーハンというとても腕のいいバーテンダー仲間がいるんだが、彼から、君には手際よく数をこなすことなんかできるはずがない、と言われた。どうやら、ジムの言うとおりのようだ。もう、若い連中のようにてきぱきと仕事をこなすことはできない。たしかに、彼らのように機敏に動くことはできないにしても、バスケットボールやテニスで20歳の若者をフェイントで出し抜くような頭脳プレーはなんとか身につけてきた。でも、あんな修羅場では、わたしの動きは満足のいくものじゃない。そう考えると、腹立たしくて、何としてもきちんとできるようになって、おどおどしなくてもいいようになりたいと思う。心の片隅では、割に合わない苦労をするだけなんじゃないかと思っているし、もっと経験豊かなもうひとりの自分は、自己満足のためだけの大いなる時間の無駄だということを理解している。たしかに、自分のこれまでのやり方とはまったく違う新しいことをいろいろと学んでいるところだけれど、もし自分でまた新しくバーを開くことがあれば、そのへんをうまくすり合わせて、それなりのよさのあるバーにしようと、いまは思っている。好奇心がなければ学ぶことはできないし、いまのわたしのように、他人が何でも知っているように思えてならないなら、なおさら難しいだろう。

驚かされるのは、ここの連中の並外れた優しさだ。わ

たしがまごまごしているのを見て、この店のメニューの内容がいかに過酷なものかを強調して、励ましてくれる。これは何度も聞かされた話だけれど、スタッフの間で、この店で仕事をきっちりできる人間がいるとしたら誰だろうか、と話し合った結果、全員一致でわたしに決まった、というのだ。この話がどこまで本当かはわからないが、そうしたこのうえない優しさが、わたしには逆に重荷になって、何もかもがどうしようもなくみじめに思えてくる。ちょうどこのメールを書いているいまも、昨夜の地獄のようなシフトでわたしといっしょにカウンターに立ったアレックス・デイからメールが届いた。「やあ、昨夜は本当にお疲れ様でした。いっしょにカウンターに立つことができて光栄です。もう少しうちの店でいっしょに働いてもらえるならうれしい限りです」 さあ、どうしたものだろう。このままでは倒れてしまうかもしれない。それとも、鍛えられて強くなるだろうか。いまわたしは、背中が刺すように痛むし、歩くときは家具によりかからなければならないけれど、とりあえず、次のシフトには出るつもりだ。

ありがとう。Tより

INTRODUCTION
はじめに

デビッド・カプラン

　わたしのバーのオーナー歴は、もうかなりになります。わたしが初めて期間限定で店を出したのは、18歳のときでした。友人のブリスといっしょに、彼の家のガレージで、ティキをテーマにした安酒場を作りました。床はむき出しの地面で、天井から傘を吊り下げ、ラミネート加工した4ページのカクテル「メニュー」に、色鮮やかな甘いドリンクの名前をいっぱい並べました。夏の終わりには、趣向を凝らしたパーティを開きました。人工芝を床に敷き、人工の滝をしつらえ、唐傘やそのほかの飾りつけをしました。

　大学に進学するために家を出るとき、わたしは残った酒をトランクに詰めて、ニューヨーク州北部まで持って行きました。進学先は美術学校で、専攻は写真でした。わたしは寮に入り、自分の部屋を間に合わせのバーに改装しました。自分で飲むよりも、カクテルを作って友人たちにふるまうほうがおもしろかったのです。寮のバーにはじきに飽きてしまい、すっかり住みづらくなった自分の部屋から逃れるために、友愛会〔アメリカの大学の男子学生の社交クラブ〕に入会しました。じきに、メンバーがバカばかりだということがわかりましたが、彼らが開く見事なまでに計画立てられた無駄のないパーティには感激しました。

　3学年になる前に、繁華街の近くに安いビクトリア風の家を買いました。その居間に、長さ4.5メートルのカウンターをしつらえて、羽目板を布張りにし、カウンター・トップはモザイク模様で飾りました。箱型の冷凍庫を改造して、ビール用のタップが2口ついた冷蔵庫に作り替えました。その中にスピードレールを取り付け、『ミスター・ボストン・バーテンダーズ・ガイド（Old Mr. Boston Official Bartender's Guide）』の助言にしたがって、安酒を詰めました。この本は、当時わたしが知る限りでは、市販されている唯一のドリンクの専門書でした。このバーは自己申告システムにしました。わたしの友人には全員にそれぞれ勘定書きを持たせ、何杯飲んだかを（建前上は）自分で書きとめてもらいました。マリファナをやっているルームメイトたちは、バーのことは気にも留めていませんでしたが、友人のカレンとわたしはいつもバーにたむろして、グリーン・ドラゴンのようなカクテルを考え出しました。グリーン・ドラゴンとは、大麻をインフュージョンしたウォッカにハチミツとクランベリー・ジュースを混ぜて、スプライトをトッピングしたものです。俺ってさえてるなあ、なんて思っていました（公平に言って、あのドリンクはたしかに美味しかったです）。

　いかがわしい創作カクテルはともかくとして、自分にはナイトライフのサービス業が向いていると思い、大学卒業後はラスベガスで、パームズ・カジノのレインというナイトクラブでVIPホストの仕事に就きました。わたしはゆったりしたフィッテッド・スーツを着込み、耳にイヤホンをし、袖口にはマイクをさして、午後8時から午前4時まで勤務しました。本当にいやになるほど退屈な仕事でしたが、わたしは社会学のフィールド・ワー

クと考えることにしました。勤務中は、バーにやってくる人たちの交流の様子を手帳に書き込み、この豪壮なクラブでは何が役に立ち、何が役に立たないかをリストにしました。週末に4日まとめて休みがとれるときには、ベガスとは対照的な体験をしたかったので、しばしば飛行機でニューヨークまで飛んで、芸術や文化に浸りました。そのころニューヨークでは、カクテル・ルネサンスが具体化し始めていました。ミルク＆ハニー、エンジェルズ・シェア、リトル・ブランチ、ペグ・クラブ、フラットアイアン・ラウンジなどのバーでは、モスコー・ミュールやサゼラックの代わりに、自分たちが創作したブルー・マティーニやウイスキー・ジンジャーをナイトライフ・ファンにすすめるようになっていました。

　ベガスで9か月働いたあと、23歳になったわたしは、2006年にニューヨークに移り住みました。イースト・ビレッジの7番街アベニューAのアパートに引っ越すと、『バイス・マガジン』〔社会問題からカルチャーまで扱う若者に人気のフリーマガジン〕の小売店に勤めました。時間があるときには、ほかのバーへ出掛けたり、ビジネス書やデザイン・ブックやバー・マニュアルを読み漁ったりしました。そして、自分なりのナイトライフを楽しめる場所を探し始めました。目当ては、カクテル1杯で一晩いられるような気安いバーでした。わたしのアパートの下に、ラビ・デロッシがオーナーを務めるブルジョア・ピッグという店がありました。そこは、ビールとワインを飲ませるちっぽけだけどいかした隠れ家的な店でした。ラビとわたしは友だちになり、二人でいっしょに店を開こうと相談するようになりました。

　数週間後、わたしたちは1ブロック離れたところに、ラガという店名のつぶれたインド風多国籍料理店跡を見つけました。わたしたちは交渉を始め、そのいっぽうでわたしは父親を説得して、融資限度額を超える分の金を出してもらうことにしました。共同所有者になるためのビジネス上の取り決めをまとめたあと、わたしとラビはいくらかの金を出し合い、7月にテナント契約を結びました。

　インテリア・デザインについてズブの素人だったわたしは、建築業者の求めに応じて、簡単なレイアウトをスケッチし、1ページのウォークスルー〔建築物の内部のイメージを立体的にスケッチしたもの〕を書きました。元請業者や建築家

を抜きにして（つまり使い物になる建築計画がまったくない状態で）、改築を始めたものだから、わたしは設計決定のためにあくせくと何日も費やし、業者と相談しながら、どういう点が実現可能で、どういう点がそうでないかを教えてもらいました（どうやら、カウンターには「支え」が必要なようでした）。わたしは、外の世界を忘れることができる隠れ家的な包み込まれるような感じのインテリアにしたいと思っていました。バーカウンターのトップは大理石にし、カウンターの後ろの壁をアンティーク調の鏡張りにして、長年続いている老舗のような雰囲気を出そうと考えました。黒茶色のスエード革のシートのボックス席をいくつか設け、シャンデリアを金箔のインセット〔装飾的な差込口〕から吊り下げるようにしたいと思いました。知り合いのタトゥー・アーティストのスコット・キャンベルを雇い、黒花崗岩（かこうがん）のテーブルにレーザー・エッチングを施しました。天井はとても重要でした。ワイオミング州の生まれ故郷のジャクソン・ホールに、ランデブー・ビストロのという店があるのですが、そこのレイヤードウッド（layered wood）の天井がずっと前からとても気に入っていました。だから、その店のデザインをまねすることにしました。全体につやつやした磨き上げた部分が多いので、そうしたものとのバランスを取ってあまりごてごてした感じにならないように、カウンターと向かい合う長い壁は、さまざまな淡い色が入り混じった多層構造のざらついた感じの仕上げにしました。

　外装は、細工を施した真鍮（しんちゅう）のドアと、そのドアを挟んで左右対称に、つやつやした真鍮で縁取りしたヒマラヤスギのパネルをファサード〔店の正面〕に配することにしました。コネティカット出身のアーティストに頼んで、天使の姿をかたどった重厚な真鍮製のドア・ハンドルを作ってもらいました。ドアの真ん前に、バーの店名を象眼（ぞうがん）した石板をはめこみたいと思いました――これも、老舗の雰囲気を出すための細かい演出のひとつでした。店にやってくるお客様に対して、「このバーはこれまでずっと、そしてこれからもずっとここにある」とアピールするためです。唯一の問題は、「このバー」にまだ名前がないことでした。

　当時つき合っていた女の子から、プレプロヒビション（禁酒法以前）のプロパガンダを書き入れたデコパー

ジュ・プレート〔紙を切り貼りして飾ったプレート〕をもらったことがありました。「デビルズ・トボガン・スライド」と題したそのイラストには、酒で身をもちくずす人の姿が象徴的に描かれていました。そして、そのイラストの下に「デス・アンド・コー、店主」という文字が入っていました。調べてみて、これが、禁酒法時代の地下酒場に行くための暗号化された地図を意味する語としてよく使われていたことがわかりました。そのあと、"Death & Company" という言葉を調べてみて、ダシール・ハメット作の同題の短編小説〔邦題「死の会社」〕があることを知りました。ダシール・ハメットは、わたしの大好きな探偵シリーズの作者であり、カクテルにまつわる叙事詩的な映画『影なき男』の原作者でもありました。わたしはこれを天啓と感じました。わたしがおずおずとこの名前をラビに提案したところ、彼は大いに気に入ってくれました。気が変わらないうちに、この名前を切り抜いたスチールを玄関口にはめ込みました。

　わたしは、自宅ではそれまで以上に念入りにカクテルの実験を始めていました。市内のすべての本格的なカクテル・バーに、定期的に通いました。それも、当時はそれほど難しくはありませんでした（本格的なバーは5軒かそこらしかなかったからです）。手に入るすべてのカクテルブックを読み、レシピを再現してみました。インフュージョンのまねごとをしたり、シトラスのフレッシュ・ジュースを使ったりしたのも、このときが初めてでした。店をオープンする前に、学べることはすべて学びたかったので、わたしは、ビバレッジ・アルコール・リソース（Beverage Alcohol Resource＝BAR）プログラムに参加しました。これは、この業界の6人の大御所、デイル・デグロフ、ダグ・フロスト、スティーブ・オルソン、F・ポール・パカルト、アンディ・セイモア、デビッド・ワンドリッチが、スピリッツとカクテルについて教える5日間の集中講座です。

　BARプログラムでは、わたしは素人同然でした。ほかの受講生は、ほとんどがすでにトップ・バーテンダーか、スピリッツの専門家でした。わたしたちは、スピリッツの歴史や製法について大量の情報を叩き込まれ、製品の目隠し味見テストを次から次へとやらされました。そのあと、カクテルの歴史に関する短期集中コースを受け、バーテンダーとしての技能の実践セミナーを受けま

した。講座の最終日は、一日中テスト漬けでした。筆記テスト、カクテル作りの実技、スピリッツとカクテルの目隠し味見テスト、さらには、創作するようにあらかじめ指示されていた各自のオリジナルのカクテル・メニューに対するきわめて率直な論評が行われました。わたしはこの講座で合格点をもらいましたが、この結果が出たのは、デス・アンド・コーをオープンしたあとになってからでしたから、バーの開業とわたしの合格とは無関係ではなかったと、いまでも思っています。

　バーのスタッフを募集するときになって、ようやく気づいたのは、自分の店で働くバーテンダーには、ある程度経験が必要だが、同時に、ドリンク・プログラムに対するわたしの考え方を理解してもらわなければならないということでした。わたしのドリンク・プログラムとは、クラシックを踏襲しつつ、新しい工夫を加えた独創的なカクテルでした。クレイグスリスト〔WEBのコミュニティサイト〕に広告を掲載すると、わたしの受信トレーには応募のメールが殺到しました。そのなかには、トップレスの女性の写真が2通と、上半身裸の男の写真が10通と、100通以上のふざけた履歴書がありました。どれもみな、あまりにも経験が浅すぎるか、逆に新しいバーの開店に必要な仕事をやってもらうには立派すぎる経歴の人材ばかりでした。

　そしてようやく、フィル・ウォードからのメールを開きました。それはただ1行の短い応募のメールでした。「ニューヨークの2つのトップクラスのカクテル・バーでヘッド・バーテンダーを務めた経験があります」。わたしはフィルに、その週末バーで開く予定になっている公開オーディションに参加するように求めました。オーディションに現れたフィルは、ピッツバーグ出身と名乗るもじゃもじゃ頭のひょろ長い男で、ユーモアセンスはなんともお寒いかぎりでした。ひいき目に見ても、見かけはうさん臭い感じでした。彼の面接には、けっこう時間がかかりました。わたしが応募者に対して用意しておいた質問を、彼には残らずしたからです。最後の質問は、「知っているだけのビターズの名前を挙げよ」でした。2006年当時、ほとんどのバーテンダーは（せいぜい）アンゴスチュラしか知りませんでしたが、フィルは16種類ものビターズを挙げました。それどころか、わたしのほうが──何度も──フィルに面接を受けているよう

な形になりました。「どんな種類の製氷機を使う予定ですか。どんな種類のガラス製品を買うつもりですか。レッドブルは出さなければなりませんか。日曜日も営業しますか」。わたしは、ヘッド・バーテンダーとして採用したい、と彼に告げました。

　感謝祭のころ、店のスタッフの陣容はほぼ固まりました。フィル・ウォードが新しい店で働くというニュースは、狭い地元のカクテル業界に波紋を呼び、フィルといっしょに働きたいという才能ある人材が押し寄せてきました。フィルは、ペグ・クラブで同僚だった友人のブライアン・ミラーに声をかけ、彼が繁華街の高級ナイトクラブに新しい勤め口を見つけるまでの間、とりあえずうちの店で働いてくれるように説得しました。結局、ブライアンは3年間、デス・アンド・コーで働いてくれました。ホアキン・シモーは、清潔感のある顔立ちのチャーミングで仕事熱心なバーテンダーで、当時スタントン・ソーシャルでブランチ・シフトで働いていましたが、うちの店のスタッフに加わることになり、じきに気難しいほかのスタッフをなごませる役割を果たすようになりました。カクテル・ウェイトレスも数人雇いましたが、そのなかのジェシカ・ゴンザレス（ホアキンやフィルのようにクレイグスリストに応募してきた3人のうちの1人）は、まもなくうちの店で最初の女性バーテンダーになりました。うちの店では、ウェイトレスもバーテンダーと同じように、ドリンクについて理解し、説明できるようにしました。お客様がどの席に座っても、カクテルについての造詣を深めてもらうことができるようにするためです。インターネットで何度かいいスタッフを探しあてることができたので、ドア・ホストもインターネットで募集したところ、フランキー・ロドリゲスが見つかりました。面接のすぐあと、わたしは彼に電話して、採用を伝えました。そのフランキーは、いまではうちの店の総支配人になり、従業員のなかでいちばんの古顔になりました。

　バーテンダーを採用する際に、わたしは全員に同じことを言いました。「ほかの店以上にいい給料は払えないだろうが、仕事は君の好きなやり方でやってもらっていいし、できるかぎり最高のドリンクを作るために必要なものは、何でも提供する。自分が作るカクテルには自分で責任を持つこと。その結果がよければ、それは君の手

柄になる。ここはわたしの店じゃない。**わたしたちの店だ**」

　わたしたちがクリスマス前に内装を終えるためにがんばっている間に、フィルはカクテル・プログラムを組み立てました。フィルは、一流のカクテル・バーに4年間勤めていましたが、自分のオリジナル・ドリンクはほんのわずかしかメニューに載せることができませんでした。ここでは、自分独自のスタイルのカクテルを自由に載せることができます。うちの店の最初のメニューに載せたドリンクは7品目でしたが、そのほとんどは4つか5つの材料で作ることができました。もしフィルを作家か画家にたとえるとしたら、レイモンド・カーバーかリチャード・セラといったところでしょう。彼のカクテルは、必要最小限の材料を使い、クラシックを基本にしていましたが、そのどれもがこれまでにないまったく新しい味になっていました。たとえば、モスコー・ミュールは、いままでのお約束を打ち破って、ラズベリーとライ・ウイスキーを組み合わせたものでした（p267のモノンガヒーラ・ミュールを参照）。また、クラシックのウィドウズ・キスでは、ベース・スピリッツ——カルバドス——を、同量のライ・ウイスキーとアップル・ブランデーに置き換えました（p268のウィキッド・キスを参照）。フィルは、テキーラやメスカルに対して特別な思い入れがあり、それと同じくらいウォッカに対して強い嫌悪感——**恐怖症**とまでは言わないが——を抱いていて、何年もやかましいバーの常連客のためにウォッカ・トニックを作ってきたせいで、ますますその嫌悪感を募らせていました。テキーラと梨を、クラシック・サワーの型に従って掟破りの合体をさせました（p245のセント・マチルダを参照）。メスカル——カクテル業界ではいまなお神秘的なスモーキーな妙薬——は、フィルのオアハカ・オールドファッション（p349）で一躍注目を浴びることになりました。そのオアハカ・オールドファッションは、デス・アンド・コーの看板ドリンクになりました。

　わたしたちの店は、2007年のクリスマスの直後にひっそりと開店しました。お客様は来てくれるだろうか。お客様は、メニューに載っているドリンクを注文してくれるだろうか。それとも、アップル・マティーニをくれ、と言うだろうか。何の予想もできなかったので、念のた

めに、メニューにはワインを60種程度とビールを1ダースと、それから日本酒も数種類加えました。うちのバーが将来どんな店になるかもわからず、サザン・カンフォートとイエーガーマイスターも、何本か初回の仕入れに入れておきました。これはもちろん、いまとなっては苦い思い出です（おまけにスタッフも絶対に忘れさせてくれません）。わたしはフィルに、お客様から何を注文されても、にっこり笑って、お客様がまだ飲んだことがないほど最高の味のドリンクを作ることを約束させました。シェフも雇い、ホット・クラブ・ディップや鴨のケサディージャ、マンゴーとホタテのセビチェなどの料理のメニューも考えました。

開店から数日は、予想通り穏やかで、営業は比較的楽でした。同業者がやってきて、カクテルを注文し、レセプションはなごやかな雰囲気で、誰もが愉快な気分でした。とはいえ、問題がなかったわけではありません。事実上すべてのバーやレストランでは、旧式のレジスターに代わって、コンピュータによるPOS（販売時点管理）システムがすでに使われていましたが、わたしはこの標準的なシステムを導入しないでおこう、というばかげた考えを抱いていました。すべての勘定を時代遅れの三重伝票に記録したために、わたしたちは毎晩午前6時までかかって、現金を数え、レシートと照合しなければなりませんでした。これにすっかり懲りて、わずか数週間後にはPOSシステムを購入しました。

大晦日には、友人と家族だけを呼んで、オープン記念パーティを開きました。12月31日のニューヨークでおなじみのお祭り騒ぎは外に締め出して、お金を払ってくれる本当のお客様を相手に営業を始める前に、身内だけで水入らずで開店を祝いました。1月1日の夜半過ぎに、誰もが酔っぱらい、愉快な気分になって、よろめく足で店を出ていきました。この年越しパーティは、毎年恒例の伝統行事として、いまでも続けています。

数日後、『ニューヨーク・タイムズ』の日曜版を開くと、「サンデー・スタイルズ」の第一面にデス・アンド・コーの記事がでかでかと載っていました。オープン後の穏やかな日々は、ここで終わりになりました。月曜日に開店したときには、ドアの前に人だかりができていました。ほかのマスコミからも取材攻勢を受け、入店するまでの平均待ち時間は1～2時間になり、ときには3時間

に及ぶこともありました。わたしはすぐにドアポリシーを決めました。それは、いまでも守っています。わたしは何千回もくり返してこう言ってきました。

「当店は先着順でご案内しております。ご来店の際お待ちいただかなければならない場合は、ドア・ホストがご芳名と電話番号とをうかがい、席が空き次第ご連絡いたします」

わたしたちは、バーは座席のみにすることに決めていました。開店当初から、当店で出すドリンクは人の手をかけて作るものでしたし、金曜の夜であっても最高レベルのサービスが提供できるようにしたいと思っていましたが、当店の接客の基本精神は、当時もいまも、ホッとできるなごやかな雰囲気のなかで、お客様に日常の都市生活の喧騒(けんそう)を忘れてもらうことでしたので、誰もがみな酒を楽しめるように、居心地のいいゆったりとしたスペースを提供する必要がありました。店内でお客様に窮屈な思いをさせない努力は、お客様が当店にかける期待をますます高める結果になりました。わたしたちは、忙しいことを言い訳にすることはできませんでした。

ドアを、お客様を締め出す壁には絶対にしたくありませんでした。ただでさえ、店の外観はまがまがしい雰囲気がありました。「ただいま満席のためご入店になれません」と愛想いい口調で伝えるのは、いつも心苦しいです。ただいま2時間待ちです、と告げるときも、カウンターに1つしか空席がありません、と伝えるときも、ドア・ホストは温かく歓迎の気持ちを示さなければなりません。当店では立ち飲みはできないことや、ドア・ホストから必ず電話を入れること、ルックスがいい人や有名人も優先できない、といったことを納得してもらうために、いまでも夜ごと悪戦苦闘しています。

最初の2か月間のことは、はっきり覚えていません。その日の売り上げの計算をすませてデス・アンド・コーを出るころには、日の出の時間になっていて、家に帰って2、3時間眠ると、また店に戻って、その日の夜の準備をしました。わたしが夜初めて店以外の場所に出かけたのは、オープンからおよそ2か月がたったころでした。近場の安酒場に行くと、そこで誰かがデス・アンド・コーのうわさをしているのが耳に入りました。バーテンダーたちは仕事の手を止めて、その客に「そこはどんな店か」「どんなドリンクを飲んだのか」と、次々に質問を

浴びせました。わたしはずいぶん長い間細部にばかり目を向けていたせいで、マスコミでは取り上げられていたものの、店の外から自分たちのバーが実際にどう受け止められているのか、わかっていなかったのです。このとき初めて、わたしはほっとした気分になり、自分たちが築いてきたものに誇りを感じることができました。ニューヨークでも指折りのカクテル・バーを作ってやろうなどと気負って開業したわけではありませんでしたが、まわりからはすでにそんなふうに呼ばれるようになっていたのです。そして、スタッフのおかげで、その高い評価にふさわしい店になっていたことを知りました。

デス・アンド・コーを開いたことによって、わたしはいろいろな初体験をすることになりました。初めての配管設備の故障、初めての人員配置の問題、初めての警官の立ち入り検査──どれひとつとして、一度では終わりませんでした。ひとつだけ、ほかの何よりも想定外の問題がありましたが、後々考えてみれば、それはバーのオーナーとして当然対処しなければならないことのひとつでした。

上の階のアパートの住人のひとりが、自分の住家の下にバーができることを快く思っておらず、近隣から賛同者を集めたのです。やがて、1週間に何度も警官がやってきて、騒音と（根も葉もない）不法行為について苦情があったと言われました。ある日の夜、わたしは第9分署の刑事から面と向かって、「たっぷり苦しい思いをさせてやるぞ」と、遠回しともいえない脅しを受けました。つまり、完全な廃業まで追い込んでやるぞ、ということです。営業許可証は更新（ニューヨーク市では2年ごと）の必要がありましたが、上の階の隣人のおかげで、更新時には苦情が山のようにたまり、地域のコミュニティ・ボード〔地域行政区諮問委員会〕に出頭しなければならなくなりました。わたしたちは、一度も顔を合わせたことのない非友好的な小うるさい上階の隣人と、通りの向こうに固まっているシナゴーグ〔ユダヤ教会堂〕の人びとから、45分もの間苦情を浴びせられて、面食らいました。シナゴーグのあるメンバーが言うには、デス・アンド・コーという店名が地域の人びとを怖がらせ、（店のドアの上に吊り下げていた）黒い旗は悪魔のナチスの象徴であり、店のファサードはアウシュビッツの鉄道車両に似ているとのことでした。ようやく自己弁護の発言が許され、わた

しは立ち上がって、こう言いました。「わたしの名前はデビッド・ジェイコブ・カプランです。それでもまだお分かりにならないなら、はっきり言いますが、要するにわたしはユダヤ人です」。そう言って、わたしは着席しました。こんなばかげたクレームに対して自己弁護しなければならないことに、げんなりしました。

その後始まった州の酒類管理局の調査は1年以上を要し、最終的な結論として、罰金と1週間の営業停止、営業停止後の酒類販売許可証の取り消しを言い渡されました。表向きの理由は、申請書のささいな記入ミスでした。これが管理局の法的権限を逸脱するものであることを知り、わたしは弁護士を雇って、不当な免許停止処分に対して酒類管理局を訴えました。スタッフには、正義は必ず勝つから心配はいらない、外の嵐は気にしないでドリンクを作ることだけに集中してほしい、と説明しました。店の永久閉鎖という事態は、目前に迫っているように思えました。これは、デス・アンド・コーのスタッフ全員を対象とした重大な意識調査になりました。つまり、この戦いをあきらめて別の仕事を探すか、それとも自分たちの店に倍賭けして、今日が最後の営業になるかもしれないという覚悟で毎日働くか、という2つの選択肢を突きつけられたようなものでした。

誰も辞める者はいませんでした。それどころか、スタッフの結束は固くなり、みないままで以上に仕事にのめり込み、いっそう熱心に働きました。うちで働く者はみな、いろいろな店で働いてきて初めて、我が家と呼べる居場所と、家族と思える同僚を見つけたのです。これに代わる場所をどうすれば見つけられるというのでしょうか。デス・アンド・コーは、わたしたちの人生でいちばん大切なものになりました。悲観的な気持ちや不安はすべて、よりよいドリンクを作り、よりよいサービスをし、仲間の結束をよりいっそう高め、よりよい店にするためのエネルギーに変えました。バック・バーに山積みになった魅力的な新しい食材は、それぞれが新しいドリンクを考えるアイデアを生む刺激になりました。バーテンダーはそれぞれ全員が、自分のスキルと興味を注ぎ込んで、そうした材料の組み合わせを考えました。ブライアンはティキ・ドリンクに夢中になり、いろいろなラムを組み合わせて調和させるティキのやり方で、ほかのスピリッツもブレンドし始めました。ホアキンは、調理場

に入り込んで、カクテルとインフュージョンに新しいフレーバーを加え、新しい組み合わせも考え出しました。わたしたちは、クラシック・カクテルのルールや伝統的技法を無視して、絶えず新しいものを求めて、互いを刺激し合いました。

店にはさらに新しい人材が入ってきました。2008年に仲間に加わったアレックス・デイは、シェリーのポテンシャルやさまざまなテクニックや材料に対して、わたしたちの目を開かせてくれました。トーマス・ウォーも同じ年に、サンフランシスコ有数のバーテンダーという地位を捨てて、わたしたちの仲間に加わり、やがてヘッド・バーテンダーにおさまりました。ジリアン・ボースは、トーマスの後を引き継いで当店初の女性ヘッド・バーテンダーになり、彼女の指揮の下で働く新しい人材が何人も入ってきました。

こうした創業からまだ間もないあるとき、バーテンダー仲間のジム・ミーハンが、うちのスタッフをヤンキースのようだと言いました。これは、当店の人材の層が厚いと言ってくれたわけですが、わたしは店のスタッフをつねづねビートルズと重ねて見ていました。メンバーはそれぞれがスタイルも信条もスキルセットも違いますが、つねに最高のユニットであり、互いに切磋琢磨して向上していくのです。

しかし、最初の数年間、店としての好調ぶりとは対照的に、スタッフの精神状態は落ち込んでいきました。店のサービスによって知名度がますます上がるにつれて、法律上の問題とバーの運命は先行きが怪しくなってきました。しかし、どれほど事態が悪化しようと、尻尾を巻いて逃げようなどという考えは、頭をかすめることさえありませんでした。わたしの生活のすべては、バーを中心に動いていました。それはまるで、どんなに関係が悪化しても手を切ることができない相手に恋をしているような、どうしようもない状態でした。スタッフは、店と自分自身を完全に信じきっていましたから、外敵に決して屈することなく、チームとしての結束をいっそう強くし、ますます仕事に打ち込み、スキルの向上に努めてくれました。

そうした状況のなかで、わずか25歳の身でニューヨーク州の地方裁判所の階段を上っていくときのわたし

の心中は、不安でいっぱいでした。このときまでに、わたしたちは州酒類管理局から3年にわたる捜査を受けていました——その3年間、わたしたちは、営業時間を短縮し、条件付き免許で、ニューヨーク市警のあけすけないやがらせやいじめを受けながら、営業していました。しかし、数えきれない申請と再審をくり返してきたすえに、運命はついにわたしたちに微笑んでくれました。裁判所から、デス・アンド・コーの店名が入った酒類販売許可証が発行されました。

同じ年、わたしたちは、ベスト・カクテル・バー・イン・アメリカと、世界最大のカクテル・フェスティバルであるテイルズ・オブ・カクテルでワールズ・ベスト・カクテル・メニューを勝ち取りました。わたしたちのカクテル・レシピは世界中のバーのメニューに広がり、店はますます繁盛し、マスコミで取り上げられた回数も、受賞した賞の数も、覚えきれないほどになりました。デス・アンド・コーのバーテンダーたちはみな、最高のエリートに数えられ、世界中の多くの会議やイベントに店の代表として招待されるようになりました。わたしたちは自分の仕事にただひたすら打ち込んできただけだったので、こうした結果に驚き、気恥ずかしさを感じ——そしてもちろん、有頂天になりました。

デス・アンド・コーをオープンして、わたしはとても多くの教訓を得ました。バー作りの成功（あるいは失敗）の秘訣、法律制度の表と裏、小金を大金に変える方法、従業員の採用と解雇の方法、自分の認識と現実とではどのへんに違いがあるか、といったことを学びました。また、ほかの人びとや地元のコミュニティ、たちの悪いお客様、そしてエゴ——バーテンダーや共同経営者や自分自身の自尊心——とうまく折り合いをつける方法も学びました。しかし、デス・アンド・コーは、何よりも、情熱というものを教えてくれました。何かを愛し、信じるなら、決して押し売りをしてはいけません。毎晩、お客様がドアから入ってきた瞬間から、わたしたちは自分たちの情熱を全開にし、お客様にもそれを共感してもらうのです。本書に込めた、わたしたちのカクテルへの熱い思いが、あなたのバーや家庭で末永く生かされていくことを願っています。

HOW TO
READ & ENJOY THIS BOOK
本書をいかに読み、いかに楽しむか
デイブ、ニック、アレックス

　豊富なレシピとくわしく調べ上げた歴史的背景をふんだんに盛り込んだ立派なカクテルの本は ―― いまも昔も ―― すでに数多く出ています。ところが、いざ自分たちで本を書こうとしたとき、美味しくバランスの取れたカクテルの作り方や創作の仕方を読者に教え、ドリンクによって最適な道具と材料とテクニックがそれぞれ違う理由について解説するバー・ブックがひじょうに少ないことに気づきました。

　この2つの疑問 ―― **どうすればいいのか？　どうしてそうなるのか？** ―― は、デス・アンド・コーが成功した秘訣であり、当店のバーテンダーが絶えず自らに問いかけている問題です。どうすれば、より一貫した味のドリンクをより効率よく作ることができるか。氷によって良し悪しの違いがあるのはどうしてなのか。どうすればより美味しいマンハッタンを作ることができるのか。どうしてラムは1種類ではなく、4種類あったほうがいいのか。バーを開くとき、自分たちがこれまでに教わってきたすべての基準や慣例や経験的知識について、詳細な見直しを行い、その結果有効性が認められなかったものはすべて切り捨てることにしました。そして、ドリンクを作るためのよりよい方法を考えつくと、あるいはよりよいジンを見つけると、すぐにそれを試してみました。どのドリンクも、メニューに載せる前に、テイスティングと微調整、別の材料との置き換え、共同研究を、何度もくり返しました。本書には、7年間と何万時間にも及ぶ実践と内省の積み重ねによるデス・アンド・コーのス

タッフの知識が結集されています。わたしたちは、これをあなたと共有できると思うとうれしくてたまりません。

　本書は、熟練のプロから初心者のホーム・バーテンダーまで、カクテルに情熱と興味を持つすべての人を対象としています。わたしたちは、カクテルを作るために不可欠な自分たちの技能と、材料や道具や技術や独創性に対する熱い思いを、お伝えしたいと思っています。それぞれの章は、前の章で学んだ知識を基礎にして、話を進めていきます。第1章「デス・アンド・コーのある夜の営業」では、どうやって世界的に認められるバーを築き上げ、営業しているかを解説します。第2章「バーをつくる」では、当店で使っている主要な材料についてくわしく紹介します。第3章「ドリンクをつくる」では、毎日の仕事をつねに一貫したレベルで効率的にこなすために役だつ道具やテクニックを解説します。第4章「ニュー・クラシックを創作する」では、新しいカクテルを考え出すプロセスをわかりやすく解説します。そして、デス・アンド・コーのバーテンダーと同じような働き方や考え方が身についてきたところで、第5章「スペック」で、何百というオリジナル・レシピを、わたしたちのお気に入りのクラシック・カクテルのレシピとともにお教えします。本書では、随所で常連のお客様にも登場していただき、カウンターの反対側から感じた店の雰囲気も紹介します。

　実際にレシピ通りに作ったとしても、デス・アンド・コーのすべてのカクテルがあなたの気に入るという保証

はできません。しょせん、どんなドリンクでも、すべての人に、どんな気分のときでも合うというわけにはいきません。でも、わたしたちは誰にでも（あるいは多くの人に）合う完璧なカクテルは存在すると信じています。また、すべてのレシピを何から何までそっくりレシピの通りにやらなければならない、とは考えないでください。個人的好みや手に入る材料は、人によって、また場所によっても、変わってきます。もしあなたがわたしたちのレシピを即興でアレンジする——そして、もっといいものを作る——なら、わたしたちはいっそううれしく思います。

　何よりもいちばんわたしたちが望むことは、この本をきっかけとして、あなたがよりよいカクテルを探し求め、自分独自のレシピを考え、自分なりのやり方やその理由について問いかけを始めることです。本書を読み終わったあとでもまだ答えが見つからない疑問が残っていたら、どうぞ気軽にうちの店にいらして、スツールに腰かけ、わたしたちがあなたのカクテルを作っている間に、いくらでも質問してください。

第1章
デス・アンド・コーの
ある夜の営業

OAXACA OLD-FASHIONED
オアハカ・オールドファッションド
フィル・ウォード

　2007年にフィルがこのドリンクをデス・アンド・コーの最初のメニューに加えたときには予想していませんでしたが、このオアハカ・オールドファッションドは、それ以後ずっと、わたしたちのカクテルへの取り組み方を象徴するものになりました。クラシックを土台にしたシンプルなレシピですが、材料の効果的な使い方を深く理解しているからこそできるハイレベルな工夫が加えられていました。また、このドリンクは、わたしたちにとって大躍進を象徴するものにもなりました。
　フィルは、以前自分が創作したテキーラベースのオールドファッションドを基にして、強烈なフレーバーのスピリッツ——メスカル——を風味づけに加えました。その当時バーテンダーは、カクテルにメスカル——わりと最近になってクラフト・カクテル・シーンに加えられた材料——を活用するために、悪戦苦闘していました。
　それまで誰も、メスカルを脇役として使うなどという発想は、思いつきませんでした——このフィルの初めての試みが、メスカルを使った刺激的でいっそうしっくりとバランスのとれた数えきれないレシピが生まれるきっかけとなったのです。いまや、オアハカ・オールドファッションドは、デス・アンド・コーがこれまでに創作したドリンクのなかでもっともリクエストが多く、もっともアレンジの多いカクテルになりました。このドリンクは、いまでは世界中のカクテル・メニューに載っています。

エル・テソロ・レポサド・テキーラ*	45ml
デル・マゲイ・サン・ルイ・デル・リオ・メスカル*	15ml
アガベ・ネクター	1ティースプーン
アンゴスチュラ・ビターズ	2ダッシュ
ガーニッシュ：オレンジ・ツイスト	1

すべての材料を氷とともにステアし、大きな角氷を1個入れたダブル・ロック・グラスに、漉しながら注ぐ。ドリンクの上で、ガーニッシュのオレンジ・ツイストを火であぶり、ドリンクに入れる。

デス・アンド・コーには、「いつも通りの夜」と言えるものはありません。毎日のシフトと注文されるひとつひとつのドリンクに、そのときだけの唯一の挑戦とチャンスと小さな勝利があるのです。でも、店をオープンしてからおよそ2500日営業してきたなかからランダムに一夜をサンプルとして取り上げるなら、こんな感じになるでしょうか。

金曜日　8:00AM
総支配人のフランキー・ロドリゲスが出勤し、表門を開ける。早めに来て、電気技師を待っているが、電気技師はまだやって来ない。

9:00AM
フランキーが日常の業務を始める。前夜の売り上げを確認し、請求書を処理し、給与を計算し、プライベート・パーティの準備をし、修理工に電話をする（何かが絶えず漏れている）。

11:30AM
ヘッド・バーテンダーのジリアン・ボースが酒類を発注するために出勤し、その日最初の配達を受け取る。

12:00PM
下ごしらえ担当のコックが出勤して、その夜使うフレッシュ・ジュースの支度（作業におよそ3時間かかる）と調理に使う材料の準備を始める。

1:00PM
修理工がやってきて、食洗機を修理する。ジリアンが在庫を調べて、これから1週間に必要なもの（蒸留酒、ワイン、ビール、ガラス製品、野菜やフルーツ、等々）のリストを作る。

2:30PM
午後の酒類の配達が届く。誰かが正面ドアからふらりと入ってくる。「すみません、開店は6時です！」とジリアンが言う（6時までに6回以上はこんなことがある）。

3:00PM
酒類の販売業者がやってきて、ジリアンとサンプルのティスティングをする。テイスティングをしている間にも、別の酒類のセールスマンが予約なしでやってきて、ジリアンに新製品の「エロチックな高麗人参酒」を見せる。ジリアンは、精一杯慇懃な態度で、興味はない、とセールスマンに答える。シェフが出勤し、調理場で準備を始める。バーバック〔バーテンダーのアシスタント〕が出勤し、冷凍庫からブロック・アイスのトレイを取り出し、霜取りをする。そのあと、バーの準備をする。マットを広げ、ガーニッシュ・ボックスを並べ、ガラス製品を補充し、サービス・ステーションの支度をし、消耗品を補充する。

4:00PM
もうひとりのバーテンダーのスコット・ティーグが出勤し、地下室でインフュージョンとシロップを作る作業に取りかかる。バーバックがフレッシュ・ジュースを瓶と予備のジュース・コンテナに詰め、その間にジリアンが冷蔵庫からチーター・ボトル〔スピリッツやシロップを入れる小瓶〕を70本くらい出して、必要に応じて中身を補充する。

4:30PM
バーバックがチーター・ボトルをカウンターに並べ、ボトルの口にスピード注ぎ口を取り付ける。そのあと、スピード・ラック〔材料を置く棚〕に酒を補充し、ビール、ワイン、蒸留酒、炭酸水、そのほかの材料の補充リストを手早く書きとめる。

5:00PM
接客係のブリタニー・チャドボーンが出勤して、開店準備を始める。水差しに水を入れ、古いキャンドルを新しいものに取り換え、トイレの備品等を補充し、鏡を拭き、ドロワーにおつりの小銭を補充し、テーブルとカウンターのスツールを拭き、メニューの数を数える（毎晩最低2つのメニューが盗まれる）。

5:15PM

バーバックがコールドドラフト〔製氷機。日本では販売されていない〕から角氷とクラッシュド・アイスを取り出して、アイス・ウェルに入れる。ガーニッシュ・トレイにクラッシュド・アイスを入れる。ジリアンとスコットがそれぞれの持ち場の段取りをする。ジリアンはポイント〔カウンターに近い持ち場〕につき、スコットはサービス〔調理場に近い持ち場〕に入る。

5:30PM

ドア・ホストのジャックが出勤し、店内を掃除する。シェフがバーのスタッフのまかないを用意する。忙しくて、誰も食べる暇がない。バーバックが、アイス・ウェルに角氷とアイス・スフィア〔球状の氷〕を詰める。ジリアンとスコットが業務用の衣装に着替える。ジリアンは黒いドレスを、スコットはシャツとネクタイとサスペンダー付きのズボンを着用する。

5:45PM

ブリタニーがキャンドルに火を灯し、バースツールとテーブルを並べる。

5:50PM

ブリタニーが照明を落とし、ジリアンが音楽を店のオリジナルのプレイリストに切り換える。ジャックがドアの外の定位置につくと、お客様の行列ができている。

5:55PM

GDT（ギャングスター・ダイキリ・タイム）：スコットがミニ・ダイキリをスタッフの人数分作り、スタッフ全員でその夜の営業の始まりに際して乾杯する。全員、一気に飲み干す。

6:00PM

ジャックが最初のお客様を店内に案内する。ドリンクの注文が一度に重ならないように、ジャックは、お客様を行列に並んでいた順に席に案内する。ブリタニーは、テーブルに着いたお客様にあいさつすると、グラスに水を注ぎ、メニューを広げる。

6:05PM

お客様が最初のドリンクをオーダーする。

6:15PM

バーの中はたちまち満席になる。おしゃべりの声は、シェイクの音にさえぎられる。

6:30PM

最初の料理の注文が入る。ジリアンがカウンターの席に座った常連のカップルにあいさつする。

7:00PM

店内が満席になる。ジャックが入店できないお客様の名前と電話番号を手帳に書き留め、近くのバーに案内して、席が空くのを待つ間一杯飲んでいてもらう。

8:00PM

バーバックがフレッシュ・ジュースと氷を補充する。サービス〔調理場に近い持ち場〕のスコットは、一度に4〜6杯のドリンクを作る。

9:00PM

ジリアンがスコットの代わりに続けてドリンクを作る。「お見事」とスコットが一言。入店の待ち時間は45分。ジャックの手帳には名前と電話番号がびっしり書き込まれている。

9:30PM

バーバックが、チェックリストにしたがって終業までに片づけるべき仕事の最終手順に取りかかる。製氷皿に氷を補充し、明日ジュースにする材料の柑橘果実を補充し、酒類保管室を整理し、段ボール箱を折りたたむ。

10:00PM

ジリアンが今晩100杯目のカクテルを作る。

11:30PM

スタッフ全員で一杯飲み交わす。別名「お子様のご飯の時間」。スタッフの人数分のグラスにラムを注ぎ、グラスを合わせて、急いで飲み干す。

土曜日　12:00AM

ドアマンが店内の席が空くのを待っているお客様のリストをやりくりして処理していく。

1:30AM

ラスト・オーダー。フランキーが事務仕事を終えて、帰宅する。

1:45AM

近所のレストランのコックや接客スタッフが立ち寄り、仕事終わりに軽く一杯やっていく（こんな遅い時間にやってくることをスカムバギングという）。ジリアンとスコットは、ビールやウイスキー、瓶に残ったワインなどを出す。

2:00AM

最後のお客様がよろめく足取りで出ていく。ブリタニーが照明を明るくする。スコットが音楽をもっとにぎやかな曲に切り換える。

2:30AM

スコットとジリアンがそれぞれ自分の持ち場を片づける。残った氷は、シンクに捨てて、湯をかけて「熱処理」する。バーバックがチェックリストの最終手順をすべてすませる。ブリタニーが売り上げを集計して、レポートをプリントアウトし、タイムシートに記入する。

2:45AM

ブリタニーが地下室でレシートと現金の仕分けをし、キャッシュ・ドロワーに現金を補充する。スコットとバーバックが店内の清掃を終える。ジリアンが明日（日付ではすでに今日だが）の営業のための準備リストを作る。

3:00AM

チップを集めて、スタッフ全員で分配する。（長時間立ちっぱなしだった）スタッフはようやく椅子に腰かけて、ジリアンが出したビールを飲みながら、その日の営業中の出来事について雑談する。

3:30AM

店の清掃の仕上げをするためにナイト・ポーター〔閉店後の清掃係〕がやってくる。音楽を止め、正面ドアの戸締りをする。スタッフは、帰宅する前にギネスビールやウイスキーをひっかけるために近くのパブに向かう。

THE DEATH & CO LEXICON
デス・アンド・コー 用語辞典

カクテルに関連する通常の、またはくだけた日常表現と
バーテンダーの隠語と子どもじみたスラングの解説。

ANGO（アンゴ）

アンゴスチュラ・ビターズ（世界でもっとも広く使われているビターズ）の「アンゴスチュラ」の短縮形。たとえば、デス・アンド・コーでは、「マイタイに入れる**アンゴ**は1ダッシュにしますか、それとも2ダッシュ？」のように言う。（**DAB**の項を参照）

BACK BAR（バック・バー）

200本程度の蒸留酒を、おおざっぱなカテゴリー別に分けて、棚に並べたもの。たまにしか使わない酒はバッグ・バーに置いておく。もっと頻繁に使う酒は、**スピード・ラック（SPEED RACK）**に置く。

BASE（ベース）

カクテルの基本（ベース）になる材料。通常は（例外もあるが）度数の高いスピリッツ。

BATCH（バッチ）

作り置き。材料の多い手間のかかるドリンクを作るとき、時間を短縮するために、あらかじめドリンクの一部または全部を混ぜておくこと（p181）。または、混ぜたもの。バッチは、通常**チーター・ボトル**に入れておく。バッチは、店外へのケータリングのために作る大量のドリンクについて言う場合もある。（**ブルシット**の項を参照）

BEHIND THE STICK（ビハインド・ザ・スティック）

バーテンダーを務めること。例文としては、"Frank was behind the stick that night." 「あの夜はフランクがバーテンダーだった」といった言い方をする。この表現は、ビールをディスペンスするために使うタップからきている（ただし、デス・アンド・コーではビール・タップは使っていない）。

BOOMERANG（ブーメラン）

小さなグラスに酒を入れてラップをし、手渡しで配達するもの。通常は、同業者へのあいさつ代わりに持っていく。

BROWN（ブラウン）

フィル・ウォードがよく使う言葉で、ドリンクのフレーバーが複雑だが、めりはりがないことを表す。通常は、レシピにひとつかそれ以上の不必要な材料を入れていることが原因。例文、「このカクテルは味が**ブラウン**だ。材料をひとつかふたつ減らしたほうがいいんじゃないか」。"muddy"（濁っている）ともいう。

BULLSHIT（ブルシット）

batchのスラング。文例「いまうちでは、ピスコ・インフェルノの代わりにレッド・アントの**ブルシット**を使っている」。"biz"ともいう。

CHEATER（チーター）

カウンターに並んでいる小さな瓶。シロップや**バッチ**を入れたり、滑稽な形の瓶に入ったスピリッツを移し替えておく。そのほか、現在のカクテル・メニューで少量だが頻繁に使う材料を入れておく。

CONCEPT DRINK（コンセプト・ドリンク）

特定のテーマや名前から創作されたカクテル。ブラッド・ファランによって一般に広まった。ブラッドが作った**コンセプト・ドリンク**には、ボタニー・オブ・デザイア（p223）、グッド・ヒューマー（p212）、チナロ・ド・ベルジュラック（p299）などがある。（p176の「デス・アンド・コー最悪のドリンク名」を参照）

DAB

dash of Angostura bitters（アンゴスチュラ・ビターズのダッシュ）の頭文字をとった略語。

DILUTION（ダイリューション）

希釈、薄めること。適正な比率の水をステアやシェイクによって混ぜること。例文"This drink is a bit hot. I don't think it reached full *dilution*."「このドリンクはちょっときつい。まだ十分に**希釈**されていないと思う」

DOESN'T SUCK (ダズント・サック)

デス・アンド・コーのバーテンダーが使うあいまいなニュアンスのほめ言葉。Doesn't suckは、「これはすごい」から「すごくないが、そんなに悪くもない」までさまざまな意味で使う。

DOUBLE STRAIN (ダブル・ストレイン)

ダブル・ストレイン、二度漉し。シェイク・ドリンクからフルーツや野菜、ハーブなどのかけらを残らず取り除くために、ホーソーン・ストレーナー（p116）と目の細かいコーン・ストレーナー（p117）を使って漉すこと。例文「このカクテルにはミントの破片が入っているから、もう一度やり直して**ダブル・ストレイン**してくれないか」。「ファイン・ストレイン」（fine strain）ともいう。

FAMILY MEAL (ファミリー・ミール)

毎夜11:30pmごろにスタッフ全員で飲み交わす一杯のこと。通常は、シエンブラ・アズール・テキーラ*、アプルトン・ラム、リッテンハウス・ライ、バッファロー・トレース・バーボン（だが、選り好みしたことはない）。"Time to feed the kids"（お子様のご飯の時間）ともいう。

FAT (ファット)

薄いドリンクに粘り気を加えるために使う甘味料（シロップ）。例文「あのスウィズルはとても美味しいが、ちょっと**ファット**〔コク〕が足りない。シンプル・シロップかアガベを足してはどうかな？」

GDT

ギャングスター・ダイキリ・タイム（gangster daiquiri time）。5:50～6:00pmに、ダイキリをグラスに入れてスタッフに配り、その日の営業開始に際して全員で乾杯すること。

GET SKINNY (ゲット・スキニー)

「細身になってくれ」の意。ほかのバーテンダーがじゃまで通れないときに、「どけよ」と言う代わりに言うていねいな表現。

HOME (ホーム)

定位置。カウンターの内側の道具やボトルを置くべき決まった場所。効率上、不可欠なもの。

HOT (ホット)

ホットな、きつい、辛い。ドリンクのアルコールの味が強すぎること。例文 "This Sazerac is hot. Needs more *dilution*."「このサゼラックは**きつい**。もっと**薄めた**ほうがいい」

IRKSOME (アークサム)

瓶に残ったごく少量の酒。新しいボトルに移し替えるよりも、飲んでしまったほうが簡単なくらいの量。または、カクテルの**スペック**でごく少量だけ使われる材料について使われることもある。

KD

コールドドラフト（Kold-Draft）の略。デス・アンド・コーでドリンクのシェイクやステアのときに使う約3センチ角の角氷。Kold-Draft社製の大きくて高価で扱いにくい製氷機で作る。

KETCHUP (ケチャップ)

サンジェルマンのニックネーム。サンジェルマンは、2007～2008年にバーでとくに人気のあったエルダーフラワーの香りがするリキュール。カクテルのスタイルの多様性を無限に広げるのではないかと思われた（その結果過度に使用された）ことからついた名前。このほかにも、「バーテンダーのバター」や「バーテンダーのダクト・テープ」など、さまざまなニックネームがつけられた。

MISE (ミーズ)

「ミーズ」と読む。材料の準備や道具の効率的配置に関するフランス料理の用語のmise en place（ミザンプラス）の略語。当店では、**サービス・ステーション**と**ポイント・ステーション**の両方の持ち場における、道具やガーニッシュや**チーター**やそのほかの材料の準備や配置のことを意味する。

MR. POTATO HEAD (Mr. ポテト・ヘッド)

アメリカの玩具「Mr. ポテトヘッド」〔目や鼻のパーツを付け替えられるジャガイモの形をした玩具。くわしくはp168参照〕からつくられた造語。既成（通常クラシック）のカクテルのレシピを基にして、一部の材料を別のものに置き換えて新しいドリンクを作るテクニック。たとえば、「ザ・ファイナル・ウォードはラスト・ワードのジンとライムをライとレモンに置き換えた**Mr. ポテト・ヘッド**のアレンジだ」という言い方をする。

NEED A BUMP (ニード・ア・バンプ)

物足りないこと。ドリンクが、味はいいが、何かがちょっと足りないことを表す言葉。

NG

no granish（ガーニッシュはなし）の略。飾りをつけないで出すドリンクのこと。

POINT（ポイント）

カウンターのドアに近いほうのバーステーション。ここに立つバーテンダーは、カウンターに座ったお客様のドリンクを作り、接客をする（サービスの項を参照）。「パーソナリティー・ステーション」（personality station）ともいう。

PRO（プロ）

Professional（プロフェッショナル）の略。スタッフが見せる見事なふるまいやテクニック、礼儀作法についていう。しばしば「仕事」とあわせて使われる。「自分が休みの日のためにバーの準備をしっかりとやってくれて、ありがとう。あれは本当のプロの仕事だ」。また、へまをやらかしたときに皮肉をこめて言う場合もある。たとえば、高価なミキシング・グラスを割ったときなど「さすがはプロだ」などという。

SCUMBAG（スカムバグ）

同業者が終業間際にやってきて、飲み物を注文し、2、3杯しか飲まずにねばったうえ、わずかなチップしか出さないこと、またはその人。たとえば、「昨日の晩、誰それにスカムバグされて、迷惑したよ」などと言う。または、当店のドリンクが他店のメニューにクレジットなしで載せられることについてもいう。

SERVICE（サービス）

調理場に近いほうのバーステーション。サービスのバーテンダーは、テーブルの席に座るお客様からチケットで注文を受ける。「フロア」（floor）ともいう。

SHAKING ICE（シェイキング・アイス）

ドリンクをシェイクするときに使う大きな5センチの角氷。バーでは、肩を傷める原因になることが多い。「ブロック・アイス」ともいう。

SIMPLE（シンプル）

「シンプル・シロップ」のこと。等量のグラニュー糖と水を混ぜた溶液（FATの項を参照）。略語で「SS」ということもある。

SPEC（スペック）

暗号的に略語で書かれる、または口頭で伝えられるカクテル・レシピ。たとえば、「君のダイキリのスペックは2、1、3/4かい。それとも2、3/4、3/4かな」などという。〔スペックの数字の単位はオンス＝30ml〕

SPEED RACK（スピード・ラック）

カウンターの全長を占める2列に並ぶ棚。カクテルの現在のメニューを作るために使う材料の大部分（チーターに入れてあるものを除く）が置いてある。たんに「ラック」ともいう。

SPLIT（スプリット）

カクテルのベースに2つ以上の異なるスピリッツを使うこと。たとえば、「オールドファッションのベースを、バーボンの代わりに、テキーラとメスカルのスプリットに置き換えて、Mr.ポテト・ヘッドにしたよ」などという。

THIN（スィン）

FAT（濃い）の反意語。

TIN ON TIN（ティン・オン・ティン）

当店で好んで使っているシェーカー・セット。たとえば、「前の店ではみんなボストン・シェーカーを使っていたけど、ティン・オン・ティンに変えたおかげで肩をこわさずにすんだよ」などという。

WASH LINE（ウォッシュ・ライン）

グラスに入っているカクテルの液面の高さ。ほとんどの場合、もっとも望ましいウォッシュ・ラインは、グラスの縁ぎりぎりの高さである。ウォッシュ・ラインが低いということは、ドリンクの希釈が不十分であることを示す。例文「きみの作ったダイキリのウォッシュ・ラインは低いな。シェイクが足りないんじゃないか」

WAYNE GRETZKY（ウェイン・グレツキー）

すかしたミクソロジストを意味する俗語。アイスホッケーの選手が好む「ミニ・マレット」と呼ばれるヘアスタイルにしてかっこうをつけているような奴、の意。〔ウェイン・グレツキーはアイスホッケーの選手〕

THE REGULARS
常連のお客様
ビル・デイリー神父

ビル・デイリー神父はうちの店をごひいきにしてくださるお客様のひとり。
神父はローマ・カトリックの聖職者であり、同時に、弁護士でもあります。

デス・アンド・コーは、ブロードウェイの82番街のホーリー・トリニティー教会から歩いて85分のところにあります。ニューヨークに越してきて間もないころ、わたしは日曜の夜（神父にとっては金曜の夜）にこの教会を出て、ダウンタウンを歩いて店に通っていました。店内が満席のとき、わたしは自分の本を読んだり、ドアマンのフランキーを相手に、客の入店をはばむ彼のディフェンスプレーについて冗談を言い合ったりしました。フランキーはいつも慇懃な態度で、わたしが日よけの下に座って待っていることを面白がりました。その後、火曜日と木曜日にも時間を見つけて通うようになりました。やがて、デス・アンド・コーはわたしにとってもうひとつの我が家になりました。

まず1杯目は、ティー・パンチと決めています。バーテンダーによってそれぞれ作り方が違うけれど、みな自分のバージョンがいちばんだと言い切ります。ホアキンのティー・パンチは基本的にラム入りかき氷ですが、トーマスのティー・パンチは氷がひとかけらも入っていません。ティー・パンチの次は、1対1のマティーニを、そのあとはロブ・ロイ（p208）を頼みます。わたしは、マティーニを頼みにくいバーには入れません。

普通は脳のスイッチを切るためにバーへ行きますが、ときおりスイッチを入れたくなることもあります。脳のスイッチを入れたいとき、デス・アンド・コーのスタッフは、いつも喜んで自分たちの専門技術について教えてくれますし、彼らはみな経験が豊富だから、カウンターに立っているのが誰であっても、いつも有能なプロのサービスを受けることができます。この店でバーテンダーをやるのは大変です。彼らなら、ほかの店に行けば、ラム・アンド・コーラを作るだけでもっといいお金を稼げるはずです。毎夜彼らはウォッカを出さない理由を誰かに説明しなければなりませんし、また絶えず「きみの好きなドリンクは何だね」という同じ質問をされます。

わたしは、神父の仕事というのは、途方に暮れている人と出会うことだと思っています。結局のところ、人はみな、この世界の中で自分の居場所がわからず悩んでいます。人々が教会に来るのは、そういうときです。そうした人たちに、この広い宇宙のなかでわたしたちがいるところは自分の家であり、そこは温かくて居心地のいいすてきな場所なのだということを教えるのが自分の仕事だと、わたしは思っています。それはもてなしの心――人々に自分の家にいるような安心感にひたってもらうことです。バーテンダーが提供するサービスも同じようなものではないでしょうか。

TI PUNCH
ティー・パンチ

ライム	1/2個
サトウキビ・シロップ（p357）	1ティースプーン
ラ・ファボリット・ラム・アグリコル・ブラン	60ml

ダブル・ロック・グラスにライムとサトウキビ・シロップを入れ、ライムをマドリングして十分な果汁を絞り出す。ラムとクラックド・アイスを加え、冷たくなるまでステアする。ガーニッシュはなし。

第2章
バーをつくる

APERITIVO JULEP
アペリティーボ・ジュレップ
アレックス・デイ

　すばらしいカクテルがどういうものかを示す実例が、これです。できあがったものは、部分を合計したものよりもずっとよいものになるのです。デス・アンド・コーでは、新しい酒やなじみのない酒のボトルが持ち込まれると、必ず味見をし、新しいドリンクを創作するためにその味を記憶に刻み込んでおきます。ほろ苦い旨みのあるアマーロ・チョチャーロ* が持ち込まれたとき、アレックスは一口含んだその味がその日の営業中ずっと頭からはなれませんでした。彼はふと思いついて、このアマーロとよく合う桃のリキュールのマスネ・クレーム・ド・ペシェと、ドラン・ドライ・ベルモットを混ぜて、当店の新しい人気メニューをまたひとつ作りました。バーテンダーたちは、しばしば低アルコールのドリンクをばかにしますが、アレックスもおもしろがって、通常は強めのカクテルを入れる容器——ジュレップ・ティン——にこのドリンクを入れて、矛盾した名前をつけました。

ドラン・ドライ・ベルモット	60ml	マスネ・クレーム・ド・ペシェ・ピーチ・リキュール	1ティースプーン
アマーロ・チョチャーロ*	22.5ml	ガーニッシュ：ミントの束	1

　ジュレップ・ティンにすべての材料を入れる。ティンの中ほどまでクラッシュド・アイスを詰める。バースプーンでステアし、10秒ほど氷をかき混ぜる。ティンの縁をつかんでステアすると、やがてティン全体に霜がつきはじめる。クラッシュド・アイスを追加してティンの3分の2くらいまで詰め、ティンが完全に霜でおおわれるまでステアする。さらに氷を加えて、グラスの縁より高く山盛りにする。氷の真ん中にミントの束を飾り、ストローをつけてサーブする。

　この章では、スピリッツなどのアルコール入りの材料が製造される際の化学作用やそのほかの細々したことは、都合により省きます。その代わり、デス・アンド・コーでもっとも頻繁に使われるスピリッツやリキュールやそのほかの風味づけの酒に限定して、そうした材料を当店で好んで使う理由を説明します。この章では、ありとあらゆる美味しいスピリッツをまんべんなく取り上げるのではなく、むしろ、カクテルのなかで輝きを放つ材料を選別して解説していきます。これは、わたしたちが使っているものと同じ酒を、読者の方にも自分の家や店に置くことおすすめするためではありません。むしろ、自分でバーをつくろうという人のために、店に置くスピリッツを選ぶためのテイスティングや評価の方法を提供したいと思います。

　この章では、まず初めに、基本的なベース・スピリッツのジン、ラム、テキーラ、メスカル、ウイスキー、ブランデーの説明から始めます（どうしてウォッカを除外したのか不思議に思う方もいるかもしれません。正直に言って、デス・アンド・コーでは絶対と言っていいほどウォッカは使いません。当店をオープンしたのは、カクテルの現在の潮流が始まったころで、**新しい**——とくにフレーバーと深みのある——スピリッツを紹介することを店の方針にしました。最近では、ウォッカに対するわたしたちのかたくなな気持ちもいくらかやわらいできて、ご注文があればウォッカのカクテルも喜んで作るようにしています。しかし、古い決められた型から抜け出したいという思いがあり、それに加えて、もっと興味深いオプションがほかに数限りなくあるわけですから、当店のメニューにはまだウォッカのカクテルは載っていませんし、おそらく今後も載ることはないでしょう）。

　ベース・スピリッツのあとは、ベースとして使われることもあるけれど、風味づけの酒という脇役としての出番のほうが多い比較的マイナーなスピリッツ（アブサンとアクアビット）を取り上げます。その次は、もっと風味づけに特化したリキュール、アマーロ、ベルモット、シェリー、アペリティフ・ワイン、ビターズなどの材料を取り上げます。最後に、この章の締めくくりとして、甘味料やインフュージョン液、ジュース、ガーニッシュ、氷について説明します。

　カクテルの作り手として創造性を身につけたければ、材料から学ぶことです。シェフやソムリエに比べると、バーテンダーは通常つねに変わることがない材料（酒）を扱っているわけですから、とても幸運です。とはいうものの、酒のなかにも変化するものがあり、歳月を経るなかで、わたしたちは多くのお気に入りのスピリッツが坂の上から転げ落ちていくのを実際に見てきました。たとえば、気に入っていたテキーラのブランドが大手の多国籍企業に買収され、品質が落ちるという惨状を目にして、心が痛む思いをしたこともありました。また別のケースでは、人気のあったライ・ウイスキーが本来の味わいを失ってしまったことがありましたが、これはおそらく製造業者が需要を満たすためにまだ熟成が足りないウイスキーを出荷したせいではないかと思います。これはつまり、何年も変わらないように思える製品も、いつか変化する可能性があるということです。わたしたちの仕事は、絶えず製品のテストと味見をして期待どおりの味かどうかを確かめ、もしそうでなければ、カクテルの香りが変わらないようにスペックを調整するには何が必要かを戦略的に考えることです。

　そのうえ、新しい革新的な製品も絶えず登場しており、いまはそのペースがかつてないほど激しくなっています。デス・アンド・コーで働く最大の喜びのひとつは、新しい製品と出会えることです。新しいものが売り出されると、幸いなことに、それを真っ先に味見することができます。もし合格なら、頻繁に使われるボトルの棚に並べられます。しばらくの間、その酒は、バック・バーにびっしりと並ぶスピリッツの真ん前の特等席で、スポットライトを浴びることになります。そこは、2人のバーテンダーがどちらもすぐに手を伸ばせる中間の位置になります。通常テイスティング・グラスも横に置かれていて、シフトのバーテンダーは、時間があるときに味見をします。そして、バーテンダーはこの新製品とその可能性について吟味しながら、どうやってお客様に出すかを考えていきます。バーテンダーによっては、味見をしただけでインスピレーションがわくこともありますし、その製品の来歴を深く掘り下げて、新しいドリンクのひらめきを与えてくれる手がかりを理知的に探っていく場合

もあります。ある瞬間に、パッとアイデアが形を取り始めます。オーダーとオーダーの合間に試作のカクテルがバック・バーに並んでいき、時にはそれが10杯になることもあります。こうした初期の段階では、ほかのバーテンダーが助言して、微調整が加えられ、そのあとフロア・スタッフも参加します。そして、具体的な形ができてくると、信頼できる常連さんたちにも加わってもらって、率直な意見を聞かせてもらいます。すると、ほらでき上がり、新しい製品はもうなくてはならないものになり──すでにいっぱいの棚に置き場所を作るために、頭を痛めることになるのです。

　この本が出版されるころには、わたしたちはきっとまた新しい材料を見つけて、ドリンクに普通に使っているでしょう。ですから、わたしたちとしては、読者のみなさんにも同じような冒険心を抱いて、カクテル作りに取り組んでもらいたいと思います。新製品には、つねに目を光らせていてください。試してみたいスピリッツや材料は次々と登場してきますから、誰も退屈することなんかありませんし、新しいカクテルは絶えず生まれ続けるでしょう！

TASTING & EVALUATING SPIRITS
スピリッツのテイスティングと評価

毎日のように、輸入業者や製造業者が最低でもひとりは店にやってきて、新製品の酒を持ち込み、試してくれと言ってきます。デス・アンド・コーは、幸運なことに、開発途中の多くの重要な新商品の試験台の役目を果たしてきました。そうした新製品には、初期の試作品もあれば、最終的な調整段階のものもあります。これはおそらく、輸入業者や製造業者の人たちが、うちの店を、自分たちの商品に対して率直な評価を下してくれるたしかな場所とみなしているからでしょう。当店のバーテンダーたちは、自分の意見を差し控えるということはしません。もし味を見て気に入れば、そう言いますし、気に入らなければ、やはり遠慮なくそう言います。

新製品のテイスティングをするとき、わたしたちは、ビバレッジ・アルコール・リソース（p370の「材料等の供給元」を参照のこと）の諸先生方から教わった方法論に従います。この方法は、新製品のメリットを評価するための最高の方法だと思います。以下に、その原則を説明します。

つねに別の人といっしょに
テイスティングする

その人がテイスティングについて経験不足であっても、好みがあなたと大きく違っていても、それはかまいません。スピリッツのテイスティングと評価をひとりだけでするのは、よくありません。独断は、対話による判断と比べて決して生産的ではないからです。当店では、テイスティングは複数のバーテンダーと、さらにほかのスタッフも加えて行うことにしています。

比較のための基準を設定する

テイスティングは、比較をしてこそ意味があります。これは、どっちのほうが上かという評価をするのではなく、対話や議論のきっかけとすることが目的です。その製品と比較対象となるものがあるということは、基準を定めるために不可欠です。通常は、メスカルやライ・ウイスキーやジンなどの同じカテゴリーのいくつかのスピリッツとともにブラインド・テイスティング〔目隠し味見テスト〕を行います。このテイスティングには、しばしばお気に入りのボトルも加え、やはりブラインド・テイスティングをして比較します。

テイスティングの目的を定める

時には、スピリッツの品質を判定するためにテイスティングすることもあります。その場合、最初は必ず混ぜ物のない純粋な状態でそのスピリッツの味を見ます。つまり、スピリッツだけをグラスに注ぎます。しかし、多くの場合、そのスピリッツの最適な活用法を見つけるためのテイスティングもします。そのスピリッツをカクテルの材料しして使う場合どういう使い方がいちばんよいか、すでに使っている材料よりもよいかどうかを見きわめるのです。これを判定するために、まず個々のスピリッツをテイスティングしたあと、それぞれのスピリッツを使ってシンプルなよく知られているカクテルを作り、テイスティングします。ラムならダイキリを作り、ウイスキーならマンハッタンやオールドファッションを作り、ジンならマティーニを作ります。

スピリッツをテイスティングする

スピリッツ——これから分析する新製品だけでなく、比較例とするスピリッツも2、3種類——をそろえてから、テイスティングを始めます。水を入れたグラスを手元に置き、これで口をすすいだり、必要に応じて、度数の高いサンプルを水で薄めたりします。度数の高いスピリッツは、薄めたほうがそのポテンシャルをすべて引き出すことができます。まず初めに、スピリッツの香りを嗅ぎます。スピリッツは、ビールやワインよりもアルコール度数がずっと高いので、ワインと同じようなつもりでにおいを嗅ぐと、鼻にツーンときて、その刺激でテイスティングそのものが台なしになってしまいます。ですから、グラスを鼻のほうに持っていくときには、口を開けて、息を吸い込みます。ただこれだけのことで、強

いアルコールの刺激をじかに受けるのを避けて、スピリッツに内在するアロマを嗅ぎ取ることができます。2、3度においを嗅いだら、気がついたことを仲間と話し合ってみます。それからスピリッツを一口含み、口の中に残ったフレーバーをすっかりすすぎ落とします。コーヒーや食事、タバコ、そのほかテイスティングの前に飲食したものの味やにおいを取り除くのです。それからさらに2口飲んで、スピリッツを口の中で転がします。一口飲むごとに、テイスティングの感想を話し合います。もしアルコールがスピリッツのアロマやフレーバーをじゃますするようなら、必要に応じて少量の水を加えます。〔一般的には、「アロマ」は鼻から吸い込んだときに感じる香りをさし、「フレーバー」は口に含んだ時に鼻へと抜ける呼気から感じる香りをさす。また「フレーバー」は、香りだけでなく香りと味の両方が混ざって生じる感覚をさすこともある〕

それぞれのスピリッツを表現するために役立つ意味ある言葉を見つける

　わたしたちは、難解な記号のような言葉——「しなやかな」とか、「ほんのりと石果〔水分量が多く、硬い種を持つ桃などの果実〕のような感じの」といったあやふやな表現——は使わないように心がけています。それよりも、もっと気取らない砕けた表現で意見交換できるようにしています。スピリッツをテイスティングするということは、その人だけの主観的体験と関わることであり、記憶を言葉で表すことであり、自分が感じたにおいや味から何かを連想することです。たとえば、ピート（泥炭）のにおいがするスコッチ・ウイスキーは、海辺でキャンプファイアをしたときのことを思い出させるかもしれませんし、ドライフルーツやベーキング・スパイス〔焼き菓子を作るときに使われるスパイス〕の香りが豊富なシェリーは、クリスマス・イン・ア・グラスを思い起こさせるかもしれません。

　スピリッツのテイスティングには、それに熟練するほどの広範な経験が必要なわけではありません。なんであれ、自分自身が感じたことに対して心を開き、心に浮かんだ感覚や記憶を素直に受け止め、最終的にそれをリラックスした気分で語り合うことです。そうすることによって、可能な限り深く、かつ率直なコメントが出てくるのです。こうして活気づけなければ、お行儀よくテーブルを囲んで黙々とにおいと味を見ているだけのうっとうしいテイスティングになってしまうでしょう。それでは、退屈なだけです。わたしたちに必要なのは、情感であり、感動であり、積極的に取り組む姿勢なのです。

GIN
ジン

デス・アンド・コーでは、ベース・スピリッツとして、何よりもジンを多用します。なぜでしょうか。ジンは、ほぼ何とでも合うからです。ジンは、ドリンクの土台としてしっかりしていて、その上にほかの材料がそのフレーバー・プロフィール〔風味の特徴〕を積み上げることができるからです。ジンに使われている美味しいボタニカル（ジュニパー、カルダモン、コリアンダー、柑橘類、等々）が、小さな指のようにほかのフレーバーをしっかりとつかみ、カクテルのすべての要素を引き立てます。ジンは、アルコール度数の高いステア・ドリンクを引き立てられるほど味がしっかりしていると同時に、柑橘類を使うリフレッシュ系のカクテルに合う繊細さも兼ね備えています。ジンは、当店では誰からも愛される人気者であり、いつもそばに置いておきたいスピリッツです。

原材料

ジンは、度数の高い中性スピリッツを、ボタニカルとともに再蒸留して造ります。こうしたボタニカルには、ジュニパーが必ず含まれますが、ほかにもブランドによって、オレンジ・ピール、レモン・ピール、アンジェリカ・ルート、アニス、キャラウェイ、桂皮、コリアンダー、ココア、ビター・アーモンド、オリス・ルート、そのほかさまざまなものが加えられます。再蒸留のあと、水を加えて度数を下げます。

生産地

原産地のオランダでは、ジンは**ジュネバ**と呼ばれていました。いまでは、ジンは世界中で造られています。とはいえ、人気のあるジンのブランドの大部分はイギリスで造られています。

カテゴリー

ロンドン・ドライ：度数の高い（通常アルコール度数45%以上）濃厚で、主張の強いすっきりしたスタイルのジン。ジュニパーと柑橘系の際立ったフレーバーを持つ。ロンドン・ドライ・ジンは、そのほかのすべてのジンのベンチマーク〔指標〕とみなされています。ロンドンという都市名がついていますが、ロンドンで造られているとは限りません。事実、文字通りロンドンで造られているロンドン・ドライ・ジンの銘柄は2つしかありません。ロンドン・ドライは、バーテンダーにとってはかけがえのないツールであり、柑橘系の強めのカクテルにはなくてはならないものです。ギムレットは、ビーフィーターのようなシャープなジンで作るとすばらしい味になります。同じように、個性の強いタンカレーを使うと、ネグローニは申し分のない味になります。

プリマス：伝統的なロンドン・ドライに似た柑橘系の香りの強いやさしいスタイルのジンです。アルコール度数は41.2%と低め。プリマス・ジンは、イングランドのプリマスの専用の蒸留酒製造所で蒸留されています。もっと度数の高い（57%以上の）ネイビー・ストレングス——アルコールの強いマティーニには申し分のない土台——も販売されています。

オールド・トム：歴史的にはロンドン・ドライの近縁に当たります。ジュニパーの香りが際立つフレーバー・プロフィールを特徴とする点は似ていますが、ボディはもっ

と豊かで、フレーバーはもっと甘い。伝統的な製法では、オールド・トム・ジンは、砂糖で甘味をつけ、ボタニカルを加えていました。これは、質の悪い蒸留液をごまかす必要性からきたものですが、同時にジンに加えるボタニカルの量を増やす機会にもなりました。20世紀後半にカクテル界からほとんど姿を消しましたが、オールド・トムは最近になって復活し、ユニークな鮮やかさとパンチを備えた独特のカテゴリーに生まれ変わりました。ジンを必要とする古いカクテルのほとんどのレシピは、実際にオールド・トム・スタイルを前提としています。質の高いオールド・トムで作るトム・コリンズは、そのよい例です。

ジュネバ：すべてのジンの草分けであるジュネバは、オランダ人がジュニパーを普及させるために造ったものです。ジュニパーには、疫病を防ぐ効果があると考えられていました。ジュネバは、モルトワインを蒸留し、それからボタニカルを加えて再蒸留して造ります。フレーバー・プロフィールは、ほかのどのスタイルのジンよりも甘く、濃厚で、ほんのりとボタニカルの風味がする熟成していないウイスキーのような感じです。

ニュー・スタイル：「ニュー・ウエスタン」とか「アメリカン」とも呼ばれます。これは、ジンのアメリカ西部版であることを意味しています。このカテゴリーには、基本的に、上述のカテゴリーにそのままでは分類されないあらゆるスタイルのボタニカル入りの蒸留酒が含まれます。ほとんどは、フレーバーやスタイルについてクラシックなジンのスタイルを手本とし、そこにボタニカルを加えたり、差し引いたりし、ベース・スピリッツを基にさまざまな原材料を使って実験しています。すべてのジンと同じように、ジュニパーは必須の要素ですが、強さの程度はさまざまです。

熟成

　製法として伝統的に熟成が行われてきたわけではありませんが、ジンにはオークの樽で熟成されるものがあります。ジュネバは熟成を行ってきた長い歴史がありますし、近年では、ロンドン・ドライの一部の銘柄（ビーフィーター・バローズ・リザーブなど）や昔ながらの

オールド・トム・ジンは、熟成をするようになってきました（ランサム・オールド・トム*がその好例）。多くの場合、こうしたジンの熟成期間は比較的短く、ウイスキーやブランデーのように長期ではありません。

おすすめの銘柄

・・・ロンドン・ドライ・・・

タンカレー・ロンドン・ドライ・ジン：ビーフィーターと同じように、タンカレーも典型的なロンドン・ドライ・ジンであり、ほかの強いフレーバーに負けず、うまく合うことがわかったので、当店のレパートリーに加えました。タンカレーにはほとんどどんなものでも合わせられますし、その主張の強い松のようなアロマは、とくにシャルトリューズのようなハーブの風味がついたリキュールやアマーロの際立ったフレーバーと結びつけると力を発揮します。アルコール度数が高い（47.3%）ので、砂糖を加えないドリンクにコクをあたえます。当店オリジナルのネグローニ（p199）はタンカレーを使いますが、これはわたしたちからの最大の称賛のあかしです。

ビーフィーター・ロンドン・ドライ・ジン：デス・アンド・コーでは、オープン当時、ビーフィーターとプリマスの2つのジンをスピード・ラックに置いていました。ビーフィーターは、ロンドン・ドライ・ジンのベンチマークであり、最初にジュニパーの香りが立ち、そのあとにオレンジやペッパーやスパイスの香りが続きます。ビーフィーターはいろいろと用途が広く、さまざまな材料と合わせることができます。くだけたパーティに景気づけのために出すラスト・ワード（p207）のようなカクテルの材料としても使えます。

プリマス・ジン：これ自体がスタイルであり、ブランド名にもなっています。比較的ソフトで上品なジンで、エイビエーション（p192）やフレンチ75（p203）といったクラシック・カクテルなどの、繊細な風味づけの酒と柑橘類やフローラルのフレーバーを加えるドリンクに使うと最高です。プリマスはジンの入門用としてもすぐれています。ジンは嫌いだというお客様でも、プリマスでサウ

ス・サイド (p194) を作ってお出しすると、すぐに宗旨変えなさいます。

・・・オールド・トム・・・

ヘイマンズ・オールド・トム・ジン：ヘイマンズがこのかつての忘れられたスタイルを復活させたのは、デス・アンド・コーがオープンしたのと同じころです。当店では、ドリンクの土台として単独で使うことはめったにありませんが、そのデリケートで親しみやすいフレーバーはさまざまなドリンクのスプリット・ベースとして利用できます。

ランサム・オールド・トム・ジン＊：わたしたちの友人で、カクテル研究家のデビッド・ワンドリッチは、オレゴンのランサム蒸留所に協力して、彼らの言うよりクラシックに近いオールド・トムを再現するのを手助けしました。よりクラシックに近いオールド・トムとは、彼らの主張によれば、甘味料を加えずに樽で熟成したものです。酒の歴史というのはこういうものです。強い主張はいろいろあるものの、厳然たる事実が不足していることもあります。これは誰もが酔っぱらっていたせいです。ランサムは、ヘイマンズよりもドライで、麦芽の味は控えめですが、この2つのジンは当店オリジナルのマルティネス (p205) のスプリット・ベースとして使うとよい味を出します。ランサムは、トム・ボム (p215) のようなドリンクでは、単独で使ってもすばらしい味を出します。

・・・ジュネバ・・・

ボルス・ジュネバ：より現代的なスタイルのジンとは違って、この元祖的なジンのフレーバーは、麦芽の風味が前面に出ていて、ジュニパーと柑橘系の香りは控えめです。ボルスは、デス・アンド・コーのオープン後まもなくこのスタイルを再導入したので、わたしたちはこれを早速採用しました。ウイスキー以外で、麦芽の味と穀物らしい風味のベースを使ったドリンクを作るためです。ラケッティア・ジュレップ (p315) がその代表例です。それから間もなく、ボルスはスパイスとミントを加えた樽熟成のジュネバを発売しました。当店では、しばしばこのジンをほかのジンと合わせて、スプリット・ベースにして使っています。

・・・その他・・・

アンカー・ディスティリング・カンパニー・ジュニペロ・ジン：ジンには、民主的リーダーのようにふるまってほしいこともあれば、ワンマンのようにふるまってほしいこともあります。この主張の強いジンは、ワンマンです。アルコール度数は49.3%で、ドライ・マティーニやラスト・ワード (p207) のような「ジンらしいジン」を感じさせるクラシック・ドリンクを作ることができるボタニカルだけを使っています。

ペリーズ・トット・ネイビー・ストレングス・ジン＊：当店のオープン当初から熱心に通ってくださる常連のひとりアレン・カッツが、カクテルに使うことを前提にして、このネイビー・ストレングス（アルコール度数57%）のジンを造ってくれました。これは力強く、スパイスのきいたジンで、野生の花の蜜を吸う蜂のハチミツで甘味をつけています。このジンを使うと、ザ・コマンダント (p212) のように、ドリンクに複雑さを加えることができますし、当店ではクラシックのギムレット (p193) を作るときに好んで使います。

THE REGULARS
常連のお客様
ドン・リー

ドン・リーは、IT業界から転身してバーテンダーになりました（1度だけデス・アンド・コーでシフトについたこともあります）。また、ドン・リーは、ニューヨークのバー、ゴールデン・キャデラックでドリンクの指導もしています。

友人のジョン・デラゴンが、デス・アンド・コーというバーが大晦日にひっそりとオープンするという噂を聞きつけ、ふたりで行ってみました。ほかのカクテル・バーとは感じが違うな、というのが、わたしの第一印象でした。ニューヨークのほかの店よりも、暗く、ロマンチックで——ちょっとゴシック風でした。

フィルとブライアンはペグ・クラブにいたころから知っていましたから、そこで彼らの創作したカクテルをいくつか味わったことがありましたが、デス・アンド・コーのメニューは、わたしがそれまでに見たどんなメニューとも全然違っていました。それはまるで、シングルを数曲しか聞いたことがなかった歌手の曲を、アルバムでようやく全曲聞いたような気分でした。

週に3回は、この店に足を運ぶようになりました。わたしは開店前から店の前の行列に並ぶ客のひとりでした。18時になると入店し、2時間ほど飲んで、混み方がひどくなる前に帰りました。バーテンダーたちとおしゃべりしたり、新しいものもいくつか試してみたりして、とてもすばらしい時間を過ごしました。ニューヨークのほとんどのカクテル・バーは、クラシックやサワーやそのほかのシェイク・ドリンクにばかり目を向けていましたが、デス・アンド・コーは、強めのステア・ドリンクの幅を広げて、カクテルの材料として一般的でないものもいろいろ使っていました。そのなかには、アマーロやメスカル、パンチ、さまざまな種類のビターズ、あらゆる素材をインフュージョンしたあらゆる酒がありました。こうしたものはすべて、いまわたしたちが「ニューヨーク・スタイルのカクテル」と呼んでいるものの基礎になりました。

デス・アンド・コーがオープンして2、3か月たったころ、わたしはフィルから、どのシフトでもいいから助っ人をしてくれないか、と頼まれました。たしか、こんな感じでした。

「実はまいってるんだ。みんな休みを取りたがってるんだけど、スタッフが足りないからそんな余裕がない。もういまじゃあ、あなたもうちのドリンクのことはよく知っているから、助っ人を頼めるんじゃないかと思って」

そこでわたしは、この店のドリンクの基礎を勉強するために2、3回研修のシフトにつくことにしました。

ある日曜日、フィルがコンサートのチケットを持っていたので、わたしが彼の代わりにカウンターに立つことになりました。そのころ、日曜日は空いていて、バーテンダーひとりとバーバックひとりで足りました。シフトは、最初のうちは楽でした。カウンターの準備をして、ガーニッシュを少し切りました。そのあと、年配のふたりの男性客が来店して、フィッシュ・ハウス・パンチを注文しました。わたしはレシピに従ってドリンクを作りながら、パンチの歴史についてちょっとうんちくを垂れました。ふたりがパンチを飲みながら話しているのを聞いて、自分がドリンクを出した相手が当代随一の博識を誇るカクテル史研究の第一人者であるデイブ・ワンドリッチとジャレド・ブラウンだということに気づきました（あとで、デイブからうまいパンチだったと言ってもらいました）。

10:00pmには店は満員になり、わたしはてんてこ舞いになりました。オーダーをさばききれなくなり、火だるまになったような気分でした。そのとき、コンサートで疲れ切ったフィルが現れ、カウンターの中に飛び込んできました。彼はドリンク・チケットを見ると、一気に30杯のドリンクを作り、「じゃあ、また」と言って姿を消しました。これが、デス・アンド・コーでのわたしの最初にして最後のシフトでした。

FISH HOUSE PUNCH
フィッシュ・ハウス・パンチ

角砂糖	4
炭酸水	60ml
レモン・ジュース	30ml
ハインHコニャック	30ml
アプルトンV/Xラム	30ml
マスネ・クレーム・ド・ペシェ・ピーチ・リキュール	15ml

ガーニッシュ：桃のスライス

ミキシング・グラスに角砂糖と炭酸水30mlを入れて、マドラーで角砂糖を完全につぶす。残りの材料（残りの炭酸水を除く）と氷を入れて、冷たくなるまでステアし、大きな角氷を入れたブランデー・スニフターに、漉しながら注ぐ。残りの炭酸水30mlで満たす。桃のスライスを飾る。

RUM

ラム

　カクテルの材料として使う場合、ジンやウイスキーはある程度は置き換えが可能ですが、デス・アンド・コーでストックしているラムは、置き換えた場合には、ドリンクのフレーバー・プロフィール〔風味の特徴〕が劇的に変わるくらいの際立った個性があります。これは主として、ラムが世界でもっとも多様なスピリッツだからでしょう。ラムを製造している国は何十か国にも及び、その多くには長年にわたる独自の製造スタイルがあります。ドリンクの材料としてラムを使う場合、だいたい2つの使い方に分かれます。ひとつは、ダイキリなどのリフレッシュ系のシェイク・ドリンクで、もうひとつは、強めのステア・ドリンクです。ステア・ドリンクでは、ラムが（ティキ・スタイルのドリンクの場合はさまざまなラムが複合して）ほかの樽熟成のスピリッツと同じような深さと複雑さを発揮します。

原材料
　ラムは、絞りたてのサトウキビ汁と、サトウキビの糖またはサトウキビの糖の副産物（通常は糖蜜）を発酵させ、そのあと蒸留し、さらに多くの場合、できたスピリッツをオーク樽で熟成して造ります。

生産地
　ラムの原産地はカリブ海ですが、オーストラリア、イギリス、アジア、アメリカなど世界のいたるところで一級品のラムが造られています。

カテゴリー
スパニッシュ：通常、糖蜜を蒸留して造る比較的味が軽いスタイル。

イングリッシュ：多くの場合、デメララ・シュガーを蒸留して造る比較的味が濃厚なスタイル。

ジャマイカン：別名「ネイビー〔海軍〕・ラム」。ジャマイカン・スタイルのラムは、特有のくせのある複雑な味がします。

フレンチ：特徴的な草と土の香りがするスタイル。絞りたてのサトウキビ汁を蒸留して造る。おもに仏領西インド諸島で製造されています。西インド諸島で製造される銘柄はラム・アグリコル（rhum agricole）と称されます。

熟成
　製造されるラムの大部分は無色で、オーク樽で熟成・貯蔵されることなく瓶詰めされます。しかし、デス・アンド・コーで使うラムは、ほとんどがオーク樽で一定期間貯蔵されたものです。

おすすめの銘柄

・・・スパニッシュ・スタイル・ラム・・・

カーニャ・ブラバ＊**（パナマ）**：わたしたちの親友のサイモン・フォードとドゥシャン・ザリックは、オーセンティックなキューバ・スタイルのラムをアメリカに持ち込むために辛抱強く努力しました。いまのところ、カーニャ・ブラバはハバナ・クラブと同じように（アメリカの対キューバ禁輸措置により）入手しやすい状態にありますし、ずいぶんよくなったとも言われています。カーニャ・ブフバを使ったダイキリほど美しいものはめったにありません。当店ではこれをダイキリの味の基準にしています。

サンタ・テレサ1796ロン・アンティグオ・デ・ソレラ・ラム（ベネズエラ）：スペイン式のソレラ・システムを使って熟成させるユニークな銘柄。いちばん古い樽のラムの一部を瓶詰めにしたあと、2番目に新しい樽のラムを補充し、同じことを順次くり返します。こうして、すべての樽を満たし、すべてのボトルにさまざまな年代のラムが混ざり合うようにします。その結果、ひじょうにドライで、ステア・ドリンクとシェイク・ドリンクの両方になじむ熟成した味の柔軟なラムに仕上がります。

フロール・デ・カーニャ・エクストラドライ・ホワイト・ラム＊**（ニカラグア）**：スパニッシュ・スタイルのラムを初めて飲む人におすすめの銘柄。カクテルの材料として使う場合、ほかのどんなゲストともけんかしないでパーティにうまくなじみます。オーク樽で貯蔵されるため、スパイスやバニラ味が加わり、柑橘類やほかのトロピカル・フルーツとよく合います。

ロン・デル・バリリット3スター・ラム＊**（プエルトリコ）**：熟成ラムとしてはフルーツの風味が強い。しばしば、何種類ものラムを使うティキ・スタイルのドリンクに鮮やかさを加えるために使います。

・・・イングリッシュ・スタイル・ラム・・・

エルドラド12年ラム（ガイアナ）：いくつもの蒸留器（かつて英国海軍が使っていた古い木製の蒸留器を含む）を組み合わせて造ります。このラムの深いキャラメル風味は、ティキ・スタイルのドリンクに使うと、ほかのラムと協調していい味を出します。

ゴスリングス・ブラック・シール・ラム（バミューダ）：この暗い色の甘いラムは、ダーク・アンド・ストーミー（p196）の材料という印象がいちばん強いですが、ステア・ドリンクでもシェイク・ドリンクでも、濃厚な糖蜜の香りを加えたいときに驚くほど重宝します。

スカーレット・アイビス・ラム＊**（トリニダード）**：スカーレット・アイビスは、そもそも当店のプライベートブランドとして造られたラムです。単式蒸留器で蒸留し、3〜5年熟成させたラムをブレンドして造ります。（49％というアルコール度数のおかげで）フルボディで、力強いフレーバーがあります。このラムは、よりライトなスタイルのラムとうまく合い、ほかの産地の熟成ラムと組み合わせると、スパイスの香りがいっそう引き立ちます。当店では、マンハッタン・スタイル・ラムのドリンクを作るさいに好んで使う銘柄のひとつです。

レモン・ハート151ラム＊**（ガイアナ）**：そう、このラムは火をつければバーの照明に使うこともできますが、それはもったいない。この標準アルコール量を超えたラムは、アメリカ市場に入ってこなかった時期があり、わたしたちにとっては、ゾンビ・パンチなどのクラシックのティキ・ドリンクを復活させるために、待ち望んでいた材料です。

・・・ジャマイカン・スタイル・ラム・・・

アプルトン・エステートV/Xラム（ジャマイカ）：当店では、カクテルにジャマイカン・ラムのはっきりしたフルーティなにおいを加えたいときに、好んで使う銘柄です。フィズからティキ・ドリンクやパンチまで、あらゆるも

のに、さまざまな分量で使います。アプルトン・エステートV/Xとライトなラム・アグリコルの相性は抜群です。

スミス&クロス・ラム（ジャマイカ）：ネイビー・ストレングス（アルコール度数57％）と、強烈なホゴ（糖蜜ベースのスピリッツに特有のほとんど臭みに近いフレーバーのこと）のために、手なづけるのが難しい獣のようですが、闘うだけの価値のあるラムです。

・・・ラム・アグリコル・・・

バルバンクール・ホワイト・ラム*（ハイチ）：野菜の香りを抑えつつ、アグリコルの切れ味とピリっとくる感じがほしいときに使います。クラシックのダイキリや、ダイキリのさまざまなアレンジのベースとして最適。

ラ・ファボリット・ラム・アグリコル・アンブレ*（マルティニーク）：同じスタイルの熟成しない銘柄よりも野菜らしいにおいが弱く、樽熟成によるスパイシーでバターのような香りのバランスが完璧です。カクテルに使っても、ストレートの場合と同じくらいしっくりとくるスピリッツの好例です。

ラ・ファボリット・ラム・アグリコル・ブラン（マルティニーク）：臭みのあるガソリンのようなフレーバー（長所、とわたしたちは思います）は、ラムを飲みなれていないと受けつけにくいかもしれません。そのため、当店ではお出しするときに、お客様がラムになじみがあるかどうかに気を配ります。とはいえ、ドリンクに新鮮な草のようなサトウキビのフレーバーを立たせたいときには、もっとも頻繁に使います。

レベル・レベル (p257)

TEQUILA AND MEZCAL

テキーラとメスカル

　テキーラとメスカルは、いわば蒸留酒の世界におけるワインのような存在です。ほかのどんなスピリッツよりも、その基礎材料——アガベ〔リュウゼツラン〕——の扱い方がフレーバーと品質を大きく左右します。アガベが栽培される土壌や場所、収穫の時期（収穫できるところまで生育するのに通常10～12年かかる）、原材料の加工の仕方、発酵をコントロールする酵母の選択、こうしたことすべてが最終結果に影響を及ぼします。アガベを原材料にしてすばらしいスピリッツができたなら、それは重労働と献身のたまものです。手抜きをすれば、出来の悪いものしかできません。

テキーラ

　当店で使うテキーラのほとんどは、熟成しないタイプ、つまりブランコ・スタイルです。熟成したテキーラ（p60の「熟成」の項を参照のこと）は、それ自体が（特定のドリンクに入れた場合も）美味しいですが、アガベの持ち味をそのまま生かすために、わたしたちはブランコ・スタイルにすっかり頼り切っています。テキーラを木の樽に長期間入れたままにすると、アガベならではの魅力が失われ、ウイスキーのようなほかの樽熟成のスピリッツに、フレーバーがだんだん似てきます。また、当店でブランコ・テキーラを好んで使うのは、価格がほんの少し安いということもあります。とはいえ、美味しいレポサドやアネホならそのほうがよいといえることもたしかにあります。

原材料

　テキーラの材料は多肉植物のアガベですが、スタイルによっては糖を加える場合もあります。テキーラの原材料としては使えるのは、ブルー・アガベ（アガベ・テキラーナ・ウェーバー・アスル）だけです。アガベは、10年以上栽培したのちに正確なタイミングで収穫しなければなりません。いつが正しいタイミングかを決めるのは、ヒマドールです。ヒマドールとは、長年アガベを栽培した経験があり、アガベを地面から引き抜いてもいい時期を知る先天的な感覚を発達させた職人のことです。収穫後、アガベを加熱処理してシュレッダーで粉砕し、そのあと絞った汁を発酵させます。加熱処理には、ステンレスの圧力窯で蒸し上げる方法と、中性白土のかまどで焼く方法があります。

生産地

　テキーラは、メキシコのハリスコ州、ナヤリト州、ミチョアカン州、グアナファト州、タマウリパス州の1万平方キロメートル以上に及ぶ政府指定の産地でのみ生産されます。ほとんどのアガベは、ハリスコ州のハイランド〔高地〕とローランド〔低地〕で栽培されますが、海抜

1600メートル以上の標高でよく育ちます。ハイランド・アガベから造るテキーラは、切れがよく、さわやかで、草の香りがし、当店では通常カクテルに好んで使います。ローランド・アガベから造るテキーラには、もっとおおざっぱな、こってりしたフレーバー・プロフィール〔風味の特徴〕があります。

カテゴリー

100パーセント・アガベ：この高品質のテキーラは、いかなる種類の糖も加えず、ブルー・アガベ（アガベ・テキーラーナ・ウェーバー・アスル）だけを使って、2度蒸留します。

ミックス：ミックスは、原材料の51％以上にアガベを用い、ほかの糖を最大49％使います。この2つのカテゴリーのなかでは品質の劣るものとみなされ、しばしば低級なスピリッツに分類されます。デス・アンド・コーでは、100パーセント・アガベのテキーラだけを使い、ミックス・テキーラ（人工着色した粗悪品）は大学生にまかせます。

熟成

ブランコ、プラタ、プラチナ、ホワイト：熟成していないテキーラ。ただし、最大2か月タンクに貯蔵される場合もある。

レポサド：オーク樽で2か月〜1年熟成されたもの。

アネホ：容量600リットルのオーク樽で1〜3年熟成されたもの。

エクストラ・アネホ：オークの小樽で3年以上熟成させたもの。

おすすめの銘柄

エル・テソロ・アネホ・テキーラ＊：オーク樽で2年熟成させたことによって、強いアロマがまろやかになり、より若いスタイルにはないスパイスとバニラの風味が加わっています。当店では、ステア・ドリンク（コラリージョp253やテ・アモ p254）と、シェイク・ドリンク（ド

ローレス・パーク・スウィズル p323）の両方でベース・スピリッツとして使っています。

エル・テソロ・プラチナ・テキーラ＊：ハイランドのブランコ・テキーラの代表的銘柄。高品質を謳う新しいブランコ・テキーラが出てきたときには、必ずこのエル・テソロ・プラチナ・テキーラを基準にして、その品質を判定することにしています。鮮やかな草の香りは、新鮮な柑橘果実や長く続く新鮮なフルーツ特有の味と合います。

エル・テソロ・レポサド・テキーラ＊：ブランコ・テキーラのコクと鮮やかなアガベの香りと、樽熟成によるスパイシーで甘いフレーバーの両方がほしいとき、このレポサドを使います。主張の強いメスカルに負けないだけの濃厚さと力強さもあります。オアハカ・オールドファッション（p349）がそのよい例です。

シエテ・レグアス・ブランコ・テキーラ＊：メキシコでもっとも古い蒸留所のひとつ（おなじみのパトロンもここから生まれた）で造られています。シエテ・レグアスは石窯でローストしたアガベを原料として造られます。フルーツとスパイスとフローラルの切れのいい香りがとても豊かで、この香りはスプリット・ベースとして使っても際立ちます。

シエテ・レグアス・レポサド・テキーラ＊：蒸留所がブランコを高く評価するとはいえ、だからといって、熟成に意味がないというわけではありません。シエテ・レグアスがそのいい例です。レポサドに相当する期間だけオーク樽で熟成することによって、ブランコの明るさと若さをいっさい損なうことなく、主張の強いとげとげしさをいくらかやわらげています。

シエンブラ・アズール・ブランコ・テキーラ＊：当店でカクテルの材料としていちばんよく使うブランコ・テキーラ。クリーンな辛口のバランスのいいテキーラで、本物の純粋なアガベのフレーバーが香ります。チリペッパーのインフュージョンに使うベース・スピリッツとして、とくに適しています。

メスカル

　一般的な認識では、メスカルとは、アガベから造られるすべてのスピリッツを包括するカテゴリーであり、テキーラとはテキーラ市周辺の地域で造られたメスカルのことです。これはアガベのスピリッツをカテゴリー分けするための便利なやり方ですが、メスカルとテキーラはスタイルがはっきり違います。テキーラにはアガベの持つ野菜らしい鮮やかさがありますが、メスカルはアガベのさまざまな品種のユニークなフレーバーが特徴で、アガベを地下で何時間も加熱するという特殊な技術を使います。できあがったスピリッツは、スモーキーで、明確な個性があります。たしかに、メキシコには安物のひどいメスカルもたくさんありますが、デス・アンド・コーで使っている銘柄は、オアハカ州の山村で昔ながらの製法と原料を使って少量生産された名品です。メスカルの刺すようなスモーキーで塩辛いフレーバーは、カクテルのベース・スピリッツとてしては強すぎることもあるので、当店では、テキーラと合わせてスプリット・ベースとして使ったり、ごく少量風味づけに加えたりします。これは、わたしたちがピートのにおいの強いアイラ島のスコッチを使うときのやり方と似ています。メスカルのアルコール度数は、蒸留所の製法によってさまざまですが、通常は40％強から50％あたりまでです。

原材料

　メスカルの原料は、野生のアガベでも栽培されたアガベでもかまいません。テキーラの原料となるのはただ一種類のアガベですが、メスカルの原料となるアガベにはいろいろな種類があり、もっとも一般的なタイプは**エスパディン**と呼ばれるタイプです。テキーラと同じように、アガベは加熱後粉砕して、汁を絞り、発酵させます。メスカルの場合、この加熱処理は、高温の岩を詰めた穴で行いますが、一度に何日も、場合によっては何週間も時間をかけるため、メスカルにはスモーキーな風味がつきます。

生産地

　メスカルは伝統的に、メキシコの5つの州、オアハカ州、ドゥランゴ州、サンルイスポトシ州、ゲレロ州、サ

カテカス州で造られています。

カテゴリー

　メスカルのスタイルは、原料のアガベの種類によって分類されます。代表的なところでは、エスパディン、トバラ、バリル、クプレアータなどがありますが、これだけに限定されてはいません。

熟成

ブランコまたはホーベン：熟成していないもの。ただし、タンクに最大2か月貯蔵したものも含まれます。市場に出ているメスカルのほとんどはブランコであり、当店の主力のスタイルになっています。

レポサドまたはマドゥラード：オーク樽で2か月～1年間熟成させたもの。

アネホまたはアネハード：容量200リットルのオーク樽で1年以上熟成させたもの。

おすすめの銘柄

デル・マゲイ・クレマ・デ・メスカル_*：ローストしたアガベの未発酵シロップで甘味をつけたアルコール度数の低い（40％）メスカル。このメスカルを使うと、普通の塩辛くスモーキーで野菜らしいフレーバーに、さまざまなフルーツの香りが加わります。

デル・マゲイ・チチカパ・メスカル_*：わたしたちは、メスカルにほれ込むとすぐに、メスカルの名品の最初にしてもっとも有名な輸入業者のひとつロン・クーパーが輸入するシングルビレッジ・メスカルを楽しむようになりました。この銘柄は、濃厚でチューウィーなテクスチャーと際立ったチョコレートと野菜の香りで人気があります。また、ティースプーン1杯を加えるだけで、テリブル・ラブ（p255）という魅力的なドリンクでスター・プレーヤーのようなはたらきをします。

デル・マゲイ・ビーダ・メスカル_*：ほとんどの名品のメスカルは、ボトル1本50ドル以上しますが、この手ごろな価格のシングルビレッジ・メスカルのブレンドは、本

当に大きな変革になりました。この銘柄は塩辛く、わずかにスモーキーで、カクテルに混ぜやすく、ベース・スピリッツとしても、スプリット・ベースとしても、風味づけの酒としても使えます。

ロス・アマンテス・ホーベン・メスカル＊：デス・アンド・コーがオープンしたのは、この高品質の手ごろなメスカルがニューヨーク市場に出荷されたのと同じころでした。この銘柄の強いアガベのフレーバーとかなり強い（が強すぎない）スモーキーさから、いろいろなドリンクが生まれました。

ウイスキー

ウイスキーは、カクテル界のジョージ・クルーニー〔アメリカの俳優〕のような存在です。ふだんは主役を演じ、そのクォリティを最大限引き立ててくれる脇役と共演します。ウイスキーは、数多くのジャンルのドリンクで輝かしい役割を演じることができます。アメリカとヨーロッパで長い歴史を持つウイスキーは、多くのクラシック・カクテルの土台になっています。当店でよく使うウイスキーには、アルコール度数の高いもの（45%以上）がありますが、これは、複雑なドリンクや効果的なインフュージョンの力強い土台になるからです。

上質なシングルモルトのスコッチやレア・バーボンをカクテルに使うことに反対する人たちもいますが、わたしたちは、正しく扱えばどんなスピリッツもすばらしい材料になる、とつねづね考えています。これは、ウイスキーにはとくに当てはまることで、ウイスキーにはユニークな銘柄が実にたくさんあります。純粋な味こそいちばんという人は、アイラ・スコッチ・ウイスキーをスウィズル・スタイルのドリンクに使うというと、せせら笑うかもしれませんが、フィルが考えたマイラ・ブレッキンリッジ（p324）は、ピートとライムのフレーバーの組み合わせがすばらしいことを証明しました。ブライアンは、ペカンを煎って当店でよく使うバーボンのひとつ（バッファロー・トレース）にインフュージョンして、バッファロー・ソルジャー（p271）を作り、新しいデス・アンド・コーのクラシックを生み出しました。

アメリカン・ウイスキー

原材料

すべてのウイスキーは、本質的には、ホップなしのビールを蒸留して、オーク樽で熟成させたものです。ビールと同じように、ウイスキーは、トウモロコシやライ麦、小麦、大麦麦芽など、さまざまな穀物から造ることができます。使う穀物の種類やその組み合わせによって、ウイスキーの豊富なフレーバーが生み出されます。いろいろな穀物を試してみることによって、どの地域でも現地で採れる穀物を利用して造れるようになりました。ヨーロッパからいずれアメリカ合衆国と呼ばれることになる土地に移住してきた人々は、そこに豊富に実るライ麦を見つけ、その結果ライ・ウイスキーが生まれました。アパラチア山脈までやってきて、現在のケンタッキー州に定住した酒造家たちは、そこでトウモロコシがよく育つことを知り、アメリカの国宝ともいうべきバーボンを生み出しました。

生産地

アメリカン・ウイスキーの大半は、ケンタッキー州を中心とするアメリカ南部で造られていますが、デス・アンド・コーの地元のニューヨーク市をはじめとする全米各地に小さな蒸留所が次々とできています。

カテゴリー

バーボン：バーボンという言葉は、原料の51%以上にトウモロコシを使うすべてのウイスキーに当てはまります。バーボン・ウイスキーはケンタッキー州で生産されたものでなくてもかまいません（ただし、アメリカ国内で生産されたものでなくてはなりません）。むしろ、バーボンと定義される条件は、原料のトウモロコシの含有量の高さと、熟成のプロセス（「ストレート」バーボンに分類されるには焦がしたオークの新樽で2年以上熟成させなければならない）と、水以外の添加物は一切加えないという厳密な規則などです。通常バーボンは、コクがあって、甘く、口当たりは申し分ありません。ほぼすべてのバーボンは多くの樽からブレンドしますが、ごく一部に、シングルバレルのものやスモールバッチのブレンドもあります。熟成年数は、ブレンドしたなかでいちばん若い原酒が基準になります。

ライ・ウイスキー：原料の51%以上にライ麦を使うウイスキー。通常、バーボンよりすっきりしていて、スパイシーで、きつい口当たりです。バーボンと同じように、「ストレート」ライ・ウイスキーに分類されるには、焦がしたオークの新樽で2年以上熟成させなければなりません。また、添加物として認められるのは水だけです。

テネシー・サワー・マッシュ・ウイスキー：原料の52～79%にトウモロコシを使うウイスキー。このウイスキーは、熟成前にカエデの炭で濾過しなければなりません。これをリンカーン郡製法（Lincoln county process）といいます。

ボトルド・イン・ボンド：1897年のボトルド・イン・ボンド法は、瓶詰めしたウイスキーの信頼性を保証し、悪質な瓶詰め業者が良質のウイスキーを薄めるのを防ぐために制定されました。この法律では、熟成年数が4年以上であること、瓶詰め時のアルコール度数が50度以上であること、単一の蒸留所で単一の蒸留業者によって1シーズンに造られたウイスキーであることが定められています。わたしたちにとって、ボトルド・イン・ボンドで保証されたウイスキーというステータスは、上質の酒であるというだけでなく、本物のマンハッタンのような

強めのカクテルにも合うほど度数が高いことを意味しています。

おすすめの銘柄

エライジャ・クレイグ12年ケンタッキー・ストレート・バーボン*：その豊かなカラメルとハチミツのフレーバーと主張の強さのおかげで、サワー・スタイルのカクテルにとてもよく合いますが、当店では、マンハッタンやオールドファッションドにも入れています。

オールド・オーバーホルト・ケンタッキー・ストレート・ライ：リッテンハウスと同じライ・ウイスキーですが、味はまったく違います。オーバーホルトは、ソフトでクリーミーですが、いつまでも消えない石のような、ほとんどほこりっぽいにおいがします。ブドウやラズベリーなどのフルーツと、とてもよく合います。インフュージョンにも適していて、当店では、カモミールをインフュージョンしたライ・ウイスキー（p363）を主力商品にしています。デス・アンド・コーでは、このライ・ウイスキーが大量に消費されるので、オールド・オーバーポウ〔注ぎ過ぎ〕のニックネームまでついています。

オールド・グランダッド114ケンタッキー・ストレート・バーボン：スパイシーな強い味のために、ライ・ウイスキーのファンに気に入られています。アルコール度数が57%もあるため、ジュレップやオールドファッションドやその他の氷入りウイスキー・ドリンクに使うと、いっそうのコクを与えますが、それでいて、標準アルコール度数〔57%〕を超える酒にありがちな不快なほどの強い刺激はありません。オールド・グランダッド114は、その高い度数のわりには、驚くほど飲みやすいウイスキーです。

バッファロー・トレース・ケンタッキー・ストレート・バーボン：デス・アンド・コーで置いているシッピング・バーボンは、カクテルの材料として使うには値が張ります。オールドファッションド1杯で18ドルいただくのは気が引けます。バッファロー・トレースは、そのお手頃な価格のわりにとても出来がよく、バターとコーンのフレーバー・プロフィール〔風味の特徴〕があり、その際立ったナッツの風味は、ペカンをインフュージョンすると

（p364）いっそう強くなります。

リッテンハウス・ボンデッド100プルーフ・ケンタッキー・ストレート・ライ・ウイスキー：デス・アンド・コーでは、オープンした当初、クラフト・カクテルにライ・ウイスキーをよく使っていました。リッテンハウスは、アルコール度数が高く（50%）、低価格なので、多くのバーテンダーが好んで使いました。ひところ、リッテンハウスの人気があまりにも高いため、在庫不足になるのが心配で（現にそうなったこともあり）、当店では12ケースを買いだめしていたこともありました。はなはだしいほどのスパイシーさがさまざまな材料とうまく合い、何と混ぜても適量で自己主張するので、飲めばライ・ウイスキーがベースのカクテルであることがわかります。当店では、柑橘系のカクテル（ダブル・フィルアップ、p261）から、強めのステア・ドリンク（マンハッタントランスファー p272）までどんなものにも使います。

スコッチ・ウイスキーと アイリッシュ・ウイスキー

原材料

　スコッチ・ウイスキーとアイリッシュ・ウイスキーは、大麦麦芽を主原料とし、ほかにトウモロコシや小麦などの穀物も原料とします。

生産地

　その名の通り、スコッチ・ウイスキーはスコットランドで、アイリッシュ・ウイスキーはアイルランドで造られます。

カテゴリー

・・・スコットランド・・・

シングルモルト・ウイスキー：スコッチ・ウイスキーの愛好家かどうかを判定する聖杯ともいうべきウイスキー。シングルモルトは、100%大麦麦芽を原料とし、小さなポット・スティル（単式蒸留釜）で2度以上蒸留し、単

一の蒸留所で造られ、最低3年はオーク樽で熟成させなければなりません。ポット・スティル、別名アランビック蒸留器は、ひじょうに古くからある蒸留装置で数千年間ほとんど変わっていません。この蒸留器によって、シングルモルトの特徴といえるコクのある複雑なスピリッツができます。

　シングルモルトをその原産地（アイラ島、スペイサイド、ローランドなど）でカテゴリー分けしようとする人たちもいますが、わたしたちは師と仰ぐポール・パカルト氏にならって、シングルモルト（およびスコッチ一般）を沿海産と内陸産に分けて考えることにしました。沿海産のスコッチは、磯の香りを吸収しているため、海に近い場所で熟成したウイスキー（アイラ島やオークニー島のスコッチなど）につきものの塩辛さがあります。内陸産のスコッチは、通常もっとフローラルで、スコットランドの広大な平野を連想させるものがあります。

ブレンデッド・モルト・ウイスキー：複数の蒸留所で造られた100%大麦麦芽を原料とするウイスキーをブレンドしたもの。

ブレンデッド・ウイスキー：トウモロコシや小麦などの、大麦以外の穀物から造ったウイスキーとシングルモルトをブレンドしたウイスキー。

シングルグレイン・ウイスキー：おもにブレンドに用いられます。原料の100%をトウモロコシまたは小麦とし、コラム・スティル（塔式蒸留器）で造られたウイスキーです。ポット・スティルで造られるものよりもライトなボディです。

・・・アイルランド・・・

シングルモルト・ウイスキー：アイルランド産のシングルモルトも、スコットランド産と同じように、原料に100%大麦麦芽を用い、単一の蒸留所でポット・スティルを使って造られます。

グレイン・ウイスキー：アイリッシュ・グレイン・ウイスキーは、通常シングルモルトよりも軽く、小麦やトウモ

ロコシを原料とし、コラム・スティルを使って造られます。

ブレンデッド・ウイスキー：シングルモルト・ウイスキーとグレイン・ウイスキーをブレンドしたもの。

シングル・ポット・スティル・ウイスキー：アイルランド固有のスタイル。原料は、モルト化したものとモルト化してないものを含めて100％大麦とし、ポット・スティルを使って造ります。

熟成

　バーボンの熟成には、新品の樽を使わなければならないため、使用済みのバーボンの樽は大量にあり、アイリッシュ・ウイスキーやスコッチ・ウイスキーの熟成に使われるもっともありふれた容器になっています。シェリーやポートワイン、マデイラ、そのほかのワインの樽も、ずいぶん昔からスコッチの熟成のために使われてきましたが、数が少ない ——スコッチの需要が大きい——ために、ワイン樽で熟成されるウイスキーはしだいにまれになってきました。どちらのタイプのウイスキーも、熟成には3年以上かかります。

知っておくとよい情報

・アイリッシュ・ウイスキーを造るポット・スティルは、スコッチ・ウイスキーを造るポット・スティルよりもかなり大きく、その結果アイリッシュのほうが少しまろやかなフレーバーになります。
・一部のスコッチ・ウイスキーのスモーキーなフレーバーは、大麦を蒸留する前の加工の結果生じます。大麦を水に浸して重要な酵素を放出させたあと、ピート（泥炭：腐敗しかけた植物の残骸の堆積物）を燃やした火で乾燥し、大麦に蒸留後も残るフレーバーを加えます。しばしばスコッチ・ウイスキーの品質証明とされるこのピート香は、アイラ島やスコットランド西部で製造されるウイスキーでは、とくによく知られています。

おすすめの銘柄

コンパス・ボックス・アシイラ・ブレンデッド・スコッチ：はっきりした「スコッチらしさ」があり、ロブ・ロイ（p208）やサゼラック・スタイルのドリンクのようなクラシックによく合うヒース（ヘザー）の香りがします。

ナッポーグ・キャッスル12年アイリッシュ・ウイスキー：ハチミツやラベンダーやローズバッド（バラのつぼみ）のようなフローラルな材料とうまく合い、あまり自己主張が強くないウイスキーがほしいとき、この澄んだ味のエレガントな銘柄を使います。当店オリジナルのカモミール・インフュージョン・オールド・オーバーホルト・ライウイスキー（p363）と合わせたり、トレンブリング・ベル（p270）のようなドリンクに使うと、とてもしっくりとなじみます。

フェイマス・グラウス・ブレンッデッド・スコッチ：このスコッチ・ウイスキーは、フルーツをはじめとするインフュージョンにひじょうに適しているので、当店ではよくリンゴのインフュージョンに使います。ボビー・バーンズ（p204）のようなクラシックなスコッチのドリンクにちょうどよい程度のスモーキーさがあります。

ラフロイグ10年アイラ・シングルモルト・スコッチ：強い辛味のあるこのスコッチ・ウイスキーは、2ドロップ入れるだけでも効果抜群なので、当店では、風味づけに使ったり、グラスにリンスしてごくかすかなピート香をつけるために使います。また、マイラ・ブレッキンリッジ（p324）のようなスモーキーさの強いドリンクのベース・スピリッツとして使っても、おもしろみがあります。

レッドブレスト12年アイリッシュ・ウイスキー：モルト化した大麦とモルト化してない大麦の両方を原料とし、ポット・スティルを使い、オロロソ・シェリーの樽で熟成するユニークなアイリッシュ・ウイスキー。濃厚でなめらかなテクスチャーと、シリアルのフレーバーと、際立ったリンゴのような後口があります。クーパー・ユニオン（p331）のような当店でももっとも好評ないくつかのシンプル・ドリンクになくてはならない材料です。

BRANDY

ブランデー

　ブランデーとは、発酵した果汁を蒸留したスピリッツの総称です。このあいまいな定義から、世界中のいたるところに多種多様なブランデーが生まれました。その代表的なものが、フランスの有名なグレープ・ブランデーや、アメリカではじめてライセンスを取得した蒸留所（レアード・アンド・カンパニー）で造られたアップル・ブランデー、旬の果実から造ったアロマの強いオー・ド・ビーなどです。

グレープ・ブランデー

原材料
　グレープ・ブランデーの原料は、ワイン用ブドウです。個々の品種は、以下のスピリッツのカテゴリーに分類しました。

生産地
　世界の主要なグレープ・ブランデーは、おもにフランス、イタリア、アメリカで造られます。

カテゴリー
アルマニャック：コニャックよりもスパイシーで、ライトなボディです。原料は、おもにユニ・ブラン種ですが、ほかにもコニャックと同じ品種を少量使います。コラム・スティルとポット・スティルを組み合わせて蒸留し、オーク樽で熟成します。アルマニャックと呼ばれるブランデーは、フランスのアルマニャック地方産に限られます。

コニャック：ユニ・ブランとフォル・ブランシュとコロンバールの3種のブドウを使い、ポット・スティルで2度蒸留し、フレンチ・リムーザン・オークで熟成します。このオークから、ほんのりとしたスパイシーな香りがつきます（アメリカン・オークの場合には一般的に豊かなバニラのフレーバーが移ります）。コニャックと呼ばれるブランデーは、フランスのコニャック地方産に限られます。

グラッパ：イタリア産の「ポマース・ブランデー」。ポマース・ブランデーとは、ワイン製造過程で残るブドウの皮や種や茎〔絞りかす〕を蒸留したもの。グラッパはそもそもイタリア発祥ですが、最近では北アメリカ産の良質なグラッパもいくつか出ています。

マール：フランス産のポマース・ブランデーの一種。グラッパと同じように、ブドウの皮と種と茎を蒸留して造ります。

ピスコ：ブドウ・ベースのブランデー。多くの場合、熟

成させません。原料となる品種はさまざまなもの（ペルー産はトロンテル、モスカテル、ケブランタ、イタリア、アルビーリョ、ウビナ、ネグラ・コリエンテ。チリ産はマスカット、ペドロ・ヒメネス、トロンテル）があり、これを自由に組み合わせます。ペルー産のピスコはポット・スティルがよく用いられ、チリ産のピスコでは、コラム・スティルがよく用いられます。ピスコは、通常熟成しません（ただし、チリ産にシッピングに適したとても美味しい熟成したピスコもあります）が、容器に3か月以上貯蔵します。

熟成

・・・アルマニャックとコニャック・・・

VS（Very Special/Superior）、スリースター：オーク樽で2年以上熟成したもの。

VSOP（Very Special/Superior Old Pale）、リザーブ、ファイブ・スター：オーク樽で4年以上熟成したコニャック、または5年以上熟成したアルマニャック。

XO（Extra Old）、ナポレオン、エクストラ、オル・ダージュ：オーク樽で6年以上熟成したもの。

オル・ダージュ：オーク樽で10年以上熟成させたアルマニャック。

・・・グラッパとマール・・・

ほとんどの銘柄は熟成させませんが、一部にオーク樽で熟成させる高級な銘柄もあります。

・・・ピスコ・・・

ペルー産：銅製やガラス製、陶製、ステンレス製などの容器で3か月以上熟成させます。木製の樽による熟成は認められていません。

チリ産：木樽による熟成も認められてはいますが、ごく

少数です。

おすすめの銘柄

カンポ・デ・エンカント・アチョラード・ピスコ*：バーテンダー仲間のドゥガン・マクダネルが、このペルー産のブレンド・スタイルのピスコを造るために協力したとき、カクテルの材料として使うことを念頭に置いていました。ケブランタとトロンテルとイタリアの3種のブドウの蒸留物を組み合わせた結果、フローラルと柑橘系とスパイスの香りを持つバランスのいいピスコが生まれました。ピスコは熟成させないため、豊かなテクスチャーと、ほこりっぽいフローラルのフレーバーとアロマがあります。この特色は、ピーファイブ・パンチ（p305）やクラシックのピスコ・サワー（p200）のような柑橘系のドリンクに使うと、驚くほど引き立ちますが、最近ではスイート・ヒアアフター（p283）のような強めのドリンクにしだいに使われるようになっています。

ハインH VSOPコニャック：辛口のフルボディのハインHの主力商品があるとすれば、これです。ベース・スピリッツとしてさまざまな材料と合いますが、中性的な役割を果たすものではありません。むしろ、芳醇でフルーティなフレーバー・プロフィール〔風味の特徴〕をステア・ドリンクとシェイク・ドリンクの両方に加えます。

ピエール・フェラン・アンブレ・コニャック*：この琥珀色のコニャックを使うと、甘味を抜きにして、かごに一盛りの秋のフルーツ（梨、リンゴ、アプリコット（アンズ））のフレーバーを加えることができます。アンジェニュー（ブライアン・ミラーのティキの香りがするマンハッタンのバリエーション p345）やビュ・カレ（p200）のようなステア・ドリンクを作るとき重宝します。当店では、1840のスパイシーさよりも、もっとソフトでエレガントなスピリッツが必要なとき、しばしばこのアンブレを選びます。

ピエール・フェラン1840コニャック：コニャックは、ジンやウイスキーほどクラシック・カクテルの文化に深く根づいてはいません。ブランデーを使ったもっとも有名なカクテルは、おそらくサイドカー（p194）でしょう。サ

ゼラック（p194）はもともとはブランデーで作っていましたが、1800年代末にヨーロッパで起きたネアブラムシの異常発生によってブドウがほぼ全滅してからは、代わりにライ・ウイスキーが使われるようになりました。アルコール度数45%のピエール・フェラン1840は、こうしたクラシックのコニャック・ベースのドリンクの材料として申し分なく、これからはきっとこのブランデーを使うカクテルが数多く生まれることでしょう。

アップル・ブランデー

原材料

ブランデー造りに使われるリンゴは、近所の食料品店で売っているものとは種類が違います。アップル・ブランデーの原料となるのは、ほとんどの場合、小ぶりでフレーバーの強いサイダー・アップルです。このサイダー・アップルを絞って、サイダー〔リンゴ酒〕を造り、これを蒸留してブランデーを造ります。

生産地

アップル・ブランデーの産地といえば、一般にフランスと北アメリカです。ワイン造りに不可欠なテロワール〔産地特有の気候風土〕に対する考え方は、アップル・ブランデーをテイスティングするときには、とくに大きな意味を持ちます。ノルマンディーの牧草地の周辺で育ったリンゴの味は、太平洋岸北西部の澄んださわやかな空気の中で育ったリンゴとはずいぶん違いますし、こうした特徴は、でき上がったブランデーの味にも反映されます。

カテゴリー

カルバドス：フランスのノルマンディー地方カルバドス県で造られるアップル・ブランデー。製法や熟成に、コニャックやアルマニャックと同じような決まりがあります。納屋の庭のにおいをたっぷり含んださわやかなリンゴのフレーバーがあります。

ストレート・アップル・ブランデー：アメリカ産のアップル・ブランデーを意味する言葉。レアーズ・ボンデッド・アップル・ブランデーは、ボンデッド・ウイスキーに要求されるのと同じ一連の基準を忠実に守り、芳醇で熟成度が深く、スパイシーなスピリッツを生産しています。

アップルジャック：伝統的には凍結蒸留法（ジャッキング）で造られますが、現在では、アップル・ブランデーと中性のグレイン・スピリッツ（30%と70%）を混ぜて造るのが一般的です。

熟成

・・・カルバドス・・・

ファイン、スリースター、オリジナル：オーク樽で2年以上熟成。

ビュー、リザーブ：オーク樽で3年以上熟成。

ビエーユ・レゼルブ、VO、VSOP：オーク樽で4年以上熟成。

オル・ダージュ、エクストラ、アージュ・アンコニュ：オーク樽で5年以上熟成。

・・・ボンデッド・アップル・ブランデー・・・

ボンデッド・ウイスキー（p64）と同じ基準に従って造られます。

おすすめの銘柄

ビュネル・カルバドス・ペイ・ドージュVSOP：いろいろと使い道の多いフランス産ブランデー。粗野な味のアメリカ産アップル・ブランデーに丸みをつけるために、風味づけに使ったり、（当店オリジナルのジャック・ローズのレシピ p194のように）レアーズと合わせるなど、とても重宝します。

レアーズ・ボトルドインボンド・ストレート・アップル・ブランデー*：当店で、群を抜いてもっとも多用するブランデー。レアーズは、デス・アンド・コーがオープンしたその日からずっと、スピード・ラックの定位置を占めています。その基本的なリンゴのフレーバーは、ライ・ウイスキーと自然な親和力があります（当店のオリジナル・ドリンクのひとつウィキッド・キス p268がその顕著な例）。その強烈なアルコール度数（50%）のおかげで、数多くの強めのステア・ドリンクのベース・スピリッツとして重宝しています。

オー・ド・ビー（フルーツ・ブランデー）

オー・ド・ビーとほかのタイプのブランデーとのおもな違いは、オー・ド・ビーが、蒸留する前の原料のフルーツをできるかぎり純粋に表現しているという点です。これは、生の材料のフレーバーをいっそう強めるためにひじょうに役立ちます。たとえば、新鮮な梨を特徴とするカクテルを作りたいとき、梨のオー・ド・ビーを1ティースプーン加えるだけで、驚くような効果を発揮します。フルーツ・ブランデーのフレーバーは極端に濃縮されていて、たやすくほかのフレーバーを圧倒してしまいますから、フルーツ・ブランデーを混ぜるときには、ほどほどにするのがベストです。オー・ド・ビーのさわやかなフルーツのアロマのせいで、実際よりも甘いものを飲んでいるような錯覚を起こしますが、オー・ド・ビーは実際にはかなり辛口ですから、当店では、甘味料を加えてオー・ド・ビーを強めるか、フルーツのフレーバーのリキュールを使います。

原材料

オー・ド・ビーは、発酵性のフルーツならどんなものからでも造ることができますが、通常は、梨（ポワール、ポワール・ギヨーム）、チェリー（キルシュバッサー）、リンゴ（ポム）、ラズベリー（フランボワーズ）など、フレーバーの濃厚なボリュームのあるフルーツを使います。

生産地

オー・ド・ビーは世界各地で生産されていますが、もっともよく知られている銘柄は、おもにフランス、東ヨーロッパ、アメリカ太平洋岸北西部で造られています。

熟成

一般に、フルーツ・ブランデーは熟成させませんが、なかにはタンクに貯蔵するものもあります。

おすすめの銘柄

クリア・クリーク・ペア・ブランデー*：オレゴン州で、地元産のウィリアムズ梨（バートレット梨）を使って造られる強いオー・ド・ビー。濃厚なフルーツのフレーバーを持っているので、当店では、少量を風味づけに使ったり、ドリンクのアクセントとして加えています。ただし、ブライアン・ミラーのミス・ビヘイビン（p295）は例外で、ベース・スピリッツとして大きな効果をあげています。

GEマスネ・キルシュ・ビュー・チェリー・ブランデー：チェリーのフレーバーが炸裂する強烈なスピリッツ。通常は、ステア・ドリンクに少量だけ加えます。トーマス・ウォーが創作したマンハッタン・スタイルのきわめて複雑なカクテル、レッド・アント（p348）がその一例です。

GEマスネ・クレーム・ド・ペシェ・ピーチ・リキュール：完熟した桃にかなうようなフルーツはほとんどありません。このリキュールを使うと、その際立ったフレーバーを、ムーン・カクテル（p223）やスティック・ザ・ランディング（p276）のようなドリンクに加えることができます。

OTHER SPIRITS
そのほかのスピリッツ

　以下に挙げるスピリッツは、必ずしも整然としたまとまりのあるものではありませんが、当店のレパートリーのなかで重要な役割を果たしています。ほとんどのものは、ベース・スピリッツではなく、風味づけに用いますが、わたしたちはときおりこうしたスピリッツをなんとか活用して新しいカクテルを創作してみようという意欲をかき立てられることがあります。

アクアビット

　おもにスカンジナビアで生産されるアクアビットは、中性グレイン・スピリッツやポテト・スピリッツから造られ、スパイスやハーブなどのボタニカルを使ってフレーバーが加えられます。主としてリコリスに似たキャラウェイのフレーバーがつけられ、多くの場合、ディル、アニス、カルダモン、ウイキョウ、シトラス・ピール（柑橘果皮）などが含まれます。ジンと同じように、さまざまな材料から造ることができるため、蒸留業者はその特徴となるフレーバー・プロフィール〔風味の特徴〕を自由に作ることができます。わたしたちは、アクアビットによって加えられる複雑なスパイス・フレーバーが大いに気に入っていて、ベース・スピリッツと風味づけのどちらにも使います。そのため、おそらくデス・アンド・コーで使うアクアビットの量は、ほかのカクテル・バーと比べてかなり多くなっているはずです。

おすすめの銘柄
クログスタッド・アクアビット＊：EUの規定では、アクアビットはキャラウェイまたはディルの風味が主体でなけ

ればならないとしていますが、こうした制約を受けない米国オレゴンのクリスチャン・クログスタッドは、自身の名前を冠したアクアビットにスター・アニスの香りをたっぷり加えています。これが、リフレッシュ系のシェイク・ドリンクに使うとすばらしい味を出します。

リニア・アクアビット：このノルウェー産のスピリッツは、シェリーの樽に詰めて船積みされ、2度赤道を越えてから、瓶詰めされます。これは、海のうねりや温度と湿度の変化がフレーバーをいっそう高めてくれると信じられているからです。この長い海路の旅のおかげで、キャラウェイやそのほかのベーキング・スパイス〔焼き菓子を作るときに使われるスパイス〕やすてきなナッツの香りがするスピリッツができ上がります。ステア・ドリンクとシェイク・ドリンクのどちらにもよく合います。

アブサン

　アブサンは、アニスを主要なフレーバーとする標準度数を超えるスピリッツです。法的にアブサンと認められるには、ニガヨモギ（アルテミシア・アブサントゥム）の葉と花が使われていなければなりません。ニガヨモギは、タラゴンやアニス・シード、ウイキョウ、メリッサ（別名レモン・バーム）、ヒソップ（古くから薬草として使われてきた低木）と同じ科の植物です。アブサンについてはいろいろな誤解がありますが、その代表的なものは、人を発狂させるとか、幻覚を起こさせるという俗説です。たしかに、アブサンのニガヨモギには、強い幻覚効果があるとかつて思われていたツジョンという物質が

含まれています。しかし、ツジョンは蒸留によってほとんどが取り除かれてしまいますから、本当のアブサンに含まれているのはごく微量です。さらに、現代科学の進歩のおかげで、現在ではアブサンに含まれるツジョンのレベルを調べられるようになったため、アメリカ国内ではすでにアブサンが解禁されています。

おすすめの銘柄

エミル・ペルノ・ビュー・ポンタリエ・アブサン∗：ニガヨモギとアニスのフレーバーが際立つフランス産の高級アブサン。当店では、ビターズ・ボトルに入れておき、ビターズと同じように少量ずつですが、頻繁に使います。サゼラック・スタイルのカクテルでグラスをリンスするときにも、このアブサンをよく使います。

バン・オーステン・バタビア・アラック∗

　バタビア・アラックは、サトウキビと赤米を原料とする蒸留酒です。ラムの原型であり、パンチに最初に使われた材料であるとも考えられています。パンチを考え出したのは、インドに駐留していたイギリス兵です。においにくせがあり、ピリッとくるアラックは、多くのクラシック・パンチに必要な材料です。アラックは、デス・アンド・コーのバーテンダーにとっては通過儀礼になっていて、多くのバーテンダーはこの仕事を続けていると一度は必ずアラックのとりこになります。

第2章　バーをつくる　　　　73

MODIFIERS
風味づけの酒
〔ベース・スピリッツ以外の酒〕

　ここで取り上げる材料は、カクテルの脇役であり、ベース・スピリッツを補って味の複雑さを高める役割をします。わたしたちの定義では、カクテルのベースではないアルコール入りの材料のすべてがこのカテゴリーに入ります。この広いカテゴリーには、リキュールやアマーロのほか、ベルモットやシェリー、そのほかのフォーティファイド・ワイン（酒精強化ワイン）が含まれます。

リキュール

　一般的にいって、リキュールとは、香辛料と甘味料を合わせたスピリッツです。全体としてこのカテゴリーは広く多様で、銘柄によってアルコール度数や甘さのレベルがさまざまです。大部分のリキュールは、中性のベース・スピリッツ（基本的に度数の高いウォッカ）に、フルーツ、ハーブ、樹皮、根茎、ナッツ、種子、スパイスなど、さまざまな材料を使ってフレーバーが加えられたものです。リキュールのなかには、フルーツ・ベースのリキュールのように、主要な香り付けの成分の純粋なエキスを加えただけのものもありますが、さまざまなフレーバーを複合的に組み合わせたもっと複雑なハーブ系リキュール（2人の修道士だけが知っている130種ものボタニカルを配合して極秘のレシピで造られるシャルトルーズなど）もあります。

おすすめの銘柄

カラニ・ロン・デ・ココ・ココナッツ・リキュール＊：わたしたちが知る限りもっとも自然な味わいのココナッツ・リキュール。メキシコのユカタン半島産。地元で栽培するココナッツとサトウキビを原料とします。

ガリアーノ・オーセンティコ：商業的利益を優先するために、ときおり由緒あるスピリッツやリキュールが、その品質を落として無難な味にするというケースが、前世紀には数多く見られました。過去50年間にわたって、ガリアーノ・オーセンティコはかつての強烈な個性がなくなり、名前だけの抜け殻になっていました。しかし数年前、この美酒の製造元は、本来のレシピを忠実に復元し、そのアルコール度数を（42.3％に）引き上げ、甘さを抑えて、バニラやアニスのフレーバーとレシピ上のほかのボタニカルとのバランスを改善しました。

グラン・マルニエ：コニャックとトリプル・セックをブレンドしたグラン・マルニエは、コアントローよりも甘く、プロフィールはもっと丸く、芳醇で、フレーバーはもっとアーシー（土のようなどっしりとした香り）です。

コアントロー：トリプル・セックはオレンジ・リキュールの一種です。なかでも、甘味とコクとすっきりとしたオレンジのフレーバーが完全にバランスのとれたコアントローは、わたしたちが断然気に入っているトリプル・セックです。コアントローを使うと、ドリンクに信じられないほどの鮮やかさが加えられます。これは、マルガリータ（p205）やサイドカー（p194）のようにトリプル・セックに依存するクラシック・カクテルの場合には、とくに顕著です。ためしに、安物のオレンジ・リキュールを使ってカクテルを作り、味の違いを見てください。

サン・エリザベス・オールスパイス・ドラム＊：オールスパイスの実の濃縮したフレーバーをつけたラムベースのリキュール。オールスパイスという呼び名は、シナモン、クローブ、ナツメグの3種のフレーバーをあわせ持つことからつけられました。古いカクテルのレシピではしばしばピメント・ドラムとも呼ばれるこのスピリッツは、パンチやティキ・スタイルのドリンクでとくに重宝します。

サンジェルマン：このすてきなエルダーフラワーのリキュールは、そのすばらしさがあだになりました。このリキュールが発売されたのは、デス・アンド・コーのオープンとほぼ同じ時期ですが、その強いライチのアロマと柑橘系のフレーバーが、ほとんどどんな材料とも驚くほどよく調和することから、「バーテンダーのケチャップ」というニックネームがつけられました。わたしたちは、別のいろいろな新しい風味づけの酒に浮気をし、まわりまわって数年後ふたたびこの昔なじみのところに戻ってきました。柑橘類が味を左右するこのリキュールが、わたしたちはやはり好きなのです。

シャルトリューズ：18世紀の初めから、カルトゥジオ修道会の修道士によって、秘密のベールに隠された製法でハーブと花とそのほかの植物を配合して造られているリキュールです。わたしたちにとって大きな福音は、シャルトリューズが2種類あることです。ひとつは、アルコール度数が高く（55％）、ハーブの香りが強いグリーンで、もうひとつは、比較的アルコール度数が低く（40％）、ハーブの香りも比較的弱く、もっと甘くてハチミツの香りが強いイエローです。わたしたちは、カクテルにもっと複雑さを加えたいときや、強い苦味や酸味とのバランスをとりたいときに、シャルトリューズを使います。そのいい例が、ネイキッド・アンド・フェイマス（p247）で、イエロー・シャルトリューズがスモーキーなメスカルとほろ苦いアペロールをうまく結びつけています。

ジョン・D・タイラー・ベルベット・ファレナム＊：カリビアン・カクテルの古くからの定番であるファレナムは、クローブとライムの風味が豊かなバルバドス産のコーディアルです。当店ではしばしば、コクとかすかな渋味のあるスパイシーさを加えるために、コッフィー・パーク・スウィズル（p321）のようなティキ・スタイルのドリンクに使います。

スーズ・サベール・ドートルフォア・リキュール＊：カンパリとよく比較されるスーズは、さわやかなフレーバーのフランス産アペリティフです。この浅黄色のスーズには、土と根茎とゲンチアナとレモンの強いアロマがあります。

ストレガ：イタリア産のディジェスティフ。色と味の複雑さがイエロー・シャルトリューズと似ていますが、アニスとバニラのフレーバーがもっと強いです。ごく少量ずつ使うのが最適です。少しでも多いと、とんだ暴れん坊になってしまいます。

ベネディクティン：27種のハーブとスパイスを含むブランデー・ベースのリキュール。アンゼリカとヒソップの濃厚な香りと黒いハチミツの深いフレーバーがあり、熟成したブラウン・スピリッツやアップル・ブランデーのドリンクとよく合います。

マリー・ブリザール・ホワイト・クレームド・カカオ：カカオ豆を蒸留し、バニラのフレーバーをつけた高級なチョコレート・リキュール。この油質のテクスチャーと純粋で自然なフレーバーは、ほかのほとんどのチョコレート・リキュールと一線を画する特徴です。マリー・ブリザールでは、このリキュールのブラウンのバリエーションも造っています。

ルクサルド・マラスキーノ・リキュール：バーテンダーをしていれば、一度は必ずこのチェリーフレーバーのリキュールに夢中になります。蒸留の工程でマラスカ・チェリーをそっくり──種も全部──使うことによっ

て生まれるくせのあるフレーバー・プロフィール〔風味の特徴〕に惚れ込むからです。ほんの一しずくでも、このリキュール以外ではできないような信じられないほどの複雑さをシンプルなドリンクに加えることができます（どういう意味かわからなければ、ためしにp192のエイビエーションをこのリキュールなしで作ってみてください）

ロスマン＆ウインター・オーチャード・アプリコット・リキュール＊：クロスターノイブルク産のアプリコット・ジュースと、同じアプリコット（アンズ）を蒸留したオー・ド・ビーを混合したリキュール。このスピリッツを使えば、ドリンクに清涼なアプリコットのフレーバーを加えることができます。このデリケートな甘味は、ほかの甘い材料を使う余地を残しています。

アマーロとアペリティフと
ディジェスティフ

　アマーロは、古くからディジェスティフとして食後に飲まれているほろ苦いイタリア産リキュールです。カクテルには、少量入れるだけで、その何倍もの深みと複雑さを加えることができます。デス・アンド・コーのオープン以後、かなりの数のアマーロがアメリカ国内で販売されるようになりました。新たに発売されるたびに、そのアマーロはバーテンダーたちのおもちゃになりました。わたしたちはみな、数日間は新発売のアマーロで遊びます。そのあと、カクテルの材料としての使い道が決まるか、さもなければバック・バーにしまわれたまま忘れられ、別の子どもがやってきてそのおもちゃで遊び始めるまで、誰も見向きもしません。どのバーテンダーにも、くり返し使うお気に入りのアマーロがひとつかふたつあります。

　どのアマーロもみな苦味と甘味を兼ね備えていますが、その比率は銘柄によって異なり、根茎やハーブ、花、樹皮、シトラス・ピール（柑橘果皮）を専有特許のブレンド法で混合することによって生じるユニークなフレーバー・プロフィールをそれぞれが誇っています。アマーロは、こうして混合されたものを中性のグレイン・スピ

リッツやワインにしみ込ませ、それをろ過したものに砂糖を加えて、熟成させて造ります。アマーロのアルコール度数は16%から40%です。

おすすめの銘柄

アペロール：カンパリより苦味が少なめで、甘みは強めです。オレンジ・フレーバーはもっとはっきりしていて、カクテルに軽さと明るさを加えます。

アマーロ・アベルナ：このアマーロの味を説明するとしたら、チョコレートとバニラと柑橘系のフレーバーをつけたコカコーラのような味というのがいちばん正しい表現でしょう。

アマーロ・ノニーノ・クインテッセンティア＊：同じカテゴリーのほかの銘柄と比べて比較的繊細な味のグラッパベースのアマーロ。アルビン・ハーブのフレーバーがつけてあります。比較的多めに使っても、ほかの材料の味を圧倒するようなことはありません。

アマーロ・チョチャーロ＊：チョチャーロのプロフィールには、はっきりとしたビター・オレンジと土の香りのフレーバーがあります。カクテルに使うと、いくつかのクラシックのレシピに使われるフランス産アペリティフのアメール・ピコンの代用になります。アメール・ピコンは、現在アメリカでは入手が困難です。

アマーロ・ナルディーニ＊：フェルネット・ブランカに似たメンソールのようなにおいがあり、フェルネットの持つ苦味を除いたような味がします。

アマーロ・メレッティ＊：際立ったスミレの香りとサフランとアニスのフレーバーがあります。

カンパリ：カンパリは、使う量や組み合わせるほかの材料しだいで、爽快な気分にさせるドリンクにも、落ち着いた気分にさせるドリンクにも使える特別な材料のひとつです。バーテンダーは、このほろ苦いグレープフルーツとオレンジのプロフィールに、必ず一度はとりこになります。カンパリがなければネグローニはありえません

第2章　バーをつくる　　　77

し、ネグローニがなければこの世はあまりおもしろくない世界になってしまうでしょう。

チナール：瓶のラベルにはアーティチョーク（チョウセンアザミ）が描かれていて、名称もアーティチョークのラテン名（キナラ・カルドゥンクルス）からきていますが、チナールは実際にはアーティチョークのような味はしません。とはいえ、アーティチョークは全体の味を構成する材料のひとつにすぎません。フレーバー・プロフィールは、最初感じた甘味が、さまざまな植物性の香りの混じった柑橘系の風味の強い刺激に変わっていきます。ドリンクに入れると、数秒で引いていく一瞬の強いフレーバーが加わります。

フェルネット・ブランカ：ミルラ、カモミール、カルダモンなど40種以上のハーブとスパイスを原料として、薬効のある主張の強いメンソールのフレーバー・プロフィールを持つアマーロです。飲料業界では、「こんにちは」「さようなら」「はじめまして」そのほかいろいろなあいさつ代わりにやる一杯として使われます。また、当店では、少量を風味づけに使います。

ラマゾッティ*：人気の高いかなり甘めのアマーロ。バニラとルートビアのフレーバーと濃厚なオレンジの風味が、ウイスキーととてもよく合います。

ベルモット

大雑把に一口でいえば、ベルモットとは、ハーブや樹皮やスパイスのフレーバーを加えたフォーティファイド・ワインです。現代的な言葉で言えば、ほとんどのベルモットは、比較的ニュートラルな白ワイン（一般にクレレット・ブランシュ、ピクプール、カタラット、トレッビアーノといったブドウから造られる）をベースとし、少量の中性スピリッツを配合したものです。ワイン（シェリー、ポート・ワイン、リレなど）製造業界全体で一般的なこの製法は、ワインの保存性を高めるために古くから使われている技法です。アルコール度数が高いほど、微生物による腐敗を防ぐことができるからです。

ベルモットに使う香辛料は、それぞれの製造業者の独占特許になっていますが、一般的な材料は、クローブ、シナモン、キニーネ、シトラス・ピール（柑橘の果皮）、カルダモン、マジョラム、カモミール、コリアンダー、ジュニパー、ヒソップ、ジンジャーなどです。

ベルモットには、おもに3つのタイプがあります。ドライ・ベルモットは、色が淡く、かすかに苦味があり、その名の通りドライ（辛口）です。スイート・ベルモットは色が赤く、甘味があります。白（ブラン）ベルモットは透明で、スタイルはドライ・ベルモットとスイート・ベルモットの中間です。ベルモットをカクテルに使うときのやり方を一般化するのは簡単ではありませんが、わたしたちが気づいた限りでは、概してドライ・ベルモットはジンのような軽めのスピリッツと合わせるのがいちばんよく、スイート・ベルモットは熟成したスピリッツと親和性があります。ブラン・ベルモットはスイッチ・ヒッターで、軽めのスピリッツとも熟成したスピリッツともうまく合わせることができます。

ベルモットという名前は、「ニガヨモギ」を意味するドイツ語の**ベーアムート**（wermut）からきたもので、ベルモットはもともとニガヨモギを含んでいました（一部にはいまも含んでいるものがあります）。ベルモットには、物語に富んだ長い歴史があり、さまざまな製法でさまざまな地域で造られてきましたが、やがて2つの中心的生産地に分かれました。イタリアとフランスです。イタリアは、現在ベルモット・ディ・トリノと呼ばれる芳醇で苦いスイート・ベルモットの製造で定評があります。その代表が、カルパノ・アンティカ・フォーミュラとコッキ・ベルモット・ディ・トリノです。それからまもなく、フランス人もベルモット造りに乗り出し、より辛口のライトなスタイルを造り出しました。ベルモットに対する興味の新たな高まりに刺激されて、多くのアメリカの酒造家が地元の材料を使って、独自のベルモット造りに取り組んでいます。そうして造られた銘柄のいくつかが、デス・アンド・コーの貯蔵庫に収まっています。

現在使われているベルモットのほとんどはヨーロッパ産ですから、欧州理事会の規制を受けています。この規制では、ベルモットはEUのワイン規則に従って造られたワインをベースにしなくてはならず、しかもそのワインが完成品の75%を占めていなければならないと決め

られています。さらに、添加する蒸留酒はアルコール度数が14.5〜22%でなければなりません。フレーバーをつけるには自然調味料と香草やスパイスを使い、甘味をつけるにはカラメル（焦がした砂糖）とショ糖やグレープマスト（ブドウ果汁）を使わなければなりません。

おすすめの銘柄

カルパノ・アンティカ・フォーミュラ：そのまま飲んでも、カクテルに混ぜても、同じように美味しいスイート・ベルモットです。その苦みのあるフルボディのフレーバー・プロフィールには、ココアやオレンジ、カラメル、イチジクのほか、濃厚なバニラの香りが含まれます。カクテルに入れると、ほかのフレーバーを補ったり、コントラストをつけたり、風味づけとしていろいろな用途に使えますが、ほかのベルモットに比べると、場合によってはほかの材料を押しのける暴れん坊にもなりかねません。当店では、何にでもカルパノを使っていた時期がありました。とくに、マンハッタンのバリエーションには全部入れていました。あのころ、デス・アンド・コーは「ステアとビターズ」を売り物にしていました。あれ以後、わたしたちも少しは丸くなって、ほかのベルモットも使うようになりました。

コッキ・ベルモット・ディ・トリノ：このスイート・ベルモットは、（スタイルが似ている）カルパノ・アンティカと同じように、強いバニラの香りと濃厚で強烈なコクがありますが、カルパノとは違い、カクテルに入れるとほかの材料を引き立てます。

ドラン・ドライ・ベルモット：穏やかなハーブのフレーバーとほのかな甘みのあるソフトなドライ・ベルモット。フレーバーが微妙なベース・スピリッツと相性がよく、その微妙なフレーバーをうまく引き出すことができるので、アレックスのアペリティーボ・ジュレップ（p313）のベースとして使います。

ドラン・ブラン・ベルモット：フルボディで甘味のあるドラン・ブランはレッド・ベルモットと同じような効果があり、ブランコ・テキーラのようにドライ・ベルモットを圧倒するようなベース・スピリッツと、よく合います。

ほかのフレーバーを隠さずにドリンクの強さを和らげることができるので、強めのステア・ドリンクを初めて飲むお客様にドリンクを作るときによく使います。

ドラン・ルージュ・ベルモット：フランスのシャンベリ産のワインとボタニカルを原料にして造ります。カルパノ・アンティカやコッキ・トリノよりもドライで、ライトボディのため、もっと味の濃いブラウン・スピリッツと合わせると負けてしまいます（ただし、小麦の香りが強いバーボンでマンハッタンを作る場合は別です。その場合はまさにぴったりです）。この問題を解決するため、同量のドラン・ルージュとプント・エ・メスを混ぜて、当店オリジナルの特製スイート・ベルモット（p365）を作ります。

プント・エ・メス：この刺激の強いスイート・ベルモットには、ほとんどアマーロに近いきついほどの苦味があり、バルサミコ酢のようなフレーバー・プロフィールがあります。プント・エ・メスはグレープフルーツととてもよく合い、当店オリジナルのグレープフルーツ・インフュージョン・プント・エ・メス（p361）は、多くのドリンクの主要な材料になっています。プント・エ・メスは苦味が強いため、多くの人が、これが本当にベルモットなのか、アマーロに分類したほうがよいのではないか、という疑問を抱きます。

シェリー

シェリーは、いわれのない汚名を着せられています。悲しいことですが、ほとんどの人が、シェリーのことを、もうろくしたおばあちゃんやお高くとまったインテリが飲むたんなる甘いワインだと思っています。しかし、シェリーの種類は驚くほど豊富で、世界でいちばん辛口のワインからいちばん芳醇なワインまで、実に多種多様です。

シェリーは、フォーティファイド・ワインのひとつで、スペイン南岸のアンダルシア地方の「シェリー・トライアングル」で造られています。原料となる主要なブドウ品種は、パロミノ、モスカテル、ペドロ・ヒメネスです。

シェリーには多くのカテゴリーがあり、ボーン・ドライ（マンサニーリャ、フィーノ）から、ほんのり甘味のあるもの（アモンティリャード）や、かなり甘口のもの（ペドロ・ヒメネス、モスカテル、クリーム）まで、さまざまです。もっとも甘いタイプのシェリー（ペドロ・ヒメネスやモスカテル）は、ブドウを天日で乾燥させ、ほぼ干しブドウに近い状態になるまで濃縮します。その結果できる甘味の強いワインは、わたしたちの考えでは、自然が生み出すもっとも純度の高い甘味料です。

　シェリーの熟成のプロセスは、ワイン界でもひときわユニークで複雑な製法です。おおまかに分けて、シェリーの熟成法には3つの方法があります·

- **生物学的熟成**：ワインのアルコール度数を15％程度まで上げ、そのあと「フロール」と呼ばれる土着の酵母の膜を表層に形成させて、ワインを空気との接触と酸化から守り、なおかつワインと樽とが相互に接触しつづけるようにします。これは、フィーノやマンサニーリャのようなもっとも辛口のカテゴリーで使われる製法です。

- **酸化熟成**：ワインのアルコール度数を17％以上に上げ、樽の中の空気とつねに触れるようにします。これは、ほとんどのワインやスピリッツで行うのと同じタイプの熟成法です。この製法では、さらにフレーバーを加え、コクを濃縮し、スパイスの香りを取り込みます。オロロソ・シェリーはこの方法で熟成するため、熟成の進行につれて、比較的甘い味のワインに濃縮されていきます。

- **混合熟成**：アモンティリャードの場合、まずフィーノをフロールの下で熟成させます。熟成してアルコール度数が上がると、フロールを形成している酵母が死滅していきます。続いて酸化熟成が進行し、香りが濃厚で、口当たりがひじょうに軽いシェリーが仕上がります。

　熟成はソレラ・システムを使って行われます。このシステムは、毎年安定した品質を保てるように考えられた方法です。ソレラは、いくつもの異なった樽、つまりクリアデラスのものをブレンドして造られます。樽は、造られた年ごとに異なる段に並べられます。いちばん上の段にはいちばん若いワインの樽が並び、2番目の段には2番目に若いワインの樽が並ぶ、という具合に置かれています。1年に数回いちばん古い段の樽のワインの一部を瓶詰めし、その樽には2番目に古い段のワインを補充して満タンにし、2番目に古い段の樽もまた同じように補充し、これを順次くり返して、最後に新しいワインがいちばん若い段の樽に加えられます。こうすることによって、いつ瓶詰めしても、それぞれの段のワインが少しずつブレンドされ、その結果、いつ瓶詰めしてもさまざまな熟成度のワインが含まれることになります。

　2008年以前には、シェリーはほとんどカクテルには使われていませんでした。そのころ、シェリー振興会のためにはたらいていたわたしたちの友人のスティーブ・オルソンとアンディ・セイモアが店を訪れ、シェリーの総合テイスティングをしてほしいと言ってきました。わたしたちは、2人が置いていった銘柄を使って実験を始め、カクテルの材料としてのシェリーの可能性の広さに対して、しだいに心が開かれていきました。酸化ワイン独特の魅力的な個性があり、同時にまた、さまざまな甘いフレーバー——とくにドライ・フルーツ、ハチミツ、ナッツなど——を、ドリンクの味をしつこくすることなく加えることができるのです。アモンティリャードやオロロソなどの比較的辛口のシェリーは、コッフィー・パーク・スウィズル（p321）やそのバリエーションのドローレス・パーク・スウィズル（p323）やラ・ビーニャ（p272）のベース・スピリッツとして、とくにすばらしいはたらきをします。

おすすめの銘柄

アルベアル・フェスティバル・パレ・クレーム・モンティー

リャ・モリレス*：アルベアルのフォーティファイド・ワインは、シェリーの産地とされる地域から少しはずれた土地で製造されますが、シェリーと呼んでも差し支えないでしょう。ほかのシェリーと同じ製法とスタイルで造られますが、アルベアルはすべてペドロ・ヒメネス種から造られます。カクテルに使うと、強い香りとフルーティなフレーバーを加えることができますし、辛口なので、ベースとしても風味づけとしても使えます。この銘柄は、甘く、口当たりが軽く、メロンとアプリコット（アンズ）と梨のフレーバーがあります。

ウィリアムズ＆ハンバート・ドライ・サック・ミディアム・シェリー：スタイルとしてはアモンティリャードに近いブレンド・スタイルのシェリー。辛口ですが、ラムとよく合う芳醇さとスパイスのフレーバーがあります。

ラ・ヒターナ・マンサニージャ・シェリー：超辛口のシェリー。塩気とセイボリーとハーブのフレーバーがあります。もっと甘いシェリーと比べると強さがありませんが、カクテルに入れる場合その分もっと多めに使えば問題ありません。

ルスタウ・イースト・インディア・ソレラ・シェリー：オロロソ・シェリーと同じ強さのアロマと甘味がありますが、カクテルのなかでほかのフレーバーと絡み合うオレンジとスパイスの香りがあります。

ルスタウ・ロス・アルコス・アモンティリャード・シェリー：干しブドウとイチジクの香りがしますが、口当たりは辛口で、ナッツのような酸化熟成の特徴があります。シェリーのなかでは、当店でベースの材料としてもっとも多用する銘柄です。

ポート・ワイン

　食後のデザート用ワインとしてもっともよく知られるポート・ワインには、カクテルの材料としての長い歴史があります。長年、当店ではいろいろな使い方をしてきましたが、ポート・ワインは豊かなテクスチャーとコク

と深みと、ストラクチャーをドリンクに加えます。

　ポート・ワインは、ポルトガルのドウロ川流域でのみ造られています。法律の定めにより、ワイン醸造業者がワインの原料として使うことができるブドウの品種は、100種以上に及びます。しかし、実際におもに使われているのは、5つの品種です。ティンタ・バロッカ、ティンタ・カン、ティンタ・リロス、トウリ・フランセーザ、トウリガ・ナシオナルです。ポート・ワインに特有の甘味は、その特殊な製法に秘密があります。ブドウを絞って、発酵させ、そのあとベース・スピリッツで酒精強化するのです。こうすると、全体のアルコール度数が上がり、酵母がワインの糖分を食べてしまう前に死滅し、その結果「甘味がある」けれども安定したワインができるのです。

　デス・アンド・コーでは、おもにトゥニーとルビーの2つのスタイルのポート・ワインを使っています。トゥニー・ポートは、オーク樽で熟成させた醸造年度の違ういくつかのワインをブレンドして造ります。オーク樽で熟成させることによって、ナッツのフレーバーがつき、酸化熟成によるクォリティが生じます。トゥニーはしばしば瓶詰めした状態でも熟成が進みます。これに対して、ルビー・ポートは、瓶詰めして販売される前にタンクに貯蔵されます。

おすすめの銘柄

グラハムズ・シックス・グレープス・リザーブ・ルビー・ポート：フルボディの芳醇な味のワイン。熟したプラムとブラック・チョコレートのフレーバーが特徴。

ワレズ・オティマ10年トゥニー・ポート：やや辛口のトゥニー・ポート。熟したフルーツと芳醇なハチミツのにおいと、ドライ・アプリコット（干しアンズ）の深いフレーバーが特徴。

アペリティフ・ワイン

　10年前には、残念なことに、高級なベルモットはあまり市販されていませんでした。まして、リレ・ブラン以外には、いろいろ試すことができるほかのフォーティ

ファイド・ワインは、どんなものも手に入りませんでした。いまではベルモットの人気が高まり、ほかのフォーティファイド・ワインも、軽い味のものから甘いものまであらゆるスタイルのものが、絶えず注目されるようになりました。伝統的なアペリティフ・ワインは、ヨーロッパ中で何世紀も前からずっと変わらぬ人気があります。ほとんどの銘柄は劣化を防ぐために酒精強化され、生産地の地元でとれる材料でフレーバーをつけます。このように、アペリティフ・ワインを飲むということは、各地をめぐり、代々ワインを飲み継いできた伝統を知る胸躍る旅をすることなのです。

おすすめの銘柄

コッキ・アメリカーノ：イタリア産アペリティフ。起源は19世紀にさかのぼりますが、アメリカで売り出されたのは、つい最近です。オレンジとスパイスの風味がつけられ、キナ皮の強い苦味がつけられています。多くの人が、かつてのキナ・リレの味と比較します。かつてたたえられていたキナ・リレはすでに終売し、代わりにまろやかな味になった後継銘柄のリレ・ブランが1980年代から販売されています。

ボナール・ゲンチアナキナ＊：われらの愛しいドラン・ベルモットと同じアルパンが製造元。ボナール・ゲンチアナキナは半発酵したブドウ果汁にキナ皮とゲンチアン（どちらも苦味物質）をインフュージョンし、ダーク・フルーツとハーブのフレーバーをつけたものです。

リレ・ブラン：セミヨンとソービニョン・ブランとミュスカデルをブレンドしたものにシトラス・リキュールを加えて強化したもの。コッキ・アメリカーノよりも苦味が弱く、フローラルな香りと明るいオレンジのフレーバーがあり、カクテルではブラン・ベルモットと同じような使い方をします。

リレ・ルージュ：メルロー・ベースの赤ワインにキナ皮を添加して造ります。風味のよいスイート・ベルモットのように軽くタンニンの味がし、わずかに苦味があります。

リレ・ロゼ＊：比較的新しい製品で、ロゼ・ワインと同じように、リレ・ブランとリレ・ルージュの中間のような銘柄。スイート・ベルモットほど強くはなく、ブラン・ベルモットほど芳醇ではありません。フローラルのアロマと濃厚なストロベリーのフレーバーがあります。

チーター・ボトル

営業中にドリンクを作るとき、バーテンダーがボトルを取るために、あちこち向き直ったり、定位置を離れたりすると、そのたびに貴重な時間のロス（ひいてはお金のロス）になります。しかし、デス・アンド・コーでは、ドリンクを作るのに文字通り何百種類もの材料を使うので、必要なものをすべて手元に置いておくことは不可能です。店をオープンしてから間もなく、フィルは、もっとも多用する必須の材料のいくつかを選んで——通常は少量を——スピードポアをつけた小さな瓶に移すことに決めました。この簡便な方法は、いまでこそありきたりな手法になりましたが、当時はそんなことをしている人は誰もいませんでした。

何年もたつうちに、当店のチーター・ボトル一式は次々と増えて行き、いまでは形やサイズの違う容器——炭酸飲料の空き瓶や古いガラス製品や、フリーマーケットを回って買い集めたさまざまな容器——が70以上にもなり、こうした容器に、シロップから種々雑多な風味づけの酒や作り置きの材料（バッチ）（p364）まで、多種多様な材料を入れています。

毎晩のように、お客様から一度は必ずこう質問されます。「こんなにたくさんの小瓶のどれに何が入っているか、本当にわかるのかい？」

わたしたちはこう答えます。「ええ、もちろん。それが仕事ですから」

毎日の開店前の準備の大きな（骨の折れる）仕事のひとつは、チーター・ボトルを洗って、中身を補充し、並べることです。新しいメニューを作るときには、よく使うチーターほど取りやすい位置にくるように、いちばん使いやすくて効率のいいボトルの並べ方を考えますが、これが一苦労です。デス・アンド・コーでは、すべての動作にむだがないように、決して手ぶらでは動かないように、バーテンダーを訓練します。新人のバーテンダーがまだ入店したばかりのときには、大目に見て、最初の数回のシフトではチーター・ボトルにラベルをつけておきます。でも、じきにラベルをはずして、ボトルの配置を覚えてもらいます。ただし、メニューを新しくするときには、またボトルの配置をすっかり変えてしまいます。その場合は、全員がまた最初からすべてのボトルの配置を覚えなければなりません。

BITTERS

ビターズ

ビターズは、いわばバーのスパイス・ラックです。ビターズは、それ自体のフレーバーを加えるだけでなく、ドリンクに含まれるほかの材料の思いがけないフレーバーを引き出したり、そうしたフレーバーを結びつけたりします。ビターズを正しく使った場合には、ドリンクにどんなビターズが入っているかわからないはずです。ビターズの役割は裏方です。しばしばビターズは、「このドリンクにはほかに何が必要か」という問いの答えになるものです。ビターズは、そのままでは埋没したままのフレーバーを引き出し、さらにはドリンクのテクスチャーに変化をつけたり、ときにはドリンクのクリーミーさやタンニンの渋味や濃厚さを実際よりも強く感じさせたりもします。デス・アンド・コーでは、ドリンクに含まれる芳香を引き立てるために、でき上がったカクテルの表面に数滴ダッシュしたり（p200のピスコ・サワー）、柑橘類やミントのガーニッシュの上に直接かけたりします。

新しいカクテルを創作するとき、わたしたちはよく、ほかのスペック〔材料と分量〕が全部決まった開発のほぼ最終段階で、ビターズを何種類も試してみることがあります。驚くべきことに、こうした新開発の最後の段階であっても、ある材料を1ダッシュ入れるだけで、カクテルの味がすっかり変わってしまうことがあります。

デス・アンド・コーをオープンして以来、わたしたちが使えるビターズの数は、年を追うごとにどんどん増えています。ほかの酒類と同じように、バーに持ち込まれる製品はすべて味見しますが、いつまでも変わらず使われるようになるものは、そのうちのわずかです。わたしたちは、「たくさんあれば選択肢も増える」という考え方を、ビターズにも広げました。現に、当店オリジナルの特製オレンジ・ビターズ（p365）は、3つの銘柄を同じ比率でブレンドしたものです。フィー・ブラザーズ・ウエスト・インディアン・オレンジ・ビターズ*には、澄んだ甘いフレーバーがあります。リーガンズ・オレンジ・ビターズ*を入れると、際立ったカルダモンの香りと多少の苦味が加わります。アンゴスチュラ・オレンジ・ビターズ*を入れると、シナモンとクローブのフレーバーが加わります。同じように、当店の特製オリジナル・ペイショーズ・ビターズ（p365）は、従来の市販のペイショーズ・ビターズ*2に対して、苦味とスパイスのフレーバーを引き立てるビター・トゥルース・クレオール・ビターズ*を1の比率で混合しています。

デス・アンド・コーでは、ビターズを2つのカテゴリーに分けています。リフティング・ビターズとバインディング・ビターズです。

リフティング・ビターズ

ドリンクに含まれるほかの同じようなフレーバーを強めたり、引き立たせたりするビターズです。リフティング・ビターズには、通常1つか2つのおもな材料を中心につくられるシンプルなフレーバー・プロフィール〔風味の特徴〕があります。たとえば、次のようなビターズがあります。

・特製オリジナル・オレンジ・ビターズ（p365）

- ビターキューブ・チェリー・バーク・アンド・バニラ・ビターズ*
- ビター・トゥルース セロリ・ビターズ*
- ビターメンズ・エレマクレ・ティキ・ビターズ*
- ビターメンズ・ヘルファイア・ハバネロ・シュラブ*
- ビターメンズ・ホップト・グレープフルーツ・ビターズ*

バインディング・ビターズ

より複雑な公式によって、あたかもジッパーのように、まったく異なる味の材料を結びつけます。カンファレンス（p349）のように、そのままでは濁った味のフレーバー・プロフィールを、たった1ダッシュするだけで見違えるような味に変えます。たとえば、次のようなビターズがあります。

- アンゴスチュラ・ビターズ
- 特製オリジナル・オレンジ・ビターズ（p365）
- 特製オリジナル・ペイショーズ・ビターズ（p365）
- ビター・トゥルース・アロマティック・ビターズ*
- ビター・トゥルース・ジェリー・トーマス・ビターズ*
- ビターメンズ・ホコラートル・モール・ビターズ*
- フィー・ブラザーズ・ウイスキー・バレルエイジド・ビターズ*

INFUSIONS
インフュージョン

デス・アンド・コーでは、インフュージョンが大きな比重を占めるようなバー・プログラムはまったく考えていませんでしたが、オープンして間もないころ、フィルは自分が味見したカモミールのフレーバーがついたグラッパにすっかり惚れ込んでしまい、ライ・ウイスキーを使って、似たものを作りたいと思うようになりました。数回実験を重ねたあと、カモミール・ジュレップ（p313）が店のメニューにデビューし、わたしたちの意識と味覚は、カモミールをインフュージョンしたオールド・オーバーホルト・ライ（p363）の可能性に引き寄せられていきました。このインフュージョン・ウイスキーは、もう何年もの間、当店でいちばん多用するスピリッツのひとつになり、ティー・ベースのインフュージョンした材料を使うドリンクの味を飛躍的に高めました。それからまもなく、わたしたちはドリンク全体の味に少し辛味を足すために、ハラペーニョ・ペッパーをブランコ・テキーラにインフュージョンするようになりました。

このインフュージョン液は、いろいろなスパイシーなドリンクの土台としても使いますし、もっと少ない量を風味づけとして使うこともあります。

インフュージョンに利用できるハイテクのツールや技術はたくさんあります。エスプーマ、真空調理法サーキュレータ、クライオバック〔真空包装システム〕、ファット・ウォッシングなど、さまざまです。とはいえ、わたしたちは、日常的な材料を使って室温でできるシンプルなマセレーション〔浸漬〕のほうが好きです。やはり、アルコールはすばらしい溶剤です。アルコールはその本来の色や透明度、テクスチャー、度数にいっさい影響を及ぼすことなく、材料からフレーバーとアロマの両方を引き出すことができます。インフュージョンしたスピリッツをカクテルに使うと、より多くの材料を入れる余裕ができますし、味の一貫性のレベルを上げ、さまざまなフレーバーをほかの方法ではできないほどぎりぎりまで取り込むことによって、ドリンクを作る時間をスピード

アップすることもできます。デス・アンド・コーで使っているオリジナルのインフュージョンのレシピは、

p356の付録1に収録してあります。

SWEETENERS
甘味料

甘味料がカクテルのなかで果たす機能は、2つあります。アルコールの刺激を和らげ、ドリンクの味の角をとってまろやかにすることと、ドリンクにコクとテクスチャーを加えることです。「甘いカクテルなんか嫌いだ」という人も、2杯目にシンプル・シロップ抜きのダイキリを飲めば、考えが変わります。甘すぎるカクテルはひどいものです(しかもひどいほど出回っています)が、甘味は、ドリンクの味のバランスを整えるための支柱であり、不可欠な要素です。

カクテルを作るとき、アルコールを含む材料(一般にリキュール)だけでは甘味が足りない場合、なんらかのシロップから甘味を追加しなければなりません。その場合、もっとも一般的に使われるのが、シンプル・シロップ(グラニュー糖1に対して水1の割合。p357を参照)ですが、これはもっとも中性的な味の甘味料です。デス・アンド・コーでは、ドリンクの味をもっと複雑にしたいときには、デメララやサトウキビを使います。シンプル・シロップは、ほかの材料を支える中性的な土台の役目を果たしますが、デメララやサトウキビの糖は、それ自体の固有のフレーバーをドリンクに加えます。デメ

ララ・シロップ(p357)とサトウキビ・シロップ(p357)はどちらも、砂糖2に対して水1の割合で作りますから、濃度も甘みも強くなります。ですから、なるべく希釈したくない度数が高いステア・ドリンクを作るときにいちばん多用します。

どちらのシロップも、熟成したスピリッツの甘味の強いフレーバーを増大するすばらしいはたらきがありますから、通常はラムやウイスキーと合わせます。同じように、アガベ・ベースのスピリッツには、通常アガベ・シロップの自然な甘みを合わせます。当店では、グレードBのメイプル・シロップ(普通のグレードAよりも豊潤)を、ウイスキーやラムの同じような特徴と相互作用を起こさせるために、少量使います。また、ハチミツ・シロップのフローラルな香りは、ジンやラムと相性が抜群です。わたしたちは、アカシアのハチミツを水で薄めて使います(p356)が、これはそうしたほうが計りやすく、注ぎやすいからです。デス・アンド・コーで使うすべての甘味料のレシピは、p356の付録1に収録されています。

FRESH JUICE
フレッシュ・ジュース

デス・アンド・コーでは、毎日開店前にフレッシュ・ジュースを作り、その日のうちにジュースが足りなくなってきたら、また追加で作ります。ジュースは作った瞬間から、酸化と酵素反応が始まり、時間の経過とともにフレーバーが劣化していきます。家庭では、たぶんドリンクを作る直前に柑橘果実を絞るでしょう。いったん作ってしまったジュースは、せいぜい1日しか香りが持たないからです。これは、レモンやライムではとくに顕著で、ほんの数時間で鮮度が落ちてしまいます。グレープフルーツやオレンジのジュースはもっと持ちがよく、使うフルーツによっては、ジュースが2日持つものもあります。

当店で使う柑橘ジュースは、サンキストの業務用ジューサーを使って作りますから、果肉をダブル・ストレイン（二度漉し）します。家庭用としては、手持ち式の絞り器（シトラス・プレス）か、調理台に置いて使うスイングアーム式の絞り器をおすすめします。ほかのフルーツや野菜のジュースを作る場合は、当店ではジュース・エキストラクターを使います。エキストラクターをお持ちでないなら、ブレンダーでフルーツをすりつぶしてピューレにして、チーズクロスで果肉を漉しとればいいでしょう。当店では、ジュースはすべて密閉容器に入れます。営業中に使う分はガラス瓶に入れて氷の中に突っ込んでおき、それ以外はプラスティック容器に入れて冷蔵庫に保管します。

必ず、入手可能ななかでいちばん鮮度と品質が高いフルーツを使ってください。そして、できれば有機栽培のものにしてください。フルーツは、ジュースにする前によく洗って、ワックスや残留農薬をきれいに取り除いてください。以下に、わたしたちがいちばんよく使う

ジュースについてアドバイスを挙げます。

アップル・ジュース：当店で使うアップル・ジュースのほとんどは、ふじかグラニー・スミスを絞って作ります。中サイズのリンゴ1個から、約60mlのジュースが作れます。大量に作る場合は、変色（褐色化）を防ぐために、ジュース1クォーター（約1リットル）につきティースプーン1杯のアスコルビン酸（もし秤があるなら1リットルにつき3グラムを計って）を加えます。

オレンジ・ジュース：フレッシュ・オレンジ・ジュースを使うカクテルは多くはありませんから、うちではガーニッシュの下ごしらえをしたあとに残ったオレンジの実を使って、少なめの量のジュースを用意しておきます。中サイズのオレンジ1個で、90〜120mlのジュースができます。

グレープフルーツ・ジュース：当店では、ジュースやガーニッシュの材料として、ルビー・レッド種のグレープフルーツを使います。ホワイト種のグレープフルーツはそれほど甘くないので、ホワイト種をドリンクに使う場合は、甘味料を加えて味を調整する必要があるかもしれません。中サイズのグレープフルーツ1個で、約240mlのジュースができます。

パイナップル・ジュース：パイナップルは、皮をむいて、ジュース・エキストラクターにかけ、ダブル・ストレインして果肉を取り除きます。パイナップル1個で、およそ480mlのジュースができます。

ライム・ジュース：ライムは、ほかの柑橘類よりも酸化が早いので、なるべく開店直前にジュースにするのがいいでしょう。ライム1個で、約30mlのジュースができます。

レモン・ジュース：レモン・ジュースの劣化は、ライムほどは早くありませんが、やはりなるべく開店直前にジュースにするのがいいでしょう。レモン1個で、30〜45mlのジュースができます。

もっと少量ですが、当店ではほかにも次のようなフレッシュ・ジュースを使います。
・ブラッドオレンジ
・カンタロープ・メロン
・ニンジン
・セロリ
・赤ピーマン
・スイカ

マドリングする生の材料

　生のフルーツや野菜やハーブをマドリングしてドリンクに入れる場合は、使う材料についてよく考えてから、どれくらいの時間をかけてどれくらいの力加減にするかを決めます。ハーブややわらかいフルーツ（ラズベリーなど）は、オイルと果汁を引き出すために、手早く力を加減してつぶさなければなりません。固いフルーツや野菜（リンゴ、梨、柑橘果実、セロリなど）は、フレーバーを引き出すために、もっと力を入れてつぶす必要があります。フルーツや野菜は、細かく（2.5センチ以下くらい）に切り分ければ、つぶしやすくなります。フルーツは、マドリングする前に種を取る必要はありませんが、種をつぶすと苦いフレーバーが出てしまうことがあるので、つぶさないように気をつけてください。

　マドリングしてドリンクに入れる生の材料には、次のようなものがあります。

イチゴ	タンジェリン	ブラックベリー
カフェ・ライム・リーフ	チェリー	ミント
柑橘類	チェリー・トマト	桃
キュウリ	梨	ラズベリー
コリアンダー	ネクタリン	リンゴ
セージ	バジル	
セロリ	ブドウ	

OTHER INGREDIENTS

そのほかの材料

　以下のユニークな材料は、特定のカテゴリーに分類できないものですが、デス・アンド・コーのオリジナル・ドリンクにはときおり使われることがあります。

ココ・ロペス*

　サトウキビで甘味をつけたココナッツ・クリーム。プエルトリコの発祥で、ピニャ・コラーダ (p200) や多くのティキ・スタイルのドリンクの主要な材料になります。

ザクロ糖蜜

　中東や地中海の料理には欠かせない甘酸っぱいシロップ。カクテルの材料としても、とてもすぐれています。これはフィル・ウォードのお気に入りの秘密兵器であり、彼はアルワディの製品を愛用しています。フィルいわく、「パンサー・ピス*2オンス (60ml) にザクロ糖蜜を1ティースプーン混ぜると、美味しくなるはずだ」そうです（ご家庭でお試しになることはおすすめしません）。

酸性リン酸塩

　かつてソーダ・ファウンテンに必要だったこの忘れ去られた材料は、バーで新しい居場所を見つけました。当店では、ドリンクに、柑橘ジュースの甘みやフレーバーを加えることなく、酸味だけを加えるために使います。

ベルジュ

　完熟前のブドウを絞ったノンアルコールの新鮮な果汁。甘味と酸味でいうと、ワインと酢の中間の味。これを使うと、新鮮なブドウのフレーバーとかすかな酸味を加えることができるので、柑橘ジュースのような酸味のあるほかの材料の代わりに用いることができます。当店のドリンクには、ナパ・バレー・シャルドネからつくるフュージョン・ベルジュ・ブラン*をおもに使います。

ローズ・ウォーター

　香水用のバラ油を作るためにバラの花弁を蒸留するときにできる副産物。ローズ・ウォーターは、インドや中東の料理では一般的に使われる調味料です。この芳香性の液体を2ドロップたらすだけで、カクテルに濃厚なフローラルのアロマを加えることができます。

ガーニッシュ

　ガーニッシュがあると見映えよくなりますが、わたしたちがもっとも重視するのは、カクテルの味に対するその効果です。わたしたちは、どんなカクテルでもくし形に切った柑橘果実をグラスの縁に刺せばいいとは思っていません。ガーニッシュを見るとドリンクの味をみる前に柑橘果実（ガーニッシュ）を絞ってしまうという悪いくせを誘発することがあるからです。こうしたタイプのガーニッシュは、料理のときの塩やコショウによく似ています。あくまでも、人それぞれの好みに合わせてフレーバーを調節するために置いてあるだけなのです。
　カクテルを飲むときには、まず初めに、あらかじめ考えられたフレーバーのバランスを見てほしいのです。わたしたちは、お客様の反応をつぶさに観察して、お客様がもっと甘いものや酸味のあるほうが好みのようなら、必要に応じて、次の1杯ではそうした別のカクテルをおすすめするようにしています。
　もしガーニッシュが酒を飲む楽しみを盛り上げるものでないのなら、わたしたちは使いません。演出としての見てくれだけのガーニッシュは、逆効果になり、せっかくのドリンクを台なしにしてしまうことさえあります。当店のドリンクの大半は一切飾り付けの類をしませんし、柑橘果実のツイストも、そのオイルをドリンクの上で絞ったあとはたいてい捨ててしまいます。ツイストをドリンクの中に入れるのは、そうすべき理由があるときです。ツイストを入れると、香りがずっと続くのです。それ以外の新鮮なフルーツや野菜やハーブなどのガーニッシュは、見た目や香りが、ドリンクの材料との相互作用によっていっそう効果を上げることをねらって使います。
　ガーニッシュは、最後に作ります。シェイク・カクテルの場合はシェイクする直前に、ステア・カクテルの場合は、カクテルをグラスに注ぐ直前がいいでしょう。時間を節約するために、柑橘果実のくし切りや輪切りは開店前に作っておくことがありますが、柑橘類の果皮はすぐに乾いてしまうので、ツイストは必ずドリンクをサーブする直前に切るようにしています。

柑橘果実のガーニッシュ

　固くて傷のないものを選んでください。表面につやがあれば、果皮に油分が多いことを示しているので、通常はプラスの要素になります。できれば、有機栽培の、ワックスを塗っていないものを買ってください。柑橘果実は必ず先に洗ってから、野菜ブラシでワックスをきれいに落としてください。

柑橘果実のくし切り

　バーによっては、柑橘類の果実の端を切り落とす店もありますが、当店では、切る部分をなるべく小さくし、両端の突き出した小さな部分を切り取るだけにしています。くし切りは簡単ですが、何でもいいからアドバイスがほしいとおっしゃるなら、当店なりの作り方を以下に

説明します。

1. 果実を縦に2等分する。縦切りにしたそれぞれの断面の中心を水平方向に横断する切り込みを白い甘皮の深さまで入れ、実の部分を2等分する。これがあとでグラスにさすための切り込みになる。
2. 半分にした果実をそれぞれさらに縦に切り、4つのくし形をつくる。
3. それぞれのくし型の断面のじょうのう膜をきれいに切り取り、ナイフの先で種を残らず取る。

柑橘果実の輪切りと半月切りと扇

柑橘果実の輪切りは、アロマの香るガーニッシュで、カクテル・ピックを刺すか、ドリンクの表面に浮かべます。オレンジやグレープフルーツのような大きめの柑橘果実は、一般に輪切りではなく、半月形に切ります。以下に、輪切りと半月切りと扇の作り方のコツを説明します。

1. 輪切りを作るには、先細りの度合いが少ないほうの端から、厚さ6ミリくらいの大きさに斜めに薄切りにしていく。
2. 半月切りを作るには、輪切りを半分に切って、断面のじょうのう膜をすっかり切り取り、ナイフの先で種を残らず取り除く。
3. 柑橘果実の扇は、輪切りや半月切りにカクテル・ピックを突き刺して作る。

柑橘果実のフラッグ

柑橘果実の輪切りや半月切りで、チェリーなどのほかのフルーツをくるみ、カクテル・ピックを刺す。

柑橘果実・ツイスト

当店ではいつも、がんじょうでよく切れるY字型の野菜の皮むき器で柑橘類の果皮を長くむいて作ります。チャンネル・ナイフは絶対使いません。このナイフだと、白い甘皮を必要以上に多く切り取ってしまうからです。ツイストを作るには、果実のてっぺんのあたりに斜めに皮むき器の刃をあて、果実のほうを動かして皮をむき、幅2.5センチ、長さ7〜10センチくらいのツイストにします。白い甘皮の部分は、なるべく切り取らないように注意します。ツイストをドリンクに入れたままにするなら、長い両端の部分をよく切れるナイフで切り取って形を整え、両端を斜めに切って長い平行四辺形を作ります。以下に、ツイストを飾る場合のアドバイスをします。

1. 切り取ったピール〔果皮〕を親指と人差し指と中指でつまみ、甘皮のほうを自分に向ける。
2. カクテルの上の2〜3センチくらいの高さにツイストを持っていき、オイルを絞り出す。細かい霧状のシトラス・オイルがドリンクの表面にかかるのが見える。
3. 柑橘系のフレーバーをもっと加えたければ、ツイストでグラスの縁を1回軽くこするとよい。
4. ツイストは捨てるか、甘皮のほうを下にしてドリンクに入れる。ツイストからさらに多くのフレーバーがカクテルの中に染み出す。
5. もっと凝った飾り付けにするなら、ピールをらせん状に巻いて一方の端を（クープグラスの）縁からぶら下げるか、（シャンパン・フルートの）グラスの中に入れる。

ツイストを火であぶる

ツイストを火であぶるのは、花火と同じように見映えのするパフォーマンスですが、乱用されています。焼けた硫黄油の油膜が表面に浮かんで、ドリンクが台なしになってしまうケースが多すぎます。デス・アンド・コーでツイストを火であぶるのは、ほんのごく一部のドリンクだけですが、わたしたちはかなりの練習を積みます。というのは、当店でいちばん人気の高いオアハカ・オールドファッションド（p349）を作る際に、オレンジのツイストを火であぶる必要があるからです。以下にその手順を説明します。

1. よく切れるナイフで、絞ってもピールが裂けないくらい甘皮が残った状態の直径2.5センチ程度の大きさにピールを切り取る。
2. マッチに火をつけ（ライターは絶対に使わない）、硫黄分を飛ばしたあと、もういっぽうの手の親指と人差し指と中指でツイストをつまむ。
3. ツイストを5〜7センチくらい下からマッチの火であぶってシトラス・オイルを温め、ツイストをグラスの10センチくらい真上の、火から45度の角度の位置に置いて、ドリンクのほうに向かってツイストを絞る。絞り出されたオレンジ・オイルがマッチの炎にあぶられて燃え立ち、ドリンクの表面に落ちる。わずかにカラメル化したフレーバーが加わる。
4. お好みで、ツイストをドリンクに入れる。当店では、火であぶったツイストでグラスの縁をこすったりはしない。こうすると、フレーバーが強くなりすぎるからだ。

そのほかのフルーツと野菜のガーニッシュ

ガーニッシュは、つねにそれを使う意味があり、わかりやすいものであるべきです。わたしたちは、そこを基準として守っています。風変わりなガーニッシュ――つまり、やたらと手の込んだガーニッシュ――は、バーテンダーの仕事を遅くし、カクテル・グラスの**中身**を飲む肝心の楽しみが損なわれてしまいます。

リンゴ

ふじは、澄んだ甘酸っぱいリンゴらしいフレーバーと、しっかりしたテクスチャーがあるので、当店では好んで使います。グラニー・スミスもすばらしいガーニッシュになりますが、少し酸味が強めです。以下に、リンゴのスライスと扇の作り方を説明します。

1. スライスは、リンゴを4つに切り、芯の部分をきれいに切り取ってから、切り口の部分をまっすぐにする。このリンゴを縦切りにして、厚さ3ミリ程度の半月形にし、レモンをこすって変色（褐色化）を防ぐ。
2. リンゴの扇を作るには、薄切りにしたスライスを4〜5枚重ねて、一方の端にカクテル・ピックを突き刺す。

チェリー

ルクサルド・マラスキーノのチェリーのブランデー漬けには、高い定評があります。これまでにいくつかほかの銘柄を試したり、当店オリジナルのチェリーのブランデー漬けも作ってみましたが、やはりルクサルド・マラスキーノに勝るものはありません。

キュウリ

　標準的なキュウリで、輪切りとリボンの両方を作ります。皮を使うので、できれば有機栽培のキュウリを選んでください。キュウリは、必ずこすり洗いして、表面のロウ質をきれいに取り除いてから、両端を切り落とします。キュウリはすぐに乾いてしまうので、使う直前に準備してください。うちでは、キュウリを輪切りやリボンや縦細切りにして使います。

1. 輪切りにするには、厚さ6ミリ程度の丸型になるように、キュウリを切る。キュウリをグラスの縁に添える場合は、輪切りの中ほどまで切り込みを入れる。
2. キュウリをリボン状に切るには、Y字型の野菜の皮むき器で皮を長く切り取り（この部分は捨てる）、それからまた同じ皮むき器でキュウリを長い薄切りにする。このリボン状のキュウリを前後にくねらせながら、カクテル・ピックを刺す。
3. キュウリの縦薄切りは、長さ15センチ、幅2.5センチくらいに切る。

ミント

　ミントは、とても香り豊かなガーニッシュです。使う量は、ドリンクのスタイルや、お客様にどれくらいのアロマを嗅ぎ取ってほしいかによって、葉を1枚だけ使うこともあれば、1束をそっくり使う場合もあります。シェイク・ドリンクは、サーブするときに葉を1枚だけ浮かべ、小枝や1把分のミントは、ほとんどの場合クラッシュド・アイスと合わせて使います。わたしたちは、ペパーミントのメンソールを含んだ刺激よりも、スペアミントのくっきりした爽快なアロマのほうが好きです。以下に、ミントをガーニッシュに使う場合のヒントを2、3挙げます。

1. 葉を1枚だけ使う場合は、手のひらにのせてもう一方の手のひらで勢いよくたたいてから、ドリンクに浮かべる。
2. ミントの小枝は、いちばん上の葉以外の葉を全部とる。使うときまで、小枝は水に浸けておく。使うときには、枝を振って余分な水分をきれいに切り、手のひらにのせて勢いよくたたき、オイルを押し出す。ミントの枝をクラッシュド・アイスに刺して、葉がドリンクの表面に触れるぎりぎりまで刺し込む。
3. ミントの束は、小枝を数本束ねて作る。

そのほかの生のハーブ

　当店では、コリアンダーやバジル、タイバジルの小枝や葉も、ガーニッシュとして使います。使い方はミントと同じです。

カレー・リーフとカフェ・ライム・リーフ

　生のカレー・リーフとカフェ・ライム・リーフは、どちらも香り豊かなガーニッシュになります。葉は1枚だけ使い、ミントの葉と同じようにドリンクに浮かべます。

洋梨

　当店では、洋梨のバートレットとアンジュの両方を、ガーニッシュとしてスライスして使います。洋梨のスライスの仕方は、リンゴのスライスと同じです。

パイナップル

　パイナップルは香り豊かなフルーツであり、パイナップルのくし切りはティキ・スタイルのドリンクではありふれたガーニッシュです。パイナップルのくし切りを作るには、皮をむいていないパイナップルを斜めに切り、8ミリくらいの輪切りにします。芯はそのままにし、い

ちばん幅の広い部分が5センチ程度になるようにくし形に切ります。パイナップルをグラスの縁に飾る場合は、芯の部分に切り込みを入れます。当店では、パイナップルの葉を1枚だけガーニッシュとして使うこともあります。

ラズベリーとブラックベリー

当店では、シェイク・ドリンクのガーニッシュとして、ラズベリーやブラックベリーを1個だけ使う場合があります。これは、シンプルですが、印象的な効果があります。できるだけ鮮度の高い、実のつまったものを使ってください。

ストロベリー

イチゴは1個丸のままか、半分に切って使ってください。グラスの縁に刺せるように、へたと反対側の先端のところに切り込みを入れてください。へたは、色のアクセントになりますから、絶対に取らないでください。

そのほかのガーニッシュ

ビターズ

ビターズは、材料として使うだけでなく、しばしばカクテルを作るときの仕上げとして、表面に強いアロマを加えるために2〜3ドロップ加えることもあります。ハイド・パーク・スウィズル（p324）やコッフィー・パーク・スウィズル（p321）のような一部のスウィズルでは、かなりの量のビターズを加え、撹拌してドリンクの表面に層を作ります。こうすると、ビターズはほかの材料の上にとどまり、お客様が飲むにつれて徐々にドリンクのなかに浸透していきます。ビターズは、ミントの小枝や柑橘類の輪切りやそのほかのガーニッシュにさらに香りをつけるためにダッシュしてもいいですし、卵白のサワーやフィズにダッシュして、卵の刺激的な味を拡散したり、アロマのコントラストをつける（p260のグラウス・ランパントを参照）こともできます。

チョコレート

まれにですが、当店では、マッドスライド・フリップ

（p204）のように粗く挽いたチョコレートをドリンクの上にかけることもあります。高品質のダーク・チョコレートを選び、粗めのマイクロプレインのグレーター（それがないときには野菜の皮むき器）で、細長く小さく削ってドリンクにかけます。

シナモン

当店では、香り豊かなセイロン・シナモンをシロップやインフュージョンの材料に使いますが、もっとありふれた（そして安価な）カシア・シナモンのスティックをホールのまま使ったり、ドリンクの上で挽いたりすることもあります。ホールのシナモン・スティックをガーニッシュとして使う場合は、スティックをドリンクに入れる前に、スティックのドリンクに入れないほうを軽く挽きます（挽いたシナモンをドリンクに入れずにフレーバーだけを立たせるためです）。

ナツメグ

ときには、ドリンクの上で生のナツメグを挽くこともあります。この芳香スパイスの使用量はごくわずかでかまいません。2回も挽けば十分です。

DEATH & CO COLLABORATIONS
デス・アンド・コー コラボ製品

　この数年間、デス・アンド・コーでは、店で愛用しているスピリッツのブランド数社と共同して、当店オリジナルの特別な銘柄を造りました。これは、目からうろこが落ちるようなすばらしい体験でした。わたしたちの味覚や嗜好に合わせて微妙なところまで調整できるだけでなく、同じ蒸留所でも熟成の方法や場所や長さによってさまざまな製品を造れることを学びました。また、この体験を通して、店に並べているスピリッツに対する理解がいっそう深くなり、カクテルの味をコントロールする能力もいっそう高まりました。以下に、とくに気に入っているコラボ商品を紹介します。

THE SCARLET IBIS {TRINIDAD RUM}
（スカーレット・アイビス・ラム*）

ほんの数年前まで、強めのステア・カクテルによく合うようなアルコール度数の高い糖蜜ベースのラムは、市場にはまったくありませんでした。エルドラド151*のような標準アルコール度数〔57%〕を超えるラムはありましたが、市販されているものはいわゆる火酒〔火をつけると燃える酒〕であり、マンハッタン・スタイルのドリンクの材料として適してはいませんでした。そこで、これまで何度も革新的な新商品をアメリカ市場に持ち込んできた輸入業者のエリック・シードと手を組み、デス・アンド・コー仕様にカスタマイズしたオリジナル・ラムを造ることにしました。エリック・シードは、それまでアメリカ国内に輸入されたことのないカリブ海周辺地域原産のバレル・ストレングスのサンプルをまとめて持ってきました。わたしたちはサンプルをテイスティングし、ためしにカクテルを作ってみて、気に入ったものを見つけました。それは、トリニダード産の熟成したドライ・ラムに、ベルガモットとドライ・フルーツで香りをつけたもので、シェイク・ドリンクにもステア・ドリンクにも同じようによく合いました。そこで、市販の湿度計とニューヨークの水道水を使って、このラムを割ってさまざまなアルコール度数のものを造り、49%に決めました。トリニダードの国鳥の名前をとったこのスカーレット・アイビスは、いまではアメリカ中の多くのマーケットで売られ、全米のバック・バーに置かれています。

Pierre Ferrand Cognac & Plantation Rum
（ピエール・フェラン・コニャック＆プランテーション・ラム*）

オープン5周年記念のとき、当店だけの特別なものを造りたいと思いました。わたしたちは、コニャック・ブランドのピエール・フェランのオーナーであるアレクサンドル・ガブリエルにはたらきかけて、その高品質のコニャックでカスタム銘柄を造ってほしいと頼み込みました。彼はわたしたちの願いを聞き入れてくれ、わたしたちの予想を超える特別な贈り物をくれました。それがこの独創的な5年もののバルバドス・ラムです。

Willett Rye（ウィレット・ライ）

数年前、イースト・ビレッジをカクテル・バーの名所として讃えるために、近くの3つのバー——デス・アンド・コーとPDTとザ・ビーグル——が共同で、ウィレット・ライを1樽買いました。このライを選ぶにあたり、それぞれの店でいろいろなサンプルをテイスティングしましたが、全店一致で同じ樽に落ち着きました。味の好みがうるさい人間ばかりですから、これは意外な結果でした。これほどアルコール度数の高い（58.6%）ウイスキーのわりには、ストレートでも飲めますし、マンハッタンにすると、いままでわたしたちが飲んだどんなマンハッタンにも劣らぬすばらしい味になります。

Wild Turkey Single-Barrel Bourbon
（ワイルド・ターキー・シングルバレル・バーボン）

2010年に、ワイルド・ターキーがデス・アンド・コーやそのほかニューヨークの数店のカクテル・バーに、1樽ごとそっくり瓶詰にして納入するから、それぞれ1樽ずつ選んでほしいと持ちかけてきました。わたしたちは20品ほどのサンプルを試してみて、良質なバーボンのまろやかさとスパイスが見事にマッチした逸品を選びました。ストレートでも、コクのある強めのカクテルにしても、同じようにいけます。いま店にあるストックもいずれはすべて使い切る日がくるでしょうが、それはきっと悲しい日になるでしょう。

ICE
氷

　ついつい忘れがちですが、カクテルは——人間の体と同じように——大部分が水です。ほとんどのドリンクには、溶けた氷の水が20〜25％含まれています。これには、スピリッツや風味づけの酒、フレッシュ・ジュース、甘味料などのほかの材料に含まれている水は入っていません。

　ごくまれな例外を除けば、ドリンクに加えられる水は固体の状態、つまり氷です。氷がカクテルにおいて果たす機能には、道具と材料という2つの側面があります。つまり、希釈と冷却です。シェイク・カクテルの場合には、氷はドリンクをかき回すという役割も果たします。

　カクテルを作るうえで、現代の最大の進歩のひとつは、良質の氷が手に入りやすくなったことです。わたしたちがいう良質の氷とは、冷たくて、さらっとしていて、においがない氷です。わたしたちは、氷の透明度について大騒ぎはしません。濁った氷も、カクテルに使う場合、澄み切った透明な氷とはたらきは変わりません。たしかに、完全に透明な大きな輝く氷の固まりは、ドリンクをいっそうセクシーにします。氷が濁るのは、溶存ガス〔水に溶けている気体〕が原因です。氷はあらゆる方向から凍っていくので、水に溶けている気体は中心に向かって押されていきます。でも、そうした気体はカクテルの品質を損なうものではありません。

　デス・アンド・コーで使う氷のスタイルは、ほんの数種類です。コールドドラフト・アイス、ブロック・アイス、クラッシュド・アイスまたはペレット・アイス、パンチ・アイスなどです。こうした氷は、作るドリンクのタイプに応じて使い分けます。

コールドドラフト

　コールドドラフト社の製氷機〔日本では販売されていない〕は、バーテンダーにとっては、冷凍庫の発明以来最大の技術革新でしょう。この製氷機は、上部にある金属製のモールドに上向きに水を噴霧することによって、高密度の3センチほどの透明な氷を作ります。この氷は上から下に向かってゆっくり凍っていくため、不純物の少ない氷になります。

　当店では、すべてのステア・カクテルにコールドドラフト（Kold-Draft）の氷（略してKDアイス）を使います。通常は、角氷を割ってから、ミキシング・グラスに入れます。こうすれば、アイス・ビン〔氷の保管庫〕に保管している間に氷が融ける量を抑えつつ、使うときには氷の表面積を大きくすることができます。氷は、表面積が大きいほうが、より手早くドリンクを冷やし、希釈することができますから、忙しい営業中には手間が省けて助かります。家庭では、ステア・ドリンクのために氷を割る必要はありませんが、少し長めにステアする必要があります（第3章でくわしく説明します）。

　シェイクしたあとで角氷やクラッシュド・アイスやペレット・アイスを入れてサーブするドリンクの場合には、

シェイクのときKDアイスを使います。角氷は小さいほど、より早くドリンクを冷やし、漉す前に材料をよく混ぜることができます。家庭では、2.5センチの大きさのシリコン製の製氷皿を使って、KDアイスと似た氷を作ることができます。

ブロック・アイス

当店では、5センチくらいの大きな角氷を**ブロック・アイス**と呼びます。いやなにおいが氷につかないように、シリコン製の製氷皿に入れて、専用の冷凍庫で凍らせます。ブロック・アイスは、氷なしでサーブするドリンクをシェイクするときによく使いますが、ほとんどのドリンクで氷を2個使います。ブロック・アイスを使うと、適度な希釈度に達するまでより長い時間シェイクすることになり、その結果カクテルは冷たくなり、空気がよく混ざります。また、氷が大きいと、誤差の許容範囲も大きくなります。5センチの角氷を使うと、シェイクのしすぎ（つまり希釈のしすぎ）の可能性は少なくなります。また、当店では、大きな氷を1個だけグラスに入れてドリンクをサーブするときには、必ずブロック・アイスを使います。

クラッシュド・アイスまたは ペレット・アイス

デス・アンド・コーの地下室にあるスコッツマン製氷機は、1時間に何ガロンもの丸い氷の粒を吐き出します。このザクザク音のする小さな氷の塊は、ジュレップやスウィズルやティキ・スタイルのドリンクなど、そのほかクラッシュド・アイスをグラスに入れてサーブするあらゆるドリンクに使います。しばしば、そうしたドリンクの材料をペレット・アイスを使ってホイップする（p142）こともあります。小さな氷のかけらを使うと、材料を手早く混ぜ、同時にいくらか冷やすことができます。そうすれば、氷を詰めたグラスやジュレップ・ティンやティキ・マグにドリンクを注いだあと、希釈があまり進みません。

家庭では、角氷をきれいなタオルでくるむか、キャンパス地の袋（p122）に入れて、木槌やマドラーや小さなソース・パンでたたいて、クラッシュド・アイスにすることができます。

パンチ・アイス

当店では、数人前のパンチを1つの容器に入れて出すとき、丸いプラスティックのパイント・コンテナ（テイクアウトでよく見かけるタイプのもの）で凍らせた大きな氷の固まりを入れます。家庭では、清潔な小さなボウルやプラスティックの食料貯蔵容器で作ることができます。パンチによっては、生のフルーツをコンテナに入れて、いっしょに凍らせることもあります。こうすると、どんなパンチに添えても美しい飾りになりますが、フルーツはとくにラズベリーがおすすめです。

家庭で氷を作るには

氷を作るのは実に簡単です。自分の好きな製氷皿に水道水を入れて、冷凍庫に突っ込んでおけばできます。あなたの家の水道水がよくないなら、ミネラルウォーターや精製水を使ってください。時間の経過とともに、氷は冷凍庫の中にあるすべての食料品のにおいを吸収するので、製氷皿にラップをかけるか、氷を作るためだけの専用の冷凍庫を使うようにします（要は何を優先するかの問題です）。

しかし、家庭の冷凍庫で作る氷は、水に溶けている気体（溶存ガス）のために濁るはずです。もっと透明度の高い氷を作りたいなら、水を沸騰させて、あらかじめ溶存ガスを残らず取り除けばいいでしょう。製氷皿にお湯を入れて、熱いうちに冷凍庫に入れます。透明な氷は、見映えがいいだけでなく、密度が高く、構造が安定しているので、シェイクするとき、濁った氷より割れにくくなります。

大きなブロックから氷を作るには

　もし運よく大きな氷のブロックを（凍結した湖や製氷会社から）手に入れることができるなら、自分の好きな大きさや形に氷を切り分けることができます。あるいは、小さなクーラーに温水を注ぎ入れ、ふたをしないで冷凍庫に入れて、自分で氷のブロックを作ることもできます。側面が断熱されているため、氷は表面から下に向かってゆっくりと凍結していくことになります。2日もすると、透き通った透明な大きなブロックができますが、閉じ込められたガスのために底の方だけが濁っていますので、この部分を削り取ります。

　大きな氷の固まりを切り分けるには、あなたにとってあまり大切ではない鋸歯状のナイフを使います（氷を切ると刃がすぐに鈍くなります）。氷は、数分間室温で放置します（すぐに切ろうとすると、氷はばらばらに割れてしまいます）。氷のブロックの一方の側にそって切り込みを入れ、3ミリくらいの深さの溝を作っていきます。通常は、端から5センチのところに刻み目を入れて、厚さ5センチの板状にします。氷のブロックをひっくり返して、端からやはり5センチくらいのところに切り込みを入れて溝を作り、これをくり返して4つのそれぞれの面に溝を作っていきます。この溝にナイフをあてがって、ナイフの背をたたき、4つの面の溝を順にたたいていきます。ナイフの鋸状の歯が小さなアイスピックのようなはたらきをし、やがて氷のブロックから板状の氷が切り離されます。この薄板を、また同じやり方で切っていけば、小さな角氷に切り分けることができます。

質の悪い氷を使うには

　わたしたちはどんな場所で仕事をすることになるかわかりません。ホテルや友人の家、知らないバーなどでは、手に入る氷が、半分融けかかったような小さな氷のかけらや、家庭用の冷凍庫で自動的に作られる半月形の濁った氷しかないこともあります。でも、心配はいりません。質の悪いヒョウのような氷でも、すばらしいドリンクを作ることはできます。シェイク・ドリンクを作る場合は、シェーカーに氷を詰めて、強く、ただし短めに——5秒くらい——シェイクします。こうすれば、希釈しすぎることなく、手早くドリンクを冷やすことができます。ステア・カクテルを作る場合は、ミキシング容器に氷を詰めたあと、水をきれいに切ってから、カクテルの材料を入れます。氷は早めに融けるので、通常よりも短めに手早くステアしてください。

THE REGULARS
常連のお客様
トム・チャドウィック

トム・チャドウィックはバーテンダーであり、ブルックリンズ・ドラムの共同経営者です。

わたしは、カクテルを飲めるほど懐具合がよくないころから、カクテルオタクでした。わたしは、場末の安酒場で働いていたころから、デス・アンド・コーの評判はいろいろな記事を読んで知っていましたから、カクテル1杯に13ドル払えるようになると、デス・アンド・コーが行きつけの店になりました。

初めてデス・アンド・コーに行ったとき、店に入るなり、ミントとシトラス・オイルの香りに打たれました。いっしょに行った友だちが、わたしのためにピンク・レディを注文してくれました。それは、いままで味わったことのないほど美味しいドリンクでした。フィルに作り方をたずねると、グレナディン・シロップの作り方を教えてくれました。そのあと、ほかのお客がスウィズルを注文しましたが、それはわたしにとって初めて見るものでした。大きなグラスに詰めたクラッシュド・アイスに一葉だけ残したミントの小枝が添えられたそのスウィズルを見て、わたしは感激しました。それ以後、わたしは毎週通うようになりました。

安っぽいカクテル・バーのなかには、気難しいバーテンダーばかりがいる店もたくさんあります。デス・アンド・コーは、何よりもまず、バーらしいバーです。バーテンダーは、シャルトリューズの歴史を語るのと同じように、気楽にスポーツや文学の話をします。彼らは、ビールも喜んで出してくれます。夜も更けてくると、ほかのバーと同じように、わたしたちはいっしょに飲み交わします。この人たちは、けっこう**いける**口です。

わたしがブルックリンズ・ドラムをオープンしたあと、フィルが何度か店にやってきて、仕事を手伝ってくれたことがありました。わたしはフィルから、カクテルをシンプルかつ優雅に作るやり方についていろいろ学びました。彼は、たった3つか4つの材料で魔法を起こすのです。

デス・アンド・コーがオープンしてから数年の間に、カクテル文化の爆発が――ニューヨークだけでなくいたるところで――起きました。バーテンダーの新世代は初めて、流れに逆らって進むような苦労から解放され、何から何まで疑問に答えなくてもよくなりました。バーテンダーはもはや、コールドドラフトの製氷機や4種類のピスコが必要な理由を、オーナーに説明しなくてもよくなりました。お客に対して、ドリンクを作るのに5分かかる理由や、ウォッカ・トニックを出さない理由や、1杯12ドルというカクテルの値段が決してぼったくりではないことを説明しなくてもよくなったのです。

5年か10年すれば、カクテルの文化はまたもとの落ち着きを取り戻すでしょう。どこに行っても前よりも美味しいドリンクが飲めるようになり、ありふれた安酒場でもちゃんとしたオールドファッションが出てくるようになるでしょう。よいスタッフがそろい、特別な高級感やてらいはほとんど払拭されるでしょう。そして、すばらしいカクテルとは、酒を飲む楽しみのひとつの要素にすぎないという事実にもっと目を向けることができるようになるでしょう。そして、そんな日がやってくるころには、きっとデス・アンド・コーは地元の名物のすっかりいい感じの老舗バーになっていることでしょう。

PINK LADY
ピンク・レディ

プリマス・ジン	45ml
レアーズ・ボンデッド・アップル・ブランデー*	15ml
レモン・ジュース	22.5ml
シンプル・シロップ (p357)	22.5ml
グレナディン・シロップ (p366)	7.5ml
卵白	1個
ガーニッシュ:カクテル・ピックを刺したチェリーのブランデー漬け	3個

すべての材料を入れてドライ・シェイクしたあと、氷を加えてもう一度シェイクする。ダブル・ストレイン（二度漉し）して、大きな角氷を1個入れたロックグラスに注ぐ。ガーニッシュのチェリーを飾る。

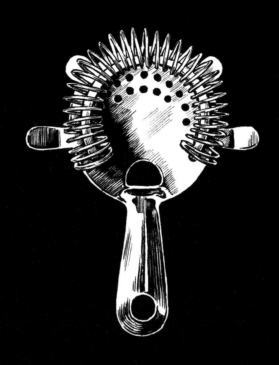

第3章

ドリンクをつくる

STRANGE BREW
ストレンジ・ブリュー
トーマス・ウォー

　このリフレッシュ・カクテルは、トーマスが好きな2つのもの、ジュニパーの香りが強いジンとホッピング・ビールを組み合わせたドリンクです。このドリンクのとくにおもしろい点は、ビールを割材として使っているところです。ビールは、ベース・スピリッツを圧倒するのではなく、その味をいっそう引き立たせ、スパイシーでアロマティックな香りを加えます。

　また、トーマスは、このドリンクにパイナップル・ジュースを使って独創的なことをしています。パイナップル・ジュースを使って作るカクテルは、しばしばしまりがなく、いかにもティキ風のドリンクになりますが、ここでトーマスはパイナップル・ジュースをドリンクの中心に使っています。その結果、パイナップルのトロピカルなコクをジンのスパイスとIPA〔インディア・ペール・エール〕のホップの香りが包み込む味の構造ができ上がります。

タンカレー・ジン・ナンバー・テン	60ml	レモン・ジュース	15ml
ベルベット・ファレナム*	22.5ml	グリーン・フラッシュIPAビール	
パイナップル・ジュース	30ml	ガーニッシュ：ミントの小枝	1

すべての（IPAを除く）材料を角氷3個とともにショート・シェイクし、クラッシュド・アイスを入れたピルスナー・グラスに、漉しながら注ぐ。IPAで満たす。ミントを飾り、ストローをつけてサーブする。

TOOLS

道具

　自分の技能に磨きをかけようとするバーテンダーが、最高の仕事をするために道具選びにこだわるのは当然のことです。コックが愛用の包丁を大切にするのと同じように、わたしたちにとって、ジガーやミキシング・グラスやストレーナーは自分の技術を支えるためになくてはならないものです。より美味しいドリンクをより手早く作ることがしだいに重要視されるようになり、特定の道具に対する評価が高まってきました。

バーテンダーの道具一式

　2000年代の初めまで、どんなに熱心なバーテンダーも、レストラン用品店で売られている安物の使い捨てのバー用品を使うしかありませんでした。バーで使う専用の道具には、何十年もの間、あまりすぐれたものはありませんでした。というのは、かつて隆盛だったバー用品のメーカーも（カクテルを作る技能と同じように）禁酒法時代にその多くが姿を消し、それ以来業界再建のために悪戦苦闘を続けていたからです。しかし、20世紀後半のカクテルの暗黒時代にわたしたちが辛酸をなめていた間も、アメリカのカクテル文化（とその道具）は、日本をはじめとする世界各地に流れ着き、そこで栄え、発展し、ネオクラシックの独自の道具一式が生まれました。カクテル専用に造られた（キッチン用品をカクテル用に転用したものではない）こうした驚くべき日本製のバー用品は、日本式のテクニックとともに、カクテル業界全体を魅了し、この傾向はいまなお続いています。

　デス・アンド・コーでは、テクニックに対するのと同じ姿勢で、道具にも取り組んでいます。何が自分にとっていちばん使い勝手がよいか、どんな道具を使えば最高のドリンクを可能な限りいつも同じように作ることができるか、といったことを誰もが考えます。わたしたちにはみな、自分が気に入ったスプーンや思い入れのあるシェーカーや奇抜な小物や、酒類業者からのいろいろな試供品があります。ほとんどのバーテンダーは、店を渡り歩くときには、自分専用のバーキットを持っていきます。なかには（まあ、フィルだけですが）自分の道具を店のあちこちのすぐにわかる隠し場所に残していく人もいます。要するに、ほとんどのバーテンダーは、結局は同じようなものを使うようになるのです。

　本書を書くうえで、わたしたちはホーム・バーテンダーにとっての優先順位はプロとはそっくり違う、ということをよく理解しています。毎晩何百杯ものドリンクを作る必要はありませんから、道具は安価で、掃除がしやすく、見た目に感じのいいものがいいでしょう。ホーム・バーテンダーの方たちに対するアドバイスは、当店のスタッフに対するものと同じです。初めは使い心地のいいシンプルな道具を使い、技術の上達に応じて道具一式をそろえていき、ドリンク作りの自分なりのスタイル

を磨いてください。

ステアの道具

バースプーン
{カクテルをステアする}

　わたしたちはドリンクを混ぜるとき、箸を使うこともあれば、バターナイフを使うこともあるでしょうし、いざとなれば人差し指で混ぜることもできますが、細長いバースプーンがあれば、手早く優雅にステアできますし、テクスチャー（気泡）を加えることなく、ドリンクをスムーズに冷やし、希釈することができます。この方法によって、適正にステアされたカクテルの目標であるシルキーな口当たりが実現されるのです。

　世の中には、数えきれないほどさまざまなスタイルと長さのバースプーンがありますが、デス・アンド・コーではほぼ全員が、イラストのような柄の長い日本式のスプーンを使っています（こうしたスプーンはオンラインやバー用品の専門店で手に入ります。p370の付録3を参照してください）。こうしたスプーンは、金属製の一体成型で、きつく巻いたらせん状になっているので、ステアする間手に持ったスプーンを持ちかえたりしなくてすみます。長いらせん状の柄の先にあるつぼで、ミキシング・グラスの中の液体をかき混ぜます。

　バースプーンは、しばしば液体を計量するときティースプーン1杯分（5ml）になると言われますが、実際の容量は品物によって実にまちまちで、1/2ティースプーンから2ティースプーンまで大きな幅があるため、むしろ使いづらく、カクテルの材料の計量が不正確になってしまいます。そんなこともあって、デス・アンド・コーでは、1/4オンス〔7.5ml〕以下の量を計るときや、2ティースプーン（1/3オンス）のようにオンスに換算しにくいものを計るときには、料理用の計量スプーンを使います。バースプーンを計量に使うと決めた場合、最善の方法は、スプーンの正確な容量を計り、それに合わせてドリンクの量を計ることです。正確であることは大切ですが、絶対不可欠なことは味を一定に保つことです。それがわたしたちの持論です。

　バースプーンの反対側の先端は、形も機能もさまざまです。細い湾曲した舌のような形になっているものは、大きな角氷や丸氷をカクテル・グラスに入れるときに使いやすく、ドリンクがはねるのを防ぐことができます。かっこいい三つ又のフォークになっているものは、ガーニッシュを刺すのに使えます。先端が二又になったスプーンも、同じように刺すのに使えます。また、どちらも忙しいバーテンダーの腕や顔に刺さることがよくありますから、使用には注意が必要です。しかし、おそらくいちばん多目的なバースプーンは、イギリスに本拠を置くボンザーが製造したもので、柄の先端が平たい円盤型になっているスプーンでしょう。この円盤の部分で、角砂糖をつぶしたり、（プースカフェなどの）層をなすドリンクを作ったりできますし、いざというときにはマドラー代わりにも使えます。

　わたしたちが気に入っているモデルのひとつは、涙の滴型のおもりがついたものです。この部分に副次的な用途はありませんが、見た目に優美で、ひじょうにバランスがよく、スムーズなリズムでステアできます。先端に赤い小さなプラスチックの突起がついた――あるいは

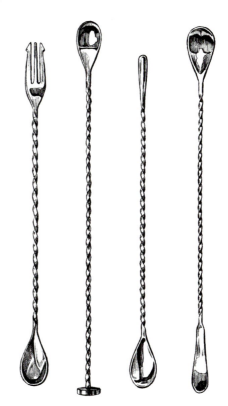

まったくおもりがついていない——バースプーンは、やめておいたほうがいいでしょう。そういうタイプは、安い金属で造ったもろくてバランスの悪い道具で、曲がりやすく、すぐだめになります。

バースプーンを買う場合、スタイルの違いにかかわらず、注意すべき点がいくつかあります。

- **素材**：ステンレス製の一体成型のものがいいでしょう。つぼの部分と柄を溶接したタイプのスプーンは、氷を割るために使うと、そのうち折れてしまいます。高級なスプーンは20ドル以上はすると思ってください。もっと高級感のあるものがよければ、銅メッキや銀メッキのものもありますし、盗まれてもいいなら、金メッキのものもあります。日本製のスプーンは、その見事な技巧から、バーテンダーの間であこがれの的になっていますが、ものによっては80ドル以上します。

- **長さとバランス**：ほとんどのバースプーンの長さは20〜50センチです。自分で選んだバースプーンの長さで、自分なりのステアのスタイルと好みが決まります。同じように、自分が気に入った重さとバランスのスプーンを選んでください。ほとんどのバーテンダーは、つぼと反対側のおもりのほうが重いスプーンを選びます。そのほうが手早くステアできるからです。

- **らせん状の柄**：柄の部分がきつく巻いたらせん状になったバースプーンを探してください。きついらせん状になっていることで、グラスの中で回すときの抵抗が小さくなり、ドリンクに多くの空気を取り込むことなく、手早くステアすることができます。新米のバーテンダーやアマチュアのマニアの方には、最初はねじれのない（らせん状でない）まっすぐな柄のスプーンを使うことをおすすめします。そうしたスプーンを使うと、スプーンを手の中でひねらずにステアするやり方が身につきますが、もっと大事なのは、スプーンの外側をグラスの内側に沿ってなめらかに動かすことができるようになることです。

- **手触りのよさ**：スプーンの柄を持ったとき、鋭利な感触がしないものがいいでしょう。そうしたものは、使っているとすぐに水ぶくれができて、痛い思いをします。どんなスプーンを使っても、長い間ドリンクを作っていれば、いずれは指にたこができますが、これはバーテンダーの勲章のようなものです。とはいえ、経験的に言えば、柄のらせんがきついほど、スプーンは手にやさしくなります。

スウィズル・スティック
｛クラッシュド・アイスをベースにしたドリンクを混ぜる｝

最近まで、バーテンダーは、「ボワレレ」という細長い木の枝——スウィズル・スティックの原形——を手に入れるのに苦労していました。入手経路を知っている人間はごく限られているため、マルティニーク島まではるばる自分で出向いていかなければなりませんでした。スウィズル・スティックは、小アンティル諸島の保護林に育つ固有種の低木クァラリビア・ツルビナタ（別名スウィズルスティック・ツリー）からとれます（ただし、この低木自体は保護対象に指定されていません）。この木の枝を、かき混ぜるために使う先端の放射状に横に突き出した突起（小枝）の部分だけを残して、刈り取ります。

このスティックは、カリブ海周辺ではクリームを泡立てるのに使いますが、デス・アンド・コーではジュレップやスウィズルや、ティー・パンチ（p197）などのクラッシュド・アイスを入れて混ぜるドリンクのほか、カリブ海のフランス語圏で人気のあるラム・ベースのドリンクを作るときに使います。このスティックの突起は、手動のスティック・ミキサーの機能を果たし、ドリンクの中深くまでもぐりこんで、クラッシュド・アイスをかき回します。その結果、ドリンクとクラッシュド・アイスが接する面積が大きくなり、ドリンクをひじょうに手早く冷やすことができます。クラッシュド・アイスを使うドリンクでは、あまり長くステアすれば余計に希釈してしまうことになるので、これはきわめて高く評価すべき重要なポイントです。

通常、スウィズル・スティッ

クは柄の部分が必要以上に長すぎて、突起の数も多すぎます。どちらも長さを調節したほうがいいでしょう。当店で使うスウィズル・スティックは、突起の部分を切って、（スウィズルをビルドする）ピルスナー・グラスにちょうどすっぽり入るくらいの大きさにし、柄の長さは、スウィズルを作るときに両手でスティックをはさんで回すのに適した長さに調節します（スウィズルのテクニックは『ベスト・キッド2』のドラム・テクニック〔でんでん太鼓〕とよく似ています）。

ミキシング容器

ミキシング・グラス
{ステア・ドリンクを作る容器}

ステア・ドリンクを作るための唯一の完璧な容器というものはありません。どんな容器にも、それなりの長所や短所があります。もっとも安価で、もっとも簡単に手に入るミキシング・グラスは、標準的なパイント・グラスです。重要なことは、耐久性強化ガラス製のものを使うことです。この材質なら、急激な温度変化に耐えられますから、たとえば、食器洗い機で洗ってすぐに冷凍庫に入れても大丈夫です。パイント・グラスは、下がややすぼんでいて、なだらかな角度がついているため、スプーンをグラスの内側に沿って動かしやすく、いくらか楽にステアができます。もしグラスが完全に縦にまっすぐだと、パイント・グラスのようにそもそも口が狭い容器では、ステアするのが窮屈になります。

シェイク用のティンも、ステア用容器として一応標準的ですが、大きな欠点が2つあります。まず1つは、金属であるため断熱性が低いことです。つまり、グラス（ガラス製品）よりも熱伝導性が高いのです。そのため、もっともよい希釈度を超えずにドリンクを冷やすことが難しくなります（p138の「ステアの科学」を参照してください）。ティンの見映えにマニアックなこだわりがある人もいるかもしれませんが、金属のティンでは、ステアするときドリンクがどうなっているのか見えません。そのため、希釈の程度を目で見て判断することができませんし、何より重要なことは、お客様にとって、自分のドリンクが見事なテクニックによって作られていくプロセスを観察できないことです。

日本式のミキシング・グラスには、いろいろな長所があります。この側面がまっすぐな容器には便利な注ぎ口がついているので、パイント・グラスよりドリンクが注ぎやすくなっています。また、極厚のガラス製なので、いっそう冷たいドリンクを作るのに役立ちます。ガラスは、ひじょうに効率の高い断熱材ですから、カクテルを作る前に冷やしておけば、カクテルを低温に保つことができます。冷やしたミキシング・グラスに液体と氷を入れると、冷たさは空気中に逃げるよりも、カクテルのほうに染み透っていき、グラスとカクテルの材料は、グラスが室温の場合よりも低い温度で熱平衡に達します。だから、わたしたちはミキシング・グラスを必ず冷やします。生ぬるいマティーニなど、デス・アンド・コーでは許されません！

ミキシング・グラスでわたしたちが気に入っているのは、矢来の製品とカクテル・キンダムなどで売っているパドル・グラスの2つです（付録2参照）。ほかにも日本製のミキシング・グラスで、ずんぐりした感じのステムのついた大きなワイン・グラスのようなかっこうのものがあります。このグラスも、見た目に華やかですし、十分大きいので、さまざまなドリンクをステアできます。この3つのグラスに共通の欠点は、割れやすく、高価な（40ドル以上する）ため、業務用にバーで使う用品としては、いささか危険な投資になるということです。とくに、ミキシング・グラスは営業中に何度も冷凍庫の中に入れたり出したりするので、なおさらです。この3つに代わるものとしておすすめできるのは、とくにご家庭で使うのにいいと思いますが、フレンチ・プレスのコーヒーメーカーに使われる側面がまっすぐなガラス容器です。これなら、日本製のグラスより安価ですが、日本製のグラスより割れやすいという欠点もあります。

シェーカー
{ドリンクをシェイクする容器}

カクテル・シェーカーは、素材、形状、機能の点で、ほかのどんなバー用品よりも多種多様です。氷と液体を入れて密閉できるなら、ほとんどどんな容器でもドリンクをシェイクすることができます。本当に、もうほかにどうしようもないというときには、ねじぶた付きの水筒

第3章　ドリンクをつくる　　113

だっていいわけです。とはいえ、シェーカーのなかには、ほかのものより仕事をやりやすくするものがあります。

ボストン・シェーカー：ごく最近まで、標準的なシェーカーというと、パイント・グラスと大きな金属製のシェイク用のティンを組み合わせたボストン・シェーカーでした。ほとんどのバーテンダーが、スピリッツをジガーで計量しないで、フリー・ポアリングしていた時代には、どれだけの酒がグラスに入ったかを目分量で計ることができるので、パイント・グラスを使うことにメリットがあったわけです。いまでは、ジガーで計量するほうが、例外ではなくむしろ当たり前になってきましたから、ドリンクをシェイクするのにグラスを使う必要はあまりなくなりました。これはよいことです。ボストン・シェーカーにはいろいろな欠点があるからです。パイント・グラス（重い）とティン（軽い）は重さが違うので、シェイクするときにうまくバランスがとれません。室温のパイント・グラスは、室温のティンほどドリンクを冷たくできません（熱力学の微妙な問題はこの章でのちほど説明します）。パイント・グラスはいきなりひびが入って割れたり、ティンとの密閉が解けてはずれ、中身を店中にぶちまけてしまいかねないので、ボストン・シェーカーを使うときはいつもおっかなびっくりです。ボストン・シェーカーを使ったことがあるバーテンダーは、誰もがみな苦い経験があります。

コブラー・シェーカー：ありがたいことに、最近のカクテル界の潮流のなかで、改良されたシェーカーが次々と登場し、古いタイプのシェーカーにもふたたび人気が集まっています。コブラー・シェーカーは、19世紀後半に起源をさかのぼるスリー・ピースのシェーカーです。大きな金属製のティン〔ボディ〕と、そのうえにかぶせるストレーナーと、キャップ〔トップ〕の3つの部分が一体になったすてきなカクテル道具です。多くのトップ・バーテンダーがコブラーを愛用していますし、そのなかには、コブラーを基本にして自分のシェイクのテクニックを磨いてきた人たちもいます。とはいえ、そのコブラーにもいくつか欠点があります。カクテルを容器に入れてシェイクする場合、氷が融けて水になり、体積が収縮して容器の中に陰圧〔内部の圧力が外部より小さい状態〕が生じるため、コブラー・シェーカーの上についている小さなキャップをとるのが、本当に一苦労なのです。そのうえ、コブラーのストレーナーは組み込み式なので、タブのついたホーソーン・ストレーナーのように調節ができません。そのため、ストレーナーの穴の大きさを変えて、テクスチャーを加減することができません。その結果、でき上がったドリンクに、もっといいストレーナーなら取り除くことができるはずのごく小さな氷の細片や柑橘果実の果肉などの固形物が入ってしまうかもしれません。

パリジャン・シェーカー：パリジャン・シェーカーは、ステンレス製の2つのティンを組み合わせた優雅な容器で、つなぎ目がほとんど見えません。一部のバーテンダーがパリジャン・シェーカーを愛用するのは、シェーカーの内部のでこぼこが（ボストン・シェーカーと違って）少なく、氷がぶつかってできる小さなかけらがほとんど出ないからです。しかし、パリジャン・シェーカーは、営業中の忙しいバーでは理想的とはいえません。というの

左上から時計回りに：パイント・グラス、ステム・グラス、矢来グラス、パドル・グラス

左から:ボストン・シェーカー、18-28セット、コブラー・シェーカー、パリジャン・シェーカー

は、その接合部分は見た目には魅惑的でも、密閉が確実ではないので、よほど手が大きくない限り、両手で扱わなければならないからです。つまり、カクテルを一度に1杯しか作れないわけです。おもしろいことに、このパリジャン・シェーカーは、パリでは「コンティネンタル（大陸の）・シェーカー」と呼ばれています。

18-28セット：当店でシェーカーの主力として愛用しているのが、わたしたちが18-28セットと呼んでいるものです。これは、小さめと大きめ（18オンスと28オンス〔540mlと840ml〕）のおもり付きのステンレス製のティンを組み合わせたものです（人によっては28オンスの代わりに30オンス〔900ml〕を使う場合もあります）。カクテル用語では、これをティン・オン・ティンと呼びます。これは基本的に、ボストン・シェーカーの長所（気密性）と、コブラーやパリジャンの長所（全金属製のため熱伝導率がよい）を組み合わせたものです。そのうえ軽量なので、バーテンダーなら誰でもダブル・シェイクできます。これは、営業中に急いでドリンクを作らなくてはならない場合、きわめて重要です。ティン・オン・ティンのシェイク・テクニックがニューヨークで広まったのは、ようやく2000年代の初めになってからでした。トビー・マロニーが画期的なネオスピークイージー〔現代版もぐり酒場〕のミルク・アンド・ハニーで最初に使ったのが、始まりでした。2つのティンは、しっかり押さえれば簡単に密閉できますが、金属はしなりやすいので、ドリンクを注ぐときには、わりと簡単にはずれます。デス・アンド・コーで飲んでいると、ほどなく店内のざわめきを破って、**シュウウウポン**という音が聞こえてくるでしょう。これは、ぴったり合わさっていたティンをはずすときの音です。わたしたちがティン・オン・ティンを愛用するもうひとつの理由は、とても安価で、ひじょうに丈夫だからです。自分もティン・オン・ティンを使いたいと思う人は、底におもりのついたティンを買ってください。コリコとボルラースという2つのブランドが、このおもり付きのタイプのティンを造っています。キッチン用品の店に行くと、16オンスと24オンスのシェイク用のティンがあると思いますが、こうしたティンはうまくはまりませんし、いちばん肝心なときにはずれてしまいます。おまけに、そうしたティンは安物の金属でできているので、たわんで角ができ、指を切ってしまうかもしれません。

ストレーナー

ジュレップ・ストレーナー
{ステア・ドリンクを漉す}

　そもそも1800年代半ばに作られたジュレップ・ストレーナーは、ジュレップ・カップの内側にはめ込めるように考えられたもので、浅いボウルのような形をしています（そもそもは、ジュレップの中のクラッシュド・アイスが歯に当たらないようにするために使われていたものでした。ジュレップ・ストレーナーの名前はそれに由来します）。デス・アンド・コーでは、あらゆる種類のステア・ドリンクにジュレップ・ストレーナーを使います。このストレーナーはミキシング・カップの内側にぴたりとはまって、氷をとらえ、その小さな穴から手早く、しかもむらなく液体だけを通し、カクテルをきめ細かいやわらかなテクスチャーにします（くり返しますが、気泡はステア・ドリンクの敵です）。さらに付け加えると、穴のあいたボウル型のジュレップ・ストレーナーには、もうひとつ使い道があり、万一氷がカクテル・グラスの中に入った場合には、グラスから氷をすくいとるためにも使えます。

　ジュレップ・ストレーナーを選ぶなら、ステンレス製の一体成型のものがおすすめですが、自分の愛用のミキシング・グラスにぴったりはまって、氷がすり抜けるような大きな隙間ができないなら、一体成型よりも低価格のものでもかまいません。ジュレップ・ストレーナーのなかには、完全に円形のボウル型で、パイント・グラスにぴったりはまるものもあります。また、楕円形のものもありますが、大きめの日本式のミキシング・グラスには、こちらのほうがよく合います。

ホーソーン・ストレーナー
{シェイク・ドリンクを漉す}

　ホーソーン・ストレーナーの起源は、1892年にさかのぼります。その特許を取得したのは、発明者であるウィリアム・ライトとデニス・P・サリバンでした。この二人は、ボストンズ・ホーソーン・カフェ（及びバー用品の製造メーカーD・P・サリバン社）のオーナーでした。このストレーナーは、穴のあいた金属製の平たい円盤で、自動調節機能のある渦巻き型のスプリングがついています。このスプリングは、シェーカーやミキシング・グラスの縁にぴったりとはめこむことができるので、カクテルを漉すときにストレーナーをしっかりと固定することができます。

　ホーソーン・ストレーナーは、ステア・カクテルを漉すときにも使えますし、シェイク・ドリンクとステア・ドリンクの両方をホーソーン・ストレーナーだけを使って漉すバーテンダーもおおぜいいます。わたしたちは、ホーソーン・ストレーナーはシェイク・カクテルに使うべき唯一のストレーナーだと思います。なぜかって？要するに、**ゲートの調節**ができるからです（p147参照）。

　ライトが最初に考えたデザインは、前世紀に数えきれないマイナーチェンジと改良が重ねられました。そのほとんどは、やはりホーソーン・ストレーナーと呼ばれていますが、オリジナルのデザインにより忠実なモデルは、プレートの穴の部分に"Hawthron（ホーソーン）"の文字が記されています。もっとも一般的な改良点は、流れを調節するタブがあることや、シェーカーの縁にストレーナーを固定するつめが2つ以上ついていること、ドリンクを一度に2つのグラスに注ぐことができるようにドリンクの流れを2つに分けるためのスロット（細長い穴）が2つ対になっていること、などです。どんなスタイルのホーソーン・ストレーナーを使うにしても、重視すべき点がいくつかあります。それを以下に挙げます。

・**スプリングの固さ**：ストレーナーをしっかりはめ込めるようにスプリングの丈夫なものがいいでしょう。もっと重要なことは、スプリングは固いほど、ドリンクを漉すとき氷やそのほかの細かい粒を取り除くことができるということです。安物のスプリングに対する簡単な改善策は、別のホーソーン・ストレー

ナーのスプリングをはずしてプレートの穴に通し、スプリングをもっと固くすることです。

- **素材の強度**：ストレーナーは重いほうがバランスがよく、扱いやすいうえに、丈夫です。バーテンダーはストレーナーをしょっちゅうポイ投げしたりするので、丈夫であるに越したことはありません。

- **サイズと形状**：ストレーナーの丸い縁の部分は、液体や氷がストレーナーの横から漏れたりしないように、ティンやミキシング・グラスの口（直径）をぴったりふさぐ大きさと形でなければなりません。

コーン・ストレーナー
{ドリンクをダブル・ストレイン（二度漉し）する}

カクテルによっては、氷の細片や、フルーツやハーブをマドリングするときにできるごく小さな粒をドリンクの中に残さないように、2段階のろ過を必要とする場合があります。このためには、目の細かいコーン・ストレーナーが必要です。このストレーナーは、基本的には小さな漉し器で、調理用の漉し器でも十分用が足りますが、デス・アンド・コーではカクテル用につくった特製のストレーナーを使います。この深い円錐形の特製ストレーナーは、ドリンクの液体部分は残らず通すうえ、V字型の形状がドリンクをすべてグラスに流し込むため、飛沫がまわりに飛び散ったりしません。

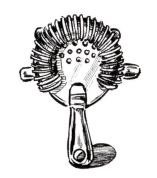

計量とポアリングの道具

ジガー
{スピリッツやフレッシュ・ジュースやシロップを正確に計る}

ジガー〔メジャー・カップ〕を使うことは、バーテンダーとして未熟な初心者であることを意味するものではありません。むしろそれは、バーテンダーが自分の作るドリンクの品質に対して強いこだわりがあることを示しています。カクテルの味をつねに一定に保ち、同時に、お客様に対して、ドリンクに入っている液体は1滴の狂いもない定められた量であることを示すことができるのです。営利事業であるバーでは、ジガーを使うことは大きなお金の節約にもつながります。のちほどこの章のなかで、つねに材料を計量しなければならない理由を、フリー・ポアリングと比較して論証します。そこで、ここではひとまず、つねに一定の味の美味しいカクテルを作ることを前提にします。そのために、ジガーが必要なのです。

ジガーにはさまざまな形状とサイズのものがありますが、ほとんどのバーテンダーが使っているのは、液体の体積を正確に計量できる2つのコーンが組み合わされた砂時計のような形のジガーです。デス・アンド・コーでは、さまざまな組み合わせのジガーを使っています。たとえば、2オンス〔60ml〕と1オンス〔30ml〕のコーンを組み合わせたジガーや、1/2オンス〔15ml〕と3/4オンス〔22.5ml〕のコーンを組み合わせたジガーなどです。なかでもいちばん重宝するのは、もっと少ない量（1.5オンス〔45ml〕と1/4オンス〔7.5ml〕等々）を計るためにコーンの内側に目盛が入ったジガーです。

このスタイルのジガーには、2つのタイプがあります。

背が低く角張ったものと、背の高い丸い形の日本式ジガーです。それぞれに長所と短所があり、前者はひじょうに正確に、後者は多少手早く、計測できます。背の高いモデルは見た目にも華麗ですが、ひっくり返ったり、バーの中を転がったりしやすいのが難点です。わたしたちが家庭用としてとくにおすすめできるのは、オクソーのステンレス製の1.5オンスと1オンスのコーンを組み合わせたジガーです。これには、内側に1/4、1/2、3/4オンスの目盛が刻まれていて、わたしたちが知る限りでは、1個でほぼすべての計量ができる多用途なジガーです。

どんなスタイルを選ぶにしても、計量して注ぐときに扱いやすい重量のあるジガーにしてください。軽量のモデルはあまりしっかりとつかめません。また、ジガーのなかには腹が立つほど不正確なものがあることに注意してください。「1オンス」となっているジガーなのに、いっぱいに入れても1/4オンス前後の誤差が出るものがあります。ですから、自分が使っているジガーの正確な容量を計ってみることをおすすめします。これは、正確な計量スプーン（1オンスの水はテーブルスプーン2に相当）やグラム・スケール（1オンスの水は29.57グラム〔正確な液量オンスは29.57ml〕）を使えばできます。自分のジガーの正確さ――または不正確さ――がわかれば、それに応じて調節することもできます。これは覚えておいてください。つねに不正確であるほうが、正確だったりなかったりするよりもいいのです！　わたしたちの経験からいうと、ジガーは同じブランドのものに限定するといいでしょう。というのは、同じメーカーが製造した同じブランドのジガーなら、誤差もほぼ一定しているからです。

計量スプーン
{少量の材料を正確に計る}

前にも言いましたが、バースプーンは、ほかに方法がないときか、スプーン（のつぼ）の正確な容量を知っている場合以外は、材料の計量に使うべきではありません。ジガーで正確に計量できるのは、1/4オンス〔7.5ml〕までです。もっと小さな量を計るには、調理用の計量スプーンの標準的なセットを使います。当店のバーテンダーのなかには、キッチン・アートが製造している調整可能な

スプーンを好む人もいます。このスプーンを使うと、スプーンを持ちかえなくてもさまざまな量を正確に計ることができます。

ビターズ・ボトル
{ビターズやチンキなど微量の材料を正確に計量する}

デス・アンド・コーで使う数えきれないビターズは、すべて日本製のビターズ・ボトルから注ぎます。こうした優美な涙の滴型のガラス瓶には、金属製のねじ式のダッシュ用注ぎ口がついています。この注ぎ口は、市販のビターズの瓶についているプラスティックのふたの注ぎ口よりも、もっと微量を正確に注ぐことができます。とくに、プラスティックの注ぎ口のサイズがビターズの製造会社によって異なるかもしれないということを考えると、1ダッシュの量がブランドによって大きく違ってくる可能性もあります。経験的に言って、だいたいですが、プラスティックのふたのボトルの1ダッシュは、日本製のビターズ・ボトルの3ダッシュに相当します。本書のレシピでビターズ1ダッシュという場合、ビターズ・ボトルで計った場合の1ダッシュです。

もしご家庭でオリジナルのビターズやチンキを作るなら、日本製のビターズ・ボトルをお買い求めになることを強くおすすめします。市販のビターズを使う場合でも、日本製のビターズ・ボトルに詰め替えたほうが、1ダッシュの量がつねに均一になります。そのうえ、日本製のボトルは、まるでビターズ用の小さなクリスタルのデカンターのようで、とてもセクシーです。

スピード注ぎ口
{どんな瓶からでも一定の流量で注ぐ}

スピード注ぎ口といっても、瓶から直接酒を注ぐよりも速く注げるわけではありません。しかし、スピード注ぎ口の使い方を正しく身につけると、スピードは遅くても、酒が流れ出る量を一定に保ち、むだを減らすことができます。ホーム・バーテンダーの方には、必ずしも必要ではありません。もっとも、大量のドリンクを作ったり、自分の技量を磨きたいと思う場合（わたしたちはどちらもおおいに応援します！）は別です。ともあれ、忙しいバーでは、スピード注ぎ口は不可欠です。デス・アンド・コーでは、バック・バーのボトルはもとのふたをそのままつけていますが、現行のメニューのカクテルに使うおよそ90％の酒をまとめたスピード・ラックのボトルやカウンターのチーター・ボトルには、すべてスピード注ぎ口をつけています。

スピード注ぎ口は、やや角度のついた長い金属製の注ぎ口に、漏れを防ぐために瓶の口の中にぴったりとはまるプラスティックのカラーがついたものがいいでしょう。短いプラスティックの注ぎ口や、ヒンジふたのついたものはやめてください。必ずといっていいほど流れが滞って、そのあとジガー以外の場所に酒をいきおいよくぶちまけてしまいます。また、注ぎ口の基部に空気穴やキャブレターのついたものにしてください。この穴を指で押さえれば、注ぐとき流れのスピードを調節できます。

氷を切削する道具

アイス・ピック
{大きめの氷を割って成形する}

デス・アンド・コーで、5センチの角氷を削ったり、砕いたりするのに、アイス・ピックを使うのはまれです。でも、アイス・ピックは、家庭で氷を削るときには便利です。多くの場合、スパイクの部分が長くてまっすぐな安物のアイス・ピックは危険です。多くの氷を切り分けるときには、木製の柄の日本式のアイスピックを選んでください。これは、スパイクの部分が比較的短く、氷を切り分ける微妙な作業をしやすいように、柄の先が金床の形になっています。

鋸刃付きのナイフ
{大きな氷の固まりを切り分ける}

大きな氷の固まりを小さな角氷に切り分ける必要がある場合、当店では鋸刃のついた包丁を使います。鋸の歯は、そのひとつひとつが小さなアイスピックと同じ役割を果たします。刃先が湾曲して、歯の切り込みが深いものを選んでください。氷の固まりを切って小さく切り分けるには、刃がまっすぐなパン切りナイフよりもずっと簡単です。あまり高価なものはいりません。安価なレストラン用品のナイフがいいでしょう。なぜなら、氷を切ったり削ったりすると、歯がすぐにすり減ってしまうからです。

木工用のノミ
{大きな氷の固まりを切り分ける}

大きな氷の固まりを切り分けるもうひとつの重要な道具は、家庭の道具箱の中にあります。当店では、通常幅2.5センチか5センチの木工用のノミと、ゴム製のハンマーを使って、氷の固まりを大きめの角氷に切り分けます。ちなみに、いったんノミの使い方のコツをつかんだら、アイス・リュージュ（氷にドリンクを注ぐための溝を掘ったもの）も作れます！

キャンバス地の袋
{クラッシュド・アイスを作る}

デス・アンド・コーでは、業務用のスコッツマン製氷機を使って、ペレット・アイスをバケツ1杯分ずつまとめて作っています。しかし、家庭でクラッシュド・アイスを作るには、キャンバス地の袋が理想的です。このほうが、手回しのクランク付きのアイス・クラッシャー（砕氷機）を使うよりもずっといいです。やり方はとてもシンプルで、なおかつ効果的です。袋に氷を詰めて、木槌やマドラーや小さなソースパンでたたいて、自分の好きな大きさに砕けばいいのです。途中で氷が融けて、袋のキャンバスがいくぶん水を吸って濡れます。

タップアイサー
{氷を砕く道具}

20世紀中ごろに広まったシンプルな道具。メーカーの名前がそのまま商品名になりました。タップアイサーは、長くしなやかなプラスティック製の棒の先に、角氷を砕くための平らなスチールの円盤がついています。バーテンダーのなかには、比較的重量のあるバースプーンの背で氷を砕く人もいますが、タップアイサーの良品を使うと、手首の軽いスナップで大きな氷の固まりも砕くことができるので、業務中のバーテンダーにとっては大きな労力の節約になります。オリジナルのタップアイサーは何年も前に製造中止になりましたが、イーベイ〔ネット通販〕で探せば見つかりますし、同じデザインがほかのメーカーに受け継がれ、改良を加えたものが売られています。当店では、タップアイサーに似た年代物の道

具も使ったことがあります。これは一般に、真ん中のところがばねになっている金属製の棒で、先に小さな金属の球がついていて、これで氷を砕きます。しかし、これはじきに扱いにくいことがわかりました。氷だけでなく、手もたたいてしまうのです。あ痛たたっ！

そのほかの道具

マドラー
{ハーブやフルーツや角砂糖をつぶす}

マドラーは、ものによっては優美なものもあります。異国の木を材料に、ひたむきな職人がその確かな技量で旋盤の上でたんねんに成形し、ニスを塗って磨きをかければ、つややかな一品に仕上がります。残念ながら、こうしたマドラーは飾り戸棚にしまっておいて、カクテル・シェーカーには触れさせないほうがいいでしょう。

初心者にとって、ほとんどの木製のマドラーは、短すぎて使いにくいでしょう。マドラーをミキシング・グラスやシェイク用のティンの中に突っ込むと、容器の外に出る柄の部分が短くて、うまくつかめません。マドラーに塗られたニスは、いずれははがれてしまいますが、ニスはドリンクに入れる材料ではありません。ニスが塗られていない木製のマドラーにも、欠点があります。木材も、使っていれば削げ落ちていきます。そのうえ、処理していない木は、水気のものに触れれば水分を吸い込み、乾くのに時間がかかりますから、バクテリアを繁殖させるシャーレのような環境になってしまいます。

これは、木製のマドラーを使わないほうがいい、と言っているわけではありません。デス・アンド・コーで使っているマドラーのなかにも木製のものが2、3ありますが、定期的に消毒し、オイルを塗って手入れしています。

このほか、よくあるタイプのマドラーとして、スチールの柄に小さなとげが突き出たプラスチックの先がついたものがあります。これは、実用的ではありません。というのは、この突起のせいでハーブがばらばらになってしまいますし、材料がしばしば突起にからみついてしまいます。たとえば、ラズベリーを4個つぶしたとして、そのうち2個分の果肉がマドラーにからみついてしまったのでは困ります。

デス・アンド・コーで愛用しているマドラーは、見かけはあまりよくありません。どっしりした黒いポリ塩化ビニールの円筒形で、まるで短い警棒か、SMプレーで使う拷問道具のようです。十分な重さがあるので、ほとんどの仕事をこなすことができますし、バーテンダーは8時間のシフトが終わったあとにはつくづくありがたみを感じます。また、先が平たく、その縁の部分が角張っているので、縁が丸くなっているマドラーでは届かないティンのすみのほうにもしっかり届きます。そのうえ、安価で丈夫なので、何年でも使えるうえ、洗うのも簡単です。

柑橘果実の絞り器
{果汁を絞る}

バーでは、おそらく大部分の柑橘類の果汁を、電動式のジューサーを使って作っていることでしょう。業務用ジューサーとしては、サンキストの製品がもっとも人気が高く、デス・アンド・コーで使っているジューサーは1時間あたり約38リットルのジュースを量産できます。しかし、手持ち式の絞り器（シトラス・プレス）やカウンターの上に置いて使うスイングアーム式の絞り器は、家庭でドリンクを作る場合には、もっとも賢い選択です。どちらもキッチン用品の店に置いてありますが、エナメルをコーティングしたものはやめてください。使っているうちに、はがれてしまいます。

第3章　ドリンクをつくる

おろし器
{ドリンクの上で材料をおろす}

シナモンやナツメグは、おろしたてのものとあらかじめおろしてあるものとでは比べものになりません。当店では、こうした材料や柑橘類をおろすときには、標準的な手動の調理用おろし器（固いチーズを細かくおろすことができるタイプ）を使い、ダーク・チョコレートをおろすときには、安物のマイクロプレインを使います。

野菜の皮むき器
{柑橘果実のピールを作る}

柑橘果実のガーニッシュを作るには、通常、苦味のある白い甘皮を残して、皮を広い帯状にむきます。バーテンダーのなかには、よく切れるパーリング・ナイフで1切れずつピールやツイストを切り分ける人もいますが、わたしたち（またほかの多くの人たち）の経験から言うと、野菜の皮むき器を使ったほうが、甘皮の少ない幅や厚みの一定したピールができます。ぎざぎざのないまっすぐな刃の丈夫なY字型の皮むき器を使うと、苦い甘皮を残して、簡単に皮をむくことができます。オクソーが造っている滑り止めのゴムのハンドルがついた皮むき器は、優良品です。プラスチックの皮むき器は強度がとぼしくて、柑橘類の皮をうまくむけませんし、思いもよらぬときに刃がはずれることがあります。

THE REGULARS
常連のお客様

シェリー・ハリスン

シェリー・ハリスンは非営利団体で技術管理者をしています。

わたしは、2009年にデス・アンド・コーの近くに引っ越してきました。それまで住んでいたサンフランシスコでは、もっぱらウイスキーを飲んでいました。一度デス・アンド・コーに行ってからは、すぐにカクテルに夢中になりました。わたしがカウンターに座っていろいろ質問すると、バーテンダーはいつも惜しみなく教えてくれます。レシピを教えてほしいというわたしの厚かましい頼みも、決してはねつけたりしたことはありません。わたしは、バック・バーに並んでいるたくさんのボトルを眺めているだけでもうっとりします。それはまるで、特大の化学実験キットのようです。

わたしは、材料が2つか3つのドリンクが好きです。これはわたしの性格からくるものでしょう。わたしは好みがうるさくて、ごてごてしたものは嫌いです。シンプルなカクテルが理解できれば、グラスの中の化学反応に考えを巡らすことができます。わたしはいつもマンハッタン (p205) を飲むことにしています。ある風の激しい夜、店に入って雪を払ったときのことを覚えています。あのとき、トーマスが何よりも忘れ難いブールバーディエ (p202とこのページの右) を作ってくれました。フィルは、ビーフィーター・マティーニとホワイト・ネグローニ (p335) にわたしの目を開かせてくれました。アレックスは、お気に入りのオールタイム・ドリンクのテイルスピン (p197) に引き合わせてくれました。これは、シンプルなレシピなのに、実際よりもずっと複雑な味がします。そして、ジェシカは、わたしにマルティネス (p205) を授けてくれた女神です。

同じ店に何度も通うようになるのは、人それぞれの理由があるからでしょう。どれくらい居心地がいいかということですから、言葉ではうまく言えません。気分がひどく落ち込んでいたら、きっと愛想よくもてなしてもらえるだろうと期待して、店にやってきます。カクテルのことを通ぶって話すこともできるし、静かにお酒を楽しむこともできるし、ともかく癒された気分になることもあります。

わたしはいつもカウンターに座ります。テーブルに座ると、感謝祭の子ども用テーブルに座っているような気分になって、おもしろくも何ともありません。カウンターで、カクテルを楽しむために飲み歩く旅人たちといっしょに飲むのは、楽しいことです。そうした人たちには、本当の旅人もいれば、デス・アンド・コーに初めてやってきた地元の人もいます。そうした人たちの多くは、店に入ってきて目を丸くし、なかにはどぎまぎしている人もいるけれど、たいていはバーテンダーに身をまかせ、幸福な気分になって帰っていきます。

わたしがデス・アンド・コーについてほかの人に語ることがあるなら、2つの意味で最高の場所だと説明するでしょう。ここは、世界でも一線級のカクテル・バーで、同時に、いつ行っても歓迎してもらえる近所の身近なバーです。誰にとってもそうだとは限りません。何しろここはニューヨークですから、この店をよそよそしいと感じる人もいるでしょう——でも、スタッフとすっかり顔なじみになったわたしにとって、この店は気の置けない地元の行きつけの飲み屋なのです。

BOULEVARDIER
ブールバーディエ

エライジャ・クレイグ12年バーボン*	45ml
特製オリジナル・スイート・ベルモット (p365)	22.5ml
カンパリ	22.5ml
ガーニッシュ:レモン・ツイスト	1

すべての材料を氷とともにステアし、漉しながらクープ・グラスに注ぐ。レモン・ツイストを飾る。

GLASSWARE
グラス

当店では、カクテルによって入れるグラスが決まっていますが、これにはさまざまな理由があります。グラスの形によって、ドリンクのアロマが鼻を刺激する速さと強さが違ってきます。量が多めのドリンク——オン・ザ・ロックや表面が泡立ったドリンクやその両方のドリンク——には、もちろん大きめのグラスが必要です。伝統というものもあります。マティーニやフィズをその名前がついたグラス以外の器に入れて出すことは、明らかに間違っています。

グラスの温度はきわめて重要です。できる限り、グラスはドリンクを入れて出す直前まで冷凍庫に入れておいてください。ドリンクを室温のグラスより長い時間低温に保てるだけでなく、指の間にはさむ冷たいステムの感触、グラスをおおう霜の美しさ、唇に触れるグラスの縁の鮮烈な感覚は、ドリンクに対する情緒的反応を誘う演出になります。

氷を入れないドリンク

クープ・グラス(多目的 150ml、ラージ 180ml)：クープは、ステア・カクテルとシェイク・カクテルの両方を氷なしでサーブする場合の当店愛用のグラスで、ときにはシャンパン・カクテルにも使います。通常は150mlの多目的のクープを使いますが、量が多めのドリンクや、材料を入れる前にスピリッツでグラスをリンスするドリンクには、180mlのクープを使います。

Vマティーニ・グラス(135ml)：マンハッタンとそのバリエーションのほとんどのドリンクに使います。このグラスは、トーマス・ウォーのレッド・アント(p348)のようなかなり強めのドリンクに使うと、とても優雅に見えます。

ニック&ノラ・グラス(150ml)：かわいいチューリップ型のグラス。ステア・ドリンクでクープの代わりに使えます。とくに、ブラッド・ファランのボタニー・オブ・デザイア(p223)のリンゴの扇のような優雅なガーニッシュを飾るときには、ひときわ引き立ちます。

ポート・グラス(210ml)：当店では、アロマを立たせる必要のあるステア・ドリンクとシェイク・ドリンクの両方に、ポート・グラスを使います。グラスの深さとカーブがアロマを立ち上らせ、鼻腔に届けます。

ファンシー・フィズ・グラス(180ml)：底の方が細くなるこのグラスは、「高級」ハウス・ショット・グラスとして使うほかにも、フリップや、氷なしでサーブして早めに飲みきるタイプのシェイク・ドリンクに最適です。

フィズ・グラス(300ml)：細いU字型のグラス。ほぼフィズだけに使います。卵白を使うフィズでは、側面が力強くまっすぐになっていることに意味があります。ソーダを加えたとき、泡がグラスの上まで上ってくるからです。

フルート・シャンパン(210ml)：スパークリング・ワインを材料として含む(パンチ以外の)ドリンクの場合、フルートに入れます。当店では、ガーニッシュを飾るために、ウォッシュ・ラインの上に2〜3センチくらいの余裕ができる大きいグラスを愛用しています。

Coupe
クープ・グラス

V martini
Vマティーニ・グラス

Nick & Nora
ニック&ノラ・グラス

Port
ポート・グラス

Fancy fizz
ファンシー・フィズ・グラス

Fizz
フィズ・グラス

Champagne flute
フルート・シャンパン

Single rocks
シングル・ロック・グラス

Double rocks
ダブル・ロック・グラス

Snifter
スニフター

Julep tin
ジュレップ・ティン

Tiki mug
ティキ・マグ

Ceramic coconut
セラミック・ココナッツ

Pilsner
ピルスナー・グラス

Highball
ハイボール・グラス

Punch bowl
パンチ・ボウル

氷を入れるドリンク

シングル・ロック・グラス（270ml）：別名サゼラック・グラス。当店では、サゼラックとそのバリエーションはすべてこのグラスでサーブするからです。

ダブル・ロック・グラス（390ml）：別名オールドファッションド・グラス。大きな角氷（ブロック・アイス）を1つ入れるオン・ザ・ロックでは、このグラスがいちばんよく使われます。良いダブル・ロック・グラスは、底の部分が分厚くなっていて、あらかじめグラスを冷やしておけば、ドリンクを低温に保つことができます。

スニフター（660ml）：スピリッツを少しずつちびちび飲むためのグラス。アルコール成分が鼻のところに集まりすぎるので、微妙な味をみるテイスティングには適しませんが、カクテルのグラスとしてはひじょうにすぐれています。側面がふくらんでカーブした脚付きのグラスは、アロマを立ち上らせて、鼻腔に届けます。氷を入れないドリンク用としては大きすぎるので、当店では、シェイク・カクテルを大きな角氷を入れて出すときに使います。

ジュレップ・ティン（390ml）：ジュレップ・ティンとしていちばんいいものは、銀メッキの光沢が豊かなもので、適正にドリンクをビルドすると霜でおおわれます。

ティキ・マグ（660ml）：ティキの生みの親ドン・ビーチによって広められた器。当店で使っている漆黒の磁器製の神像は、比較的シンプルで、本来あるべき姿に近いものです。当店では、このマグに入れて出すと、ドリンクが自己主張するようになります。ウーガ・ムーガ！（barproducts.comで購入可）。

セラミック・ココナッツ（600ml）：ティキ・マグのやや俗っぽいバージョン。この模造のヤシの実にクラッシュド・アイスを一杯に盛り、ココナッツを材料に含む多くのティキ・ドリンクを入れます。

ピルスナー・グラス（480ml）：ゆるくカーブした背の高いグラス。ビール用ですが、あらゆる種類のスウィズルや、クラッシュド・アイスを入れるトール・ドリンクに使います。

ハイボール・グラス（330ml）：スリングやスマッシュやそのほかのロック・ドリンクを、この飾り気のないグラスに入れて出します。別名コリンズ・グラス。

パンチ・ボウルとパンチ・カップ：パンチを入れるのは、ガラス製のボウルならなんでもかまいませんが、美しい古風なデザインの器に入れると、みなで分け合って飲むドリンクの魅力が際立ちます。当店では、乳白色のすりガラスで造ったさまざまなパンチ用のボウルとカップのセットを使っています。

THE REGULARS
常連のお客様
グレン・T・ウー

グレン・T・ウーはニューヨーク市生まれの不動産業者です。

デス・アンド・コーがオープンしたとき、1番街の10丁目に住んでいました。店に行くのは、だいたい日曜日でした。わたしは不動産の仕事をしているので、日曜日がわたしにとっては金曜日です。仕事中は四六時中しゃべっていますから、少しの間静かに酒を楽しめればいいのです。わたしが最初にオーダーしたカクテルは、サゼラックでした。わたしにとってはサゼラックがうまいかどうかが評価の基準になるので、どこに行っても必ずサゼラックを1杯オーダーします。ほかの店では、デス・アンド・コーで飲むサゼラックほど美味しいサゼラックには、まだ一度も出会ったことがありません。きっとこの店には、わたしにはわからない秘訣が何かあるのでしょう。

多くの人が、カクテル・バーに対して苦手意識を抱いています。そういう人たちは、冷淡でよそよそしいバーにばかり行ったせいで、バーテンダーにサービスをしてもらうには自分にそれだけの資格があることを証明しなければならない、と思ってしまったのでしょう。でも、いいバーというのは、あなたが何者であろうと、どんな知識があろうと関係なく、居心地よくさせてくれます。デス・アンド・コーの日曜の夜の雰囲気は、格別です。接客業界の人たちがおおぜいやってきて、まるで大きな同窓会のようです。

わたしは、「何でもいいから作ってくれ」と言うタイプの人間ではありません。4つ星レストランに行って、「何かうまいものを作ってくれ」なんて言う人はいないでしょう。どこから始めるか、くらいはバーテンダーに言わなくてはなりません。客から「何でもいい」と言われても、他人が何を飲みたがっているかなんてわかるはずがありませんから、バーテンダーはさぞかし困るでしょう。でも、「何でもいい」という注文をわたしはしょっちゅう耳にします。

その後わたしはクイーンズのジャクソン・ハイツに引っ越しましたが、デス・アンド・コーは変わらずわたしのホームベースです。日曜日はほぼ必ずといっていいほどここに行きます。最初はいつもサゼラックを頼み、そのあともっと強めのステアのドリンクに移ります。たいていは、ザ・バンダービルト (p334) やトロント (p199) やオアハカ・オールドファッションド (p349) です。ここで飲んでいると、たとえひとりできていても、友人たちと飲んでいるような気分になれます。

SAZERAC
サゼラック

ビュー・ポンタリエ・アブサン *
リッテンハウス100ライ・ウイスキー............45ml
ピエール・フェラン1840コニャック............15ml
デメララ・シロップ (p357)............1ティースプーン
ペイショーズ・ビターズ *............4ダッシュ
アンゴスチュラ・ビターズ............1ダッシュ
レモン・ツイスト............1

アブサンでロック・グラスをリンスし、そのあとアブサンは捨てる。残り（レモン・ツイスト以外）の材料を氷とともにステアし、漉しながらグラスに注ぐ。レモン・ツイストをドリンクの上で絞って、ツイストは捨てる。ガーニッシュはなし。

TECHNIQUE
テクニック

テクニックとは、いろいろな作業をこなす個々の技能を ——習得し、複合し、最終的には完璧なものに仕上げることによって ——バーテンダーとしての独自のスタイルにまで洗練したものです。デス・アンド・コーには、当店独自のひとつの総合的なスタイルがあります。これは、バーテンダーがお互いの仕事ぶりを観察し、同僚が長年かけて身につけたちょっとしたコツを自分に適した形にして取り入れ、絶え間ない実験をくり返し、それに工夫を加えることによって進化してきたものです。その目的は、つねに美味しいドリンクをより手早く、効率よく作ることであり、そして何より大切なことは、品質をつねに一定に保つことです。家庭であれ、バーであれ、ドリンクを作る人の目標は、基本を身につけて、テクニックを磨くことです。そうすることによって、もっと簡単かつ確実にドリンクを混ぜられるようになり、その結果、新しいテクニックもいっそうの自信をもって取り入れることができるのです。

材料を計って注ぐ

カクテルに入れる材料をすべて正確に計量することは、一定のバランスがとれたドリンクを作るために不可欠なことです。信じられないほど繊細な材料のバランスの上に立つデス・アンド・コーのカクテルの多くでは、わずかでも材料を入れすぎたり、足りなかったりすることは許されません。当店では、2つのジガーを使ってほとんどのドリンクを作ります。大きいほうのジガーでは、1オンス〔30ml〕と2オンス〔60ml〕を計ることができ、小さいほうでは1/2オンス〔15ml〕と3/4オンス〔22.5ml〕を計るこ

とができます。当店のレシピの多くでは、1/4オンス〔7.5ml〕とティースプーンの計量も必要です。そのために、内側に1/4オンスの目盛の入ったジガーや計量スプーンも使います。一般的に言って、使う量が少ない材料ほど、香りが高く、味を大きく左右しますから、正確に計量することがなおさら重要になります。ほんの数ドロップの誤差が、たちまち味のバランスをくずしてしまうこともあります。

ジガーの使いかた

ジガーで材料を計量する方法を習得するためのいちばんよい方法は、酒のボトルに水を入れて、ジガーに酒を注ぐ動作が楽にできるようになるまで、何度もくり返し練習することです。目標は、手早く、手際よく材料を注ぐことができ、カウンターに1滴もこぼしたりしないように（こぼすとカウンターがぬれるうえ、高価な材料がもったいない）、ましてお客様にひっかけたりすることがないように、なることです。いったんコツをつかんだら、白い紙の上にミキシング・グラスを置いて、自分でテストしてみてください。ドリンクを作るとき、紙に酒が1滴もかからないようにしなければなりません（わたしたちはこのコツをミルク＆ハニーのサッシャ・ペトラスクから教わりました）。それから、そっくり同じ工程を、反対の手でもまったく同じように自然にできるようになるまで、練習をくり返します。すべてのテクニックを左右の手で同じようにこなすことができれば、体をひねったり、お客様に背を向けたりしないで、もっとずっと手早く効率的にドリンクを作れるようになります。

酒を計って注ぐときジガーをどの位置で持つかは、バーテンダーによってまちまちです。〔真上から見たとき円形に

見えるグラスの縁を時計に見立てると〕ジガーを持つ位置がグラスの縁の6時の場所の人もいれば、9時や12時の場所の人もいます。以下に説明するのは、わたしたちなりに見つけたいちばん自然で効率的なジガーの扱い方です。以下の説明は、右利きの人を対象にしたものです。左利きの人は、手を左右反対に考えてください。もっといいのは、上のアドバイスにしたがって、両方の手でジガーを扱うテクニックを習得することです。

1. ミキシング・グラスを自分の前に置き、酒のボトルのふたを取って、グラスの右側に置く。
2. 左手でジガーを取り、ジガーのくびれた部分を親指と人差し指ではさみ、中指を添えてジガーを支える。あるいは、手を開いて、手のひらを下に向けてカウンターと水平にし、人差し指と中指の第1関節と第2関節の間にジガーをはさんで持ってもよい。このスタイルのほうが優雅だが、不安定で、手際が悪くなりやすく、マスターするのに時間がかかる。
3. ジガーの上の部分をグラスの縁の9時から10時の辺りの上で持つ。ジガーの口とグラスの口を平行にしてみると、手に持ったジガーが水平になっているかどうかがわかりやすい。
4. 酒のボトルを右手で持つ。スピード注ぎ口を使っている場合は、ボトルの首部分を持ち、そこを軸にしてすばやくボトルの口を下に向け、正確なタイミングでボトルを戻して注ぐのをやめる。スピード注ぎ口を使わない場合は、ボトルの真ん中のあたりを持つ。
5. 酒をジガーに注ぐ。スピード注ぎ口の先やボトルの口は、なるべくジガーの口から離さないようにする。スピード注ぎ口を使っている場合は、ボトルの底を上に向けるほど勢いよく酒が出る。当店では、最初はボトルの底を高く上げ、しだいに底を下げて勢いを殺すようにする。初めのうちは、ゆっくり液体の流れにまかせて注ぎ、正確にていねいに計量することを心がける。ゆっくりだが正確なほうが、速いがそのつど不正確であるよりもよい。もし必要なら、スピード注ぎ口の空気の取り入れ口(キャブ)を指で押さえれば、酒を注ぐ勢いをもっと遅くすることもできる。
6. 酒はジガーにいっぱいに注ぐ。これがジガーの使い方でいちばん重要なところであり、同時にもっとも習得しにくいところでもある。わずかでもジガーに注ぎ足りなかったり、注ぎすぎたりすると、フレーバーのバランスが大きく崩れることもある。ジガーにいっぱいに入っているかどうかを見きわめるには、液体の表面の凹凸を見る。なるべく平らなほうがよい。もし注ぎすぎなら、液面はジガーの縁より盛り上がって凸型になる。もし注ぎ足りないなら、液面はへこんで凹面になる。材料によって密度と表面張力が著しく異なるので、材料によっては、ジガーに7〜8ml多めに注いでも盛り上がった液面が崩れず、こぼれないこともある。
7. スピード注ぎ口を使っている場合は、手首を自分の体のほうへ返して、流れを止める。
8. ジガーを傾けて酒をグラスに注ぐ。このとき、ジガーをグラスの縁に向かって傾けるその延長線上に自分の体がくるようにする。自分の体に向かってジガーを傾ければ、もし勢い余ったり、角度を間違ってうっかりこぼしたとしても、ミキシング・グラスの自分の側にこぼれ、お客様のほうにこぼれる心配がない。

カクテルのステアのしかた

映画『ベスト・キッド』のミヤギさんは、ダニエルに空手を教えるとき、最初は自分の家のまわりで単調な雑用を腕がしびれるまでやらせます。何日も車のワックスがけと床磨きと塀のペンキ塗りをしたあと、ミヤギさんの家の改装をタダでやらされたと思ってふてくされていたダニエルは、実はその間に自分が空手の不可欠の動きを身につけていたことに気づくのです。

わたしたちのステアの指導法も、これとひじょうによく似ています。いろいろと細々した一見たわいない作業を反復することによって、やがて楽々と自然に仕事がこなせるようになるのです。まず最初にすべきことは、道具を、使うべき状況の下で自由に使いこなせるようにすることです。空っぽのミキシング・グラスの中で、バースプーンを押したり引いたりします。その次は、カクテルをステアするということについて、その認識を改めます。ステアとは、実のところ、かき混ぜるのではなく、スプーンをグラスの内側に密着させてなぞるように動かすことなのです。それができるようになってから、氷と酒を使う練習に進みます。目標は、できるだけ静かにステアし、そっとカラカラと音を立てる氷よりも液面が高くなったりしないようにかき混ぜられるようになることです。

ステア VS シェイク

当店の一般的経験則:カクテルにフルーツ・ジュース（柑橘ジュースなど）や卵、クリームなどの不透明な濁った材料を使う場合には、シェイクします——それも、力強く。こうした材料を混ぜ合わせてひとつにまとめ、ドリンクとして仕上げるのは、けっこうな労力を必要とします。その反対に、カクテルの材料がすべて透明なもの——スピリッツやベルモット、甘味料、ビターズなど——なら、ステアにします。

なぜでしょう？　すべてはテクスチャーのためです。シェイク・ドリンクの場合、気泡や乳化作用によって、材料を活性化し、ドリンクにテクスチャーを加えるのです。あるいは、『サヴォイ・カクテルブック』の著者ハリー・クラドックの言葉を借りるなら、カクテルを眠らせず、目を覚まさせるわけです。柑橘類を使うカクテルは、かき混ぜることによって、表面に泡のテクスチャーができ、爽快なアロマが立ち上り、一口目にかすかに泡の弾ける感触が生まれます。

一方、カクテルをステアするのは、気泡をまったく加えずに、ドリンクを冷やし、希釈することが目的です。でき上がったドリンクは、とても冷たいシルクのような口当たりになり、舌触りとのど越しがなめらかになります。

ステアのしかた

　ステアのテクニックを身につけるもっともよい方法は、テレビを前にして、空のミキシング・グラスを置いてスプーンを手に持ち、座るか、できたら、立つことです。そして、テレビを見ながらステアします。こうすることで、ステアの動きに慣れ、筋肉にその動きを覚えさせ、ドリンクを作りながら同時に複数の仕事をこなすこと——すべてのバーテンダーにとって不可欠なスキル——を身につけることができるのです。

　これから説明するやり方はやたらと細かくて面倒くさいかもしれませんが、ここで指示に忠実に従い、細部に注意を払うことは、ステアのテクニックについてこれまで知らなかったことを学ぶことにつながり、仕事を正確にこなせるか、雑なやり方しかできないかの分かれ道になります。新人のバーテンダーに教えるとき、彼が仕事をどれくらいうまくできるようになるかは、手順のこの部分をどれくらいまじめにやるかによって見きわめることができます。生兵法はいけません（空手をやるもよし、やらないもよし……中途半端にやるとグシャだ）。

1. スプーンのつぼのほうを下にして、利き手の中指と薬指で持つ。スプーンの首の部分が、第1関節と第2関節の間にくるようにする。
2. つぼの内側を自分のほうに向けてスプーンを回す。指の関節をスプーンの上のほうへ向けて、スプーンを指の間で滑らせる。手の力を抜いて、スプーンを指の間で回転させられるようにする。
3. スプーンの背を12時の方向に向けて、スプーンを空のミキシング・グラスに入れ、ミキシング・グラスの内側にスプーンのつぼを押し当てる。ミキシング・グラスの中心から天井のほうへまっすぐ上に伸びる架空の線を想像する。この線に、スプーンの上端が接しつづけているようにする。前腕がカウンターと平行になるようにひじを上げる。
4. 中指と薬指だけでスプーンを動かす練習をする（まだこの段階ではミキシング・グラスに酒や氷は入れない）。中指でスプーンを12時から6時の方向に引きよせ、薬指で反対の方向に押し戻す。スプーンの上端の部分は動かさない（天井まで伸びる架空の線と接しつづけているようにする）。スプーンの面は回転させない。一定のリズムを保ち、グラスの一方の側から反対側へ、メトロノームのように動かす。
5. ミキシング・グラスの中で実際にスプーンを回す練習をする。まず、中指でスプーンを12時の位置からグラスの内側に沿って半円を描くように時計回りに引き寄せ（これは右利きの場合。左利きなら反時計回りに動かし）、6時の位置で止める。スプーンのツボの背がつねにグラスの側面から離れないようにする。そのあと、今度は薬指で、反対方向にスプーンを12時の位置まで押し戻す。これを一定のリズムでくり返し、スプーンが12時と6時の位置にきたときに、そのつど動きを止める（押して、引き……押して、引き……）。
6. スプーンを完全に1回転させる練習をする。ミキシン

グ・グラスに氷を詰める。スプーンのつぼを12時の位置に置いてスタートし、グラスに沿ってなぞるようにスプーンを引き寄せ、時計回りに（左利きの人は反時計回りに）1回転させる。中指で6時の位置まで引き寄せたら、薬指で押し返して、1周させる。1周ごとに、正確に12時の位置で止める。この練習で、スプーンを思い通りに動かすコツがつかめる。

7. スプーンを1回転させるのに慣れたら、2回転に増やす。2回転させるごとに、12時の位置で止める。回転の数は何十回転でも増やしていき、途切れることないひとつのスムーズな動作としてグラスに沿ってスプーンを動かせるようになるまで練習する。

8. ステアの動作に慣れたら、利き手と反対の手でそっくり同じ練習をする。最初はうまくいかずもどかしい思いをするだろう。コツをつかむには、定期的に利き手でやってみて、正しい動作がどういうものかを思い出してみるといい。

ステア・カクテルの作りかた

ステア・カクテルを作るときには、ミキシング・グラスやパイント・グラスをあらかじめ冷やしておいてください（p138の「ミキシング・グラス」を参照のこと）。ミキシング・グラスは、使わないときは冷凍庫に入れておくか、数分間氷水を入れておいて、そのあと氷水を捨ててから使ってください。

1. 材料を加える。いちばん安価なものやいちばん量の少ないものから先に入れる。そうすれば、もし間違えてやり直すにしても、大量の材料や高価なスピリッツやそのほかの酒を捨てなくてすむ。

2. 混ぜたものを2、3回手早くステアする。

3. 角氷をグラスの3/4くらいまで入れる（コールドドラフトの氷、または2.5センチの角氷を使う。p101の「氷」を参照）。なるべくぎっしりと詰める。パイント・グラスや大きな氷の固まりを使う場合は、氷をもっとぎっしり詰めるために、氷を割る必要があるかもしれない。氷を割らないと、たくさんの角氷を使ったわりに、ドリンクを冷やして希釈するのにずいぶん時間がかかるかもしれない。

4. ミキシング・グラスの底の方を2本か3本の指でしっかりとつかむ。もっと多くの指でつかんだり、もっと高い位置をつかむと、手の熱でグラスが温まってしまう。

5. 一定のリズムでドリンクをステアし、15秒くらいしたら止める。

6. ドリンクの味をみる。カクテル・ストローと指を使って少量をとるか、スプーンで少量をすくって、手の甲にのせる。ステアに使ったスプーンからずるずる吸ったりしないこと。冷たさと希釈の程度をみる。もし自分の好みと違うなら、さらに数秒間ステアして、もう一度味をみる。

7. ドリンクを漉して、あらかじめ冷やしておいたカクテル・グラスに注いで、状態を見る。ドリンクは泡立っていないか。もし泡立っているなら、ステアのしかたや注ぎ方が乱暴すぎた証拠だ。味をみる。ドリンクの味のバランスがよく、冷たいシルクのリボンのようなのど越しだったら、申し分ない！

毎回同じような条件（同じ道具と同じような氷、等々）の下でステア・カクテルを作れたなら、じきに適正な温度と希釈度に近い状態になったことが感覚的にわかるようになりますから、たびたび味見をしなくてもよくなります（残念！）。また、視覚的手がかりも見分けられるようになります。たとえば、氷が融けて小さくなると、それに応じてウォッシュ・ライン（グラスの中の液体の総量）が上がります。

ほかにも、ステアする時間の長さを決めるために考慮すべき要素が2つあります。まずひとつは、サーブするとき氷を入れるか、入れないか、です。ほとんどのステア・ドリンクは氷を入れずに出しますが、オールドファッションドやビュ・カレのようにオン・ザ・ロックにするものもありますので、その場合は、すっかり希釈してしまう手前で混ぜるのをやめます。ドリンクに入れた氷は、ドリンクを飲んでいるうちにも融けていくからです。もうひとつは、小さな角氷は大きな氷（ブロック・アイス）よりも融けるのが速いので、でき上がったドリンクに小さめの角氷やクラックド・アイスを入れる場合は、ステアの時間を短くしなければならないことです。

2杯（そして4杯！）を同時にステアする方法

左右それぞれの手でステアする動作を習得したら、2杯同時にステアする練習をしてみましょう。それには、まったく同じ動作を、左右別々にできなければなりません。2つのカクテル・グラスを自分の前に置き、これまで説明した手順をくり返してください。右手のスプーンは時計回りに、左手のスプーンは反時計回りに回します。両方のドリンクを同じスピードでステアするには、スプーンを逆方向に回すほうが楽ですし、その結果希釈も同じ程度にすることができます。このテクニックをマスターしたら、次はカクテルの究極の大技に挑戦できます。それは、左右それぞれの手に2本ずつスプーンを持ち、4杯のカクテルを同時に混ぜるテクニックです。デス・アンド・コーのバーテンダーでも、このテクニックをマスターした者はまだほとんどいません。

ステアの科学

ドリンクをステアする目的は、2つあります。冷やすことと、希釈することです。かなり冷たくなるまで、材料を混ぜます。理想の温度は−5℃から−8℃くらいです。同時に、ドリンクを理想の希釈度にする必要があります。水は、ドリンクに入れる材料としてはいちばん過小評価されています。水が少なすぎれば、アルコール度数が高くて味がきつすぎますし、水を入れすぎれば、味が薄くなってしまいます。

いろいろな要素によって、こうした目的を達成するためにかかる時間が変わってきます。要素とは、ミキシング・グラスの温度と大きさ、角氷の大きさと量、材料それ自体、ステアのスピードと長さ、などです。ここまでは、ステアのスピードと長さについて説明してきました。以下に、そのほかの3つの要素がドリンクにどう影響するかについて、デス・アンド・コーのバーテンダーが経験から見つけた最良の方法とともに、解説していきます。

ミキシング・グラス

熱力学のおさらいはここでは省きますが、次のことは知っておいてください。ミキシング・グラスの温度は、その中に入れる氷と液体の相互作用に大きく影響します。ここで重要なことは、ドリンクが適正な希釈度に達するまでにかなり冷たくなっているように、希釈のプロセスに時間をかけることです。ミキシング・グラスが室温の場合、もっと温度が低い液体をその中に入れれば、グラスから液体への熱伝導によって希釈のプロセスが速くなります。その反対に、ミキシング・グラスが冷たければ、中に入れた液体は（少なくとも両者が熱平衡に達するまで）冷やされ、カクテルの希釈には時間がかかり、その結果ドリンクを過度に希釈することなく、もっとしっかりと冷やすことができるわけです。

わたしたちがミキシング・グラスをできるだけ冷凍庫に入れておこうとするのは、このためです。これは、忙しい営業中にはなかなか実践できませんが、ミキシング・グラスをひんぱんに使うなら、それはそれで、グラスはつねに冷やされた状態にあるわけです。家庭では、ミキシング・グラスを冷凍庫に入れておくことをおすすめします。また、わたしたちは日本式のミキシング・グラスを愛用していますが、それは、日本製のグラスのほうが厚みがあって、底の狭いパイント・グラスよりも、より多くの氷を液体と相互作用させられるため、ドリンクを目的の温度と希釈度に同時に達するようにすることができるからです。

氷

氷については、すべてが大きさの問題になります。ちっぽけな氷の粒でも、大きな1個の氷の固まりでも、適正なステア・ドリンクを作ることができます。家庭の冷凍庫で作る氷も、一般に言われるほど悪くはありませんから、それでも一向にかまいません。氷の大きさがまちまちでも、適正な希釈度にするために要するステアの時間が変わるだけです。営業中のバーでは、スピードと効率と加減の正しいバランスを見つけることが決め手になります。ドリンクと接する表面積が大きいクラッシュド・アイスや小さな氷の粒を使うと、ドリンクをかなり速く冷やし、希釈することができますが、同時に、過剰に希釈してしまうリスクも大きくなります。反対に、ただ1個の大きな角氷でステアすると、表面積が小さいため、許容誤差は大きく〔希釈と冷却の過不足の危険性は小さく〕なりますが、これは同時にドリンクの冷却と希釈に時間がか

かることになります。そうなると、ステアが終わったころにはバーテンダーはクタクタになり、お客様は別の店に飲みに行ってしまうでしょう。

折衷案は、コールドドラフト〔製氷機。日本では販売されていない〕の氷です。当店では、ほとんどのステア・ドリンクを作るのに、この氷を使っています。製氷機が作る3センチのきらきらした氷は、わたしたちの愛用のミキシング・グラスにきれいに積み重ねることができます。この氷は、ドリンクの希釈を緩慢にするという点では十分な大きさがあり、ステアの時間をかなり短くするという点では、十分な表面積があります。家庭でドリンクを作る場合には、2～3センチの角氷を使えば、同じような効果が得られるでしょう。

材料

ドリンクをどれくらい希釈する必要があるかは、カクテルによってさまざまです。アルコール度数が高いスピリッツを主材料とするドリンク（サゼラックやドライ・マティーニなど）は、より多くの水を必要とし、希釈に要する時間も長くなります。度数の比較的低いドリンク（マンハッタンやクラシックのフィフティフィフティ・マティーニなど）は、希釈に要する時間が短くなります。

カクテルのシェイクのしかた

ステアを説明するためにわたしたちが思いつくもっともよいたとえは『ベスト・キッド』でしたが、シェイクを説明するいちばんよいたとえは、野球でしょう。野球では、第一線の投手であっても、投球フォームはそれぞれの投手によってずいぶん違います。ほとんどの投手はオーバースローで、サイドスローは少数派で、一握りの変わり者がアンダースロー（サブマリン投法ともいいます。ご参考まで）です。しかし、こうした基本的なカテゴリー以外にも、それぞれの投手の特徴となるさまざまな投法のバリエーションや癖があります。こうした投手のなかには、実に優雅なフォームで投げる者もいれば、まるでカミツキガメを手から振り放そうとするようなフォームの投手もいます。でも、全員にひとつの共通点があります。みなホームベースをめがけてボールを投げ

ることができます。

デス・アンド・コーのバーテンダーの場合も、同じように、人によってさまざまなシェイクのスタイルがあります。バーテンダーのシェイクのスタイルというのは、生来のものを経験によって培ってきた本人だけのテクニックであり、多くの場合、何千時間もカウンターの内側で働いてきて、磨き上げ、修正を積み重ねたバーテンダーとしてのもっとも純粋な個性の表れなのです。そういうわけですから、特定のやり方を理想的なシェイクのテクニックとしてバーテンダーたちに押しつけるようなことはしません。彼らがデス・アンド・コーでバーテンダーをしているという事実が、つねに美味しいドリンクを作る方法を各人が考え出した証拠であり、シェーカーを肩の上で振ろうと、体の横で振ろうと、股の間で振ろうと ——きちんと仕事をこなしさえすれば ——問題はないのです。

フィル・ウォードがばかでかい手で手首をきかせて肩の上でシェーカーを振るのを見ていると、ヘビー・メタルのドラマーがシンバルをたたいている姿を連想します。トーマス・ウォーのシェイクは、優雅でゆったりとしていて、柔軟です。トーマスは、ドリンクによっていくつもの独特の動作を使い分けます。ホアキン・シモーは、シェーカーを腰のあたりで構えると、最初はゆっくりしたリズムで始め、やがて全身をけいれんするように動かします。

バーテンダーの多くは、実験をしたり、人のまねをしたり、体をこわしたりして、何年にもわたって自分のシェイクの動作をあらゆる点から徹底的に見直し、改良を加えます。野球と同じように、肩の故障はおそらくバーテンダーにもっとも多い ——そして職を失いかねない ——職業病でしょう。そして、選手生命を保つために、新しいテクニックの習得を余儀なくされます。ブライアン・ミラーは、肩をこわすまでは、クォーターバックのように腕を後ろに引いて、怒れるゴリラのようにシェイクし、激しいけいれんのような動きをしていました。驚いたお客様たちが、会話を中断して、カウンターのほうを振り向くくらいでした。アレックス・デイは、肩を痛めてから、首の横で振っていたシェーカーを体の前で振るようにシェイクのフォームを変えました。

さまざまな異なるスタイルがあるとはいえ、効率的で

効果的なシェイクにはある共通点があります。よいシェイクのしかたの背後にある原理を理解できれば、それを応用して、自分独自のテクニックを開発することができます。

シェイクのしかた

カクテルのシェイクは、歩き方やセックスと似ています。誰しも、その人なりのいちばんよいリズムや動きというものがあります。以下に説明する動きは、必ずしも世界でいちばんよいシェイク法というわけではありませんが、わたしたちが経験則から見つけた効率性と人間工学の点から見てすぐれた――つまり、身体への負担がもっとも少ない――シェイク法です。このシェイク法がすっかり身についたら、さまざまな動きやシェーカーの持ち方を試して、自分独自のスタイルを見つけてください。

デス・アンド・コーでは、大部分のシェイク・ドリンクを、重量が大きいティンと小さいティンを組み合わせたシェーカーを使って作ります。おもに18オンス〔540ml〕と28オンス〔840ml〕のティンを使いますが、これからする説明では、このセットが前提になります。この章で前にも言いましたが、わたしたちは伝統的なボストン・シェーカーのファンというわけではありません。でも、このボストン・シェーカーのテクニックは、どんなタイプのシェーカーにも簡単に応用できます。

1. カウンターの上に小さいほうのティンを置き、氷以外の材料を計量して、この中に入れる。大きいほうのティンに半分ほど氷を入れる。
2. 大きいほうのティンを小さいティンに斜めにかぶせ、2つのシェーカーの一方の側がまっすぐに一本の線になるようにする。上になった大きいほうのティンの底を手のひらでたたいて、シェーカーを密閉する。上になったティンを持ってカウンターから持ち上げても下のティンがはずれないようなら、密閉されている。
3. シェーカーを持ち上げて、小さいティンの底が自分のほうに向くように持つ。こうすれば、シェイクの途中で中身が漏れたり、ティンがはずれたりしても、ドリンクは自分にかかり、お客様にはかからない。両手をそれぞれのシェーカーの両端に置き、手にしっくりくる持ち方を見つける。デス・アンド・コーのほとんどのバーテンダーは、利き手でシェーカーをフットボールのように持ち（親指を継ぎ目の近くに置き、2本の指をそれぞれのティンに置いて）、大きなティンの底を反対の手にのせる。ティンと体の接触を最小限にしながらしっかりとつかめるようにするのが、コツである。両の手のひらでシェーカー全体を押し包むように持つと、体温でカクテルが温まり、希釈度が適正になったときにも、カクテルはまだ十分に冷えていないことになってしまう。

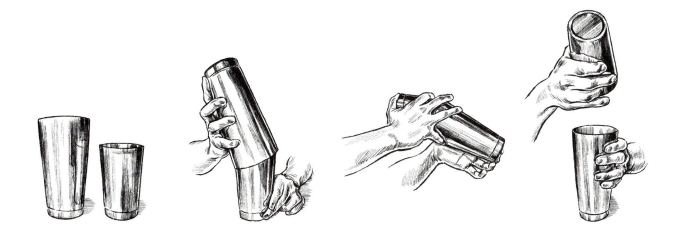

4. シェーカーを2、3回まわして、氷の温度調節をする。こうすると、シェイクしているときに氷が割れにくくなる。

5. シェーカーを体の前に持ち、シェーカーを前に突き出し、それから引き戻す。ピストンのようにただ前後に動かすのではなく、わずかに弧を描くように動かすとよい。そうすれば、氷を円運動させ、氷の角をとっていくように動かすことができるので、氷がバラバラに砕けたりしない。シェーカーを激しく動かしても、体に無理がかからないようにシェイクすることが重要である。シェイクしていて痛みを感じるなら、やり方が間違っている。

6. 大きいほうのティンを下にしてシェーカーを下に置く。大きいほうのティンの側面を左右から押しながら、小さいほうのティンを押し込み、密閉を解いてティンをはずす。なるべく早くドリンクを漉す（漉し方についてはのちほど別のセクションで説明する）。

シェイクのそのほかのスタイル

以上に説明したテクニックを使って、わたしたちはほとんどのシェイク・ドリンクを作ります。しかし、ほかにもいくつか、特有のスタイルのドリンクを作るための特別なシェイク法もあります。

ドライ・シェイク

卵——卵白、卵黄、または両方——を材料に使うカクテルを作る場合、まず先にドライ・シェイク（氷を入れないシェイク）をします。卵白にはいろいろなタンパク質がぎっしり詰まっていますから、氷なしでかき混ぜると、そのタンパク質がほぐされて、空気の分子とくっつき、その結果乳化が促進されて、ドリンクの上にできる泡立ちがよくなります。ドライ・シェイクするには、ドリンクの材料をすべて入れてティンを閉じ、材料が乳化するまでシェイクします。ドライ・シェイクは、氷を入れてシェイクするときと同じくらいの時間をかけます。シェーカーの中の材料の音が、いろいろな音が入り混じったみぞれのような音から、もっと粘り気のある感じの均質な音に変わります。先に説明した手順でティンを

はずすと、大きなティンに材料が残ります。小さいほうのティンに氷を入れて、急いで密閉しなおし、続いて通常のシェイクを始めます。

ダブル・シェイク

一度に1杯のドリンクをシェイクするテクニックをマスターしたら、次はダブル・シェイクに進むことができます。ダブル・シェイクとは、その名の通り、一度に2杯のドリンクをシェイクすることです。両方の手にシェーカーをしっかりつかんで、顔の左右に待ちあげ、前後にシェイクします。このとき、それぞれのシェーカーを反対の方向に振るようにします。両手の動きをそろえようとしても、骨が折れるばかりで、アンバランスでぎこちない動きになってしまいます。

ショート・シェイク

カクテルをオン・ザ・ロックで出すときや、発泡性の材料（炭酸水やジンジャービール、等々）をあとで加える場合、あまり激しくシェイクしたり、長い時間シェイクする必要はありません。氷が融けたり、材料を追加することによって、グラスに注いだあとも希釈が進むからです。当店では、コリンズ・スタイルのドリンクや一部のティキ・ドリンクを作るとき、ショート・シェイクします。その目的は、材料をよく混ぜ合わせて少し冷やすために必要な時間だけシェイクし、オン・ザ・ロックにしたときドリンクがあまり速く希釈されないようにすることです。

ホイッピング

このテクニックは、スウィズルやマイタイのように、クラッシュド・アイスをたくさん入れて出すカクテルに使います。角氷を1個だけ、または小さな氷の固まり数個を使って（当店ではスコッツマン製氷機で作ったペレット・アイスを使って）、氷が完全に融けて材料と一体化するまでシェイクします。シェイクでできた混合液は大して冷たくなく、それほど希釈もされていませんが、これはグラスに注いだ後冷却と希釈がさらに進むことを考慮するからです。

シェイクの科学（と謎）

　ステアの目的は、ドリンクを冷やして希釈することです。シェイクでは、これにさらにもうひとつの目的が加わります。気泡を加え、材料を乳化させることによって、ドリンクのテクスチャーをまろやかにすることです。固形物（フルーツやハーブなど）や濁った材料（柑橘ジュースや乳製品など）を含むカクテルは、通常シェイクします。ここまでは、とくに議論の余地はありません。

　しかし、シェイクは、カクテル界でももっとも謎めいていて、もっとも熱い議論の対象となるテクニックであり続けています。わたしたち（だけでなく多くのバーテンダー）は、さまざまな器やシェイクの動きと時間、氷のタイプについて、何年も実験を重ねましたが、その結果、答えよりも疑問のほうが多く残りました。とはいえ、こうしたアプローチは、質の高いシェイクにつながるすべての変数、つまり氷、シェイクの動き、シェイクの時間のすべてを理解することに役立っています。

氷

　どんな種類の氷を使っても、ちゃんとしたシェイク・ドリンクを作ることはできます。家庭の製氷機で作った氷でもかまいません。ポイントは、氷の量とシェイクする時間の長さと強さです。氷が小さければ、液体と接する表面積が大きくなり、ドリンクは短い時間で希釈されますから、シェイクに要する時間も短くなります。氷の固まりが大きいと、希釈に時間がかかりますから、シェイクに要する時間も長くなります。小さな氷を使って激しくシェイクした場合、氷が割れてもっと小さな断片になり、表面積はさらに増えますから、ドリンクの希釈に要する時間はさらに短くなります。

　シェイク・ドリンクにおける氷のもうひとつのはたらきは、エアレーションです。エアレーションとは、氷が液体の中を動くとき、微小な気泡が生じることです。氷が大きいと、シェイクによって望ましいエアレーションのレベルに達するために、より多くの労力を要することになります。

　デス・アンド・コーでは、氷なしで出すドリンクには、大きな5センチのブロックの角氷を2個使います。大きな氷を使ったほうが、目標の希釈度に達するまでに、ド

リンクをなるべく冷たくすることができます。（当店で設定するシェイク・ドリンクの目標温度は、0℃から−5℃です）。オン・ザ・ロックで出すドリンクの場合は、コールドドラフトの角氷を3個使って、ショート・シェイクします。そうするとドリンクが早く冷えますし、グラスに注いだあとも希釈が進むので、そのほうがいいのです。

シェイクの動き

　最良のシェイクの動きを身につけることは、バーテンダーとして大切なことです。でも、ここで考えるべきことが2つあります。第1は、自分のシェイクの動きが氷をシェーカーの中でうまくはね回らせているかどうか、ということです。氷を円を描くように動かし、角氷の角がしだいに取れていくような形にできれば、理想的です。実際にそのようにできているかどうかは、シェイクのあと氷の角が丸くなっているかどうかを目で見て確かめることができます。まっすぐ前後に動かすと、氷はピストンのように2点の間を行き来するだけですから、氷は割れやすくなり、割れた氷は表面積が大きくなって、ドリンクの希釈が過度に進みます。優秀なバーテンダーのなかにも、このスタイルでシェイクする人がいますが、これは正しい結果を出すためにほかの変数をどう調節すればよいかを知っているからです。

　第2に考えるべきことは、どのような動きをすれば、激しく長時間（プロのバーテンダーなら続けて何時間も）シェイクしても、体をこわさずにすむか、ということです。デス・アンド・コーのバーテンダーは、p140の「シェイクのしかた」で説明した「前後に動かす」テクニックを使いますが、これは肩への負担が少ないからです。バーテンダーのなかにはシェーカーを上下に振る人もいますが、このスタイルでは動きのリズムを一定にし、氷を円運動させることができます。

シェイクの長さ

　シェイクする時間の長さについて、正確なガイドラインを示すことは簡単ではありません。適正な希釈度に達するためにどれくらいの時間が必要になるかは、多くの変数がかかわってきます。なかでも主な変数は、使う氷の大きさと量（大きいか小さいか？　濡れているか、さ

らっとしているか？）と、シェイクの強さと速さ（速く激しく振るか？　ゆっくり弱々しく振るか？）です。同じように重要なのが、作るドリンクのスタイルです。カクテルを氷なしでサーブする場合、シェイクだけで必要な希釈をやりきらなければなりません。ドリンクをオン・ザ・ロックでサーブする場合は、必要な希釈度の3/4程度の希釈になるまでシェイクし、グラスに入れる氷の大きさと量と、炭酸水やシャンパンなどの材料でさらに希釈するかどうかを考慮した正確な量にします。

シェイク中のドリンクが理想の温度と希釈度とエアレーションに達したことを知るには、多少の経験と直感が必要です。ひとつよいニュースは、希釈しすぎるよりも希釈が不足するほうがありがちだということです。だから、自信がないときには、シェイクの途中でドリンクを味見して、まだ希釈が足りないようだったら、もう少しシェイクすればいいのです。もっと経験を積むと、一種の第六感がはたらくようになり、十分にシェイクされたときのシェーカーの中のカクテルの**感じ**がそれとわかるようになります。そこまで行くには、何百回もドリンクをシェイクしなければなりません。

とはいうものの、いくつか一般的なガイドラインもあります。氷なしでサーブするカクテルは、大きな（5セ

一度に複数のドリンクを作る

営業中に一度に1杯ずつドリンクを作っていると、お客様のなかにはすっかり酔いがさめてしまう人も出てきます。バーテンダーは、スピードアップをはかるために、一度に2杯以上のドリンクを作ることも珍しくありません。

複数のドリンクを作る場合、毎回それ自体にちょっとした難しい問題がともないます。もっとも手早くもっとも効率的にカクテルを作るには、どういう順序にすればいいかを考え、さらに、すべてのドリンクをお客様に同時に出せるように、ステアまたはシェイクをしなければなりません。

どんなドリンクを作る場合でも、まずいちばん安価な材料やいちばん量の少ない材料を、シェーカーまたはミキシング・グラスに入れます。一般的には、まずビターズ、次に甘味料、柑橘類、風味づけの酒、そして最後にベース・スピリッツの順番で入れていきます（ちなみに、この順番は、本書のなかで各レシピの材料を挙げるときの順番とは逆になります。また、バーテンダーにレシピを聞いた場合とも逆になります。これは当店のスタッフが文字通りドリンクを裏からも表からも知り尽くしているということを意味しています）。こうすると、計り間違えてもなるべく損害を小さくできるだけでなく、種類の違うカクテルを作るとき材料を一通り入れてから次の材料に移ることができます。ミキシング・グラスやシェーカーを並べて、同じ材料が複数のドリンクに含まれる場合は、そのつど材料をしまわないで、右から左へ続けて入れていきます（左から右でも構いませんが、いつも同じ順番にしてください）。たとえば、アンゴスチュラ・ビターズを含むドリンクを3つ作る場合、この3つ全部にアンゴスチュラを入れて、そのあと次の材料に進めばいいのです。際立って香りが強い材料を使う場合は、次の材料に移る前にジガーをすすぎま

す。ジンジャー・シロップやメスカルのような辛味の強い材料の場合は、香りがなかなかとれないので、ジガーをよくすいでください。そのいっぽうで、ジガーをすすがなくてもよい場合もよくあります。たとえば、シンプル・シロップを使う場合、そのあとに計量するのが柑橘類なら、ジガーをすすぐ必要はありません。同じように、一部の柑橘類（レモンやライム）のジュースを続けて計量する場合は、ジガーをすすぐ必要はありません。ただし、柑橘類によっては（オレンジやグレープフルーツは）、すすいだほうがよい場合もあります。

複数のカクテルを同時に作る場合、シェイク・ドリンクとステア・ドリンクの組み合わせになることがほとんどです。この場合、まずステア・ドリンクを作り、それからミキシング・グラスに氷を入れて数回ステアし、冷却を始めます。次に、小さなティンにシェイク・ドリンクを作ります。ドリンクに必要なガーニッシュをすべて用意し、氷なしのドリンクのステアを終了します。冷凍庫の中で冷やしておいたグラスを出して、カウンターに並べます。ステア・ドリンクはすべて漉してグラスに注ぎ、シェーカーに氷を加えてシェイクをやりきります。シェイク・ドリンクを漉してグラスに注ぎ、すべてのドリンクにガーニッシュを飾ります。自分でカクテルを出す場合には、必ずシェイク・ドリンクを先に出し、そのあとステア・ドリンクを出します。

もっとスピードアップしたければ、シェイク・ドリンクとステア・ドリンクを同時に——左右の手で——作る練習をしてもいいでしょう。これは、最初はなかなか難しく、自分の頭をたたきながら腹をかくようなわけにはいきませんが、忙しいバーで働くなら、身につけておくべき重要な技能です。

ンチの）角氷を2個（当店で好んで使う氷の組み合わせ）使って、10〜15秒強めに速くシェイクすると、適正な希釈度に達します（実際にシェイクするともっと長く感じます）。ショート・シェイクは、コールドドラフトの角氷（またはこれと同じくらいのサイズの氷）を3個使って、8〜10秒ほどシェイクするといいでしょう。

　シェイクのための「第六感」を鍛えるには、ほかの感覚を使ってください。シェーカーの中の状態を一部始終見ることはできませんが、氷が融けて液体の体積が増え、その結果みぞれがこすれるような感じが強くなってくるのが、音でわかります。角氷がばらばらになった音が聞こえたら、適正な希釈度に近づいたことを示すよい兆しです。そのうち、適正にシェイクされたドリンクの音が聞き分けられるようになります。触覚も、同じように大切です。ドリンクが適正にシェイクされると、ティンがかなり冷たくなり、手がティンにくっつくような感じになってきます。

漉し方

　カクテルを作るうえで大変なのは、ほとんどがステアやシェイクの作業です。ドリンクを漉すのは簡単な作業です。

ステア・ドリンクの漉し方

　ジュレップ・ストレーナーを使う場合、ストレーナーの柄を人差し指と中指ではさみ、柄の付根（ジュレップ・ストレーナーのボウルとつながっている部分）を、ミキシング・グラスの注ぎ口と反対側の縁に押し当ててください。ミキシング・グラスの縁を親指と薬指と小指でつかんで、ストレーナーを固定します。グラスの端を支点にして、人差し指と中指で、ジュレップ・ストレーナーのボウルの部分をグラスの内側に押し当てて、氷を押さえ、注ぎ口の下のグラスの前面にぴったりとあてがいます。注ぎ口のある側がお客様に対して直角になるように（万一しぶきが飛んでもお客様にかからないように）ドリンクをゆっくり注ぎます。気泡ができたり、ドリンクがグラスの外にはねたりしないように、注意してください。

　ホーソーン・ストレーナーを使う場合は、ストレーナーの柄がグラスの注ぎ口の反対側にくるようにストレーナーをグラスにはめこみます。ストレーナーの柄の下のグラスをつかんで、タブ（がある場合は）を人差し指で抑えます。ストレーナーをグラスの前の方向に押すようにして、自分の体に対して横向きか、斜めになる角度でドリンクを注ぎ、最後に軽く振って、氷に付着した液体を残らず切ってグラスに注ぎ入れます。

左から順に：ステア・ドリンクの漉し方。シェイク・ドリンクの漉し方。シェイク・ドリンクのダブル・ストレイン（二度漉し）。

シェイク・ドリンクの漉し方

ドリンクを漉すときに大切なことは、せっかく苦労して加えた気泡（エアレーション）が抜けてしまわないうちに、ドリンクをなるべく手早くグラスに注ぎ切ることです。しかも、シェーカーには液体をいっさい残してはいけませんし、カウンターに1滴もこぼしてはいけません。まして、お客様にひっかけたりなど絶対にしてはなりません。（シェイク・ドリンクを作るときは必ず使うべき）ホーソーン・ストレーナーを使う場合は、すでに説明したやり方のほかに、ゲートの調節についても考えなければなりません。ゲートとは、ストレーナーの前部をシェーカーの端に押し当てるときの密閉度のことです。ゲートをどれくらい密閉するかは、小さな氷のかけらをドリンクに入れるかどうかの判断によって、決めます。これはバーテンダー個々人の好みの問題ですが、シェイク中の氷の変化によっては、考慮すべき重要な事柄になります。もし氷がばらばらに割れてしまったら、氷のかけらがドリンクの上に浮ばないように、ゲートを固く閉じます。

ダブル・ストレイン（二度漉し）

氷なしでサーブするほとんどのシェイク・カクテルは、氷のかけらやつぶしたフルーツやハーブの断片がドリンクに入らないように、ホーソーン・ストレーナー（ゲートを閉じた状態）と、目の細かいメッシュのコーン・ストレーナーを使って、ドリンクを二度漉しします。これは、卵白を含むドリンクではとくに重要です。というのは、少しでも氷のかけらが入ると、ドリンクの表面にできる泡立ちが悪くなってしまう可能性があるからです。そのうえ、わたしたちの経験では、メッシュのストレーナーを使うと、ホーソーン・ストレーナーだけを使ってカクテルを注いだ場合よりも、ずっと多くの気泡が混入して、泡立ちがよくなります。二度漉しするには、先に説明したやり方でホーソーン・ストレーナーを使い、メッシュのストレーナーを持ってドリンクを入れるグラスの上に重ねます。ドリンクを注いだあと、シェーカーの底でコーン・ストレーナーを横からたたくと、液体が流れ落ちる勢いが増します。

マドリング

バーテンダーがミントをシェーカーに放り込んで、マドラーでこねくりまわしてぐちゃぐちゃにつぶす光景は、いやになるほどよく見かけます（もしモヒートを頼んだことがあるなら、きっとこの様子を見たことがあるはずです）。これは、さまざまな面から見て、よくないことです。まず、ミントをはじめとするすべてのハーブは、つぶすと、ドリンクには不要な茎の苦味のあるフレーバーが放出されてしまいます。また、つぶして細胞がこわれると、中の葉緑素が出てきて、ドリンクに緑色が混じってしまいます。

必要なエッセンシャル・オイルをハーブから引き出すには、ごくわずかな労力で十分です。ためしに、ミントの葉を舌に載せて口蓋に押し当て、そっとこすってみてください。心地よいミントの味がするはずです。そのあと、ミントを噛んでみてください。苦みのある嫌な味がします。これが、マドリングを強くやりすぎると起きることなのです。

デス・アンド・コーでは、ハーブをマドリングする場合、しばしば甘味料を先にシェーカーに入れて、それからハーブを加えます。そのあとは、マドラーを軽く押し当てて、数回こねれば、もう十分です。それだけで、オイルが出てきます。

柑橘類やそのほかのフルーツをマドリングするときは、マドラーを押し当てて、少し強めにすりつぶせば、（柑橘類の果皮からは）オイルや（柑橘果実やそのほかのフルーツからは）果汁が出てきます。シェーカーの中を見ながらマドリングすると、フルーツを正確にねらってつぶし、オイルと果汁をできるだけ多く絞り出すことができます。

スマッシュのように、フルーツとハーブの両方をマドリングする必要がある場合は、シェーカーに甘味料とハーブを先に入れて、そのあとフルーツを加えます。フルーツがクッションの役目をして、マドリングの際にハーブがばらばらになるのを防ぎます。

グラスの縁取り〔スノー・スタイル〕

カクテルを漉してグラスに注ぐ前に、グラスの縁に塩や砂糖などの材料をつけるには、グラスの縁の外側の部分を水や切った柑橘類の実（できればカクテルの材料に使うのと同じ柑橘類の果汁）でぬらし、縁につける材料の中にグラスを押し当てます。塩や砂糖の粒がドリンクに入らないように、グラスの外側だけが材料に触れるように回します。マルガリータのようなドリンクでは、厚い帯状になるようにグラスの縁の半分くらいまで塩をつけて、お客様の好みで塩の量を決めてもらいます。塩や砂糖をつけたあと、ゴミ箱の上でグラスをさかさにして、グラスの底を軽くたたき、余分な粒を落とします。

リンス

カクテルのなかには、フレーバーの強烈なスピリッツ（おもにアブサンやメスカルやピート香が強いスコッチ・ウイスキー）でリンスし、そのあとでドリンクを注ぐものが数多くあります。グラスをリンスするには、少量（7〜8mlくらい）のスピリッツをグラスに注ぎます。グラスをゆっくり回して、グラスの内側にスピリッツを行きわたらせます。リンスが終わったら、スピリッツは（浪費家なら）流しに捨てるなり、（けちん坊なら）瓶に戻すなりしてください。あるいは（わたしたちのように）あとで飲むためにショット・グラスにとっておいてもかまいません。

THE REGULARS
常連のお客様
ガロ・イェリン

ガロ・イェリンは、クラシックからジャズやロックまで多ジャンルの音楽を手掛けるプロのチェロ奏者です。彼は、実験的なロック・グループ、オーディナーズのメンバーで、ペル・ウブといっしょにツアーしたこともあります。

わたしは、ほとんどカクテルは飲みません——それをまずおことわりしておいたほうがいいでしょう。わたしはいちばん手のかからない客でいたいと思っています。店が忙しいとき、バーテンダーは大変なプレッシャーを感じていますから、わたしはブラウン・スピリッツを何か1オンス、氷なしで頼みます。グラス1杯のウイスキーは、マティーニのように10分たつと飲めなくなるわけではありません。マティーニは、初心者が飲む酒です。マティーニは急いで飲まなければなりませんし、同じマティーニをおかわりしたら、それもまた急いで飲まなければならない。それに気づいたころには、もうすっかりでき上がってしまっています。これは、映画の格闘シーンのようなものです。映画の登場人物は、顔面に37発のパンチを食らってもまだ立っていますが、現実の世界では、1発か2発パンチをもらっただけでも床にぶっ倒れてしまいます。

バーのなかには、ほんのつかの間光り輝くだけの店もあります。何曜日に行っても完璧で、ひとりで店に行っても、95％の確率で楽しい時間を過ごせます。まるで、19世紀のフランスかベニスのカフェのような雰囲気で、そこに行けば、見知らぬ粋でおもしろい人たちの間に肩身の狭い思いをせず溶け込むことができます。美しい女性たちとも、如才なく語らうことができます。ところがそのあと、常連客の顔ぶれが変わり、スタッフが入れ替わり、ろくでなしがやってきて、おもしろい人たちや美女たちを追い散らし、そのバーのすばらしきひと時は過ぎ去って、二度と戻ってきません。

一方、デス・アンド・コーは、わたしが初めて来たときから、いつもずっと完璧です。この店に来たくないと思うことは絶対にありません。わたしはコンサートからの帰り道、よく6番街を車で通りますが、駐車場に空きがあれば、どんな気分のときでも立ち寄ります。ここは多目的なバーでもあります。もし友人の両親がよその土地からやってきて、最先端のニューヨークの雰囲気に触れてみたいと言ったら、デス・アンド・コーに連れてきます。もしデートをすることになってどこへ行くあてがないときには、デス・アンド・コーにくれば絶対間違いありません。この店には、誰でも連れてくることができます。もし連れてきた人たちがデス・アンド・コーを気に入らないとしたら、それはその人たちの問題であって、わたしのせいではありません。

一般的に、すばらしいカクテル・バーを見分ける鍵は、とくにデス・アンド・コーにはよく当てはまることですが、内装でも、照明でも、音楽でも、カクテルの品質でもありません。つまるところ、それは、スタッフ——どんな店でも、スタッフです。デス・アンド・コーでは、それを店に入る前から感じることができます。ドア・マンにまかされているのは、すぐに店に入れなくてもお客をがっかりさせないという不可能な仕事です。彼らは、正直にありのままの事情を話し、お客の電話番号を聞いて、席が空いたら電話をかけてくれます。そして、お客が店に戻ってきたら、本当に喜んで迎え入れてくれます。

中に入れば、そこは世界でも屈指の高級バーですが、わたしはカクテルを飲まなくても一度も居心地の悪い思いをしたことがありません。バーというのは、言葉では言い表せないその雰囲気で決まります。デス・アンド・コーには、わたしにとってそこで息をしたいと思わせる空気があります。これまでに何度か、何か月もツアーに出かけていて、久々に店に来ると、ドア・マンや店内のスタッフが新しい人に代わっているということもありましたが、いつもとてもくつろいだ気分になれました。よいバー・スタッフは、特定の人をことさらに常連として扱おうとはしません。初めて来たお客でも、まるでいきつけのバーに来たような気分にさせてくれます。わたしの場合、これに尽きます。自分が中に入りたいと思うのはどんな店か、ということなのです。

WHISKY NEAT
ウイスキー・ストレート

ジャパニーズ・ウイスキー.................................. 60ml

ロック・グラスに注ぐ。ガーニッシュはなし。

第4章

ニュークラシックを
創作する

FLOR DE JEREZ
フロール・デ・ヘレス

ホアキン・シモー

　ああ、シェリーのなんとすばらしきことか。2009年ごろ、デス・アンド・コーのバーテンダー全員がこのフォーティファイド・ワインに夢中になったのは、そのフレーバーと酸味がほかのカクテルの材料と実にうまく混ざり合うからです（ベースとなる材料としてものすごく安い——大瓶を1本12ドル以下で買える——というところも、大きな魅力です）。ホアキンは、とくにシェリーのアモンティリャードにご執心ですが、これはドライだけれど、甘いにおいがして、バーテンダーにとってはドリンクにほかの甘味料を追加する余地も残っています。ホアキンが創作したフロール・デ・ヘレスは、ラムを使うことによってシェリーのより豊かな干しブドウのようなフレーバーを引き出し、アプリコット・リキュールを使ってフルーツらしい香りを引き出しています。

アップルトン・エステート・リザーブ・ラム* 15ml	レモン・ジュース 22.5ml
ルスタウ・アモンティリャード・シェリー 45ml	サトウキビ・シロップ（p357）............ 15ml
ロスマン&ウインター・アプリコット・リキュール* 7.5ml	アンゴスチュラ・ビターズ 1ダッシュ

すべての材料を氷とともにシェイクし、漉しながらクープ・グラスに注ぐ。ガーニッシュはなし。

THE TASTING
テイスティング

春先のある月曜日の朝、デイブとバーテンダーの一団——粗末な服装の睡眠不足の一団で、そのうちの数人は2、3時間前に店を退勤したばかり——が重い足取りで、デス・アンド・コーに入ってくる。ソーセージと卵のサンドイッチとブラック・コーヒーと水の瓶が配られる。びっしりとレシピを書き込んだボロボロのノート数冊が、カウンターの上に広げられる。恒例により、いちばんの新顔であるタイソン・ビューラーが1番手に選ばれる。タイソンはカウンターの中に入って、ドリンクを混ぜ、テイスティングしてもらうために同僚たちの間に回す。

タイソン 僕が大好きな3つの材料、バーボンとポート・ワインとアクアビットを組み合わせてドリンクを作ってみた。レモン・ジュースとサトウキビ・シロップも加えてある。

フィル バーボンとアクアビットを組み合わせると聞いたときには、**なんて大バカ野郎だ**、と思ったけど、これはわりとしっくりくるな。これでもいけると思うけど、ちょっとひねりがほしいな。スペックはどうなってるんだ。

タイソン イーグル・レアを45ml、トゥニー・ポートを22.5ml、クログスタッド・アクアビット*を15ml、レモン・ジュース22.5mlとサトウキビを15ml、それから卵白。

ホアキン リニアは試してみたいか。あの熟成したフレーバーのほうが、イーグル・レアとはよく合うかもしれない。

タイソンがリニア・アクアビットを使って、同じドリンクを作る。

ジリアン 今度はフルーツとナッツのチョコレート・バーみたいな味になったわね。バランスはいいし、味もいいと思うけど、メリハリをつけるにはもうひとつ何かほしいわ。ナツメグはどう？

タイソンがドリンクの上でナツメグをおろす。

ブラッド 最初のほうがよかったな。あれは花のような香りがした。でも、サトウキビ・シロップでは強すぎる。シンプル・シロップで試してみては？

ホアキン 何だかチョークのようなテクスチャーもあるな。卵白を使うドリンクには、奇妙なことが起きる。もしチョークのような感じがするなら、もっと卵白を入れて、チョークみたいな感じを弱めたほうがいい。

タイソンが最初と同じドリンクを作る。今度はシンプル・シロップを使い、卵白の量を多くする。

デイブ これはおもしろいアイデアだけど、まだいくつか改良の余地があるな。次回のテイスティングでもう一度試してみよう。

初心者には、カクテル用語を交えたこの短いやり取りは、意味不明かもしれません。デス・アンド・コーでは、これを「テイスティング」と呼び、創作の主要なプロセスにしています。2、3か月ごとに、当店では、カクテルのメニューを総点検し、およそ60種のドリンクの見直しを行います。テイスティングは2日間続けて会議形式で行い、そのなかで、新しいメニューについては一度に1つずつのドリンクを出席者の間で吟味し、検討していきます。バーテンダー一人ひとりがオリジナルのドリンクをいくつか続けて出していき、ほかのスタッフ全員——現役スタッフと元スタッフの混成チーム——が率直な評価を返します。最初から完璧なカクテルというのは、まずほとんどありません。たいていは何度か手直しを経た末に合意に達し、ヘッド・バーテンダーがメニューに採用するかどうかの最終決定を下します。2、3回試飲してもまだ合格にならないドリンクは、さらに手直しを加えるためにひとまず棚上げにするか、または完全に破棄されます。

わたしたちは、この儀式を気楽にやっているわけではありません。6年間にわたって何十回もテイスティングをくり返してきて、感情を害したこともあれば、自尊心が傷つけられたこともあるし、ときには取っ組み合いになったことさえありますが、テイスティングが終われば、スタッフの間には連帯感が生まれ、

一丸となって技能の向上にいっそうの意欲を燃やすのです。

　40分間で4つのドリンクを試飲したあと、タイソンの番が終わります。1つのカクテルが合格し、ほかのドリンクはさらに改良を加えることになりました。次はブラッド・ファランの番です。

ブラッド　このドリンクを、自分ではトミー・アンド・ザ・ロンデルズと名前づけてみた。トミーのマルガリータのスペックを基にして、ロン・デル・バリリット・ラム＊のドリンクを作ろうと思ったんだが、それだけではつまらないので、ガリアーノとティキ・ビターズ＊でアクセントをつけてみた。ガリアーノの量は15mlだけにしてある。あとは、ともかく味を見てほしい。

　ブラッドがドリンクをシェイクし、漉しながらロック・グラスに注ぎ、一堂に回す。

トーマス　アガベを本当に15mlも使ったのかい。7〜8mlくらいにしか思えないけど。

ホアキン　僕には物足りないな。ロックで出すんなら、もっと砂糖がほしい。じゃないと、味が薄い。

トーマス　ラムは60ml使ったのかい。

ブラッド　ラムは45ml。クレマ・デ・メスカル＊を15ml。

ホアキン　それを言ってくれなきゃ。どうしてこんなにスモーキーなのかと思ったよ。

トーマス　それは、ラムが強すぎるということかい？

ホアキン　これだと、フルーツ・ボムだ。僕はラムとガリアーノを合わせるのはいいと思うけど、クレマは合わない。ロン・デル以外のラムのほうがいいんじゃないかな？

トーマス　もっとスモーキーなテキーラはどうかな？

ブラッド　僕はクレマのソフトさとまろやかさが好きなんだ。

トーマス　これじゃ、糖が全然足りないよ。

ブラッド　アガベを増やして、もう1杯作ってみよう。

トーマス　それと、クレマの代わりにエル・テソロ・レポサド＊にしてくれないかな？

ホアキン　ブランコだとグリーンすぎるし、アネホではソフトすぎる。少しも目立たない。

ブラッド　アガベとレポサドでもう一度作ってみるよ。

　ブラッドが引き続き次のドリンクを作る。

ブラッド　これはチナロ・ド・ベルジュラックという名前にしたい。

フィル　何だって？

ブラッド　コンセプト・ドリンクさ。

フィル　コンセプト・ドリンクって、いったい何だい。

ブラッド　名前のほうを最初に思いついたのさ。ベルジュラック産のいいワインがあったから、それで何か考えてみたいと思ったんだ。そのとき、チナールが目に入ったので、「チナロ・ド・ベルジュラック」って言葉が頭に浮かんだのさ。パッとね。

フィル　まず味を見てみよう。殿堂入りするかどうかは、それからだ。

ジリアン　まるで冷やした赤ワインみたいね。

フィル　それがコンセプト・ドリンクなのさ、ジリアン。

第4章　ニュークラシックを創作する

157

ブラッドのコンセプト・ドリンクは、つまるところ万人に受ける味だったので、これには全員が驚く。ほかのドリンクは、彼があらためて手を加えて、翌日もう一度テイスティングすることになった。次のバーテンダーのエリン・リースがブラッドに代わってカウンターに入り、自分の考えた最初のドリンクを作る。

エリン　グレープフルーツ・インフュージョン・プント・エ・メスとテキーラを使って、アブサンをリンスして、ステアのヘミングウェイを作ってみたの。

ブラッド　どうしてアブサンをリンスにしたんだ。僕だったら、2ダッシュほど入れるけど。

ホアキン　このドリンクのウォッシュ・ラインなら、リンスする意味はないだろう。

トーマス　僕はどっちでもいいな。

ブラッド　このドリンクには魅力を感じないな。何と言えばいいのか、よくわからない。

ホアキン　これはブラウンだな。濁っている。これという特徴がない。

トーマス　ねらいは何だったんだ？

ホアキン　プント・エ・メスを少し減らして、アブサンはなしにしたら、どうかな？

ブラッド　どうしてテキーラにこだわるんだ。ウイスキーでもいいんじゃないか。

エリン　テキーラにこだわっているわけじゃないわ。

ホアキン　アイビス*はどうかな？　あれは本当にドライなラムだ。

ブラッド　アイビスとフロール・デ・カーニャ7年*をベースにするのもいい。フロールは繊細だから、アイビスのいいところを生かしても、出しゃばらせはしないだろう。

　エリンがテキーラをラムに代えて同じドリンクを作ってみる。

トーマス　これなら、ウイスキーにしたほうが美味いと思うな。

エリン　スコッチ？　それともジャパニーズ？

トーマス　バーボンがいい。

　エリンが、バーボンを使って3杯目を作る。

デイブ　まだドライだし、渋味が強すぎる。最初からやりなおしたほうがいい。

トーマス　インフュージョンしたせいで甘皮の苦味が出てしまっている。それに、今度のは甘すぎる。シンプル・シロップをやめて、マラスキーノ・リキュールをティースプーン1杯入れてみよう。

ブラッド　インフュージョンはやめにして、ステアの前にグレープフルーツを絞るだけにしたらどうだろう？

　エリンが4杯目を作る。

デイブ　いいね。

トーマス　同感。

ブラッド　後味がおもしろい。これなら飲める。これを飲めるように、もう一度やりなおしてもらえるかな。

　エリンのドリンクのテイスティングが終わると、現在のヘッド・バーテンダーのジリアン・ボースが入れ替わりにカウンターに入る。

ジリアン　これを作ったのは、昨夜のシフトの終わり際だったので、まだ少し手直しが必要ね。オールドファッションドのバリエーションを、ウィレットとIPAシロップとシェリーとジェリー・トーマス*とオレンジ・ビターズで作ってみたの。ヒントになったのは、ビール・ショットよ。

トーマス　強そうなにおいだな。60mlと15mlと7.5mlかな？

ジリアン　60mlと7.5mlと7.5mlよ。

デイブ　ものすごくドライだな。でも、フレーバー・プロフィール〔風味の特徴〕がすばらしい。

ブラッド　そのうえ、辛いよ。

ホアキン　辛すぎるよ──もっと水を入れてくれ。もっと長めにステアして、薄められないかい。

ブラッド　もっと度数の低いものとライ・ウイスキーを合わせてベースにしたら、どうだろう？

ジリアン　オーバーホルトがいいかしら？

ブラッド　ラッセルズがいいな。そうすれば、甘くなって、辛くはならない。

ホアキン　ビール・シロップの代わりにどんな糖を使ったんだ。

ジリアン　微粒グラニュー糖よ。

ホアキン　僕だったら、代わりにサトウキビを使うよ。ちょっと多めにね。

　ジリアンが2種類のウイスキーとサトウキビ・シロップを使って、もう1杯作ってみる。

デイブ　今度は甘すぎるね。

トーマス　ばかだな、僕はドライじゃないって言ったろ。ステア・ドリンクに甘味を15mlなんて、入れすぎだ。これはやめておこう。

　デス・アンド・コーの元バーテンダーでいまはこのバーの共同経営者となったアレックス・デイが、在住のロサンゼルスから、テイスティングのためにやってきている。そのアレックスがカウンターに立って、ドリンクを作り、一堂に回す。

アレックス　わたしのカクテルにはシェリーが入っているかもしれないよ。驚かないでくれ。

ジリアン　アレックスがドリンクにシェリーを使うなんて、これが初めてでしょ。すてきね。

アレックス　グレープフルーツ、レモン、ドライ・サック・シェリー、ペリーズ・トット*、シンプル・シロップを合わせてみた。

ジリアン　これといっしょに、もっとアルコール度数の低いシェリーのカクテルをいくつかメニューに載せたら、きっとすてきよ。当店のドリンクは、ガツンとくるのがほとんどだから。

フィル　ちょっととげとげしいな。最初にくるシェリーの味はいいんだけど、そのあと苦味がくる。ジンとシェリーがけんかしている。どちらかを主役にしたほうがいいよ。

ブラッド　トットとシェリーは相性が悪いんじゃないかな。オールド・トム*はどうだい。もっと甘くて、まろやかで、きつくないものがいい。

　アレックスが別のジンに変えて、もう1杯作る。

フィル　いいけど、何か一発ほしいな。アンゴスチュラを1、2ダッシュ入れてみたら？

ジリアン　アンゴを入れると、クローブみたいな味がついちゃうわ。もっとおもしろいものはないかしら。

　アレックスがティキ・ビターズを入れて、もう1杯作る。

フィル　何だかまずくなってしまったぞ。ビターズ1ダッシュでドリンクの味がこんなに変わるなんて、驚きだ。

アレックス　アンゴを入れてよくならないものはない。アンゴを使ってみるよ。

TASTING AND EVALUATING COCKTAILS

カクテルのテイスティングと評価

　数オンスの酒をミキシング・グラスやシェイク・ティンに入れて混ぜ、それをカクテルと呼べるのだったら、実に簡単です。ときには、そんなカクテルでも美味しいことはありますが、たいていはそれだけの味にしかなりません。つまり、酒を適当に混ぜてみたら、味がよくなったとか、悪くなったとか、というだけの話です。

　クラシック・カクテルという世界的な基準のなかで長く生き延び、あるいは永遠の命を授かった──そして、デス・アンド・コーのメニューにまで上った──ドリンクは、バーテンダーが考えをめぐらし、知識を駆使し、あくなき試行錯誤を重ね、そしてときには考え抜いたうえで偶然を味方につけて、そうした複合的な結果として生まれるのです。

　すべての新しいドリンクの誕生の物語には、ひとつの重要な問題が横たわっています。新しいアイデアをカクテルという形で表現しようとしているのか。それとも、何でもいいからともかく新しいものを作りたいというだけなのか。もし後者なら、あまりいい結果は望めないでしょう。それには、すべての最高のドリンクが持つ魂が欠けています。新しいドリンクを成功させたければ、その主眼となるものが必要です。それは、ひらめきの元になる材料かもしれないし、新しいフレーバーの組み合わせやテーマとなるアイデアでもいいでしょう。あるいは、そうした要素が複合することもあるでしょう。

　デス・アンド・コーでは、バーテンダーが新しいカクテルに行き着く場合、さまざまなコツや戦略を使います（このあとくわしく説明します）が、どんなバーテンダーでも──プロであってもなくても──新しいドリンクの開発に取り掛かる前に、まずいくつかの中核となる原則を完全に理解しておかなければなりません。そのなかでもっとも重要なことが、バランスです。

　カクテルは、ほかのどんなものにもまして、主張の強いフレーバーと材料とのバランスが大切です。酸味と甘味と強さが、どんなドリンクの場合も、いわば三脚椅子の脚のような役目を果たします。どれか1本の脚が長すぎても短すぎても、ドリンクはひっくりかえってしまい、用をなしません。悪くなるか、よくなるか、美味しくなるかの違いは、どうしようもないほどあいまいで、ときには紙一重ほどの差ですが、バランスのいいカクテルなら、少なくとも飲んで美味しいドリンクになることはたしかです。

　バランスについて考えるとき、わたしたちは、やや大ざっぱですが、ドリンクを3つのグループに分けます。それは、サワーと、オールドファッションドと、マンハッタンまたはマティーニの3つです。

サワー

　3つの基本的要素──強さ（酒）と酸味（柑橘類）と甘味（何らかの糖）──でいうと、強さ2に対して酸味と甘味がそれぞれ1となる基本的なサワーの公式は、柑橘

類を使うほぼすべてのカクテルの基本であり、数えきれないほど多くのカクテルを作るための土台になります。1つか2つの要素を少しだけほかの要素よりも強めると、思いもよらない微妙な違いが生じます。甘味料をほんの少し減らして、絶対に酸っぱすぎることのない程度に、酸味をほんの心持ち多くすると、どんな味になるでしょうか。この3つの要素がサワーにどんな影響を及ぼすかを理解するために、実験をしてみましょう。

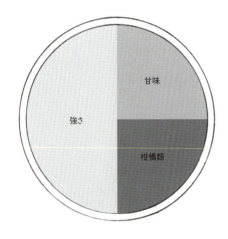

・・・「ちょうどいいバランス」を知るための実験1・・・
ダイキリの3つの味の要素

バーテンダーの技能を計る最良のリトマス試験は、ダイキリです。シンプルなドリンク（ラムと生のライム・ジュースと糖）のダイキリは、適正なバランスのドリンクを作る能力をテストするには完璧な題材です。というのは、作り方が正しくないと、それがはっきりとわかるからです。しかし、バランスについて文字の情報を読むだけでは、つまらないし、ちっとも美味しくありません。実際にドリンクを1杯（または3杯）飲んでみて、甘すぎるものと酸っぱすぎるものとちょうどいいものとの違いを味わって、**バランスというものを身をもって体験する**ほうが、おもしろいでしょう。そこで、以下のレシピを使って、3つのダイキリを作ってみることをおすすめします。計量には気をつけてください。この3つのダイキリの分量の違いはわずかですから、どんなにわずかなミスでもそれぞれのダイキリのフレーバーが大きく変わります。3つのダイキリの味を見たあとで、もしあなたの

意見がわたしたちとはなはだしく違い、別のダイキリのどれかが気に入ったとしても、一向にかまいません。味の好みは、人によってそれぞれみな違います。これも、カクテルの楽しみのひとつです。もちろん、3つのダイキリにはすべて同じタイプのラムを使います。わたしたちとしては、カーニャ・ブラバ*か、フロール・デ・カーニャ・エクストラドライ・ホワイト・ラム*をおすすめします。

ダイキリ1：甘すぎるレシピ

高級なホワイト・ラム	60ml
生のライム・ジュース	22.5ml
シンプル・シロップ（p357）	30ml
ガーニッシュ：ライムのくし切り	1

すべての材料を氷とともにシェイクし、漉しながらクープ・グラスに注ぐ。ライムのくし切りを飾る。

・・・・・・

ダイキリ2：酸っぱすぎるレシピ

高級なホワイト・ラム	60ml
生のライム・ジュース	30ml
シンプル・シロップ（p357）	15ml
ガーニッシュ：ライムのくし切り	1

すべての材料を氷とともにシェイクし、漉しながらクープ・グラスに注ぐ。ライムのくし切りを飾る。

・・・・・・

ダイキリ3：ちょうどいいレシピ

高級なホワイト・ラム	60ml
生のライム・ジュース	30ml
シンプル・シロップ（p357）	22.5ml
ガーニッシュ：ライムのくし切り	1

すべての材料を氷とともにシェイクし、漉しながらクープ・グラスに注ぐ。ライムのくし切りを飾る。

オールドファッションド・スタイルのカクテル

　酸味の要素を含まないスタイルのカクテルであっても、やはりバランスの問題は生じます。オールドファッションドも、見かけ上はシンプルなレシピです。材料は、酒（この場合はライ・ウイスキーですが、どんな酒でもかまいません）とわずかな比率の糖とビターズ、さらに柑橘果皮のツイストです（p192の当店のオールドファッションドのレシピを参照）。

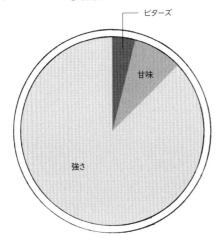

　オールドファッションドの場合、バランスはサワーとは違う形で現れます。何よりも重要なことは、ベース・スピリッツのフレーバーを集中的に強めて際立たせ、同時に、ベースの味の角を取り、ストレートの酒よりも飲みやすくすることです。甘味料をほんの少し多めに入れただけでも、ドリンクの口当たりがよくなります。ビターズをなしにすると、ただ甘くなります。そして、オールドファッションドから柑橘果皮のツイストを除くと（当店ではレモンとオレンジの両方のツイストを入れますが）、ドリンクのアルコールのきつさをやわらげる明るいアロマが欠落します。ウイスキーの量を抑える方法は、ここでは取り上げません。

マンハッタンおよびマティーニ・スタイルのカクテル

　マンハッタンとマティーニは、いくらかオールドファッションドと似ているところがありますが、甘味料の代わりにフォーティファイド・ワイン（通常ベルモット）を使い、通常はその比率も多くなります。同じ原理（ベース・スピリッツを強めつつ、その角を取ること）が当てはまりますが、ビターズや苦みのある材料が、ほかのフレーバーを結びつけるうえで、オールドファッションドの場合よりもっと重要なはたらきをします。

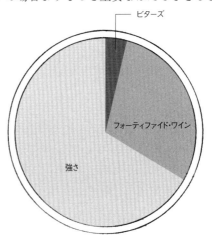

・・・「ちょうどいいバランス」を知るための実験2・・・
マンハッタンの3つの味の構成

　飲み物の話に戻りましょう。上手に作ったマンハッタンの完璧なバランスは、カクテルがなしえる最高の到達点のひとつです。正確に計量することだけでなく、ドリンクのひとつひとつの材料をよく考えて吟味し、そうした材料をうまく合わせることが必要です。デス・アンド・コーの標準的なマンハッタンのレシピでは、リッテンハウス100ライ・ウイスキーに当店オリジナルのスイート・ベルモット（p365）を合わせ、アンゴスチュラ・ビターズを2ダッシュ加えます。これには何も画期的なものはありませんが、わたしたちはこの3つの材料のバランスがとても気に入っています。ステージの中心に立つ主役はライ・ウイスキーですが、ベルモットもスポットライトの当たる場所に立ち、テクスチャーをまろ

やかにし、フレーバーの深みをいっそう加えます。ビターズはこの2つを調和させ、ほんの少しだけスパイシーな刺激を加えます。間違いなく度数の高いドリンクですが、バランスのとれたレシピです。もしこれ以上わずかでも強くしようとすれば、薄めたウイスキーのような味になってしまいます。また、ビターズを入れないと、つまらない味になってしまいます。

マンハッタン1：強すぎるレシピ

リッテンハウス100ライ・ウイスキー	75ml
特製オリジナル・スイート・ベルモット (p365)	15ml
アンゴスチュラ・ビターズ	2ダッシュ
ガーニッシュ：チェリーのブランデー漬け	1

　すべての材料を氷とともにステアし、漉しながらクープ・グラスに注ぐ。チェリーを飾る。

・・・・・・

マンハッタン2：材料が調和しないレシピ

リッテンハウス100ライ・ウイスキー	75ml
特製オリジナル・スイート・ベルモット (p365)	22.5ml
ガーニッシュ：チェリーのブランデー漬け	1

　すべての材料を氷とともにステアし、漉しながらクープ・グラスに注ぐ。チェリーを飾る。

・・・・・・

マンハッタン3：ちょうどいいレシピ

リッテンハウス100ライ・ウイスキー	75ml
特製オリジナル・スイート・ベルモット (p365)	22.5ml
アンゴスチュラ・ビターズ	2ダッシュ
ガーニッシュ：チェリーのブランデー漬け	1

　すべての材料を氷とともにステアし、漉しながらクープ・グラスに注ぐ。チェリーを飾る。

ガーニッシュ

　バランスには、ガーニッシュもかかわってきます。柑橘果実のくし切りをグラスの縁に添えておけば、飲む人が自分の好みにカクテルの味を調整することができます。その場で絞れば、酸味のレベルを思うように上げることができます。とはいえ、ガーニッシュは同時にアロマを加えることにもなるので、重要なバランスの構成要素ですが、見落とされがちな要素でもあります。たとえば、ライムのくし切りを加えると、その強い芳香が爽快感と酸味の印象を強め、最初の一口を飲んだとき、アロマが酒の味と混ざって、ドリンク全体の味の組み立てに影響をあたえます。強めのカクテルでも、ガーニッシュを戦略的に使えば、いっそう大きな効果が得られます。柑橘果皮のツイストには、ドリンクにほのかな酸味を加えながら、過度なフレーバーは加えないというメリットがあります。レモン・ツイストを飾ったマティーニは、レモンの味はしませんが、フレーバーが間違いなく鮮やかになります。

　p186から始まるスペックに400品を超えるレシピを収録しました。これを見ればお気づきになると思いますが、これまで概略を説明してきた基本公式が全般にわたってくり返し現れます。たとえば、フィズ・スタイルのドリンクを作るときには、まずサワーのテンプレートに従いますが、柑橘類を少し減らし、フィズ・グラスに入れて、炭酸水で満たします。コリンズの場合は、もっと背の高いグラスに氷を入れて、その上からフィズを注ぎます。スウィズルやティキ・スタイルのドリンクは、主張の強い材料が中心になりますが、こうしたドリンクも、やはり基本的にはサワーです。そして、当店のメニューのオールドファッションド系のバリエーションの多くは、あまりオールドファッションドらしくないかもしれませんが、材料の構成を解析すれば、オールドファッションドのクラシックの公式にかなっていることがわかるでしょう。さらに、強いスピリッツとフォーティファイド・ワインとビターズを組み合わせた当店のほぼすべてのカクテルは、さかのぼれば、マンハッタンかマティーニが基になっています。

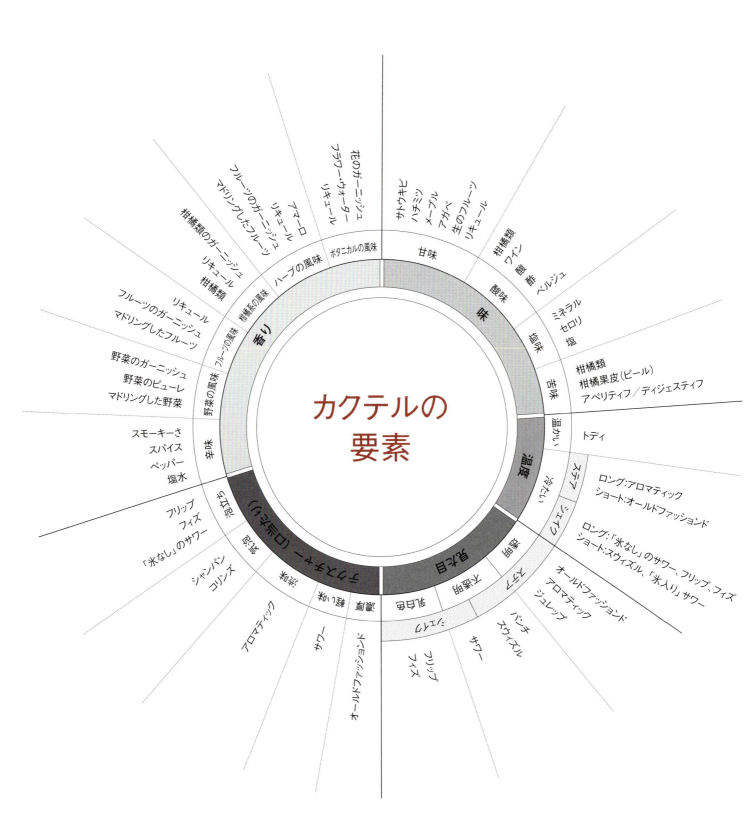

バランスのさらにその先にあるもの

　バランスのいいドリンクがどういうものかわかる——そして、バランスの悪いドリンクを調整することができる——ようになれば、新しいカクテルの創作は、ずいぶん楽になります。しかし、5、6種類（あるいはそれ以上）の材料をミキシング・グラスに放り込む前に、次のことをよく考えてください。カクテルにおいては、どんな場合でもシンプルであることが何よりも勝るのです（わたしたちのレシピを見ると必ずしもそういった印象を受けないかもしれませんが）。よくできたジン・マティーニ（p205）の気品にかなうドリンクなど存在しません。ダイキリ（p196）は、スパで1日過ごすよりもあなたの心と感性をリフレッシュしてくれるでしょう。また、食前の飲み物として、ネグローニ（p199）に勝るものもありません。ほんとうに、掛け値なしの事実なんですよ、みなさん。

　このこと——最高に洗練されたすべてのドリンクはシンプルであるがゆえにとても美味しいということ——を理解できたら、小手調べに、新しいカクテルの創作に取り掛かります。カクテルの核を何にするかを自分なりに決めたうえで、慎重に——そして知恵を絞って——その要素を組み立てます。主要な材料は何と合わせるのがいちばんいいのかを、自分に問いかけます。さら

に重要なことは、特定の材料の相性がいいのはどうしてなのか、その理由を突き詰めることです。カクテルを開発するときには、大量の酒を無駄にすることもあり得ますから、実際に材料をいじりまわす前に、すべての材料が組み合わされたらどんな味になるか、しっかりとした予測を立てます。

　このプロセスを支える情報は、材料へのあくなきこだわりと、材料同士の相互作用に関する認識を絶えず深めることによって、得られます。こうした基礎に立って、アイデアを試してみます。ときには、数多くの材料のおもしろい組み合わせがシンプルさに勝ることもありますが、これはたいていごく少量を使った場合です。しかし、複雑さと無駄遣いとは紙一重です。ドリンクに加える材料を多くする場合、その材料がどういう効果を果たしているかを、必ず考えます。材料によってドリンクに何かが加えられるのか。それともただ複雑なスープになっているだけなのか。しばしば、控えめにするほうが大きな効果をもたらします。10種類の材料で作るドリンクを何の変哲もない（あるいはもっと悪い）味にすることは簡単ですが、同じ数の材料を使って単に材料を合計したもの以上の味を作り出すことは、信じられないほど難しいのです。本書のなかで長々と材料を書き並べたレシピをごらんになったら、どうか、わたしたちがまさにそうした困難を成し遂げた結果だと思ってください。

ドリンクのさまざまな構成要素——テクスチャーや温度や特定のアロマやフレーバー——について説明したり、意見を交わすとき、そうした要素を表す共通の言葉があれば、ずいぶん楽です。左の図の円は、カクテルに関するボキャブラリーを深めるために——あるいは自分がどんなドリンクを飲みたいかを決めるときの目安として——利用してください。

第4章　ニュークラシックを創作する　　　　　　　　　　167

FOUR STRATEGIES FOR CREATING DRINKS
ドリンクを創作するための4つの戦略

　デス・アンド・コーでわたしたちが創作したドリンクの多くは、いくつかのシンプルな戦略がその創作の原点になっています。

Mr. ポテト・ヘッド:プラグ・アンド・プレー

　フィル・ウォードは、デス・アンド・コーのオープン記念のメニューを開発しているときに、**Mr. ポテト・ヘッド**〔目や鼻のパーツを付け替えられるジャガイモの形をした玩具。映画『トイ・ストーリー』にもキャラクターのひとつとして登場する〕という言葉を思いつきました。フィルの頭の中には、何千とは言わないまでも、何百というスペックが入っています。スペックとは、数えきれないクラシック・カクテルの基本となる材料の比率のことです。Mr. ポテト・ヘッドの鼻

を変えるように──変えるのは鼻ではなく目でもいいですが──既存のテンプレートのひとつ、またはいくつかの要素を別の材料に代用することによって、まったく違う味のバリエーションを創り出すことができるのです。フィルの言葉を借りるなら、「すばらしいドリンクはどれもみなほかの多くのドリンクを創り出すための設計図になる」ということです。このテクニックの初期の例が、フィルが考案したスコッチ・レディ(p261)です。このドリンクで、フィルはクラシックのピンク・レディ(p201)のレシピに含まれるジンをブレンディッド・スコッチ・ウイスキーに置き換えています。フィルは、ピーツ・ワード(p264)でも同じように材料を置き換えています。もっとも、この原形になったラスト・ワード(p207)は、1950年代にできたもので、厳密にいえばクラシックなドリンクではありません。

　Mr. ポテト・ヘッドのテクニックに慣れるもっとも簡単な方法は、まず手始めに、シンプルなスピリッツ系のカクテルのベース・スピリッツをいろいろ変えてみることです。p330から始まるクラシックのサゼラック(p194)のバリエーションでは、コニャックやラム、ジン、数多くのスタイルのウイスキー、さらにはアクアビットまで使います。ネグローニ(p199)も、Mr. ポテト・ヘッドの手法を応用する格好のテンプレートです。アップル・ブランデーは好きですか。だったら、ザ・バンダービルト(p334)を試してみましょう。テキーラのほうがお好きなんですか。じゃあ、レンジ・ライフ(p336)を自分で作ってみましょう。

　ひとつ覚えておいてほしいのは、別の材料に代用する場合、同じ量を置き換えればいいとは限らないということです。スピリッツのなかには、ほかのものとくらべて

アルコールの度数が高く、主張の強いものがありますから、こうしたスピリッツやカクテルに入れるほかの材料の分量は、バランスを取り戻すために増やしたり減らしたりしなければなりません。

ベース・スピリッツの置き換えに慣れたら、ベース以外の風味づけの酒の置き換えも試してみて、さらにはフレッシュ・ジュースや甘味料やビターズも置き換えてみてください。材料やフレーバーによっては、こうしたカテゴリーとかかわりなく、相性のいいものもあります。たとえば、テキーラとライムは抜群の相性ですし、ウイスキーとレモンはよく合います。初心者の方の目安として、わたしたちが気に入っているフレーバーの組み合わせの一部を表にまとめました。p174を参照してください。

裸のドリンクをドレスアップする：
何かをちょっとつけ足す

新しいドリンクを創作するもうひとつの簡単な方法は、シンプルで標準的な（いわば裸の）カクテルに複雑なものを重ねて、まったく違うものに作り変えることです。そのためにわたしたちがよくやる方法のひとつは、インフュージョンによってベース・スピリッツや風味づけの酒にフレーバーをつけ加えることです。このアプローチを使えば、ほかの材料を変えることなく、ドリンクのフレーバー・プロフィール〔風味の特徴〕をすっかり別のものに変えることができるのです。このよい例がカモミール・ジュレップ（p313）です。これは、カモミール・ティーをインフュージョンしたライ・ウイスキーを使って、強めの誰からも愛される定番のカクテルにもっとエレガントさを加えたドリンクです。また、わたしたちはハラペーニョをインフュージョンしたブランコ・テキーラ（p361）がとても気に入っていて、一般的なテキーラのドリンクに爽快な刺激を加えるためによく使います。その一例が、スパイシー・パロマ（p245）です。

フレーバー付きのシロップは、基本的にインフュージョンした甘味料ですが、これもまた裸のドリンクをドレスアップするために格好の材料です。アレックス・デ

イのブークマン・ダイキリ（p340）は、ダイキリのシンプル・シロップをシナモン・バーク・シロップに代えて、伝統的に温暖な季節に飲むカクテルを冬場にも飲めるようにしたものです。

また、わたしたちは、フレーバーの強い風味づけの酒を少量だけ使い、それ以外はシンプルなクラシック・カクテルのレシピのままで、深みと複雑さを加えます。フィルのビター・フレンチ（p292）は、少量のカンパリを使うことによって、クラシックのフレンチ75をアペリティフに変えています。ダイキリは、とくにこのテクニックがよくなじむドリンクで、ホーベンクール・ダイキリ（p340）では、たった7.5mlのメスカルを加えるだけで、標準的なダイキリがスモーキーで魅力的なドリンクに変わっています。もうひとつよい例は、D. W. B.（p339）ですが、これは強いバタビア・アラックを加えてにおいを濃くしたダイキリです。

このアイデアをさらに一歩進めるために、インフュージョンした材料を使い、風味づけの酒を追加することもよくあります。たとえば、ショート・リブ（p244）は、ハラペーニョをインフュージョンしたテキーラと甘いザクロの糖蜜を1滴加えて作ったマルガリータ（p205）ですし、トーマス・ウォーのコーヒー＆シガレッツ（p269）は、コーヒー・リキュールで作るロブ・ロイ（p208）のバリエーションです。

材料をさらに細かく分ける：
1つより2つのほうがいい

2つ以上のベース・スピリッツを組み合わせて使うことが新しいカクテルの創作のためのスプリングボード〔跳躍台〕になることは、いまでこそ確かなことのようですが、デス・アンド・コーをオープンした当時、これを実

践しているバーテンダーはほとんどいませんでした。デス・アンド・コーでスプリット・ベースを試したのは、フィルが最初でした。フィルが考えたマーティカ (p284) は、このテクニックへの彼の最初の挑戦でした。これは、コニャックとジャマイカン・ラムを30mlずつ組み合わせてベースとして使うマルティネスのアレンジです (p205；のちほど出てきますが、当店オリジナルのマルティネスはベースだけでなく、風味づけの酒も2種類使います)。スプリット・ベースを実践した初期のもうひとつの例は、ウィキッド・キス (p268) です。これは、ウィドウズ・キス――カルバドスで作る19世紀のドリンク――をアレンジしたもので、同量のライ・ウイスキーとアップル・ブランデーをベースに使います。

スプリット・ベースを特徴とするクラシック・カクテルはほとんどありません (コニャックとラムをベースとするビトウィーン・ザ・シーツは例外です) が、このテクニックはティキ・カクテルではずいぶん以前から実践されています。ティキ・カクテルは、しばしば2つ以上のラムをブレンドしてもっと複雑な味の (そしてもっと強めの) 土台を作ります。ある晩、当店のティキの専門家ブライアン・ミラーは、即席で作るように頼まれたウイスキー・ベースのドリンクで、同じ戦術を使ってみようと考えました。彼が開発したカンファレンス (p349) は、ライ・ウイスキーとバーボンとカルバドスとコニャックをそれぞれ同量混ぜたオールドファッションのバリエーションでした。これは、わたしたち全員にとって啓示となり、その後まもなくスプリット・ベースを応用して、わたしたちは数多くの新しいドリンクを考え出しました。

しっかり考えてやらないと、多くのベース・スピリッツを複合させた結果、ロング・アイランド・アイス・ティーのようにごちゃ混ぜの濁った味になることもあるので、この技法は、ベースを単に複数のスピリッツに置き換えるだけでなく、もっといろいろ考えなければならないことがあります。たとえ2つのスピリッツを合わせた味がよくても、カクテルに混ぜるほかの材料を組み合わせると調和しなくなってしまうことも、しばしばあります。2つのスピリッツの一方を多めにして、もう一方を少なめにしなければならない場合もありますし、あるブランドのスピリッツはとてもよく合うのに、別のブランドだと全然だめになることもあります。大切なことは、辛抱強い実験です。そして、うまくいかないほうが当たり前で、うまくいくほうが珍しいのだ、という心構えでやってください。頭で考えてみると、アクアビットとテキーラは相性が最悪のようですが、ジリアン・ボースは、いろいろな銘柄のものをさまざまな分量で試した結果、サゼラック (p194) をアレンジしたオリジナル・ドリンクのエネミー・ライン (p330) で、この2つのスピリッツを最良の組み合わせに変えることができました。

ベース・スピリッツとして2つ以上のスピリッツを使うことに慣れたら、風味づけの酒や甘味料も2つ以上のものを組み合わせてみてください。いずれは、さまざまな要素について複数の材料を複合させていき、ドリンクのレシピを大幅に改変することができるようになるでしょう。そして、材料の数は増えていくでしょう。たとえば、シャタード・グラーサー (p253) では、2つのベース・スピリッツと4つの風味づけの酒が使われています。

コンセプト・ドリンク：すべては物語から始まる

ときとして、シンプルな一瞬のひらめきによって、新しいドリンクが生まれることもあります。そのひらめきとは、材料だったり、フレーバーの組み合わせだったり、歌や映画やそのときの気分だったり、そのほかどんなものでもきっかけになりえます。ひとつのまとまった発想を表現するために創作されたカクテルを、わたしたちはコンセプト・ドリンクと呼んでいます。

Mr. ポテト・ヘッドであれ、裸のドリンクのドレス

アップであれ、ベース・スピリッツや風味づけの酒のスピリッツであれ、こうした手法はすべて既存のカクテルのモデルチェンジですが、コンセプト・ドリンクとは、純粋に一から創出するカクテルです。そのため、コンセプト・ドリンクは、正解にたどり着くまで辛抱強く試行錯誤をくり返さなくてはなりません。コンセプト・ドリンクの開発のプロセスを理解するためのいちばんよい事例として、当店常駐のコンセプト・カクテルの創作者ブラッド・ファランに、いくつかのコンセプト・ドリンクを創作したときのプロセスを解説してもらいましょう。

ジュリアス・オレンジ {JULIUS ORANGE　p231}

「わたしは子どものころオレンジ・ジュリアス〔オレンジジュースに牛乳や砂糖が入った飲み物〕が大好きだったので、あのフレーバーを再現したしゃれたカクテルを作りたいと思いました。まず最初にベース・スピリッツとして試してみたドライ・キュラソーには、オレンジのフレーバーはもちろん、オレンジ・ジュリアスと同じように強いバニラの香りもありました。それから、ラムを風味づけとして使いました。ラムは、バニラ・フレーバーを際立たせるものをとくに選びました。風味づけの酒をベース・スピリッツとして使ったり、ベース・スピリッツを風味づけの酒として使うのは、おもしろいですね。そのあとは、バランスをとるために、ほかの要素を加える必要がありました。レモン・ジュースで酸味を加えたり、クリームをちょっぴり入れてコクを加えたり、バニラ・シロップ（p358）をティースプーン1杯入れて、そのフレーバーを引き出したりしました。わたしはそもそもオレンジ・ビターズをドリンクに入れたことはなかったんですが、入れてみると、ずっとカクテルらしい味になったし、ショッピング・モールで売っているようなものとは違う味になりました」

クレーン・キック {CRANE KICK　p260}

「わたしはオリジナルの『ベスト・キッド』が大好きなので、ダニエルの得意技を基にしたドリンクを作ろうと思い立ちました。『クレーン・キックという名前から連想されるものは何だろう』と、自分に問いかけてみたら、答えはジャパニーズ・ウイスキーでした。わたしは、ウイスキーとトロピカル・フレーバーを組み合わせるのが好きなので、ティキ・ドリンクのほうへ目が向きました。『山崎』のフレーバー・プロフィールを際立たせる風味づけの酒を探して、見つかったのは、よりによって、ココナッツのリキュールでした。甘味を加えるためには、ティキのもうひとつの必需品であるオルジェーを使い、酸味を加えるために、オレンジ・ジュースとレモン・ジュースを組み合わせて使いました。この時点でもドリンクは美味しかったけれど、あまり複雑な味じゃなかった。この問題は、ピート香のするスコッチをティースプーン1つ入れることで、解決しました。その結果、上品だが強烈なドリンクに仕上がりました」

グッド・ヒューマー {GOOD HUMOR　p212}

「ある日目が覚めたら、子どものころグッド・ヒューマー〔アイスクリームのブランド名〕のトラックでよく買ったストロベリー・ショートケーキの棒アイスを思い出して、食べたくなりました。いまはもうなくなっているだろうと思って、自分の欲求をカクテルで満たすことに決めました。いちばん難しいのは、コーティングの麦芽のフレーバーをドリンクにつけることだとわかっていたので、ベース・スピリッツとして熟成していないジュネバを試してみたけど、それ自体の麦芽の風味が強すぎました。そこで、ベース・スピリッツを3つに分け、バーボンと熟成していないジュネバと樽熟成のジュネバを使ってみたところ、これは当たりでした。ヘビー・クリーム〔乳脂肪分が多く含まれた泡立てる前のクリーム〕とオルジェーでコクを加え、バニラ・シロップ（p358）でアイスクリームのフレーバーを加えました。あと残っているのは、イチゴだけでした。ティースプーン半分のストロベリー・リキュールで、必要なフレーバーを十分加えることができました」

ピット・ストップ・フリップ (p319)

FLAVOR BUDDIES
相性のいいフレーバーの組み合わせ

バーでは、新しい意外なフレーバーの組み合わせが絶えず見つかっています。
以下の表には、わたしたちがいつも愛用しているさまざまなベース・スピリッツや風味づけの酒や
生の材料の親和性の高い組み合わせの一部を挙げました。

ベース・スピリッツ

ジン （ほとんど）すべてのもの、ハーブ、柑橘類、アペリティフ・ワイン、ドライ・ベルモット、ブラン・ベルモット、シャルトリューズ、ハチミツ、カルバドス、ビターズ、シャンパン、ショウガ

ウォッカ フレーバーのあるものなら何でも

アクアビット ジン、ペッパー、パイナップル、セロリ、レモン、ブラン・ベルモット、ライ・ウイスキー、スイート・ベルモット、ドライ・ベルモット、アマーロ、カモミール、ショウガ

バーボン クレーム・ド・カカオ、ハチミツ、グレープフルーツ、イチジク、リンゴ、コニャック、カモミール、ライ・ウイスキー

カルバドス カモミール、クローブ

アップルジャック スモーキーなスコッチ・ウイスキー、ラガー・ビール

ラム ほかのラム、メープル・シロップ、コーヒー、柑橘類（とくにライム）、ハーブ（ミント、バジル）、ショウガ、カレーリーフ

テキーラ グレープフルーツ、ブラックペッパー、イエロー・シャルトリューズ、塩、ハラペーニョ、タイ・バジル、キンカン

メスカル テキーラ（レポサド）、パプリカ、イチゴ、スーズ

スコッチ（スモーキー） パイナップル、ミント、ライム

スコッチ リンゴと梨、シナモン

ジャパニーズ・ウイスキー パイナップル、ココナッツ

風味づけ（ベース以外）の酒

シェリー （ほぼ）すべてのもの

ドライ・シェリー ジン、コッキ・アメリカーノ

アモンティリャード・シェリー アメリカン・ウイスキー、柑橘類、ジン、コニャック

オロロソ・シェリー ブレンディッド・スコッチ・ウイスキー

ドライ・ベルモット 桃、アプリコット（アンズ）

カルパノ・アンティカ・フォーミュラ コーヒー

スイート・ベルモット チャイティー

ブラン・ベルモット カモミール、スイカ、セージ

カンパリ チョコレート、ラズベリー、スロージン

アペロール ブランコ・テキーラ、ルスタウ・イースト・インディア・ソレラ・シェリー、マンゴー、グループフルーツ

グリーン・シャルトリューズ コーヒー、チョコレート

イエロー・シャルトリューズ イチゴ

アマーロ 桃

チナール クレーム・ド・カカオ、セロリ

サンジェルマン 何でも

アンゴスチュラ・ビターズ 熟成したスピリッツ

オレンジ・ビターズ 柑橘類

そのほかの材料

グレープフルーツ シナモン

セロリ リンゴ

バニラ パッション・フルーツ、パイナップル

イチゴ ブラック・ペッパー、シナモン

シナモン パイナップル、梨、バニラ

キュウリ ミント、セージ

桃 ハチミツ

パイナップル セージ

梨 オルジェー

カフェライムリーフ キュウリ

スナップ・エンドウ ジン

カモミール イエロー・シャルトリューズ、桃

NAMING DRINKS
ドリンクのネーミング

カクテルがどうにかして自分から名前を名乗ることができたなら、それはさぞかしわくわくすることでしょう。誰かが苦心の末に創作したオリジナル・ドリンクに名前をつけるのは、名誉なことのようですが、ドリンクの名前を考え出すのは、創作の過程でもっともフラストレーションを感じる部分です。それは、赤ん坊や車に名前をつけるように簡単ではありません。新しいカクテルに、オースティンと名づけて、それでおしまい、というわけにはいきません。それどころか、カクテルの名前はユニークでなければならないのです。好むと好まざるとにかかわらず、マンハッタンというカクテルはただひとつしかなく、スリッパリー・ニップルもただひとつしかないのです。

コンセプト・ドリンクを除けば（p170参照）、当店のほとんどのドリンクは、レシピが完成してから名前を決めるまでに、ずいぶん時間をかけています。新しいメニューが仕上がるまでにバーテンダーが自分で創作したドリンクに名前をつけられない（つけた名前が商品名として適さない）場合、名前をつけるのは、ヘッド・バーテンダーの仕事になります。しばしば、ヘッド・バーテンダーの前に、順番待ちしている名無しのドリンクが目白押しになっているときがあります。エリ

ス・アイランドの名前が決まったのは、メニューが印刷される数分前でした。

デス・アンド・コーの400品を超えるオリジナル・カクテルのデータベースをざっと見ていくと、通常使われているドリンクのネーミングの戦略がわかってきます。

映画にちなむ名前　通常、低俗なコメディかアートシアターの映画のどちらかと関連する。その中間はめったにない。

例：クレーン・キック、ストレンジ・ブリュー、セルジオ・レオーネ、ブレージング・サドル、コーヒー＆シガレッツ、サイダー・ハウス・ルールズ、フェア・レディ、ジャック・スパロウ・フリップ

郷愁を誘うもの　大人になって懐かしむ子どものころの好物など。

例：グッド・ヒューマー、ピンク・エレファント、キャンプ・カウンシル、リトル・エンジン、ディック・アンド・ジェーン、ココB. ウェア、ロック、ペーパー、シザーズ

学識にちなむ名前　バーテンダーが自分の博識さをひけらかそうとするもの。

例：ディック・ブローティガン、ナイト・ウォッチ、スリング・オブ・アフロディーテ、ハドリーズ・ティアズ、ポーフィリアン・パンチ、マイラ・ブレッキンリッジ、デンジャラス・サマー、ボタニー・オブ・デザイア

A面　たいていのお客様にわかる音楽にちなむ名前。

例：シナモン・ガール、ザ・グレート・プリテンダー、レベル・レベル、ハートシェイプト・ボックス、ラスト・フォー・ライフ・パンチ、ドリー・ダガー

B面　たいていのお客様が忘れてしまっている音楽にちなむ名前。

例：イーグルアイ・チェリー、ドクター・フィールグッド、シャーデーズ・タブー、アリデー、ニーナズ・モーン

同族のグループ　同じカテゴリーのさまざまなカクテル。しばしばクラシック・カクテルのバリエーションについていう。

例：コブラ・ベルデ、コラリージョ、ビペラ、プエルトリカン・レーサー（すべてダイヤモンドバックのアレンジ）

人の名前にちなむ　自分にとってのヒーローや友人や ── そして多くの場合 ── デス・アンド・コーに捧げるエールや賛辞。

例：ゴンザレス、ライト・アンド・デイ、ラスト・ウォード、シャタード・グラーサー、TYコブラー、ザ・ビッテンベンダー

内輪ネタ　聞かぬが花。

例：スラップ'ン'ピックル、ストーレン・ハフィー、アンジーズ・シークレット、202ステップス、シーB3、B.A.F.

・・・スタッフが選んだデス・アンド・コー最悪のドリンク名・・・

エンチャンテッド・オーチャード	センチメンタル・ジャーニー	ベイク・スリング
グランデュラ・デル・モノ	ダイ・ダイ・マイ・ダーリン	ミグ・ロワイヤル
サンセット・アット・ゴーワヌス	チューズデイ・ウィズ・モール	ミセス・ドイル
シッピング・シーズン	ドント・シット・アンダー・ジ・アップル・ツリー	メキシジン・マティーニ
シャーデーズ・タブー	バディ・メルト	ライト・アンド・デイ
ショート・リブ	フェア・フォールト	ル・バチュラー
スリング・オブ・アフロディーテ	プレーズ・ブラッド	ヨーマン・ウォーダー

THE REGULARS
常連のお客様
アマドル・アコスタ

アマドル・アコスタは、ポール・リープラントのギルトやサム・メイスンのテイラーをはじめとする
ニューヨーク屈指の高級レストランで働いてきたコックです。
現在は、マイケル・ホワイトのアルタマレア・レストラン・グループのキッチン・オペレーション・マネージャー兼コーポレート・シェフをしています。

バーテンダーが料理人からヒントやインスピレーションを受けることはよくあるようですが、デス・アンド・コーのバーテンダーは、料理でいろいろなフレーバーを組み合わせる新しい方法をわたしに教えてくれます。カウンターに座って、創作の過程に参加するのは楽しいことです。わたしが2、3の材料やフレーバーを指定すると、彼らはそうした材料やフレーバーを組み合わせて即興で新しいカクテルを作ってくれます。デス・アンド・コーのバーテンダーたちがバランスやテクスチャーやフレーバーについて話す内容は、調理場で料理人たちが話す内容と同じです。ときおり、わたしは自分が創作中の料理の話を彼らに聞いてもらい、考えをまとめるための新しい見方を教わることもあります。

いろいろな意味で、デス・アンド・コーはニューヨークの文化創出の中心のひとつになっています。この店のバーテンダーたちは、実験が大好きで、失敗を恐れません。もっと大切なことは、彼らが互いに助け合いながらアイデアを練っていることです。ここまでは、最高のレストランの調理場でもやっています。デス・アンド・コーでは、お客が創作のプロセスで重要な役割を果たしています。バーテンダーはそれぞれが取り組んでいる新しいドリンクの創作に協力し合い、お客にも意見を求め、さらに改良を重ねていきます。創作のプロセスに協力してもらう人が多いほど、それだけ最終的にでき上がるドリンクはよいものになります。ドリンクは誰の特許というわけでもありませんから、自分のアイデアを次の誰かが引き継いで、さらに改良を加えたとしても、気にする必要はありません。

創作のプロセスでもっとも重要な部分は、クラシックについてしっかりと理解していることです。クラシックというものがわかっていなければ、創作は目新しいものにはなっても、新しい工夫にはなりません。デス・アンド・コーのバーテンダーたちが新しい工夫にずば抜けた力を発揮できるのは、彼らがすぐれた総合的技能を持ち、クラシック・カクテルについてよく理解しているからです。

わたしがデス・アンド・コーにくるのは、たいてい夜レストランの仕事が終わってからですから、ここにくると、じきにラスト・オーダーになってしまいます。オールドファッションドは、わたしがいつも頼むカクテルです。この苦味と甘味と酸味のバランスが、わたしは好きなのです。ティキ・ドリンクも、バランスについていろいろなことを教えてくれます。あまり多くのフレーバーや材料がひとつのグラスの中でいっしょになると、正しく作るのがずいぶん難しくなりますが、適正に作られたティキ・ドリンクを飲むと、そのすばらしいハーモニーに感激して、何度でも飲みたくなります。

わたしは、透明なステア・ドリンクはあまり好きではありません。わたしにとっては、あまりグッとくるものがないからです。でも、ある日アレックスがホワイト・ネグローニをすすめてくれました。それは、苦味と強さと甘味のバランスが抜群でした。わたしはすでにかなり飲んでいたので、そのネグローニを全部飲みきることができないと思い、コーヒー用の魔法瓶に入れて、バックパックにしまいました。翌日レストランで魔法瓶からドリン注いで、氷を入れて飲んでみました。それはもうこのうえなく旅心を誘われるドリンクでした。

WHITE NEGRONI
ホワイト・ネグローニ

フォーズ・ジン*	45ml
ドラン・ブラン・ベルモット	22.5ml
スーズ・サベール・ドートルフォア・リキュール*	22.5ml
ガーニッシュ:レモン・ツイスト	1

氷とともにすべての材料をステアし、大きな角氷を1つ入れたダブル・ロック・グラスに、漉しながら注ぐ。レモン・ツイストを飾る。

PUNCH

パンチ

　2007年の初め、わたしたちは、ニューヨークとロンドンのカクテル・シーンを比較する『ニューヨーク・タイムズ』の長々とした記事を読みました。その記事は、冒頭から——尊敬を集めるニューヨークのあるバーテンダーが——「ロンドンはいまや世界で最高のカクテルの街だ」ときっぱり明言していました。フィルとわたし（デイブ）は一度もロンドンへ行ったことがなかったので、デス・アンド・コーをオープンして数か月しかたっていないころに、この主張を確かめる、または否定するために、ロンドンのバーを回る弾丸ツアーを計画しました。

　この旅は、いくつかの面でデス・アンド・コーに影響をあたえました。3日間かけてロンドンでも有数のバーを回った——全部で25軒ほどの店を飲み歩いた——結果、あの記事に書いてあったことのかなりの部分が事実だと知りました。ロンドンのクラフト・カクテルの水準は、たしかにニューヨークよりも高く、これは新鮮なジュースや良質の氷や興味深い材料を使う店がわが街よりも多いからです。とはいえ、こうした点はとくに珍しくない——すでにデス・アンド・コーでも忠実に守られている——指針でした。しかし、ロンドンはわたしたちに2つの啓示をあたえてくれました。

　第1に、以前、ニューヨークのカクテルの専門家たちから、メニューに載せるドリンクは12品目程度でいいと指摘されたことがありました。彼らが言うには、これ以上多いと、お客は内容がわからないだろう、ということでした。それに、バーのほうでも、ドリンクのクォリティを高いレベルに保ち、つねに一定した味のドリンクを作ることができないだろう、と。ところが、ロンドンでは、カクテルのメニューはびっくりするほど長いのです。多くの店のメニューは見るだけで疲れるほど分厚く、何ページもドリンクの名前が並んでいて、そのほとんどがクラシック・カクテルでした。ロンドンのバーでこんなたいそうなメニューをこなしていけるのなら、わたしたちにだって同じことができるはずだ、とそう思いました。ただし、メニューには当店オリジナルのドリンクを載せようと思いました。帰国するとすぐに、デス・アンド・コーのメニューのドリンクを10品目から60品目に増やしました。

　2つ目の啓示は、パンチのサービスです。ステーキ専門店のホークスモアでは、すばらしいカクテル・プログラムをやっていて、古風なデザインのパンチ・ボウルがテーブルに運ばれ、お客がセルフサービスでドリンクをレードル〔おたま〕ですくっていました。わたしたちは、このパンチのサービスの陽気な雰囲気が大いに気に入りました。同じドリンクを友人同士で分かち合うことには何か特別なものがあり、パンチを注いで回ることによって、心地よい仲間意識という火が心に灯されていくのです。人数分のパンチをボウルで注文して、誰かがホスト役を務めます。

　パンチには、カクテルより古い歴史があります。イギリス兵が16世紀にインドで創作したのが始まりで、こ

れをイギリス本国に持ち帰りました。イギリスではおよそ2世紀の間パンチの人気が続き、ご存じのように世界中に広まりました。ところが、当時アメリカでは誰も伝統的なパンチを作っていませんでした。なんということでしょう。

わたしたちはニューヨークに戻ると、古風なパンチ・ボウルを探すことにし、フィルはパンチについて研究して、レシピの開発に取りかかりました。次の新しいメニューにパンチをいくつか加えると、注文が殺到しました。パンチのボウルがひとつ出ると、ほかのテーブルの人びとはそれにあっけにとられたように見とれ、やがてパンチのカップが鳴るカチンという音が店中に響き渡ります。まもなく当店のパンチ・サービスはマスコミでさかんに取り上げられ、ほかのバーからも注目を集めることになりました。やがて、どこの店のメニューにもパンチが登場するようになり、パンチがどういうものか認識されるようになりました。それは、同じ酒を分かち合ってともに飲み交わすというカクテルの歴史に深く根差した体験であり、楽しみなのです。

デス・アンド・コーでは、新しいパンチのレシピを考えるときに必ず守っているいくつかのガイドラインがあります。

・クラシックのパンチは5つの要素から成り立っています。スピリッツ、糖、柑橘類、水、スパイスです。**パンチ**という言葉は、ヒンズー語で「5」を意味する**パンチ**からきていると言われていますが、これについては最近の学術研究では疑問視されています（パンチのくわしい歴史については、デビッド・ワンドリッチの研究書を参照してください）。紅茶が伝統的にスパイスの要素として使われていましたから、デ

ス・アンド・コーでは、マザーズ・ルーイン・パンチ（p309）のように、紅茶をインフュージョンしたスピリッツやベルモットをしばしば使います。

・甘味料を加える場合、固体の状態（グラニュー糖や角砂糖）でも、液体の状態（シロップ）でもかまいません。デス・アンド・コーの最初のパンチのレシピを考えているとき、フィルは、角砂糖をつぶして炭酸水に混ぜて即席のシンプル・シロップを作る方法を思いつきました。フィルによると、角砂糖を使うと、砂糖の計量がしやすいということです。

・パンチはいつもステアで作ります。これは、柑橘類を使うドリンクはシェイクするというルールを破ることになりますが、わたしたちはしばしばパンチに泡立ちを加えるために、仕上げに炭酸水やスパークリング・ワインを入れますから、シェイクは必要ないのです。そこで、パンチはシェイクせず、氷を入れたピッチャーでステアするか、氷を入れた2つのピッチャーの間でロールして〔交互に入れ替えて〕、そのあと漉して、ボウルに移します。

・パンチは、ほとんどの場合、大きなブロック・オブ・アイスを入れてサーブします。こうすると、希釈はあまり進まず、同時にドリンクを冷たいままに保つことができます。

・ガーニッシュは、パンチ・ボウルに浮かべておき、お客様が好みに応じて、ドリンクに添えられるようにしておきます。

BATCHING COCKTAILS
カクテルをまとめて作り置きする

ディナー・パーティのように人がおおぜい集まるところで、カクテルを個別に一度に1杯ずつ作っていたのでは、とてもたまりません。おおぜいの人をもてなすために、カクテルをまとめて作る実践的な方法をくわしく説明しましょう。数時間前に（あるいは前日の夜に）できる限り多くの材料をあらかじめ混ぜて、冷やしておき、注文に応じて1杯ずつカクテルを作るのです。

カクテルをまとめて作り置きする場合、簡単な計算法があります。カクテルのレシピの1オンス〔30ml〕を1カップ（人数が多い場合には1リットルでももっと多い単位でもかまいません）に換算して、計量した材料を混ぜて冷やします。ただし、守るべき経験則がいくつかあります。

・**比率**：一度に作るドリンクの量が5杯までなら、バランスが大きく変わることはありませんから、レシピの数字を単純に掛け算するだけでかまいません。しかし、一度に作るドリンクが5杯を超えると、柑橘類やそのほかの酸性の材料や、甘味料、なかでもとくにビターズに、奇妙なことが起こります。カクテルにおける味の効果が強化されるのです。だから、使う材料の量を、標準のレシピに応じた比率よりも、

少なくする必要があります。まず初めは、レシピを掛け算した量の半分にして、味を見ながら、量を増やしていくようにしましょう。

・**希釈**：カクテルのおよそ25％が水だということを忘れないでください。カクテルをあらかじめ混ぜて作り置きして、冷蔵庫で冷やす場合、サーブする直前に味を見て水で希釈してください。このとき、グラスに氷を入れる場合には、さらに希釈が進むということを念頭に置いておいてください。まとめて作ったステアの強めのドリンクは、あらかじめ希釈してから、冷凍庫に保存することもできます。アルコール入りのドリンクは凍りにくいからです。シェイク・ドリンクを作り置きする場合は、水はいっさい加えず、注文を受けたときにそのつど氷を入れてシェイクします。

・**気泡**：シャンパンなどの発泡性の飲料を最後に加えるカクテルは、まとめて作り置きするのに適しています。発泡性の材料以外の材料を混ぜて、あらかじめ作り置きし、カクテルをサーブする直前に発泡性の材料を加えて泡立てます。

BARTENDER'S CHOICE
バーテンダーズ・チョイス

わたしたちは、毎晩──何十回も──お客様のための「バーテンダーズ・チョイス」を注文されます。
このリクエストを文字通りに受け取るなら、膨大な情報を保存した自分の脳内のデータベースをくまなく検索して、
無作為に行き当たったカクテルをお客様に提供することになります。
なかには、まさにその通りのことをしているバーもあります。
でも、わたしたちは、責任をもって真剣にカクテルを選びたいですし、
どんなお客様にもその人に合った完璧なドリンクがこの世にはあると信じています。
とはいえ、それを見つけるには、いくつかの質問と、バーテンダーのほうでもいろいろと機転をきかさなければならないことがあります。

下の表は、アレックス・デイがバーテンダーズ・チョイスを考えるときのプロセスを説明したものです。
通常彼は、そのとき店で出せるすべてのドリンクを頭に思い浮かべて、そこから絞り込んでいきます。
手短にするために、バーテンダー専用の略語を使って、それぞれのドリンクのスペックをリストにしました。
それぞれの数字はそれぞれの材料の分量（オンス単位）を表し、DBはビターズのダッシュ、tspはティースプーンを表しています。

2014年冬の
デス・アンド・コーのメニュー

アンジェニュー マンハッタン：p205	**サザン・エクスポージャー** テキーラ、シェイク：p243	**バレー・オブ・キングズ** パンチ：p305	**ホイ・ポロイ** ブランデー、シェイク：p279
イースト・インディア・トレーディング ラム、ステア：p235	**ジャイブ・ターキー** マンハッタン：p205	**バンブー** ラム、ステア：p238	**ホンシュウ** ジン、シェイク：p266
キュア・フォー・ペイン ウイスキー、ステア：p268	**ジワタネホ** ジュレップ：p314	**フィックス・ミー・アップ** ウイスキー、シェイク：p264	**モルフェオ** スパークリング：p295
キングストン・ネグローニ ネグローニ：p199	**ストレンジ・ブリュー** ジン、シェイク：p214	**ブラック・マジック** ブランデー、ステア：p284	**ヤマ・ブランカ** テキーラ、ステア：p257
クイーン・パーム ジン、シェイク：p210	**ストロー・ドッグ** ウイスキー、シェイク：p261	**ブラッドハウンド** パンチ：p308	**ラケッティア** ジュレップ：p315
グランド・ストリート ジン、ステア：p218	**スラップ 'ン' ピックル** アクアビット、シェイク：p329	**プリマ・チャイナ** テキーラ、ステア：p256	**ラスト・トレイン・トゥ・オアハカ** テキーラ、ステア：p257
グリーン・フラッシュ スパークリング：p288	**ダブルバレル** ジュレップ：p315	**プレーズ・ブラッド** ラム、シェイク：p232	**リトル・ミス・アナベル** ブランデー、シェイク：p281
ゴールデン・ゲート ブランデー、シェイク：p275	**チンゴン** テキーラ、シェイク：p246	**プレッシャー・ドロップ** ジン、ステア：p222	**ロバート・ジョンソン・スウィズル** スウィズル：p324
ゴールデン・ビューティフル テキーラ、シェイク：p243	**ディック・アンド・ジェーン** スパークリング：p290	**フロール・デ・ヘレス** ラム、シェイク：p233	**ロブ・ロイ** クラシック：p208
ココ B. ウェア ラム、シェイク：p230	**ノース・ガーデン** オールドファッションド：p192	**ベラ・ルナ** ジン、シェイク：p216	**ワン、ワン、ワン** アクアビット：p329
コルタード ラム、ステア：p237	**パールズ・ビフォー・スワイン** フリップ＆フィズ：p319	**ペンデニス** クラシック：p203	

> **Q:リフレッシュ系と強めのドリンクでは
> どちらがいいですか?**
> **A:強めのドリンクで**

アンジェニュー
マンハッタン；p205
60、30、1tsp

ジャイブ・ターキー
マンハッタン；p205
30、22.5、22.5、22.5、7.5、1DB

プリマ・チャイナ
テキーラ、ステア；p256
60、22.5、7.5、1バースプーン、1DB

イースト・インディア・トレーディング
ラム、ステア；p235
60、22.5、15、2DB

ジワタネホ
ジュレップ；p314
60、1tsp、1/2フロート

プレッシャー・ドロップ
ジン、ステア；p222
45、30、15、1tsp、1DB

キュア・フォー・ペイン
ウイスキー、ステア；p268
45、15、15、15、1tsp、1tsp

ダブル・バレル
ジュレップ；p315
45、15、1tsp、1tsp、7.5、4DB

ヤマ・ブランカ
テキーラ、ステア；p257
45、15、22.5、7.5

キングストン・ネグローニ
ネグローニ；p199
30、30、30

ノース・ガーデン
オールドファッションド；p192
45、22.5、7.5、1tsp、1DB

ラスト・トレイン・トゥ・オアハカ
テキーラとメスカル、ステア；p257
45、22.5、15、1tsp

グランド・ストリート
ジン、ステア；p218
60、22.5、7.5、1tsp、GFツイスト

バンブー
ラム、ステア；p238
60、1tsp、1tsp、3DB

ラケッティア
ジュレップ；p315
60、15、1tsp、1tsp、1DB

コルタード
ラム、ステア；p237
60、15、15、7.5、1/2tsp、2DB

ブラック・マジック
ブランデー、ステア；p284
30、30、15、1tsp、1tsp、アブサン

ワン、ワン、ワン
アクアビット；p329
30、30、30、DB

> **Q:何かお好みのスピリッツは?**
> **A:ジン**

グランド・ストリート
ジン、ステア；p218
60、22.5、7.5、1tsp、
マドリングしたグレープフルーツのツイスト；
クープ・グラス

プレッシャー・ドロップ
ジン、ステア；p222
45、30、15、1tsp、1DB；クープ・グラス

ワン、ワン、ワン
アクアビット；p329
30、30、30、1DB；ニック&ノラ・グラス

> **Q:何かお好みのフレーバーは?**
> **A:苦みのあるフレーバー**

GRAND STREET
グランド・ストリート
アレックス・デイ

グレープフルーツのツイスト 1	チナール 7.5ml
ビーフィーター・ロンドン・ドライ・ジン 60ml	ルクサルド・マラスキーノ・リキュール 1ティースプーン
プント・エ・メス 22.5ml	

ミキシング・グラスにグレープフルーツのツイストを入れて軽くマドリングする。
残りの材料を全部加え、氷とともにステアして、漉しながらクープ・グラスに注ぐ。ガーニッシュはなし。

THE REGULARS
常連のお客様
アンソニー・サーニコラとレジナ・コナーズ

アンソニー・サーニコラは、現在投資銀行にテクニカル・プロジェクト・マネージャーとして勤めています。
レジナ・コナーズは、金融業界でフリーコンサルタントの仕事をしています。

アンソニー　わたしが最初にこの店の存在を知ったのは、客として店に来たときじゃなかった。わたしたちは、当時近所に住んでいて、土曜の夜、散歩に出かけたときだった。外に長い行列ができていて、ドア・マンがいた。てっきり、よくある面倒なドア・ポリシーの店かなんかだろうと思った。たとえば、ルックスのいい人しか入店できない、とか。ところが、しばらくそっと様子をうかがっていると、ドア・マンのしていることが完全な平等主義だということがわかった。そこで、わたしは水曜日の開店時間（6:00pm）にもう一度行ってみた。そのときは、行列はできていなかった。わたしが最初に気づいたのは、カウンターの後ろにライ・ウイスキーがぎっしり並んでいることだった。わたしはバーテンダーのホアキンに、それぞれ違うライ・ウイスキーを使って違うマンハッタンを何杯か作ってほしいと頼んだ。ホアキンは快く応じてくれた。2度目にまた店にやってきたとき、わたしはまた違うマンハッタンを頼んだ。ホアキンは、オールド・パルは飲んだことがあるか、とわたしにたずねた。それがとどめだったね。

レジナ　わたしが初めてここへ来たのは、長時間飛行機に乗って、家に帰ってきたばかりのときだった。アンソニーに連れてこられて、「ここのドリンクはぜひ飲んでみなよ」と言われたわ。

アンソニー　たしか、その夜は、フォッグ・カッターを出してもらった。この高いグラスに入った一見装飾の多いカクテルを4分の1ほど飲んだところで、レジナに、「ぼくはどうやら酒に弱くなったみたいだ。すっかり酔っぱらっちゃったよ」と言ったら、それを聞いたブライアンに笑われた。「ちょっと待って、このドリンクにはラムが6オンス〔180ml〕入っているんですよ」って。

レジナ　バーテンダーたちは、一度お客の好みがわかると、お客の好みの幅をもっと広げようとするわね。わたしは普通は、シェイクでもステアでも、あまり強すぎないドリンクが好きなの。わたしはビターなドリンクが好きだけど、カンパリはわたしの好みに合わないわ——全然。大嫌い。でも、ここのバーテンダーたちには脱帽だわ。彼らは、大喜びで、そっとわからないようにカンパリをドリンクに入れちゃうの。おかげで、ときおりカンパリのスピリッツとしての新しい味わいを楽しむことができるわ。

アンソニー　わたしはもういまでは、ブラウン（琥珀色）系でも、ステアでも、強めのやつでも——ロックでも、氷なしでも、何でも行けるね。

レジナ　わたしはこの街に何十年も暮らしてきて、お酒も飲んできたわ。見知らぬ人と知り合って、いろいろ楽しいこともあった。でも、デス・アンド・コーはユニークね。人と仲良くなるのは、いつもドリンクがきっかけよ。フレーバーの話をしたり、同じ酒を飲んだり、そのあと共通の話題で盛り上がったり。一夜いっしょに酌み交わしたことが、その後もずっと続く友情に発展することも、本当に何度もあったわ。

アンソニー　デス・アンド・コーのいいところは、すべてがお客を中心に回っていて、見知らぬ客同士が気軽に会話できることだね。ここに来る客のなかには、ずっとうわさで聞いていたことを確かめたくてきている人がいる。酒を飲んで非日常的な体験ができると期待してくるんだ。この店で21歳の誕生日を祝っている人たちもいて、彼らは初めての本格的なカクテルはここで飲みたいと思ってやってくるんだ。

レジナ　デス・アンド・コーの開店1周年のあと、常連の名前を彫った銀のプレートがスツールの裏につけられていたわ。デイブがわたしたちの手をつかんで、店の中を回って、ライターでわたしたちの名前が彫ってあるのを見せてくれたわね。

アンソニー　デイブは、お客たちの尻の下にライターを掲げて、「ちょっとごめんなさい、失礼しますよ」と言いながら、わたしたちの名前を探していたね。

OLD PAL
オールド・パル

リッテンハウス100ライ・ウイスキー	45ml
カンパリ	22.5ml
ドラン・ブラン・ベルモット	22.5ml
ガーニッシュ：レモン・ツイスト	1

すべての材料を氷とともにステアし、ニック＆ノラ・グラスに漉しながら注ぐ。レモン・ツイストを飾る。

第4章　ニュークラシックを創作する

第5章
スペック

CONFERENCE
カンファレンス

ブライアン・ミラー

　これは、オールドファッションに見せかけたティキ・ドリンクですから、ブライアン・ミラーの創作であっても、驚くことはありません。ブライアンは、デス・アンド・コーに居ついているならず者で、ポリネシアのことなら何でも知っています。ある晩、ウエイトレスから、強めのステアのドリンクを作ってほしいと頼まれたブライアンは、ティキの基本原則──新しいフレーバーを創出するためにはいくつものベース・スピリッツを混ぜること──を思い出し、これをウイスキーとブランデーに応用しました。これは、デス・アンド・コーにとって新たな飛躍の瞬間でした。もう最近では、2つ以上のベース・スピリッツを使ってドリンクを作るのは、デス・アンド・コーでは珍しいことではありません。

リッテンハウス100ライ・ウイスキー	15ml
バッファロー・トレース・バーボン	15ml
カルバドス	15ml
ハインHコニャック	15ml
デメララ・シロップ（p357）	1ティースプーン
アンゴスチュラ・ビターズ	2ダッシュ
ビターメンズ・ホコラートル・モール・ビターズ[*]	1ダッシュ
ガーニッシュ:レモン・ツイストとオレンジ・ツイスト	各1

すべての材料を氷とともにステアし、大きな角氷を1個入れたダブル・ロック・グラスに、漉しながら注ぐ。レモン・ツイストとオレンジ・ツイストを飾る。

　以下の450を超えるレシピには、デス・アンド・コーのオープンから6年の間にわたしたちが生み出した作品のうち代表的なものがほとんど含まれています。もしレシピに忠実に従うなら、でき上がったドリンクは、わたしたちが店で提供するドリンクと同じものになるはずです。とはいえ、もう少し甘いほうがいいとか、ドライなほうがいいとか、あるいはレシピ通りのバーボンが見つからないとか、デメララ・シロップをちょうど切らしたところだったとしても、心配しないでください。こうしたスペックはもうあなたのものですから、微調整を加えるなり、アレンジするなり、全体を見直して作り変えるなり、あなたのお好きなようにしていただいてかまいません。

　わたしたちはカクテルを公式と考えていますから、レシピの材料はどれもみな決まった順番で示されています。ほとんどの場合、順番は次のようになります。

・グラスを縁取りする材料や、グラスをリンスする材料、またはマドリングするなどして先に使うほかの材料
・ベース・スピリッツ
・風味づけの酒
・生のジュース
・甘味料
・卵、クリーム、ハーブなどの変則的な材料
・ビターズ
・シャンパンや炭酸水などのトッピング
・ガーニッシュ

この章の目次

　通常、わたしたちはこうしたレシピを、まずスピリッツで分類し、それから作り方で分類します。なかには、もっと特殊なカテゴリー（たとえば、オールドファッションドやネグローニのバリエーション）でカクテルをグループとしてまとめることもあります。

・クラシックとビンテージ　p191
・ジン シェイク　p209
・ジン ステア　p218
・ラム シェイク　p228
・ラム ステア　p234
・テキーラとメスカル シェイク　p241
・テキーラとメスカル ステア　p251
・ウイスキー シェイク　p259
・ウイスキー ステア　p268
・ブランデー シェイク　p275
・ブランデー ステア　p282
・スパークリング・カクテル　p287
・フォーティファイド・ワインのカクテル　p298
・パンチ　p302
・ジュレップ　p313
・フリップとフィズ　p317
・スウィズル　p321
・マルティプル・チョイス　p326
・アクアビット　p328
・サゼラックのバリエーション　p330
・ネグローニのバリエーション　p334
・ダイキリのバリエーション　p337
・デス・アンド・コーのファミリー・ダイキリ・アルバム　p342
・マンハッタンのバリエーション　p345
・オールドファッションドのバリエーション　p349

CLASSIC AND VINTAGE

クラシックとビンテージ

「クラシック」というラベルは、あまりにも多くのドリンクにつけられていますが、古いドリンクがすべて「クラシック」というわけではありません。わたしたちは、「クラシック」カクテルと「ビンテージ」カクテルは区別することにしています。わたしたちの見方では、クラシック・カクテルと呼ぶには、そのカクテルが創作されてからずっと人気が続き、広く親しまれてきたものでなければなりません。古いバーから見つけ出した秘伝書に書かれていたレシピは、クラシックではありません。それはビンテージです。たとえば、ラスト・ワード（p207）は一時期は人気がありましたが、その後長い間カクテルの文化から忘れられ、最近になってようやくまた人気が復活しました。これに対して、マンハッタン（p205）は、世に出ると同時にヒットし、その後もずっと人気が続いていますから、クラシックです。とはいえ、当店のメニューのずっと変わらない「クラシック」のセクションには、クラシックとビンテージの両方についてバーテンダーなりの解釈とアレンジを加えたドリンクが入っています。

以下に示す当店のクラシック・カクテルとビンテージ・カクテルのレシピは、多くの場合、もとの公式とは少し違います。味の好みは進化しますし、以前にはなかった新しい材料も手に入るようになりますから、わたしたちは絶えずレシピをアップデートし、マイナーチェンジを加えていきます。わたしたちは歴史に関心はありますが、歴史家を気取るつもりはありません。多くのクラシック・カクテルの起源については、大いに疑わしい部分もありますから、そうしたドリンクのことは、ドリンク自身に語ってもらうことにしましょう。

ウイスキー・サワー
WHISKEY SOUR

バッファロー・トレース・バーボン	60ml
レモン・ジュース	22.5ml
シンプル・シロップ（p357）	22.5ml
卵白	1個分
ガーニッシュ:アンゴスチュラ・ビターズ	1ダッシュ
オレンジの半月切りとチェリーのフラッグ	各1

すべての材料をドライ・シェイクし、氷を加えてもう一度シェイクする。大きな角氷1個を入れたダブル・ロック・グラスに、ダブル・ストレイン（二度漉し）しながら注ぐ。ドリンクの液面にビターズを1ダッシュし、オレンジとチェリーのフラッグを飾る。

第5章　スペック：クラシックとビンテージ

ウォード8
WARD 8

オールド・オーバーホルト・ライ・ウイスキー	60ml
レモン・ジュース	15ml
オレンジ・ジュース	15ml
シンプル・シロップ (p357)	15ml
ザクロ糖蜜	1ティースプーン

すべての材料を氷とともにシェイクし、漉しながら、クープ・グラスに注ぐ。ガーニッシュはなし。

. . . .

エアメール
AIRMAIL

ロン・デル・バリリット3スター・ラム*	30ml
ライム・ジュース	15ml
アカシア・ハチミツ・シロップ (p356)	15ml
ドライ・シャンパン	

すべての（シャンパンを除く）材料を氷とともにシェイクし、漉しながら、フルート・グラスに注ぐ。シャンパンで満たす。ガーニッシュはなし。

. . . .

エイビエーション
AVIATION

プリマス・ジン	60ml
ルクサルド・マラスキーノ・リキュール	15ml
クレーム・イベット*	1/2ティースプーン
レモン・ジュース	22.5ml
シンプル・シロップ (p357)	7.5ml
ガーニッシュ:チェリーのブランデー漬け	1

すべての材料を氷とともにシェイクし、漉しながら、クープ・グラスに注ぐ。チェリーを飾る。

オールド・パル
OLD PAL

リッテンハウス100ライ・ウイスキー	45ml
カンパリ	22.5ml
ドラン・ドライ・ベルモット	22.5ml
ガーニッシュ:レモン・ツイスト	1

すべての材料を氷とともにステアし、漉しながら、ニック＆ノラ・グラスに注ぐ。レモン・ツイストを飾る。

. . . .

オールドファッションド
OLD-FASHIONED

イーグル・レア10年バーボン	60ml
デメララ・シロップ (p357)	1ティースプーン
アンゴスチュラ・ビターズ	2ダッシュ
ビター・トゥルース・アロマティック・ビターズ*	1ダッシュ
ガーニッシュ:オレンジ・ツイストとレモン・ツイスト	各1

すべての材料を氷とともにステアし、大きな角氷1個を入れたダブル・ロック・グラスに、漉しながら注ぐ。オレンジ・ツイストとレモン・ツイストを飾る。

. . . .

カイピリーニャ
CAIPIRINHA

ライムのくし切り	6
シンプル・シロップ (p357)	22.5ml
白角砂糖	1
アブア・アンブラナ・カシャーサ*	60ml

シェーカーにライムとシンプル・シロップと角砂糖を入れて、マドラーでつぶす。カシャーサを加え、氷とともにシェイクし、ダブル・ロック・グラスに注ぐ。ガーニッシュはなし。

ギムレット
GIMLET

ペリーズ・トット・ネイビー・ストレングス・ジン*......................60ml
トビーズ・ライム・コーディアル (p367)......................45ml
ガーニッシュ:ライムのくし切り......................1

ジンとライム・コーディアルを氷とともにシェイクし、クラックド・アイスを入れたダブル・ロック・グラスに、漉しながら注ぐ。ライムのくし切りを飾る。

. . . .

クイーンズ・パーク・スウィズル
QUEEN'S PARK SWIZZLE

ミントの葉......................10
シンプル・シロップ (p357)......................22.5ml
白角砂糖......................1個
カーニャ・ブラバ・ラム*......................60ml
ライム・ジュース......................30ml
特製オリジナル・ペイショーズ・ビターズ (p365)......................4ダッシュ
アンゴスチュラ・ビターズ......................4ダッシュ
ガーニッシュ:ミントの小枝......................1

シェーカーに、ミントをシンプル・シロップと角砂糖とともに入れて、マドラーで軽くつぶす。ラムとライム・ジュースを加えて、ホイップする（クラッシュド・アイスを数個入れて、材料が混ざり合うまでシェイクする）。クラッシュド・アイスを詰めたピルスナー・グラスに、注ぎ入れる。冷たくなるまで撹拌し、ビターズを入れて、ドリンクの表面に混ぜ入れる。ミントの小枝を飾り、ストローをつけてサーブする。

. . . .

グラスホッパー
GRASSHOPPER

ミントの葉......................8

マリー・ブリザール・ホワイト・クレーム・ド・メンテ*......................30ml
マリー・ブリザール・ホワイト・クレーム・ド・カカオ......................30ml
ヘビー・クリーム......................30ml
ガーニッシュ:ミントの葉......................1

シェーカーにミントの葉を入れて、マドラーで軽くつぶす。残りの材料を加え、氷とともにシェイクする。ダブル・ストレインしながら、クープ・グラスに注ぐ。ミントの葉を飾る。

. . . .

コープス・リバイバー#2
CORPSE REVIVER #2

ビーフィーター・ロンドン・ドライ・ジン......................22.5ml
コアントロー......................22.5ml
リレ・ブラン......................22.5ml
ビュー・ポンタリエ・アブサン*......................2ダッシュ
レモン・ジュース......................22.5ml

すべての材料を氷とともにシェイクし、漉しながら、クープ・グラスに注ぐ。ガーニッシュはなし。

. . . .

コブラズ・ファング
COBRA'S FANG

アプルトン・エステート・リザーブ・ラム*......................45ml
エル・ドラド151ラム*......................22.5ml
マスネ・クレーム・ド・ペシェ・ピーチ・リキュール......................1ティースプーン
ビュー・ポンタリエ・アブサン*......................2ダッシュ
ライム・ジュース......................22.5ml
オレンジ・ジュース......................15ml
パッション・フルーツ・シロップ (p357)......................15ml
シナモン・バーク・シロップ (p357)......................15ml
ジンジャー・シロップ (p357)......................1ティースプーン
アンゴスチュラ・ビターズ......................1ダッシュ
ガーニッシュ:ミントの小枝とライム・ホイール......................各1

コブラズ・ファング

すべての材料を角氷3個とともにショート・シェイクし、クラッシュド・アイスを詰めたティキ・マグに、漉しながら注ぐ。ミントの小枝とライム・ホイールを飾り、ストローをつけてサーブする。

....

サイドカー
SIDECAR

ピエール・フェラン1840コニャック	60ml
コアントロー	15ml
レモン・ジュース	22.5ml
サトウキビ・シロップ (p357)	7.5ml
ガーニッシュ:オレンジ・ツイスト	1

すべての材料を氷とともにシェイクし、漉しながら、クープ・グラスに注ぐ。オレンジ・ツイストを飾る。

サウス・サイド
SOUTH SIDE

ミントの葉	5
ビーフィーター・ロンドン・ドライ・ジン	60ml
ライム・ジュース	22.5ml
サトウキビ・シロップ (p357)	15ml
アンゴスチュラ・ビターズ	1ダッシュ
ガーニッシュ:ミントの葉	1

カクテル・シェーカーにミントの葉を入れて、マドラーで軽くつぶす。残りの材料を加えて氷とともにシェイクし、漉しながら、クープ・グラスに注ぐ。ミントの葉を飾る。

....

サゼラック
SAZERAC

ビュー・ポンタリエ・アブサン*	
リッテンハウス100ライ・ウイスキー	45ml
ピエール・フェラン1840コニャック	15ml
デメララ・シロップ (p357)	1ティースプーン
ペイショーズ・ビターズ*	4ダッシュ
アンゴスチュラ・ビターズ	1ダッシュ
レモン・ツイスト	1

ロック・グラスをアブサンでリンスし、そのあとアブサンは捨てる。残りの(レモン・ツイストを除く)材料を氷とともにステアし、漉しながら、グラスに注ぐ。ドリンクの上でレモン・ツイストを絞り、ツイストは捨てる。ガーニッシュはなし。

....

ジャック・ローズ
JACK ROSE

レアーズ・ボンデッド・アップル・ブランデー*	30ml

ビュネルVSOPカルバドス	30ml
レモン・ジュース	15ml
ライム・ジュース	15ml
グレナディン・シロップ (p366)	22.5ml
ガーニッシュ:リンゴの扇	1

すべての材料を氷とともにシェイクし、漉しながら、クープ・グラスに注ぐ。リンゴの扇を飾る。

· · · · · · · · ·

シャンゼリゼ
CHAMPS-ÉLYSÉES

ピエール・フェラン・アンブレ・コニャック*	60ml
グリーン・シャルトリューズ	15ml
レモン・ジュース	22.5ml
サトウキビ・シロップ (p357)	15ml
アンゴスチュラ・ビターズ	1ダッシュ
ガーニッシュ:レモン・ツイスト	1

すべての材料を氷とともにシェイクし、漉しながら、クープ・グラスに注ぐ。レモン・ツイストを飾る。

· · · · · · · · ·

シンガポール・スリング
SINGAPORE SLING

ビーフィーター・ロンドン・ドライ・ジン	45ml
チェリー・ヒーリング	15ml
コアントロー	7.5ml
ベネディクティン	7.5ml
パイナップル・ジュース	60ml
ライム・ジュース	15ml
グレナディン・シロップ (p366)	15ml
アンゴスチュラ・ビターズ	1ダッシュ
ガーニッシュ:パイナップルとチェリーのブランデー漬けのフラッグ	1

すべての材料を角氷3個とともにショート・シェイクし、角氷を詰めたハイボール・グラスに、漉しながら注ぐ。パイナップルとチェリーのフラッグを飾る。

· · · · · · · · ·

ジン・フィズ
GIN FIZZ

ビーフィーター・ロンドン・ドライ・ジン	60ml
レモン・ジュース	22.5ml
シンプル・シロップ (p357)	22.5ml
卵白	1個分
炭酸水	

すべての（炭酸水を除く）材料をドライ・シェイクし、氷を入れてもう一度シェイクする。ダブル・ストレインしながら、フィズ・グラスに注ぎ、炭酸水で満たす。ガーニッシュはなし。

· · · · · · · · ·

ジン・リッキー
GIN RICKEY

ビーフィーター・ロンドン・ドライ・ジン	60ml
ライム・ジュース	30ml
シンプル・シロップ (p357)	15ml
炭酸水	
ガーニッシュ:ライムのくし切り	1

すべての（炭酸水を除く）材料を角氷3個とともにショート・シェイクし、角氷を詰めたハイボール・グラスに、漉しながら注ぐ。炭酸水で満たす。ライムのくし切りを飾る。

スコッフロー
SCOFFLAW

テンプルトン・ライ・ウイスキー	45ml
ドラン・ブラン・ベルモット	15ml
ドラン・ドライ・ベルモット	15ml
レモン・ジュース	15ml
グレナディン・シロップ (p366)	15ml

すべての材料を氷とともにシェイクし、漉しながら、クープ・グラスに注ぐ。ガーニッシュはなし。

. . . .

スティンガー
STINGER

ピエール・フェラン1840コニャック	60ml
マリー・ブリザール・ホワイト・クレーム・ド・メンテ*	15ml
シンプル・シロップ (p357)	1ティースプーン
ガーニッシュ:ミントの小枝	1

すべての材料を角氷3個とともにショート・シェイクし、クラッシュド・アイスを詰めたダブル・ロック・グラスに、漉しながら注ぐ。ミントの小枝を飾り、ストローをつけてサーブする。

. . . .

ゾンビ・パンチ
ZOMBIE PUNCH

アプルトン・エステートV/Xラム	45ml
ロン・デル・バリリット3スター・ラム*	45ml
レモン・ハート151ラム*	30ml
ゾンビ・ミックス (p365)	22.5ml
ドンズ・スパイス#2 (p365)	15ml
ライム・ジュース	22.5ml
アンゴスチュラ・ビターズ	1ダッシュ
ガーニッシュ:ミントの小枝	1

すべての材料を角氷2個とともにシェイクし、クラッシュド・アイスを詰めたティキ・マグに、漉しながら注ぐ。ミントの小枝を飾る。

. . . .

ダーク・アンド・ストーミー
DARK AND STORMY

ゴスリングス・ブラック・シール・ラム	60ml
ライム・ジュース	22.5ml
ジンジャー・シロップ (p357)	30ml
炭酸水	
ガーニッシュ:ライム・ホイールとショウガの砂糖漬けのフラッグ	1

シェーカーにすべての（炭酸水を除く）材料を入れて混ぜ、ホイップする（クラッシュド・アイスを数個入れて、材料が混ざり合うまでシェイクする）。漉しながら、角氷を詰めたハイボール・グラスに注ぎ、炭酸水で満たす。ライム・ホイールとショウガの砂糖漬けのフラッグを飾り、ストローをつけてサーブする。

. . . .

ダイキリ
DAIQUIRI

フロール・デ・カーニャ・エクストラドライ・ホワイト・ラム*	60ml
ライム・ジュース	30ml
サトウキビ・シロップ (p357)	15ml
ガーニッシュ:ライムのくし切り	1

すべての材料を氷とともにシェイクし、漉しながら、クープ・グラスに注ぐ。ライムのくし切りを飾る。

ダイヤモンドバック
DIAMONDBACK

リッテンハウス100ライ・ウイスキー	60ml
レアーズ・ボンデッド・アップル・ブランデー*	15ml
イエロー・シャルトリューズ	15ml

すべての材料を氷とともにステアし、漉しながら、ニック＆ノラ・グラスに注ぐ。

· · · · · · · ·

チャールストン・カクテル
CHARLESTON COCKTAIL

アンカー・ジュニペロ・ジン	15ml
マスネ・キルシュ・ビュー・チェリー・ブランデー	15ml
ドラン・ドライ・ベルモット	15ml
プント・エ・メス	15ml
ガブリエル・ブディエ・キュラソー*	15ml
マラスカ・マラスキーノ・リキュール*	15ml

すべての材料を氷とともにステアし、漉しながら、クープ・グラスに注ぐ。ガーニッシュはなし。

· · · · · · · ·

ティー・パンチ
TI PUNCH

ライム・ジュース	15ml
サトウキビ・シロップ (p357)	1ティースプーン
ラ・ファボリット・ラム・アグリコル・ブラン	60ml

ダブル・ロック・グラスにライムとサトウキビ・シロップを入れ、ライムの果汁がよく出るまでマドラーでつぶす。ラムとクラックド・アイスを加え、冷たくなるまでステアする。ガーニッシュはなし。

テイルスピン
TAILSPIN

カンパリ	
ビーフィーター・ロンドン・ドライ・ジン	45ml
カルパノ・アンティカ・フォーミュラ・ベルモット	30ml
グリーン・シャルトリューズ	30ml
特製オリジナル・オレンジ・ビターズ (p365)	1ダッシュ
ガーニッシュ:レモン・ツイスト	1

クープ・グラスをカンパリでリンスして、そのあとカンパリは捨てる。残りの材料を氷とともにステアし、漉しながら、クープ・グラスに注ぐ。レモン・ツイストを飾る。

· · · · · · · ·

トゥエンティース・センチュリー
20TH CENTURY

ビーフィーター・ロンドン・ドライジン	45ml
マリー・ブリザール・ホワイト・クレーム・ド・カカオ	22.5ml
コッキ・アメリカーノ	22.5ml
レモン・ジュース	22.5ml

すべての材料を氷とともにシェイクし、ダブル・ストレインして、クープ・グラスに注ぐ。ガーニッシュはなし。

· · · · · · · ·

トム・コリンズ
TOM COLLINS

ビーフィーター・ロンドン・ドライ・ジン	60ml
レモン・ジュース	30ml
シンプル・シロップ (p357)	22.5ml
炭酸水	
ガーニッシュ:オレンジの半月切りとチェリーのフラッグ	1

すべての（炭酸水を除く）材料を角氷3個とともにショート・シェイクし、角氷を詰めたハイボール・グラスに、

ネグローニ

漉しながら注ぐ。炭酸水で満たす。オレンジの半月切り
とチェリーのフラッグを飾り、ストローをつけてサーブ
する。

· · · · · · · · · ·

トロント
TORONTO

リッテンハウス100ライ・ウイスキー	60ml
フェルネット・ブランカ	15ml
デメララ・シロップ (p357)	1ティースプーン
ガーニッシュ:レモン・ツイスト	1

すべての材料を氷とともにステアし、漉しながら、ニッ
ク＆ノラ・グラスに注ぐ。レモン・ツイストを飾る。

· · · · · · · · · ·

ネグローニ
NEGRONI

タンカレー・ロンドン・ドライ・ジン	45ml
カンパリ	30ml
特製オリジナル・スイート・ベルモット (p365)	30ml
ガーニッシュ:オレンジ・ツイスト	1

すべての材料を氷とともにステアし、漉しながら、ダブ
ル・ロック・グラスに注ぐ。オレンジ・ツイストを飾る。

· · · · · · · · · ·

ハニーサックル
HONEYSUCKLE

フロール・デ・カーニャ・エクストラドライ・ホワイト・ラム*	60ml
ライム・ジュース	22.5ml
アカシア・ハチミツ・シロップ (p356)	22.5ml
ガーニッシュ:ライムのくし切り	1

すべての材料を氷とともにシェイクし、漉しながら、クー
プ・グラスに注ぐ。ライムのくし切りを飾る。

· · · · · · · · · ·

パロマ
PALOMA

コーシャー・ソルト	
ライム	1/2
エル・テソロ・プラチナ・テキーラ*	60ml
グレープフルーツ・ジュース	15ml
シンプル・シロップ (p357)	15ml
サン・ペレグリノ・ポンペルモ・グレープフルーツ・ソーダ	
ガーニッシュ:ライム・ホイール	1

ハイボール・グラスの縁にコーシャー・ソルトをつける。
ライムを絞ってシェーカーに果汁を入れ、そのあとライ
ムもシェーカーに入れる。テキーラとグレープフルーツ・
ジュースとシンプル・シロップを加え、角氷3個ととも
にショート・シェイクする。角氷を詰めたハイボール・
グラスに、漉しながら注ぎ、グレープフルーツ・ソーダ
で満たす。ライム・ホイールを飾り、ストローをつけて
サーブする。

· · · · · · · · · ·

ハンキーパンキー
HANKY-PANKY

フォーズ・ジン*	60ml
コントラット・アメリカーノ・ロッソ・ベルモット*	15ml
カルパノ・アンティカ・フォーミュラ・ベルモット	15ml
フェルネット・ブランカ	7.5ml
ガーニッシュ:レモン・ツイスト	1

すべての材料を氷とともにステアし、漉しながら、ニッ
ク＆ノラ・グラスに注ぐ。レモン・ツイストを飾る。

バンブー
BAMBOO

ドラン・ブラン・ベルモット	45ml
バルバディージョ・プリンシペ・アモンティリャード・シェリー	45ml
サトウキビ・シロップ（p357）	1/2ティースプーン
特製オリジナル・オレンジ・ビターズ（p365）	1ダッシュ
アンゴスチュラ・ビターズ	1ダッシュ
ガーニッシュ：レモン・ツイスト	1

すべての材料を氷とともにステアし、漉しながら、ロック・グラスに注ぐ。レモン・ツイストを飾る。

. . . .

ビーズ・ニーズ
BEE'S KNEES

タンカレー・ロンドン・ドライ・ジン	60ml
レモン・ジュース	22.5ml
アカシア・ハチミツ・シロップ（p356）	22.5ml
スクラッピーズ・ラベンダー・ビターズ*	3ドロップ
ガーニッシュ：チェリーのブランデー漬け	1

すべての材料を氷とともにシェイクし、漉しながら、クープ・グラスに注ぐ。チェリーを飾る。

. . . .

ピスコ・サワー
PISCO SOUR

カンポ・デ・エンカント・アチョラード・ピスコ*	60ml
レモン・ジュース	15ml
ライム・ジュース	15ml
シンプル・シロップ（p357）	22.5ml
卵白	1個分
ガーニッシュ：アンゴスチュラ・ビターズ	3ドロップ

すべての材料をドライ・シェイクし、氷を加えてもう一度シェイクする。ダブル・ストレインしながら、クープ・グラスに注ぐ。ビターズをたらす。

. . . .

ピニャ・コラーダ
PIÑA COLADA

スミス&クロス・ラム	30ml
エル・ドラド151ラム*	15ml
エル・ドラド3年ラム*	15ml
カラニ・ロン・デ・ココ・ココナッツ・リキュール*	3ダッシュ
パイナップル・ジュース	30ml
ライム・ジュース	15ml
ココ・ロペス*	22.5ml
アンゴスチュラ・ビターズ	2ダッシュ
ガーニッシュ：ミントの束	1

すべての材料を角氷3個とともにショート・シェイクし、クラッシュド・アイスを詰めたココナッツ・マグに、漉しながら注ぐ。ミントの束を飾り、ストローをつけてサーブする。

. . . .

ビュ・カレ
VIEUX CARRÉ

リッテンハウス100ライ・ウイスキー	30ml
ピエール・フェラン・アンブレ・コニャック*	30ml
カルパノ・アンティカ・フォーミュラ・ベルモット	30ml
ベネディクティン	1ティースプーン
アンゴスチュラ・ビターズ	1ダッシュ
特製オリジナル・ペイショーズ・ビターズ（p365）	1ダッシュ
ガーニッシュ：レモン・ツイスト	1

すべての材料を氷とともにステアし、漉しながら、ダブル・ロック・グラスに注ぐ。レモン・ツイストを飾る。

ピニャ・コラーダ

ピンク・レディ
PINK LADY

プリマス・ジン	45ml
レアーズ・ボンデッド・アップル・ブランデー*	15ml
レモン・ジュース	22.5ml
アカシア・ハチミツ・シロップ (p356)	22.5ml
グレナディン・シロップ (p366)	7.5ml
卵白	1個分
ガーニッシュ:カクテル・ピックに刺したチェリーのブランデー漬け	3個

すべての材料をドライ・シェイクし、氷を加えてもう一度シェイクする。大きな角氷1個を入れたロック・グラスに、ダブル・ストレインしながら注ぐ。チェリーを飾る。

. . . .

ピンポン・カクテル
PING-PONG COCKTAIL

プリマス・スロー・ジン*	60ml
ドラン・ドライ・ベルモット	15ml
プント・エ・メス	15ml
特製オリジナル・オレンジ・ビターズ (p365)	2ダッシュ
ガーニッシュ:レモン・ツイスト	1

すべての材料を氷とともにステアし、漉しながら、クープ・グラスに注ぐ。レモン・ツイストを飾る。

. . . .

ファンシーフリー
FANCY-FREE

リッテンハウス100ライ・ウイスキー	60ml
ルクサルド・マラスキーノ・リキュール	15ml
アンゴスチュラ・ビターズ	1ダッシュ
特製オリジナル・オレンジ・ビターズ (p365)	1ダッシュ
ガーニッシュ:オレンジ・ツイスト	1

すべての材料を氷とともにステアし、大きな角氷1個を入れたダブル・ロック・グラスに、漉しながら注ぐ。オレンジ・ツイストを飾る。

. . . .

フィッツジェラルド
FITZGERALD

ビーフィーター・ロンドン・ドライ・ジン	60ml
レモン・ジュース	22.5ml
シンプル・シロップ (p357)	30ml
アンゴスチュラ・ビターズ	2ダッシュ
ガーニッシュ:レモンのくし切り	1

すべての材料を氷とともにシェイクし、漉しながら、ダブル・ロック・グラスに注ぐ。レモンのくし切りを飾る。

. . . .

ブールバーディエ
BOULEVARDIER

エライジャ・クレイグ12年バーボン*	45ml
特製オリジナル・スイート・ベルモット (p365)	22.5ml
カンパリ	22.5ml
ガーニッシュ:レモン・ツイスト	1

すべての材料を氷とともにステアし、漉しながら、クープ・グラスに注ぐ。レモン・ツイストを飾る。

. . . .

ブラウン・ダービー
BROWN DERBY

エライジャ・クレイグ12年バーボン*	60ml
グレープフルーツ・ジュース	30ml
レモン・ジュース	1ティースプーン
アカシア・ハチミツ・シロップ (p356)	15ml

ガーニッシュ:グレープフルーツ・ツイスト 1

すべての材料を氷とともにシェイクし、漉しながら、クープ・グラスに注ぐ。グレープフルーツ・ツイストを飾る。

. . . .

ブラッド・アンド・サンド
BLOOD AND SAND

スプリングバンク10年スコッチ*	30ml
チェリー・ヒーリング	15ml
特製オリジナル・スイート・ベルモット (p365)	15ml
オレンジ・ジュース	22.5ml
レモン・ジュース	1/2ティースプーン
ガーニッシュ:チェリーのブランデー漬け	1

すべての材料を氷とともにシェイクし、漉しながら、クープ・グラスに注ぐ。チェリーを飾る。

. . . .

フラメンコ
FLAMENCO

ルスタウ・アモンティリャード・シェリー	45ml
ボルス・ジュネバ	30ml
オレンジ・ジュース	15ml
レモン・ジュース	15ml
オルジェー (p358)	22.5ml
アンゴスチュラ・ビターズ	2ダッシュ

すべての材料を氷とともにシェイクし、漉しながら、クープ・グラスに注ぐ。ガーニッシュはなし。

プリークネス
PREAKNESS

オールド・グランダッド114バーボン	45ml
カルパノ・アンティカ・フォーミュラ・ベルモット	22.5ml
ベネディクティン	7.5ml
ビター・トゥルース・アロマティック・ビターズ*	1ダッシュ
ガーニッシュ:オレンジ・ツイスト	1

すべての材料を氷とともにステアし、漉しながら、クープ・グラスに注ぐ。オレンジ・ツイストを飾る。

. . . .

フレンチ95
FRENCH 95

バッファロー・トレース・バーボン	60ml
レモン・ジュース	22.5ml
サトウキビ・シロップ (p357)	15ml
ドライ・シャンパン	

すべての（シャンパンを除く）材料を角氷3個とともにショート・シェイクし、角氷を2個入れたフィズ・グラスに、漉しながら注ぐ。シャンパンで満たす。ガーニッシュはなし。

. . . .

フレンチ75
FRENCH 75

プリマス・ジン	45ml
レモン・ジュース	22.5ml
サトウキビ・シロップ (p357)	15ml
ドライ・シャンパン	
ガーニッシュ:レモン・ツイスト	1

すべての（シャンパンを除く）材料を氷とともにシェイクし、ダブル・ストレインして、フルート・グラスに注

ぐ。シャンパンで満たし、レモン・ツイストを飾る。

. . . .

ブルックリン
BROOKLYN

リッテンハウス100ライ・ウイスキー	60ml
ドラン・ドライ・ベルモット	22.5ml
アマーロ・チョチャーロ*	7.5ml
ルクサルド・マラスキーノ・リキュール	1ティースプーン

すべての材料を氷とともにステアし、漉しながら、クープ・グラスに注ぐ。ガーニッシュはなし。

. . . .

ベスパー
VESPER

プリマス・ジン	45ml
シャーベイ・ウォッカ*	22.5ml
コッキ・アメリカーノ	15ml
ガーニッシュ:レモン・ツイスト	1

すべての材料を氷とともにステアし、漉しながら、ニック＆ノラ・グラスに注ぐ。レモン・ツイストを飾る。

. . . .

ペンデニス・クラブ・カクテル
PENDENNIS CLUB COCKTAIL

プリマス・ジン	60ml
ペンデニス・ミックス (p366)	22.5ml
ライム・ジュース	22.5ml
特製オリジナル・ペイショーズ・ビターズ (p365)	2ダッシュ
ガーニッシュ:ライムのくし切り	1

すべての材料を氷とともにシェイクし、漉しながら、クー

プ・グラスに注ぐ。ライムのくし切りを飾る。

. . . .

ボビー・バーンズ
BOBBY BURNS

スプリングバンク10年スコッチ*	60ml
特製オリジナル・スイート・ベルモット (p365)	22.5ml
ドランブイ	7.5ml
ガーニッシュ:レモン・ツイスト	1
アンゴスチュラ・ビターズ	1ダッシュ

すべての材料を氷とともにステアし、漉しながら、マ
ティーニ・グラスに注ぐ。レモン・ツイストを飾る。

. . . .

ポルトープランス
PORT AU PRINCE

バルバンクール3スター・ラム	30ml
エル・ドラド3年ラム*	30ml
レモン・ハート151ラム*	7.5ml
ベルベット・ファレナム*	22.5ml
ライム・ジュース	22.5ml
パイナップル・ジュース	15ml
グレナディン・シロップ (p366)	7.5ml
ジンジャー・シロップ (p357)	1ティースプーン
ビターメンズ・エレマクレ・ティキ・ビターズ*	6ドロップ
ガーニッシュ:パイナップルとチェリーのブランデー漬けのフラッグ	1

すべての材料を角氷3個とともにショート・シェイクし、
クラッシュド・アイスを詰めたピルスナー・グラスに、
漉しながら注ぐ。パイナップルとチェリーのフラッグを
飾る。

マイ・タイ
MAI TAI

ライムのくし切り	1
エル・ドラド15年ラム	30ml
アプルトン・エステートV/Xラム	30ml
ラ・ファボリット・ラム・アグリコル・ブラン*	7.5ml
ラム・クレマン・クレオール・シュラブ	15ml
ライム・ジュース	30ml
オルジェー（p358）	22.5ml
アンゴスチュラ・ビターズ	1ダッシュ
ガーニッシュ:ミントの束	1

ライムのくし切りを絞ってシェーカーに果汁を注ぎ入
れ、絞り終わったライムもシェーカーに入れる。残りの
材料を加え、角氷3個とともにショート・シェイクする。
クラッシュド・アイスを詰めたスニフターに、漉しなが
ら注ぐ。ミントの束を飾り、ストローをつけてサーブす
る。

. . . .

マッドスライド・フリップ
MUDSLIDE FLIP

レッドブレスト12年アイリッシュ・ウイスキー	45ml
コーヒー・インフュージョン・カルパノ・アンティカ・フォーミュラ・ベルモット (p364)	30ml
デメララ・シロップ (p357)	7.5ml
卵黄	1個
ヘビー・クリーム	15ml
アンゴスチュラ・ビターズ	1ダッシュ
ガーニッシュ:ダーク・チョコレート	

すべての材料を角氷3個とともにショート・シェイクし、
クラッシュド・アイスを詰めたピルスナー・グラスに、
漉しながら注ぐ。ドリンクの上でダーク・チョコレート
を粗く挽いて、ストローをつけてサーブする。

マティーニ
MARTINI

プリマス・ジン、またはビーフィーター・ロンドン・ドライ・ジン、またはタンカレー・ロンドン・ドライ・ジン	75ml
ドラン・ドライ・ベルモット	22.5ml
特製オリジナル・オレンジ・ビターズ (p365)	1ダッシュ
ガーニッシュ:レモン・ツイスト	1

すべての材料を氷とともにステアし、漉しながら、マティーニ・グラスに注ぐ。レモン・ツイストを飾る。

・・・・・・・・・

マルガリータ
MARGARITA

コーシャー・ソルト	
シエンブラ・アズール・ブランコ・テキーラ*	60ml
コアントロー	22.5ml
ライム・ジュース	30ml
アガベ・ネクター	7.5ml
ガーニッシュ:ライムのくし切り	1

ダブル・ロック・グラスの縁の半分に塩をつける。すべての材料を氷とともにシェイクする。塩で縁取りしたグラスに角氷を入れ、シェイクした材料を漉しながら注ぐ。

・・・・・・・・・

マルティネス
MARTINEZ

ヘイマンズ・オールド・トム・ジン	45ml
ランサム・オールド・トム・ジン*	15ml
特製オリジナル・スイート・ベルモット (p365)	30ml
ルクサルド・マラスキーノ・リキュール	1/2ティースプーン
マスネ・キルシュ・ビュー・チェリー・ブランデー	1/2ティースプーン
特製オリジナル・オレンジ・ビターズ (p365)	1ダッシュ
ガーニッシュ:レモン・ツイスト	1

すべての材料を氷とともにステアし、漉しながら、ニック&ノラ・グラスに注ぐ。レモン・ツイストを飾る。

・・・・・・・・・

マンハッタン
MANHATTAN

リッテンハウス100ライ・ウイスキー	75ml
特製オリジナル・スイート・ベルモット (p365)	22.5ml
アンゴスチュラ・ビターズ	2ダッシュ
ガーニッシュ:チェリーのブランデー漬け	1

すべての材料を氷とともにステアし、漉しながら、クープ・グラスに注ぐ。チェリーを飾る。

・・・・・・・・・

ミント・ジュレップ
MINT JULEP

ベイカーズ・バーボン	60ml
シンプル・シロップ (p357)	7.5ml
ガーニッシュ:ミントの束	1

バーボンとシンプル・シロップをジュレップ・ティンに入れる。ティンの半分くらいまでクラッシュド・アイスを詰める。ティースプーンでステアする。ティンの縁の部分をつかんで、10秒ほど氷をかき回すと、ティン全体に霜がつきはじめる。さらにクラッシュド・アイスを加えて、ティンの3分の2くらいまで詰め、ティンが完全に霜におおわれるまでステアする。さらに氷を加え、ティンの縁から山盛りになるくらいまで入れる。氷の中心にミントの束を飾り、ストローをつけてサーブする。

メキシカン・ファイアリング・スクワッド
MEXICAN FIRING SQUAD

タパティオ110ブランコ・テキーラ*	45ml
ライム・ジュース	22.5ml
サトウキビ・シロップ (p357)	15ml
グレナディン・シロップ (p366)	7.5ml
ビターメンズ・ヘルファイア・ハバネロ・シュラブ*	2ダッシュ
ガーニッシュ:ライム・ホイールとチェリーのフラッグ	1

ハイボール・グラスにクラックド・アイスをいっぱいに入れる。すべての材料を角氷3個とともにショート・シェイクし、漉しながら、グラスに注ぐ。ライム・ホイールとチェリーのフラッグを飾り、ストローをつけてサーブする。

. . . .

モスコー・ミュール
MOSCOW MULE

シャーベイ・ウォッカ*	60ml
ライム・ジュース	15ml
ジンジャー・シロップ (p357)	22.5ml
炭酸水	
ガーニッシュ:ライム・ホイールとショウガの砂糖漬けのフラッグ	
	1

すべての(炭酸水を除く)材料を角氷3個とともにショート・シェイクし、角氷を詰めたハイボール・グラスに、漉しながら注ぐ。炭酸水で満たす。ライム・ホイールとショウガの砂糖漬けのフラッグを飾り、ストローをつけてサーブする。

モヒート
MOJITO

ミントの葉	6
シンプル・シロップ (p357)	22.5ml
カーニャ・ブラバ・ラム*	60ml
ライム・ジュース	30ml
アンゴスチュラ・ビターズ	2ドロップ
ガーニッシュ:ミントの束	1

シェーカーにミントの葉とシンプル・シロップを入れて、マドラーで軽くつぶす。残りの材料を加えて、ホイップする（クラッシュド・アイスを数個入れて、材料が混ざり合うまでシェイクする）。ダブル・ロック・グラスに注ぎ入れ、クラッシュド・アイスをグラスにいっぱいに入れる。氷の中心にミントの束を飾り、ストローをつけてサーブする。

. . . .

ラスティ・ネイル
RUSTY NAIL

スプリングバンク10年スコッチ*	60ml
ドランブイ	22.5ml
ビター・トゥルース・アロマティック・ビターズ*	1ダッシュ
ガーニッシュ:レモン・ツイスト	1

すべての材料を氷とともにステアし、大きな角氷1個を入れたダブル・ロック・グラスに、漉しながら注ぐ。レモン・ツイストを飾る。

ラスト・ワード
LAST WORD

ビーフィーター・ロンドン・ドライ・ジン	22.5ml
グリーン・シャルトリューズ	22.5ml
ルクサルド・マラスキーノ・リキュール	22.5ml
ライム・ジュース	22.5ml

すべての材料を氷とともにシェイクし、漉しながら、クープ・グラスに注ぐ。ガーニッシュはなし。

· · · · · · · · ·

ラム・ジュレップ
RUM JULEP

レモン・ハート151ラム*	22.5ml
レモン・ハート・オリジナル・ラム	22.5ml
アプルトン・エステートV/Xラム	15ml
ベルベット・ファレナム*	7.5ml
ドンズ・スパイス #2 (p365)	7.5ml
オレンジ・ジュース	15ml
ライム・ジュース	15ml
アカシア・ハチミツ・シロップ (p356)	15ml
ガーニッシュ:ミントの束	1

すべての材料を角氷3個とともにショート・シェイクし、クラッシュド・アイスを詰めたジュレップ・ティンに、漉しながら注ぐ。ミントの束を飾る。

ラモス・ジン・フィズ
RAMOS GIN FIZZ

プリマス・ジン	60ml
レモン・ジュース	15ml
ライム・ジュース	15ml
シンプル・シロップ (p357)	30ml
ヘビー・クリーム	30ml
卵白	1個分
オレンジ花水	6ドロップ
炭酸水	60ml

すべての（炭酸水を除く）材料をドライ・シェイクし、角氷をシェーカーに詰めて、ティンが持っていられないほど冷たくなるまでシェイクする。ダブル・ストレインして、ハイボール・グラスに注ぎ、30秒間置いてから、ゆっくりと炭酸水を注ぎ入れる。ストローをつけてサーブする。ガーニッシュはなし。

· · · · · · · · ·

ラ・ロジータ
LA ROSITA

エル・テソロ・レポサド・テキーラ*	60ml
カンパリ	15ml
コッキ・ベルモット・ディ・トリノ	15ml
ドラン・ドライ・ベルモット	15ml
アンゴスチュラ・ビターズ	1ダッシュ
ガーニッシュ:オレンジ・ツイスト	1

すべての材料を氷とともにステアし、漉しながら、ニック & ノラ・グラスに注ぐ。オレンジ・ツイストを飾る。

リメンバー・ザ・メイン
REMEMBER THE MAINE

ビュー・ポンタリエ・アブサン*	
リッテンハウス100ライ・ウイスキー	60ml
コッキ・ベルモット・ディ・トリノ	22.5ml
チェリー・ヒーリング	7.5ml
マスネ・キルシュ・ビュー・チェリー・ブランデー	7.5ml
ビュー・ポンタリエ・アブサン*	2ダッシュ
ガーニッシュ:レモン・ツイスト	1

ニック&ノラ・グラスをアブサンでリンスして、そのあとアブサンは捨てる。残りの材料を加えて、氷とともにステアし、漉しながら、グラスに注ぐ。レモン・ツイストを飾る。

ルシアン・ゴーダン
LUCIEN GAUDIN

タンカレー・ロンドン・ドライ・ジン	45ml
ドラン・ドライ・ベルモット	15ml
カンパリ	15ml
コアントロー	15ml
ガーニッシュ:レモン・ツイスト	1

すべての材料を氷とともにステアし、漉しながら、ニック&ノラ・グラスに注ぐ。レモン・ツイストを飾る。

. . . .

ロブ・ロイ
ROB ROY

コンパス・ボックス・アシイラ・スコッチ	60ml
カルパノ・アンティカ・フォーミュラ・ベルモット	22.5ml
アンゴスチュラ・ビターズ	2ダッシュ
ガーニッシュ:カクテル・ピックに刺したチェリーのブランデー漬け	2

すべての材料を氷とともにステアし、漉しながら、クープ・グラスに注ぐ。チェリーを飾る。

GIN
ジン
《シェイク》

アンジュ・ママ
ANJOU MAMA
ジリアン・ボース、2013

熟したアンジュ梨の小さなスライス	3
ペニーロイヤル・インフュージョン・ヘイマンズ・オールド・トム・ジン（p362）	30ml
タンカレー・ナンバー・テン・ジン	30ml
レモン・ジュース	22.5ml
オルジェー（p358）	7.5ml
シナモン・バーク・シロップ（p357）	7.5ml
アカシア・ハチミツ・シロップ（p356）	7.5ml
ガーニッシュ：レモン・ホイール	1

シェーカーに梨のスライスを入れて、マドラーでつぶす。残りの材料を加えて、氷とともにシェイクし、漉しながら、ニック＆ノラ・グラスに注ぐ。レモン・ホイールを飾る。

. . . .

ウォータールー・サンセット
WATERLOO SUNSET
ホアキン・シモー、2011

ミントの葉	7
サトウキビ・シロップ（p357）	15ml
花椒インフュージョン・プリマス・ジン（p364）	30ml
ビーフィーター・ロンドン・ドライ・ジン	30ml
ドラン・ブラン・ベルモット	15ml
スイカのジュース	45ml
ライム・ジュース	22.5ml
ガーニッシュ：ミントの小枝	1

シェーカーにミントの葉とシロップを入れて、マドラーで軽くつぶす。残りの材料を加えて、氷とともにシェイクし、大きな角氷1個を入れたダブル・ロック・グラスに、ダブル・ストレイン（二度漉し）しながら注ぐ。ミントの小枝を飾る。

. . . .

オーバーヘッド・スマッシュ
OVERHEAD SMASH
ホアキン・シモー、2011

これはピムス・カップを分析して模倣したレシピです。ボナール（アマーロのようなフレンチ・アペリティフ）とカルパノ・アンティカとジンを組み合わせると、ピムスに似た飲みやすいドリンクになりますが、フレーバー・プロフィールはもっと複雑です。——JS

イチゴ	1/2
キュウリ・ホイール	2
タンカレー・ロンドン・ドライ・ジン	45ml
ボナール・ゲンチアナキナ*	15ml
カルパノ・アンティカ・フォーミュラ・ベルモット	15ml
レモン・ジュース	22.5ml
オルジェー（p358）	7.5ml
ジンジャー・シロップ（p357）	7.5ml
アンゴスチュラ・ビターズ	1ダッシュ
特製オリジナル・オレンジ・ビターズ（p365）	1ダッシュ
炭酸水	
ガーニッシュ：キュウリのリボン1、ミントの小枝1、アンゴスチュ	

ラ・ビターズ1〜2ドロップ

シェーカーにイチゴとキュウリ・ホイールを入れて、マドラーでつぶす。残りの（炭酸水を除く）材料を加えて、氷とともにショート・シェイクし、角氷を詰めたハイボール・グラスに、漉しながら注ぐ。炭酸水で満たす。キュウリのリボンとミントの小枝を飾り、ミントの上にビターズをダッシュする。ストローをつけてサーブする。

. . . .

カディス・コリンズ
CÁDIZ COLLINS
アレックス・デイ、2008

　もっと多くの人にシェリーの入ったカクテルを飲んでほしいと思って考えたレシピです。ビターズとオレンジがシェリーのスパイス・フレーバーを引き出します。——AD

オレンジ・ホイール	1
フィー・ブラザーズ・ウイスキー・バレルエイジド・ビターズ*	3ダッシュ
プリマス・ジン	60ml
ルスタウ・アモンティリャード・シェリー	22.5ml
レモン・ジュース	15ml
デメララ・シロップ (p357)	15ml
炭酸水	
ガーニッシュ：オレンジの半月切り	1

シェーカーにオレンジ・ホイールをビターズとともに入れて、マドラーでつぶす。残りの（炭酸水を除く）材料を加えて、氷とともにシェイクし、角氷を詰めたハイボール・グラスに、漉しながら注ぐ。炭酸水で満たす。オレンジの半月切りを飾り、ストローをつけてサーブする。

. . . .

キュー・ガーデンズ・クーラー
KEW GARDENS COOLER
ホアキン・シモー、2009

薄切りにしたキュウリ・ホイール	2
ビーフィーター24ジン	60ml
アペロール	15ml
グレープフルーツ・ジュース	22.5ml
スカーレット・グロウ・シロップ (p357)	15ml
ガーニッシュ：キュウリのリボン	1

シェーカーにキュウリ・ホイールを入れて、マドラーでつぶす。残りの材料を加え、角氷3個とともにショート・シェイクし、クラッシュド・アイスを詰めたハイボール・グラスに、漉しながら注ぐ。キュウリのリボンにカクテル・ピックを刺して飾り、ストローをつけてサーブする。

. . . .

クイーン・パーム
QUEEN PALM
トーマス・ウォー、2009

　このドリンクを創作したときのことは、覚えていません。あれは7月4日でした。その夜はいままでになく客足が悪かったので、わたしとブライアンは早めに店じまいして、ゾンビ・パンチを2、3杯飲んでから、ブライアンのアパートに帰り、それからまた飲み直しました。翌朝目が覚めたら、このドリンクのレシピをなぐり書きした紙切れがポケットから出てきたのです。——TW

プリマス・ジン	45ml

マドルド・ミッション (p217)

ドンズ・スパイス #2 (p365)	15ml
カラニ・ロン・デ・ココ・ココナッツ・リキュール*	3ダッシュ
グレープフルーツ・ジュース	15ml
ライム・ジュース	15ml
ココナッツ水	15ml
サトウキビ・シロップ (p357)	1ティースプーン

すべての材料を氷とともにシェイクし、漉しながら、クープ・グラスに注ぐ。ガーニッシュはなし。

· · · · · · · · ·

グッド・ヒューマー
GOOD HUMOR
ブラッド・ファラン、2013

　わたしは、ストロベリー・ショートケーキのアイス・クリーム・バーの味を再現してみたいと思いました。ジュネバの麦芽の味でケーキらしいフレーバーを再現し、フレーバーの強いストロベリー・リキュールでイチゴの味を出します。——BF

イチゴ	1
ボルス・ジュネバ	30ml
ボルス・バレルエイジド・ジュネバ	15ml
エライジャ・クレイグ12年バーボン*	15ml
メルレ・クレーム・ド・フレイズ・ド・ボワ・ストロベリー・リキュール*	
	1/2ティースプーン
レモン・ジュース	15ml
オルジェー (p358)	15ml
バニラ・シロップ (p358)	7.5ml
ヘビー・クリーム	15ml
ガーニッシュ：イチゴ	1

シェーカーにイチゴを入れて、マドラーで軽くつぶす。残りの材料を加えて、氷とともにシェイクし、クラッシュド・アイスを詰めたダブル・ロック・グラスに、漉しながら注ぐ。イチゴを飾り、ストローをつけてサーブする。

ザ・コマンダント
THE COMMANDANT
タイソン・ビューラー、2013

　カフェライムは、サマー・カクテルに鮮やかさを加えたいときにひじょうに効果的な材料です。このドリンクに使うジンは、マシュー・ペリー——俳優ではなく、1841年から1843年にかけてブルックリン海軍造船所の司令官（コマンダント）を務めた人物〔幕末の日本に「黒船」で来航したペリーのこと〕——にちなんで命名されたものです。——TB

ペリーズ・トット・ネイビー・ストレングス・ジン*	45ml
クローナン・スウェーデン・プンシュ*	15ml
ベルベット・ファレナム*	7.5ml
ライム・ジュース	22.5ml
ココ・ロペス*	15ml
小さめの生のカフェ・ライム・リーフ	1
ガーニッシュ：ライム・ホイール	1

すべての材料を角氷3個とともにショート・シェイクし、クラッシュド・アイスを詰めたココナッツ・マグに、漉しながら注ぐ。ライム・ホイールを飾り、ストローをつけてサーブする。

· · · · · · · · ·

ザ・リスク・プール
THE RISK POOL
フィル・ウォード、2008

ヘイマンズ・オールド・トム・ジン	60ml
ロスマン＆ウインター・クレーム・ド・バイオレット*	7.5ml
ライム・ジュース	22.5ml
グレープフルーツ・ジュース	15ml
シンプル・シロップ (p357)	22.5ml

すべての材料を氷とともにシェイクし、漉しながら、クープ・グラスに注ぐ。ガーニッシュはなし。

サンセット・ガン
SUNSET GUN
ホアキン・シモー、2011

生のカフェ・ライム・リーフ	2
ドロシー・パーカー・ジン*	60ml
ベルベット・ファレナム*	7.5ml
ライム・ジュース	30ml
オルジェー（p358）	15ml
ガーニッシュ:生のカフェ・ライム・リーフ	1

シェーカーにカフェ・ライム・リーフを入れて、マドラーで軽くつぶす。残りの材料を加えて、氷とともにシェイクする。ダブル・ストレインしながら、クープ・グラスに注ぎ、カフェ・ライム・リーフを飾る。

. . . .

シティ・オブ・ゴールド・スリング
CITY OF GOLD SLING
ホアキン・シモー、2009

　ジンをベースにしたティキ・スタイルのドリンクはわずかですが、そのなかでいちばん有名なものがシンガポール・スリングです。これは、このクラシック・ドリンクのバリエーションです。——JS

ヘイマンズ・オールド・トム・ジン	45ml
エル・ドラド12年ラム	15ml
ドンズ・スパイス #2 (p365)	22.5ml
ビュー・ポンタリエ・アブサン*	1ダッシュ
パイナップル・ジュース	30ml
ライム・ジュース	15ml
オルジェー（p358）	7.5ml
特製オリジナル・ペイショーズ・ビターズ (p365)	1ダッシュ
ガーニッシュ:パイナップルのくし切り	1

すべての材料を氷とともにシェイクし、角氷を詰めたハイボール・グラスに、漉しながら注ぐ。パイナップルのくし切りを飾る。

ジプシー・アイズ
GYPSY EYES
ジェシカ・ゴンザレス、2009

グリーン・シャルトリューズ	
ビーフィーター・ロンドン・ドライ・ジン	45ml
アペロール	15ml
ライム・ジュース	15ml
グレープフルーツ・ジュース	15ml
シンプル・シロップ (p357)	7.5ml

シャルトリューズでクープ・グラスをリンスし、そのあとシャルトリューズは捨てる。残りの材料を氷とともにシェイクし、漉しながら、クープ・グラスに注ぐ。ガーニッシュはなし。

. . . .

ジプシー・ウェディング
GYPSY WEDDING
ジリアン・ボース、2012

トーステッド・フェンネル・ソルト (p364)

第5章　スペック：ジン シェイク　　213

グリーン・グレープ	6
ボンベイ・ロンドン・ドライ・ジン	45ml
クログスタッド・アクアビット*	15ml
ベルベット・ファレナム*	7.5ml
ライム・ジュース	22.5ml
グレープフルーツ・ジュース	15ml
アカシア・ハチミツ・シロップ (p356)	15ml

クープ・グラスの縁の半分にトーステッド・フェンネル・ソルトをつける。シェーカーにグレープを入れて、マドラーでつぶす。残りの材料を加えて、氷とともにシェイクし、ダブル・ストレインしながら、クープ・グラスに注ぐ。ガーニッシュはなし。

· · · · · · · · ·

シャンティ・タウン
SHANTY TOWN
トーマス・ウォー、2012

　このドリンクは、技術的にはシェイク・カクテルではありません。強い酒ではありますが、それでもリフレッシュ系のジン・ドリンクです。——TW

ペリーズ・トット・ネイビー・ストレングス・ジン*	30ml
ドックス・ハード・アップル・サイダー*	

ピルスナー・グラスに氷を詰めて、ジンを加え、サイダーで満たす。ストローをつけてサーブする。

· · · · · · · · ·

ジン・ハウンド
GIN HOUND
ホアキン・シモー、2009

　セロリという材料は誤解されています。セロリは、風味がとぼしく、特徴がないと思われていますが、実際にはひじょうに味の強い材料です。このギムレット・スタイルのドリンクは、その強力なフレーバーを際立たせた

ドリンクです。——JS

タンカレー・ロンドン・ドライ・ジン	60ml
セロリ・ジュース	15ml
ライム・ジュース	15ml
アカシア・ハチミツ・シロップ (p356)	15ml

すべての材料を氷とともにシェイクし、漉しながら、クープ・グラスに注ぐ。ガーニッシュはなし。

· · · · · · · · ·

ストレンジ・ブリュー
STRANGE BREW
トーマス・ウォー、2008

　サンフランシスコにいたころ、わたしは友人たちといっしょによくドローレス公園へ行き、農産物の直売所で新鮮なフルーツを買って、ドイツ人と同じようにビールにフルーツを混ぜて飲んでいました。わたしはパイナップルとIPAを好んで組み合わせていましたが、このドリンクはそこから思いついたもので、名前はEMFのヒット曲「アンビリーバブル」のB面の曲名にちなんでつけました。——TW

タンカレー・ナンバー・テン・ジン	60ml
ベルベット・ファレナム*	22.5ml
パイナップル・ジュース	30ml
レモン・ジュース	15ml
グリーン・フラッシュIPAビール	
ガーニッシュ:ミントの小枝	1

すべての（IPAを除く）材料を角氷3個とともにショート・シェイクし、クラッシュド・アイスを詰めたピルスナー・グラスに、漉しながら注ぐ。IPAで満たし、ミントの小枝を飾り、ストローをつけてサーブする。

テナメント・ヤード
TENEMENT YARD
ジリアン・ボース、2013

　ジェネピー・デ・ザルプは、ニガヨモギのフレーバーを加えたハーブのリキュールで、シャルトリューズとアブサンの中間のような味です。わたしは、通常はカクテルに野菜を入れるのは大嫌いですが、豆の新鮮なアロマと甘いフレーバーは、ジンとジェネピーの組み合わせとよく合います。──JV

スナップエンドウ・インフュージョン・プリマス・ジン (p364)	60ml
ドラン・ジェネピー・デ・ザルプ・リキュール*	15ml
レモン・ジュース	22.5ml
オルジェー (p358)	15ml

すべての材料を氷とともにシェイクし、漉しながら、大きなクープ・グラスに注ぐ。ガーニッシュはなし。

. . . .

トム・ボム
TOM BOMB
ジリアン・ボース、2011

　これは、わたしがデス・アンド・コーで初めて創作したドリンクです。フレーバーは、ティキ・ドリンクとして人気のあるパイナップルとレモンとスパイスの組み合わせですが、スパイスはドンズ・スパイス #2 を使います。──JV

ランサム・オールド・トム・ジン*	45ml
ドンズ・スパイス #2 (p365)	7.5ml
レモン・ジュース	15ml
パイナップル・ジュース	15ml
オルジェー (p358)	7.5ml

アカシア・ハチミツ・シロップ (p356)	7.5ml

すべての材料を氷とともにシェイクし、漉しながら、クープ・グラスに注ぐ。ガーニッシュはなし。

. . . .

ピンク・エレファント
PINK ELEPHANT
ブライアン・ミラー、2009

タンカレー・ロンドン・ドライ・ジン	60ml
ルクサルド・マラスキーノ・リキュール	1ティースプーン
マスネ・クレーム・ド・ミュール・ブラックベリー・リキュール*	1ティースプーン
グレープフルーツ・ジュース	22.5ml
ライム・ジュース	15ml
シンプル・シロップ (p357)	1ティースプーン

すべての材料を氷とともにシェイクし、漉しながら、クープ・グラスに注ぐ。ガーニッシュはなし。

. . . .

ピンク・フラッグ
PINK FLAG
エリン・リース、2012

セージの葉	2
タンカレー・ロンドン・ドライ・ジン	60ml
クレーム・イベット*	7.5ml
レモン・ジュース	15ml
パイナップル・ジュース	15ml
オルジェー (p358)	15ml

シェーカーにセージの葉を入れて、マドラーで軽くつぶす。残りの材料を加えて、氷とともにシェイクし、ダブル・ストレインしながら、クープ・グラスに注ぐ。ガーニッシュはなし。

フリスコ・クラブ
FRISCO CLUB
トーマス・ウォー、2008

これはクラシック・カクテルのペグ・クラブを焼き直したもので、通常のビターズとオレンジ・キュラソーの代わりに、フェルネット・ブランカとグレープフルーツ・ジュースを使います。——TW

プリマス・ジン	60ml
ソレルノ・ブラッド・オレンジ・リキュール	15ml
フェルネット・ブランカ	7.5ml
グレープフルーツ・ジュース	22.5ml
ライム・ジュース	7.5ml
シンプル・シロップ (p357)	15ml
グレープフルーツ・ツイスト	1

すべての（グレープフルーツ・ツイストを除く）材料を氷とともにシェイクし、漉しながら、クープ・グラスに注ぐ。グレープフルーツ・ツイストをドリンクの上で絞り、そのあとツイストは捨てる。ガーニッシュはなし。

. . . .

プリティ・バード
PRETTY BIRD
トーマス・ウォー、2011

ドリンクのなかには、人気が高いために、しばらくするとうんざりしてしまうものがあります。こうしたドリンクのひとつが、ホアキンのリトル・バーディ（p281）です。このドリンクは、定番のジョークになってしまい、その結果、同じように鳥にちなんだ名前のついた別のドリンクを産み落とすことになりました。——TW

ボンベイ・ロンドン・ドライ・ジン	45ml
ラム・クレマン・クレオール・シュラブ	15ml
グレープフルーツ・ジュース	22.5ml
ライム・ジュース	15ml
グレナディン・シロップ (p366)	7.5ml

シナモン・バーク・シロップ (p357)	1ティースプーン
ガーニッシュ:ライム・ホイールとチェリーのフラッグ	1

すべての材料をシェイクし、大きな角氷1個を入れたダブル・ロック・グラスに、漉しながら注ぐ。ライム・ホイールとチェリーのフラッグを飾る。

. . . .

ペティコート
PETTICOAT
ジェシカ・ゴンザレス、2009

花椒インフュージョン・プリマス・ジン (p364)	60ml
ベルベット・ファレナム*	7.5ml
マリー・ブリザール・アプリコット・リキュール	7.5ml
ライム・ジュース	22.5ml
サトウキビ・シロップ (p357)	7.5ml

すべての材料を氷とともにシェイクし、漉しながら、クープ・グラスに注ぐ。ガーニッシュはなし。

. . . .

ベラ・ルナ
BELLA LUNA
ブライアン・ミラー、2009

プリマス・ジン	60ml
サンジェルマン	22.5ml
クレーム・イベット*	15ml
レモン・ジュース	22.5ml
シンプル・シロップ (p357)	1ティースプーン

すべての材料を氷とともにシェイクし、漉しながら、ポート・グラスに注ぐ。ガーニッシュはなし。

マドルド・ミッション
MUDDLED MISSION
ホアキン・シモー、2008

イチゴ	1
アンカー・ジュニペロ・ジン	45ml
サンジェルマン	30ml
イエロー・シャルトリューズ	7.5ml
レモン・ジュース	22.5ml
ガーニッシュ:イチゴ	1

シェーカーにイチゴを入れて、マドラーで軽くつぶす。残りの材料を加えて、氷とともにシェイクする。漉しながら、クープ・グラスに注ぐ。イチゴを飾る。

. . . .

モータル・エネミー
MORTAL ENEMY
ジリアン・ボース、2013

　ニューヨーク州北部のアメリカン・フルーツ・ディスティラリーは、旬の果実から造ったコーディアルを生産しています。また、たまたまこの近くにアレン・カッツがドロシー・パーカー・ジンを開発した蒸留所があるので、この2つを組み合わせてこのラスト・ワードのバリエーションをつくってみました。――JV

ドロシー・パーカー・ジン*	22.5ml
マリー・ブリザール・ホワイト・クレーム・ド・カカオ	22.5ml
アメリカン・フルーツ・ブラック・カレント・コーディアル*	22.5ml
ビュー・ポンタリエ・アブサン*	1ダッシュ
ライム・ジュース	22.5ml
シンプル・シロップ (p357)	7.5ml

すべての材料を氷とともにシェイクし、漉しながら、ニック＆ノラ・グラスに注ぐ。ガーニッシュはなし。

ランブル
RAMBLE
フィル・ウォード、2008

プリマス・ジン	60ml
レモン・ジュース	30ml
シンプル・シロップ (p357)	37.5ml
ラズベリー	3

シェーカーにジンとレモン・ジュースとシンプル・シロップ22.5mlを入れて混ぜる。角氷3個を加えてショート・シェイクし、クラッシュド・アイスを詰めたハイボール・グラスに、漉しながら注ぐ。シェーカーを空にしてから、ラズベリーとシンプル・シロップの残り15mlを加える。ラズベリーをマドラーで軽くつぶして、ドリンクの上に注ぎかける。ストローをつけてサーブする。

. . . .

リゴドン
RIGADOON
フィル・ウォード、2008

　カラマンシーは、見た目はタンジェリンに似ていますが、酸味のある味はライムに似ています。入手するのは簡単ではありませんが、カラマンシーの冷凍ピューレを売っているオンラインの業者は、marquefoods.comをはじめいくつかあります。――PW

タンカレー・ロンドン・ドライ・ジン	60ml
ボワロン・カラマンジ・ピューレ	22.5ml
レモン・ジュース	7.5ml
シンプル・シロップ (p357)	22.5ml
タイ・バジルの葉	4
ガーニッシュ:タイ・バジルの葉	1

すべての材料を氷とともにシェイクし、ダブル・ストレインしながら、クープ・グラスに注ぐ。タイ・バジルの葉を飾る。

GIN

ジン

《ステア》

インペリアル・マーチ
IMPERIAL MARCH
ジェシカ・ゴンザレス、2011

マーティン・ミラーズ・ウエストボーン・ストレングス・ジン	45ml
アルベアル・フェスティバル・パレ・クレーム・シェリー*	30ml
コッキ・アメリカーノ	22.5ml
ルクサルド・マラスキーノ・リキュール	1ティースプーン
特製オリジナル・オレンジ・ビターズ (p365)	1ダッシュ
ガーニッシュ:グレープフルーツ・ツイスト	1

すべての材料を氷とともにステアし、漉しながら、ファンシー・フィズ・グラスに注ぐ。グレープフルーツ・ツイストを飾る。

· · · · · · · · ·

ウッドゥン・シップ
WOODEN SHIP
トーマス・ウォー、2011

タンカレー・ナンバー・テン・ジン	30ml
ボルス・ジュネバ	30ml
グラン・マルニエ	15ml
サトウキビ・シロップ (p357)	1/2ティースプーン
フィー・ブラザーズ・ウイスキー・バレルエイジド・ビターズ*	
	1ダッシュ
ガーニッシュ:レモン・ツイスト	1

すべての材料を氷とともにステアし、漉しながら、ロック・グラスに注ぐ。レモン・ツイストを飾る。

キー・パーティ
KEY PARTY
ホアキン・シモー、2009

　このドリンクに使うスピリッツにフレーバーを加えるために使われているボタニカルを全部数えたら、200以上になります。作るのにたった1分しかかからないものにしては、悪くないでしょう。──JS

プリマス・ジン	60ml
ボナール・ゲンチアナキナ*	15ml
アマーロ・ナルディーニ*	15ml
グリーン・シャルトリューズ	7.5ml

すべての材料を氷とともにステアし、漉しながら、クープ・グラスに注ぐ。ガーニッシュはなし。

· · · · · · · · ·

グランド・ストリート
GRAND STREET
アレックス・デイ、2009

　柑橘類のゼスト（果皮）をステア・カクテルに使うのは、わたしたちが好んで使うテクニックのひとつです。これはフレーバーに微妙な深みを加える急速インフュージョンに似ています。──AD

グレープフルーツ・ツイスト	1
ビーフィーター・ロンドン・ドライ・ジン	60ml
プント・エ・メス	22.5ml
チナール	7.5ml

ルクサルド・マラスキーノ・リキュール	1ティースプーン

ミキシング・グラスにグレープフルーツ・ツイストを入れて、マドラーで軽くつぶす。残りの材料を加えて、氷とともにステアし、漉しながら、クープ・グラスに注ぐ。ガーニッシュはなし。

・・・・・・・・

ゴンザレス
GONZALEZ
フィル・ウォード、2008

　このカクテルの名前は、ジェシカ・ゴンザレスにちなんでつけました。ジェシカは、最初はウエイトレスとしてデス・アンド・コーで勤め始めましたが、やがて当店初の女性バーテンダーになりました。──PW

ビーフィーター・ロンドン・ドライ・ジン	60ml
プント・エ・メス	22.5ml
ルクサルド・マラスキーノ・リキュール	7.5ml
ビター・トゥルース・アロマティック・ビターズ*	2ダッシュ

すべての材料を氷とともにステアし、漉しながら、クープ・グラスに注ぐ。ガーニッシュはなし。

・・・・・・・・

ザ・ジョイ・ディビジョン
THE JOY DIVISION
フィル・ウォード、2008

ビーフィーター・ロンドン・ドライ・ジン	60ml
ドラン・ドライ・ベルモット	30ml
コアントロー	15ml
ビュー・ポンタリエ・アブサン*	3ダッシュ
ガーニッシュ:レモン・ツイスト	1

すべての材料を氷とともにステアし、漉しながら、クープ・グラスに注ぐ。レモン・ツイストを飾る。

サマー・シャック
SUMMER SHACK
ホアキン・シモー、2009

マーティン・ミラーズ・ウエストボーン・ストレングス・ジン	45ml
リレ・ブラン	22.5ml
ソービニヨン・ブラン	15ml
サンジェルマン	7.5ml
シンプル・シロップ (p357)	1ティースプーン
オレンジ・ツイスト	1

すべての（オレンジ・ツイストを除く）材料を氷とともにステアし、漉しながら、クープ・グラスに注ぐ。オレンジ・ツイストをドリンクの上で絞り、そのあとツイストは捨てる。ガーニッシュはなし。

・・・・・・・・

ザ・モンロー
THE MONROE
スコット・ティーグ、2013

　ある友人から、オルジェーを使ったオールドファッションド・スタイルのドリンクはひとつもない、という指摘を受けました。そこで、このカクテルを思いつきました。マリリンのように、とてもかわいくて、ちょっと変わっています。──ST

アンカー・ジュニペロ・ジン	45ml
マスネ・クレーム・ド・ペシェ・ピーチ・リキュール	
	1/2ティースプーン
オルジェー（p358）	7.5ml
特製オリジナル・ベイショーズ・ビターズ (p365)	3ダッシュ
特製オリジナル・オレンジ・ビターズ (p365)	1ダッシュ
炭酸水	15ml

すべての（炭酸水を除く）材料を氷とともにステアし、大きな角氷1個を入れたダブル・ロック・グラスに、漉しながら注ぐ。炭酸水を加える。ガーニッシュはなし。

ザ・ジョイ・ディビジョン（p219）

ジェスパー・リンド
JESPER LIND
ブライアン・ミラー、2009

ビーフィーター・ロンドン・ドライ・ジン	45ml
ルスタウ・イースト・インディア・ソレラ・シェリー	22.5ml
リニア・アクアビット	15ml
バニラ・シロップ (p358)	1ティースプーン
特製オリジナル・オレンジ・ビターズ (p365)	1ダッシュ

すべての材料を氷とともにステアし、漉しながら、クープ・グラスに注ぐ。ガーニッシュはなし。

･･･････

シュア・ショット
SURE SHOT
ジリアン・ボース、2011

ヘイマンズ・オールド・トム・ジン	45ml
ボルス・ジュネバ	15ml
アンチョ・チリ・インフュージョン・ドラン・ルージュ・ベルモット (p361)	22.5ml
ガリアーノ・リストレット*	1ティースプーン
デメララ・シロップ (p357)	1ティースプーン
特製オリジナル・オレンジ・ビターズ (p365)	1ダッシュ

すべての材料を氷とともにステアし、漉しながら、クープ・グラスに注ぐ。ガーニッシュはなし。

･･･････

センティメンタル・ジャーニー
SENTIMENTAL JOURNEY
ブライアン・ミラー、2008

　このカクテルは、多くの人たちがオリジナルのマティーニと考えているレシピからひらめきを得て創作しました。材料は、ジンとソービニョン・ブランと挽いたシナモンです。──BM

タンカレー・ナンバー・テン・ジン	45ml
モロ・ベイ・シャルドネ*	30ml
シナモン・バーク・シロップ (p357)	15ml
ガーニッシュ:レモン・ツイスト	1

すべての材料を氷とともにステアし、漉しながら、クープ・グラスに注ぐ。レモン・ツイストを飾る。

･･･････

チナールタウン
CYNARTOWN
フィル・ウォード、2008

ビーフィーター・ロンドン・ドライ・ジン	60ml
カルパノ・アンティカ・フォーミュラ・ベルモット	22.5ml
チナール	15ml
ガーニッシュ:チェリーのブランデー漬け	1

すべての材料を氷とともにステアし、漉しながら、クープ・グラスに注ぐ。チェリーを飾る。

･･･････

ディック・ブローティガン
DICK BRAUTIGAN
フィル・ウォード、2008

ビーフィーター・ロンドン・ドライ・ジン	60ml
グレープフルーツ・インフュージョン・プント・エ・メス (p361)	22.5ml
アマーロ・ルカーノ*	15ml
ルクサルド・マラスキーノ・リキュール	7.5ml

すべての材料を氷とともにステアし、漉しながら、クープ・グラスに注ぐ。ガーニッシュはなし。

ナイト・ウォッチ
NIGHT WATCH
ジェシカ・ゴンザレス、2011

　多くの男たちは、歌や映画にちなんでドリンクの名前をつけたがります。わたしは、このレンブラントの絵〔夜警〕のように芸術作品から名前を取るのが好きです。——JG

ランサム・オールド・トム・ジン*	45ml
クルーザン・ブラック・ストラップ・ラム*	15ml
ルスタウ・イースト・インディア・ソレラ・シェリー	22.5ml
シンプル・シロップ (p357)	1ティースプーン
アンゴスチュラ・ビターズ	1ダッシュ

すべての材料を氷とともにステアし、漉しながら、クープ・グラスに注ぐ。ガーニッシュはなし。

· · · · · · · · ·

ハウリン・アット・ザ・ムーン
HOWLIN' AT THE MOON
ブラッド・ファラン、2012

　ジュネバ・ベースのオールドファッションドを創作しようと思い、樽熟成したジュネバとチョコレートの相性がいいことに気づきました。——BF

レモン・ツイスト	1
ボルス・バレルエイジド・ジュネバ	60ml
マリー・ブリザール・ホワイト・クレーム・ド・カカオ	
	2ティースプーン
サトウキビ・シロップ (p357)	1/2ティースプーン
ビターキューブ・チェリー・バーク・アンド・バニラ・ビターズ*	
	2ダッシュ
ガーニッシュ:オレンジ・ツイスト	1

ミキシング・グラスにレモン・ツイストを入れて、マドラーでつぶす。残りの材料を加えて、氷とともにステアし、大きな角氷1個を入れたダブル・ロック・グラスに、

漉しながら注ぐ。オレンジ・ツイストを飾る。

· · · · · · · · ·

プレッシャー・ドロップ
PRESSURE DROP
トーマス・ウォー、2009

ランサム・オールド・トム・ジン*	45ml
アマーロ・メレッティ*	30ml
ドラン・ドライ・ベルモット	15ml
クリア・クリーク・ペア・ブランデー*	1ティースプーン
アンゴスチュラ・ビターズ	1ダッシュ

すべての材料を氷とともにステアし、漉しながら、クープ・グラスに注ぐ。ガーニッシュはなし。

· · · · · · · · ·

ホステージ・シチュエーション
HOSTAGE SITUATION
ホアキン・シモー、2009

ランサム・オールド・トム・ジン*	60ml
コーヒー・インフュージョン・カルパノ・アンティカ・フォーミュラ・ベルモット (p364)	15ml
カルパノ・アンティカ・フォーミュラ	15ml
ラム・クレマン・クレオール・シュラブ	7.5ml
リーガンズ・オレンジ・ビターズ*	2ダッシュ
アンゴスチュラ・ビターズ	1ダッシュ
ガーニッシュ:オレンジ・ツイスト	1

すべての材料を氷とともにステアし、大きな角氷1個を入れたダブル・ロック・グラスに、漉しながら注ぐ。オレンジ・ツイストを飾る。

ボタニー・オブ・デザイア
BOTANY OF DESIRE
ブラッド・ファラン、2013

　このドリンクのヒントになったのは、スコットランド産のボタニスト・ジンでした。このジンは味が微妙で、ほかの材料と合わせるのが難しいので、ジンの味を損ねないナパ・バレー産のバージュなどのほかの軽めのフレーバーと合わせてみました。――BF

ブルイックラディ・ボタニスト・ジン	45ml
ビュネルVSOPカルバドス	15ml
エリクシア・コンビエ*	7.5ml
フュージョン・バージュ・ブラン*	45ml
サトウキビ・シロップ (p357)	1/2ティースプーン
特製オリジナル・オレンジ・ビターズ (p365)	1ダッシュ
ガーニッシュ:リンゴの扇	1

すべての材料を氷とともにステアし、漉しながら、ニック&ノラ・グラスに注ぐ。リンゴの扇を飾る。

．．．．．．．．．

ムーン・カクテル
MOON COCKTAIL
トーマス・ウォー、2008

プリマス・ジン	60ml
ルスタウ・アモンティリャード・シェリー	22.5ml
マスネ・クレーム・ド・ペシェ・ピーチ・リキュール	1ティースプーン
アカシア・ハチミツ・シロップ (p356)	7.5ml
レモン・ツイスト	1

すべての（レモン・ツイストを除く）材料を氷とともにステアし、漉しながら、クープ・グラスに注ぐ。ドリンクの上でレモン・ツイストを絞り、そのあとツイストは捨てる。ガーニッシュはなし。

メイ・フェア
MAY FAIR
エリン・リース、2013

　　伝統的スタイルと現代的スタイルのアクアビットを組み合わせて、ビュ・カレのバリエーションをつくってみました。クログスタッドは、アニスのフレーバーが強めの熟成しないアメリカ産のアクアビットです。リニアは、キャラウェイのフレーバーが豊かな伝統的なスカンジナビア風のアクアビットです。——ER

タンカレー・ロンドン・ドライ・ジン	30ml
クログスタッド・アクアビット*	15ml
リニア・アクアビット	15ml
特製オリジナル・スイート・ベルモット (p365)	30ml
ベネディクティン	7.5ml
アンゴスチュラ・ビターズ	2ダッシュ
特製オリジナル・ペイショーズ・ビターズ (p365)	2ダッシュ
ガーニッシュ:オレンジ・ツイスト	1

すべての材料を氷とともにステアし、大きな角氷1個を入れたダブル・ロック・グラスに、漉しながら注ぐ。オレンジ・ツイストを飾る。

· · · · · · · · ·

メインランド
MAINLAND
トーマス・ウォー、2009

　　これは、『サヴォイ・カクテルブック』で最初に出てくるアラスカを焼き直したものです。アラスカは、イエロー・シャルトリューズを使ったマティーニです。このドリンクでは、代わりにガリアーノを使います。ガリアーノはシャルトリューズと似ていますが、バニラとアニスのフレーバーがもっと際立っています。——TW

グレープフルーツ・ツイスト	2
タンカレー・ナンバー・テン・ジン	60ml
ガリアーノ・オーセンティコ	15ml

シンプル・シロップ (p357)	1ティースプーン
アンゴスチュラ・ビターズ	1ダッシュ

ミキシング・グラスの上でグレープフルーツ・ツイストを絞り、そのあとツイストもグラスの中に入れる。残りの材料を加え、氷とともにステアする。漉しながら、クープ・グラスに注ぐ。ガーニッシュはなし。

· · · · · · · · ·

メキシジン・マティーニ
MEXI-GIN MARTINI
フィル・ウォード、2012

　　このドリンクはまず名前から考えました。テキーラとメスカルの両方を使うマティーニを創作したいと思い、これにもっとソフトなジンを組み合わせ、さらにもっと複雑さを増すためにシャルトリューズとセロリ・ビターズを加えました。——PW

プリマス・ジン	60ml
ドラン・ドライ・ベルモット	15ml
デル・マゲイ・クレマ・デ・メスカル*	7.5ml
ハラペーニョ・インフュージョン・シエンブラ・アズール・ブランコ・テキーラ (p361)	7.5ml
グリーン・シャルトリューズ	7.5ml
ビター・トゥルース・セロリ・ビターズ*	1ダッシュ

すべての材料を氷とともにステアし、漉しながら、クープ・グラスに注ぐ。ガーニッシュはなし。

ヨーマン・ウォーダー
YEOMEN WARDER
フィル・ウォード、2008

ビーフィーター・ロンドン・ドライ・ジン	60ml
ドラン・ドライ・ベルモット	22.5ml
チナール	7.5ml
ルクサルド・マラスキーノ・リキュール	7.5ml

すべての材料を氷とともにステアし、漉しながら、クープ・グラスに注ぐ。ガーニッシュはなし。

・・・・・・・・

ヨーロピアン・ユニオン
EUROPEAN UNION
アレックス・デイ、2008

　オールド・トム・ジンの甘味をカルバドスでやわらげたマルティネスのバリエーションです。——AD

ヘイマンズ・オールド・トム・ジン	45ml
マルティーニ・スイート・ベルモット	30ml
ビュネルVSOPカルバドス	15ml
ストレガ	1ティースプーン
ビター・トゥルース・アロマティック・ビターズ*	1ダッシュ

すべての材料を氷とともにステアし、漉しながら、クープ・グラスに注ぐ。ガーニッシュはなし。

ライト・アンド・デイ
LIGHT AND DAY
アレックス・デイ、2008

　わたしがデス・アンド・コーで初めて創作したこのドリンクは、いくつかのルールを破っています（ステア・カクテルに生のオレンジ・ジュースを使うなど）が、店をクビにならない程度には美味しいものになりました。——AD

プリマス・ジン	60ml
イエロー・シャルトリューズ	15ml
マラスカ・マラスキーノ・リキュール*	7.5ml
オレンジ・ジュース	7.5ml
特製オリジナル・ペイショーズ・ビターズ（p365）	4ダッシュ

すべての材料を氷とともにステアし、漉しながら、クープ・グラスに注ぐ。ガーニッシュはなし。

・・・・・・・・

ルキノズ・ディライト
LUCINO'S DELIGHT
フィル・ウォード、2007

ビーフィーター・ロンドン・ドライ・ジン	60ml
カルパノ・アンティカ・フォーミュラ・ベルモット	22.5ml
ルクサルド・マラスキーノ・リキュール	7.5ml
アマーロ・ルカーノ*	7.5ml

すべての材料を氷とともにステアし、漉しながら、クープ・グラスに注ぐ。ガーニッシュはなし。

ル・スブティーユ
LE SUBTIL
トビー・チェッキーニ、2009

ボルス・ジュネバ	60ml
カーダマロ*	15ml
カルパノ・アンティカ・フォーミュラ・ベルモット	15ml
ビターメンズ・ホップト・グレープフルーツ・ビターズ*	2ダッシュ
ガーニッシュ:グレープフルーツ・ツイスト	1

すべての材料を氷とともにステアし、漉しながら、クープ・グラスに注ぐ。グレープフルーツ・ツイストを飾る。

・・・・・・・・・

ル・バチュラー
LE BATELEUR
アレックス・デイ、2008

ビーフィーター・ロンドン・ドライ・ジン	60ml
プント・エ・メス	22.5ml
ストレガ	15ml
チナール	7.5m
アンゴスチュラ・ビターズ	1ダッシュ
ガーニッシュ:オレンジ・ツイスト	1

すべての材料を氷とともにステアし、漉しながら、クープ・グラスに注ぐ。オレンジ・ツイストを飾る。

RUM
ラム
《シェイク》

エイティーンス・センチュリー
18TH CENTURY
フィル・ウォード、2008

このクラシック・カクテルのトゥエンティース・センチュリー（p197）のバリエーションは、バタビア・アラックへのわたしからのラブレターです——PW

バン・オーステン・バタビア・アラック*	45ml
マリー・ブリザール・ホワイト・クレーム・ド・カカオ	22.5ml
カルパノ・アンティカ・フォーミュラ・ベルモット	22.5ml
ライム・ジュース	22.5ml

すべての材料を氷とともにシェイクし、漉しながら、クープ・グラスに注ぐ。ガーニッシュはなし。

· · · · · · · · ·

カリビアン・シュラブ
CARIBBEAN SHRUB
ホアキン・シモー、2008

このカクテルは、植民地時代のシュラブというドリンクのカテゴリーからひらめきを得てつくりました。シュラブとは、スピリッツにビネガー・シロップを混ぜたドリンクです。——JS

アプルトン・エステートV/Xラム	30ml
ラ・ファボリット・ラム・アグリコル・ブラン	30ml
ストロベリーバルサミコ・ガストリック（p366）	22.5ml
サトウキビ・シロップ（p357）	7.5ml
ガーニッシュ：イチゴ	1/2

すべての材料を角氷3個とともにショート・シェイクし、クラッシュド・アイスを詰めたハイボール・グラスに、漉しながら注ぐ。半分に切ったイチゴを飾り、ストローをつけてサーブする。

· · · · · · · · ·

カンパニー・バック
COMPANY BUCK
フィル・ウォード、2007

ゴスリングス・ブラック・シール・ラム	60ml
パイナップル・ジュース	30ml
ライム・ジュース	22.5ml
ジンジャー・シロップ（p357）	15ml
アンゴスチュラ・ビターズ	1ダッシュ
炭酸水	
ガーニッシュ：ライム・ホイール	1

すべての（炭酸水を除く）材料を氷とともにシェイクし、角氷を詰めたハイボール・グラスに、漉しながら注ぐ。炭酸水で満たし、ライム・ホイールを飾り、ストローをつけてサーブする。

· · · · · · · · ·

ゲット・ラッキー
GET LUCKY
スコット・ティーグ、2013

このドリンクは、気負いすぎずに自分だけで考えて作りました。TGIフライデーズ〔レストランチェーン〕のドリン

クのように見えて、でも味はデス・アンド・コーらしい
ドリンクをつくってみたかったのです。──ST

ブラックベリー	3
フロール・デ・カーニャ・エクストラドライ・ホワイト・ラム*	60ml
レモン・ジュース	22.5ml
ジンジャー・シロップ（p357）	7.5ml
オルジェー（p358）	7.5ml
アカシア・ハチミツ・シロップ（p356）	7.5ml
ガーニッシュ：特製オリジナル・ペイショーズ・ビターズ（p365）	

ピルスナー・グラスにブラックベリーを入れて、マドラーで軽くつぶす。グラスにクラッシュド・アイスを詰める。シェーカーに残りの材料を入れて、ホイップする（クラッシュド・アイスを数個入れて、材料が混ざり合うまでシェイクする）。漉しながら、グラスに注ぐ。ドリンクの表面に薄くビターズの層を浮かべ、ストローをつけてサーブする。

. . . .

ケララ
KERALA
ホアキン・シモー、2008

カルダモン・ポッド	5
スカーレット・アイビス・ラム*	30ml
バッファロー・トレース・バーボン	30ml
パイナップル・ジュース	15ml
レモン・ジュース	15ml
サトウキビ・シロップ（p357）	15ml
アンゴスチュラ・ビターズ	1ダッシュ
特製オリジナル・ペイショーズ・ビターズ（p365）	1ダッシュ

シェーカーにカルダモン・ポッドを入れて、マドラーで軽くつぶす。残りの材料を加えて、氷とともにシェイクする。ダブル・ストレイン（二度漉し）しながら、クープ・グラスに注ぐ。ガーニッシュはなし。

ゲット・ラッキー

ココ B. ウェア
KOKO B. WARE
トーマス・ウォー、2009

　ココナッツの純粋な味のドリンクをこしらえてみたいと思い、ラム・アグリコルとオルジェーとクリームを組み合わせてみたところ、ずばり当たりでした。そこで、そのイメージにぴったりの、わたしが好きな WWF レスラーから名前をとりました。――TW

アプルトン・エステートV/Xラム	45ml
ラ・ファボリット・ラム・アグリコル・アンブレ*	7.5ml
ライム・ジュース	15ml
オルジェー（p358）	15ml
バニラ・シロップ（p358）	1ティースプーン
ヘビー・クリーム	15ml
アンゴスチュラ・ビターズ	2ダッシュ
おろしたてのナツメグ	少々
ガーニッシュ:ナツメグ	

すべての材料を角氷3個とともにショート・シェイクして、クラッシュド・アイスを詰めたココナッツ・マグに、漉しながら注ぐ。ナツメグ少々を飾り、ストローをつけてサーブする。

・・・・・・・・

ザ・ギフト・ショップ
THE GIFT SHOP
トーマス・ウォー、2011

キュウリ・ホイール	3
バンクス5アイランド・ホワイト・ラム	60ml
カーダマロ*	15ml
ライム・ジュース	22.5ml
シンプル・シロップ（p357）	22.5ml
アンゴスチュラ・ビターズ	1ダッシュ
ガーニッシュ:キュウリ・ホイール	3

シェーカーにキュウリ・ホイールを入れて、マドラーでつぶす。残りの材料を加えて、氷とともにシェイクする。大きな角氷1個を入れたダブル・ロック・グラスに、ダブル・ストレインしながら注ぐ。キュウリ・ホイールを、ドリンクの上に扇状に浮かべる。

・・・・・・・・

ザ・グリーン・マイル
THE GREEN MILE
フィル・ウォード、2008

　このドリンクは、チャールズ・H・ベイカーの『ザ・ジェントルマンズ・コンパニオン（The Gentleman's Companion）』のなかで紹介されているデイジー・デ・サンティアゴからテンプレート――リキュール、シャルトリューズ、柑橘ジュース、シンプル・シロップ――を借りて作りました。このテンプレートの比率はいろいろ応用が効くので、わたしはこれを使っていろいろなドリンクを作ってきました。――PW

バルバンクール・ホワイト・ラム*	60ml
グリーン・シャルトリューズ	15ml
ビュー・ポンタリエ・アブサン*	2ダッシュ
ライム・ジュース	22.5ml
シンプル・シロップ（p357）	15ml
タイ・バジルの葉	4
ガーニッシュ:タイ・バジルの葉	1

すべての材料を氷とともにシェイクし、ダブル・ストレインしながら、クープ・グラスに注ぐ。バジルの葉を飾る。

・・・・・・・・

ザ・グレート・プリテンダー
THE GREAT PRETENDER
トーマス・ウォー、2011

　これは、基本的にブライアンのギルダ・カクテル（p242）のラムを使ったバージョンですから、プリテンダー〔なりすまし〕という名前にしました。わたしが創作し

たドリンクのなかで、標準強度を超えるラムをまるまる2オンス使うものはこれだけです。——TW

シナモン・アンド・シュガー（p364）
スミス&クロス・ラム 60ml
パイナップル・ジュース 15ml
ライム・ジュース 15ml
バニラ・シロップ（p358）... 15ml
シナモン・バーク・シロップ（p357）............. 1ティースプーン

クープ・グラスの縁にシナモンシュガーをつける。残りの材料を氷とともにシェイクし、漉しながら、クープ・グラスに注ぐ。ガーニッシュはなし。

· · · · · · · · ·

シアサッカー
SEERSUCKER
ブライアン・ミラー、2009

イチゴ 1
フロール・デ・カーニャ・エクストラドライ・ホワイト・ラム＊..60ml
レモン・ジュース 30ml
シナモン・バーク・シロップ（p357）............................. 15ml
ガーニッシュ：イチゴ 1

シェーカーにイチゴを入れて、マドラーで軽くつぶす。残りの材料を加えて、角氷3個とともにショート・シェイクする。クラッシュド・アイスを詰めたピルスナー・グラスに、漉しながら注ぐ。イチゴを飾り、ストローをつけてサーブする。

· · · · · · · · ·

シー B3
SEA B3
フィル・ウォード、2008

　これは、わたしたちがコミュニティ・ボード（Community Board）、別名CB3と戦った最悪の日々の記憶から思いつ

いた数々のカクテルのなかのひとつです。——PW

ゴスリングス・ブラック・シール・ラム 60ml
レモン・ジュース 15ml
オレンジ・ジュース 15ml
グレナディン・シロップ（p366）................................. 15ml

すべての材料を氷とともにシェイクして、漉しながら、クープ・グラスに注ぐ。ガーニッシュはなし。

· · · · · · · · ·

ジュリアス・オレンジ
JULIUS ORANGE
ブラッド・ファラン、2012

　このコンセプト・カクテルのヒントになったのは、ご推察の通り、オレンジ・ジュリアス〔オレンジジュースに牛乳や砂糖が入った飲み物〕です。キュラソーを使うと本当にドライなドリンクになりますから、ほかの甘いフレーバーを加えても、甘くなりすぎることはありません。——BF

ピエール・フェラン・ドライ・キュラソー＊..................... 60ml
クルーザン・シングルバレル・ラム＊............................ 15ml
レモン・ジュース 15ml
バニラ・シロップ（p358）.............................. 1ティースプーン
ヘビー・クリーム 15ml
特製オリジナル・オレンジ・ビターズ（p365）............ 1ダッシュ
ガーニッシュ：ナツメグ

すべての材料を角氷3個とともにショート・シェイクする。クラッシュド・アイスを詰めたダブル・ロック・グラスに、漉しながら注ぐ。おろしたナツメグ少々を飾り、ストローをつけてサーブする。

スリング・オブ・アフロディーテ
SLING OF APHRODITE
ホアキン・シモー、2009

ラ・ファボリット・ラム・アグリコル・アンブレ*	60ml
クリア・クリーク・ペア・ブランデー*	15ml
ふじリンゴのジュース	30ml
レモン・ジュース	7.5ml
シナモン・バーク・シロップ (p357)	15ml
ガーニッシュ:リンゴの扇	1

すべての材料を氷とともにシェイクし、角氷を詰めたハイボール・グラスに、漉しながら注ぐ。リンゴの扇を飾り、ストローをつけてサーブする。

． ． ． ． ． ． ． ． ．

パトワ・パンチ
PATOIS PUNCH
ホアキン・シモー、2009

これはグラスに秋を封じ込めた飲むパンプキン・パイです。——JS

ロン・デル・バリリット3スター・ラム*	30ml
ビュネルVSOPカルバドス	30ml
ドンズ・スパイス#2 (p365)	1/2ティースプーン
レモン・ジュース	15ml
メープル・シロップ	15ml
パンプキン・ピューレ (p367)	1ティースプーン

すべての材料を氷とともにシェイクして、漉しながら、クープ・グラスに注ぐ。ガーニッシュはなし。

ブーヤー・カシャーサ
BOO-YA CACHAÇA
スコット・ティーグ、2013

これは、カシャーサに対する「くたばっちまえ」という気持ちを表現したドリンクです。というのは、わたしは本当にこの酒——基本的にラム・アグリコルの劣化バージョン——が嫌いだからです。——ST

ラ・ファボリット・ラム・アグリコル・ブラン*	45ml
ルスタウ・ロス・アルコス・アモンティリャード・シェリー	15ml
クレーム・イベット*	7.5ml
ライム・ジュース	22.5ml
ジンジャー・シロップ (p357)	22.5ml
炭酸水	

すべての(炭酸水を除く)材料を角氷3個とともにショート・シェイクし、角氷3個を入れたハイボール・グラスに、漉しながら注ぐ。炭酸水で満たし、ストローをつけてサーブする。ガーニッシュはなし。

． ． ． ． ． ． ． ． ．

プレーズ・ブラッド
PELÉE'S BLOOD
トーマス・ウォー、2010

プレー山（モンプレ）は、1902年に噴火したマルティニーク島の火山です。これは、20世紀最悪の火山災害になりました。——TW

ラムJM100プルーフ・アグリコル・ブラン	45ml
ドンズ・スパイス#2 (p365)	45ml
ビュー・ポンタリエ・アブサン*	2ダッシュ
ライム・ジュース	22.5ml
グレナディン・シロップ (p366)	15ml
サトウキビ・シロップ (p357)	1ティースプーン
ガーニッシュ:ライム・ホイールとチェリーのフラッグ	1

すべての材料を氷とともにシェイクし、角氷を詰めたダ

ブル・ロック・グラスに、漉しながら注ぐ。ライム・ホイールとチェリーのフラッグを飾る。

....

フロール・デ・ヘレス
FLOR DE JEREZ
ホアキン・シモー、2009

　生のアプリコット（アンズ）は、ものによって品質にばらつきがあるため、カクテルの材料として使うには難しいフルーツです。アプリコットを1ダース買ったとすると、そのうち2個は信じられないほど完璧な味で、3個はまずまず美味しいといっていい味で、残りの7個は使い物になりません。だから、このドリンクには、生のフルーツではなく、高品質のアプリコットのリキュールを使います。フルーツやナッツと一体になって味を際立たせ、なおかつドライで爽快感のあるライトボディなカクテルをつくることが、ねらいでした。——JS

アプルトン・エステート・リザーブ・ラム＊	15ml
ルスタウ・アモンティリャード・シェリー	45ml
ロスマン＆ウインター・アプリコット・リキュール＊	7.5ml
レモン・ジュース	22.5ml
サトウキビ・シロップ（p357）	15ml
アンゴスチュラ・ビターズ	1ダッシュ

すべての材料を氷とともにシェイクし、漉しながら、クープ・グラスに注ぐ。ガーニッシュはなし。

Rum
ラム
《ステア》

アミティビル
AMITYVILLE
ジリアン・ボース、2013

　このドリンクに使うラムは、バカルディの創立150周年を記念して発売されたもので、この蒸留所のオリジナルのレシピにしたがって造られています。このドリンクは、色が不透明なオフグリーンで、ちょっと気味悪い感じもします。——JV

〔「アミティビル」はニューヨーク州にある町の名前。ホラー映画『悪魔の棲む家』（1979年製作）の元になった殺人事件が起きたことで有名〕

バカルディ・ロン・スペリオール・リミテッド・エディション*	45ml
バンクス5アイランド・ホワイト・ラム	7.5ml
ドラン・ブラン・ベルモット	15ml
ビュー・ポンタリエ・アブサン*	1ダッシュ
グラニー・スミス・アップル・ジュース	15ml
バニラ・シロップ (p358)	7.5ml
過リン酸塩	1/2ティースプーン
特製オリジナル・オレンジ・ビターズ (p365)	1ダッシュ
ガーニッシュ：グラニー・スミス・アップルのスライス	1

すべての材料を氷とともにステアし、漉しながら、ニック＆ノラ・グラスに注ぐ。アップル・スライスを飾る。

. . . .

アラック・ストラップ
ARRACK STRAP
ブラッド・ファラン、2012

　ある意味で、デス・アンド・コーのバーテンダーは全員が難敵のバタビア・アラックに挑んでいます。アラックと闘ういちばんよい方法のひとつは、別の強いフレーバーを使ってアラックとのバランスをとることです。このドリンクでは、ブラック・ストラップ・ラムを使います。——BF

クルーザン・ブラック・ストラップ・ラム*	30ml
バン・オーステン・バタビア・アラック*	30ml
コッキ・ベルモット・ディ・トリノ	30ml
カンパリ	1ティースプーン
デメララ・シロップ (p357)	1/2ティースプーン
ビターメンズ・ホコラートル・モール・ビターズ*	2ダッシュ
特製オリジナル・オレンジ・ビターズ (p365)	2ダッシュ
ガーニッシュ：オレンジ・ツイスト	1

すべての材料を氷とともにステアし、大きな角氷1個を入れたオールドファッションド・グラスに、漉しながら注ぐ。オレンジ・ツイストを飾る。

. . . .

アンジーズ・シークレット
ANGIE'S SECRET
ジリアン・ボース、2011

　デス・アンド・コーのバーテンダーは、全員にそれぞれ、ほかのバーテンダーが作ったドリンクのなかで大嫌いなものがあります。ホアキンはこのドリンクが大嫌いですが、わたしはクリスマスのような味——もっと具体的に言えば、クリスマス・クッキーを一皿そっくりグラスに入れたような味——がするので大好きです。——JV

バルバンクール・ホワイト・ラム*	30ml
アプルトン・エステートV/Xラム	30ml
ベヘロフカ*	30ml
サトウキビ・シロップ（p357）	1ティースプーン
ビターメンズ・ホコラートル・モール・ビターズ*	2ダッシュ

すべての材料を氷とともにステアし、漉しながら、クープ・グラスに注ぐ。ガーニッシュはなし。

· · · · · · · · ·

イーグルアイ・チェリー
EAGLE-EYE CHERRY
ブラッド・ファラン、2013

フロール・デ・カーニャ7年ラム*	60ml
チェリー・ヒーリング	15ml
アルベアル・フェスティバル・パレ・クレーム・シェリー*	15ml
ルスタウ・イースト・インディア・ソレラ・シェリー	15ml
アルキミア・チョコレート・ウォッカ*	7.5ml
カルパノ・アンティカ・フォーミュラ・ベルモット	1ティースプーン
スーズ・サベール・ドートルフォア・リキュール*	
	1/2ティースプーン
ビターキューブ・チェリー・バーク・アンド・バニラ・ビターズ*	
	1ダッシュ
オレンジ・ツイスト	1
ガーニッシュ:チェリーのブランデー漬け	1

すべての（オレンジ・ツイストを除く）材料を氷とともにステアし、漉しながら、ポート・グラスに注ぐ。ドリンクの上でオレンジ・ツイストを絞って、そのあとツイストは捨てる。チェリーを飾る。

イースト・インディア・トレーディング・カンパニー
EAST INDIA TRADING CO.
ブライアン・ミラー、2009

アプルトン・エステート・リザーブ・ラム*	60ml
ルスタウ・イースト・インディア・ソレラ・シェリー	22.5ml
ラマゾッティ*	15ml
ビターメンズ・ホコラートル・モール・ビターズ*	2ダッシュ

すべての材料を氷とともにステアし、漉しながら、クープ・グラスに注ぐ。ガーニッシュはなし。

· · · · · · · · ·

オールド・アイアンサイド
OLD IRONSIDES
ブライアン・ミラー、2009

　ブラック・ストラップ・ラムは扱いが難しい酒です。使う量が多いと、ブラック・ストラップ・ラムの味ばかりが目立ってしまいます。わたしは、ほとんどの場合ベースではなく風味づけに使います。——BM

スカーレット・アイビス・ラム*	45ml
クルーザン・ブラック・ストラップ・ラム*	15ml
ドラン・ルージュ・ベルモット	30ml
ラッツァローニ・アマレット	1ティースプーン
フィー・ブラザーズ・ウイスキー・バレルエイジド・ビターズ*	
	1ダッシュ

すべての材料を氷とともにステアし、漉しながら、クープ・グラスに注ぐ。ガーニッシュはなし。

イースト・インディア・トレーディング・カンパニー（p235）

コブラ・ベルデ
COBRA VERDE
トーマス・ウォー、2009

　これはクラシックのダイヤモンドバック・カクテルのアレンジです。味の強い材料をいくつも組み合わせて使うので、とても刺激の強いドリンクになります。——TW

ネイソン・ラム・アグリコル・ブラン*	45ml
カモミール・インフュージョン・オールド・オーバーホルト・ライ・ウイスキー（p363）	30ml
イエロー・シャルトリューズ	15ml
グリーン・シャルトリューズ	15ml

すべての材料を氷とともにステアして、漉しながら、クープ・グラスに注ぐ。ガーニッシュはなし。

· · · · · · · · ·

コルタード
CORTADO
トーマス・ウォー、2009

　このドリンクは、コルタード〔少量のホットミルクで薄めたエスプレッソ〕のような味は全然しません——どちらかといえばモカのような味ですが、コルタードのほうが音の響きがいいので。——TW

パンペロ・アニベルサリオ・ラム	60ml
レモン・ハート151ラム*	15ml
コーヒー・インフュージョン・カルパノ・アンティカ・フォーミュラ・ベルモット（p364）	15ml
マリー・ブリザール・ホワイト・クレーム・ド・カカオ	7.5ml
デメララ・シロップ（p357）	1/2ティースプーン
ビターメンズ・ホコラートル・モール・ビターズ*	1ダッシュ
アンゴスチュラ・ビターズ	1ダッシュ
ガーニッシュ：オレンジ・ツイスト	1

すべての材料を氷とともにステアし、漉しながら、クープ・グラスに注ぐ。オレンジ・ツイストを飾る。

· · · · · · · ·

ハウル・オン・ザ・ヒル
HOWL ON THE HILL
ジェシカ・ゴンザレス、2009

　フェルネット・ブランカを材料にして創作したあらゆるドリンクには、サンフランシスコにちなんだものを名前につけるというのが、当店の暗黙のルールです。フェルネットとラムは合わせるとすばらしい味になり、ラムはとくにベネズエラ産がいいです。ベネズエラでは、ラムをアマーロと混ぜるのが一般的です。——JG
〔フェルネット・ブランカは、特にサンフランシスコのバーでよく使われることで知られる。またカクテル名 HOWL ON THE HILL の「HOWL」は、サンフランシスコとゆかりの深い詩人アレン・ギンズバーグの詩「吠える（HOWL）」からとったものと思われる。一方「ON THE HILL」は、サンフランシスコに丘（HILL）が多いことからこう付けたと思われるが、サンフランシスコと関係の深い作家ジャック・ケルアックの小説「路上（ON THE ROAD）」のことも意識しているのかもしれない〕

エル・ドラド15年ラム	45ml
サンタ・テレサ1796ラム	15ml
カルパノ・アンティカ・フォーミュラ・ベルモット	22.5ml
フェルネット・ブランカ	15ml
イエロー・シャルトリューズ	7.5ml
ビュー・ポンタリエ・アブサン*	1ダッシュ

すべての材料を氷とともにステアし、漉しながら、クープ・グラスに注ぐ。ガーニッシュはなし。

· · · · · · · ·

パッシング・アデン
PASSING ADEN
アレックス・デイ、2008

　くせのある強いホゴのフレーバー〔糖蜜ベースのスピリッツ特有のほとんど臭みに近いフレーバー〕を持つバタビア・アラックは、

材料としては手ごわい相手です。このドリンクでは、このアラックをクラシックのパンチの公式にしたがって使い、デメララ・シロップを合わせています。シナモンのスティックでドリンクをステアすることによって、ベルモットにインフュージョンしたシナモンの香りがいっそう高まります。——AD

バン・オーステン・バタビア・アラック＊ 60ml
シナモンオレンジ・ティー・インフュージョン・スイート・ベルモット
(p363) 30ml
デメララ・シロップ (p357) 7.5ml
ビター・トゥルース・アロマティック・ビターズ＊ 2ダッシュ
シナモンのスティック 1
ガーニッシュ:レモン・ツイスト 1

すべての材料を氷とともにステアし、漉しながら、クープ・グラスに注ぐ。レモン・ツイストを飾る。

. . . .

ハドリーズ・ティアズ
HADLEY'S TEARS
ジリアン・ボース、2013

これは、わたしが好きなアフター・ディナー・ドリンクのひとつです。名前は、アーネスト・ヘミングウェイの最初の妻エリザベス・ハドリー・リチャードソンからつけました。——JV

アプルトン・エステートV/Xラム 30ml
ボルズ・ジュネバ 30ml
ガリアーノ・リストレット＊ 1ティースプーン
セント・ジョージ・アブサン＊ 1/2ティースプーン
サトウキビ・シロップ (p357) 7.5ml
ビター・トゥルース・アロマティック・ビターズ＊ 1ダッシュ
ガーニッシュ:オレンジ・ツイスト 1

すべての材料を氷とともにステアし、大きな角氷1個を入れたダブル・ロック・グラスに、漉しながら注ぐ。オレンジ・ツイストを飾る。

バンブー
BUMBOO
ブライアン・ミラー、2009

海賊は、ラムと水と砂糖とスパイス——通常はナツメグで、場合によってシナモン——を混ぜたドリンクをバンブー（またはバンボー）と呼んで飲んでいました。ここはもうわたしの出番でしょう。——BM

サンタ・テレサ1796ラム 60ml
デメララ・シロップ (p357) 1ティースプーン
バニラ・シロップ (p358) 1ティースプーン
特製オリジナル・ペイショーズ・ビターズ (p365) 1ダッシュ
アボッツ・ビターズ 1ダッシュ
ビターズ・トゥルース・ジェリー・トーマス・ビターズ＊ 1ダッシュ
ガーニッシュ:ナツメグ

すべての材料を氷とともにステアし、漉しながら、フィズ・グラスに注ぐ。おろしたナツメグ少々を飾る。

. . . .

ヒスパニオラ
HISPANIOLA
ブライアン・ミラー、2008

サマー・ロワイヤル・ティー・インフュージョン・フロール・デ・カーニャ・ホワイト・ラム (p363) 60ml
ライム・ジュース 22.5ml
サトウキビ・シロップ (p357) 15ml
ジンジャー・シロップ (p357) 7.5ml
ガーニッシュ:ライム・ホイール 1

すべての材料を氷とともにステアし、大きな角氷1個を入れたダブル・ロック・グラスに、漉しながら注ぐ。ライム・ホイールを飾る。

プエルトリカン・レーサー

プエルトリカン・レーサー
PUERTO RICAN RACER
トーマス・ウォー、2009

　これは、デス・アンド・コーでつくられた多くのダイヤモンドバック（ライ・ウイスキーとアップル・ブランデーとシャルトリューズで作るクラシック）のバリエーションのひとつです。ダイヤモンドバックのバリエーションのカクテル名には、それぞれ違うヘビの名前がつけられています。——TW

ロン・デル・バリリット3スター・ラム＊	60ml
レアーズ・ボンデッド・アップル・ブランデー＊	15ml
イエロー・シャルトリューズ	15ml弱
グレナディン・シロップ（p366）	1ティースプーン
特製オリジナル・ペイショーズ・ビターズ（p365）	1ダッシュ

すべての材料を氷とともにステアし、大きな角氷1個を入れたダブル・ロック・グラスに、漉しながら注ぐ。ガーニッシュはなし。

. . . .

ピニャ・コラーダ・デコンストラクション
PIÑA COLADA DECONSTRUCTION
ホアキン・シモー、2008

　これは、定番のピニャ・コラーダです。わたしとしては、浜辺でタンクトップと水泳パンツ姿で飲むのではなく、夏の夜のプールサイドで白いリネンのスーツを着て飲みたいカクテルです。——JS

パイナップル・インフュージョン・フロール・デ・カーニャ・エクストラドライ・ホワイト・ラム（p362）	60ml
カラニ・ロン・デ・ココ・ココナッツ・リキュール＊	1ティースプーン
ココナッツ水	45ml
サトウキビ・シロップ（p357）	1/2ティースプーン
アンゴスチュラ・ビターズ	1ダッシュ

すべての材料を氷とともにステアし、漉しながら、クープ・グラスに注ぐ。ガーニッシュはなし。

ベルベット・ウォーホル
VELVET WARHOL
トーマス・ウォー、2008

　わたしは、スピリッツの主要なフレーバーを見きわめて、同じフレーバーを持つ材料を酒にインフュージョンすることによって、フレーバーをいっそう強めるのが好きです。このドリンクでは、乾燥したバナナ・チップを加えることによって、ゴスリングのバナナの香りを強めます。——TW

バナナ・チップ・インフュージョン・ゴスリングス・ブラック・シール・ラム（p362）	60ml
マリー・ブリザール・ホワイト・クレーム・ド・カカオ	7.5ml
ビター・トゥルース・アロマティック・ビターズ＊	2ダッシュ
ヘビー・クリーム	30ml

すべての（クリームを除く）材料を氷とともにステアして、漉しながら、クープ・グラスに注ぐ。ドリンクの表面にクリームをフロートする。ガーニッシュはなし。

・・・・・・・・・

ミッドナイト・マス
MIDNIGHT MASS
ホアキン・シモー、2009

スカーレット・アイビス・ラム*	60ml
カーダマロ*	22.5ml
ベネディクティン	7.5ml
ビター・トゥルース・ジェリー・トーマス・ビターズ*	1ダッシュ
ガーニッシュ：オレンジ・ツイスト	1

すべての材料を氷とともにステアし、漉しながら、クープ・グラスに注ぐ。オレンジ・ツイストを飾る。

・・・・・・・・・

ロック、ペイパー、シザーズ
ROCK, PAPER, SCISSORS
トーマス・ウォー、2011

　わたしが創作したドリンクには、デザートからひらめきを得たものが数多くあります。ときには、偉大なパティシエの手のにおいに気づいて、そこから新しいフレーバーの組み合わせのアイデアを得たこともあります。あるいは、子ども時代に好きだったデザートがヒントになったこともあります。このドリンクは、基本的にロッキーロード・アイスクリーム〔ナッツとマシュマロが入ったチョコレートアイス〕のフレーバーをそこはかとなく感じさせつつ、あの強すぎる甘さを抑えたものにしてあります。──TW

サカパ23年ラム	45ml
カルパノ・アンティカ・フォーミュラ・ベルモット	22.5ml
オティマ10年トゥニー・ポート	15ml
マリー・ブリザール・ホワイト・クレーム・ド・カカオ	2と1/2ティースプーン
アルキミア・チョコレート・ウォッカ*	2と1/2ティースプーン
ビターメンズ・ホコラートル・モール・ビターズ*	1ダッシュ
アンゴスチュラ・ビターズ	1ダッシュ

すべての材料を氷とともにステアし、漉しながら、マティーニ・グラスに注ぐ。ガーニッシュはなし。

AGAVE
テキーラとメスカル
《シェイク》

アーモンド・ブラザー
ALMOND BROTHER
ジェイソン・リトレル、2011

シエテ・レグアス・レポサド・テキーラ*	60ml
アマレット	7.5ml
ロスマン&ウインター・アプリコット・リキュール*	1ティースプーン
ライム・ジュース	22.5ml
オルジェー（p358）	7.5ml
メープル・シロップ	7.5ml

すべての材料を氷とともにシェイクして、漉しながら、クープ・グラスに注ぐ。ガーニッシュはなし。

. . . .

アカ・コブラー
AKA COBBLER
アレックス・デイ、2008

サングリアと同じように、コブラーは、安物のワインにスピリッツを加えてアルコール度数を上げ、マドリングしたフルーツを加えることによって美味しくする伝統的な方法です。わたしは、クラシックのコブラーの公式にしたがいつつ、ワインはほとんど使わず、オリジナルのレシピを尊重してシェリーを少量だけ使いました、——AD

シンプル・シロップ（p357）	1ティースプーン
ルクサルド・マラスキーノ・リキュール	1ティースプーン
レモン・ツイスト	2
イチゴ	1
白角砂糖	1
シエンブラ・アズール・ブランコ・テキーラ*	45ml
ハラペーニョ・インフュージョン・シエンブラ・アズール・ブランコ・テキーラ（p361）	15ml
ルスタウ・イースト・インディア・ソレラ・シェリー	15ml
ガーニッシュ:イチゴ	1/2

シェーカーにシンプル・シロップとマラスキーノ・リキュール、レモン・ツイスト、イチゴ、角砂糖を入れて、マドラーでつぶす。テキーラとシェリーを加えて、ホイップする（クラッシュド・アイスを数個入れて、材料が混ざり合うまでシェイクする）。そのままダブル・ロック・グラスに注ぎ、クラッシュド・アイスをのせる。半分に切ったイチゴを飾り、ストローをつけてサーブする。

. . . .

インサンダイアリー
IN-SANDIARY
ホアキン・シモー、2009

スパイシー・シュガー・アンド・ソルト（p364）の縁取り	
シエンブラ・アズール・ブランコ・テキーラ*	60ml
スイカ・ジュース	60ml
ライム・ジュース	15ml
シンプル・シロップ（p357）	7.5ml

スパイシー・シュガー・アンド・ソルトをハイボール・グラスの縁につける。残りの材料を氷とともにシェイクして、角氷を詰めたハイボール・グラスに注ぐ。ストローをつけてサーブする。ガーニッシュはなし。

エスパディン・クイーン
ESPADIN QUEEN

トーマス・ウォー、2009

ビュー・ポンタリエ・アブサン*	
デル・マゲイ・ビーダ・メスカル*	45ml
サンジェルマン	7.5ml
グレープフルーツ・ジュース	15ml
ライム・ジュース	15ml
ドンズ・ミックス#1 (p366)	15ml
サトウキビ・シロップ (p357)	1ティースプーン

クープ・グラスをアブサンでリンスし、そのあとアブサンは捨てる。残りの材料を氷とともにシェイクし、漉しながら、クープ・グラスに注ぐ。ガーニッシュはなし。

. . . .

エル・コンパニェーロ
EL COMPAÑERO

ジェイソン・リトレル、2008

エル・テソロ・レポサド・テキーラ*	22.5ml
ハラペーニョ・インフュージョン・シエンブラ・アズール・ブランコ・テキーラ (p361)	22.5ml
ライム・ジュース	22.5ml
アガベ・ネクター	1ティースプーン
タバスコ・チポトレ・ソース	1ダッシュ
コーシャー・ソルト	1つまみ
コリアンダーの小枝	1
ネグラ・モデロ・ビール	
ガーニッシュ:コリアンダーの小枝	1

すべての（ビールを除く）材料を角氷3個とともにシェイクして、角氷を詰めたハイボール・グラスに、漉しながら注ぐ。ネグラ・モデロ・ビールで満たす。コリアンダーの小枝を飾り、ストローをつけてサーブする。

キャンプ・カウンシル
CAMP COUNCIL

ジェイソン・リトレル、2011

シエテ・レグアス・レポサド・テキーラ*	45ml
ツァーベンツ・ストーン・パイン・リキュール*	15ml
イエロー・シャルトリューズ	15ml
パイナップル・ジュース	15ml
レモン・ジュース	15ml
ガーニッシュ:ミントの小枝	1

すべての材料を角氷3個とともにシェイクし、クラッシュド・アイスを詰めたピルスナー・グラスに、漉しながら注ぐ。ミントの小枝を飾る。

. . . .

ギルダ・カクテル
GILDA COCKTAIL

ブライアン・ミラー、2009

　このカクテルで使われているパイナップルとライムとシナモンの組み合わせは、デス・アンド・コーではフレーバーの人気トリオになっています。ほかにも、トム・ボム（p215）やブラウン・ローズ（p265）のようなドリンクも生まれています。——BM

シエンブラ・アズール・ブランコ・テキーラ*	60ml
パイナップル・ジュース	15ml
ライム・ジュース	15ml
シナモン・バーク・シロップ (p357)	15ml
ガーニッシュ:ライム・ホイール	1

すべての材料を氷とともにシェイクして、漉しながら、クープ・グラスに注ぐ。ライム・ホイールを飾る。

グランデュラ・デル・モノ
GLANDULA DEL MONO
フィル・ウォード、2008

　これがテキーラをベースにしたモンキー・グランド（ジン・ベースのカクテル）のバリエーションであることは、すぐにわかるでしょう。また、たまさかブライアン・ミラーの好きそうなカクテル名でもあります。——PW

シエンブラ・アズール・ブランコ・テキーラ*	60ml
ビュー・ポンタリエ・アブサン*	2ダッシュ
レモン・ジュース	15ml
オレンジ・ジュース	15ml
グレナディン・シロップ (p366)	15ml

すべての材料を氷とともにシェイクして、漉しながら、クープ・グラスに注ぐ。ガーニッシュはなし。

・・・・・・・・・

ゴールデン・ビューティフル
GOLDEN BEAUTIFUL
トーマス・ウォー、2009

シエテ・レグアス・レポサド・テキーラ*	60ml
カンパリ	7.5ml
ライム・ジュース	22.5ml
バニラ・シロップ (p358)	15ml
パッション・フルーツ・シロップ (p357)	7.5ml
炭酸水	15ml
ガーニッシュ：ライムの果皮	

すべての（炭酸水を除く）材料を角氷3個とともにショート・シェイクし、大きな角氷1個を入れたスニフターに、漉しながら注ぐ。炭酸水で満たす。細かくすりおろしたライムの皮をドリンクの表面に飾る。

サザン・エクスポージャー
SOUTHERN EXPOSURE
ホアキン・シモー、2009

　この人気の高いドリンクは、メキシコ風のフレーバーに対するわたしなりのオマージュです。赤ピーマンと塩少々を使って、香りをいっそう引き立たせています。塩はカクテルではまだまだ活用の余地のある材料です。——JS

ハラペーニョ・インフュージョン・シエンブラ・アズール・ブランコ・テキーラ (p361)	45ml
ロス・アマンテス・ホーベン・メスカル*	15ml
ライム・ジュース	15ml
サトウキビ・シロップ (p357)	15ml
赤ピーマンのピューレ (p366)	15ml
コーシャー・ソルト	少々

すべての材料を氷とともにシェイクし、漉しながら、クープ・グラスに注ぐ。ガーニッシュはなし。

・・・・・・・・・

シナモン・ガール
CINNAMON GIRL
ブラッド・ファラン、2013

オレンジのくし切り	2
シエテ・レグアス・レポサド・テキーラ*	60ml
スミス&クロス・ラム	7.5ml
ライム・ジュース	22.5ml
シナモン・バーク・シロップ (p357)	15ml
サトウキビ・シロップ (p357)	7.5ml
特製オリジナル・オレンジ・ビターズ (p365)	1ダッシュ
ガーニッシュ：オレンジの半月切り	1

シェーカーにオレンジのくし切りを入れて、マドラーでつぶす。残りの材料を加えて、氷とともにシェイクする。クラッシュド・アイスを詰めたダブル・ロック・グラスに、

漉しながら注ぐ。オレンジの
半月切りを飾り、ストローを
つけてサーブする。

. . . .

ショート・リブ
SHORT RIB
フィル・ウォード、2008

　デス・アンド・コーをオープンした当時、キッチンで
サーブしていたショート・リブの蒸し煮には、味付けに
ハラペーニョ・ペッパーとザクロ糖蜜をかけていました。
この組み合わせが好きだったので、同じ味をドリンクで
再現してみました。——PW

ハラペーニョ・インフュージョン・シエンブラ・アズール・ブランコ・
テキーラ (p361) 60ml
ライム・ジュース 22.5ml
シンプル・シロップ (p357) 30ml
ザクロ糖蜜 3/4ティースプーン

すべての材料を氷とともにシェイクし、漉しながら、クー
プ・グラスに注ぐ。ガーニッシュはなし。

. . . .

シルバー・モンク
SILVER MONK
フィル・ウォード、2007

　デス・アンド・コーでは、ハラペーニョをインフュー
ジョンしたテキーラを使って、このドリンクのスパイ
シーな味のバージョンもつくっています。——PW

キュウリ・ホイール 2
ミントの葉 8
コーシャー・ソルト ....少々
シエンブラ・アズール・ブランコ・テキーラ* 60ml
イエロー・シャルトリューズ 22.5ml

ライム・ジュース 22.5ml
シンプル・シロップ (p357) 15ml

シェーカーにミントとソルトとともにキュウリ・ホイー
ルを入れ、マドラーでつぶす。残りの材料を加えて、氷
とともにシェイクする。ダブル・ストレイン（二度漉し）
しながら、クープ・グラスに注ぐ。ガーニッシュはなし。

. . . .

シングル・オリジン
SINGLE ORIGIN
タイソン・ビューラー、2013

　チョコレートもパイナップルもコーヒーも、そしても
ちろんテキーラも、すべてよく知られたメキシコ産の材
料ですから、カクテルの材料として相性がいいのは当然
でしょう。——TB

カカオ・ニブ・インフュージョン・カベーサ・ブランコ・テキーラ
(p363) 60ml
ガリアーノ・リストレット* 1ティースプーン
パイナップル・ジュース 15ml
レモン・ジュース 15ml
サトウキビ・シロップ (p357) 15ml

すべての材料を氷とともにシェイクし、漉しながら、クー
プ・グラスに注ぐ。ガーニッシュはなし。

. . . .

シンダー
CINDER
フィル・ウォード、2008

燻製塩
プエブロ・ビエホ・レポサド・テキーラ* 22.5ml
ハラペーニョ・インフュージョン・シエンブラ・アズール・ブランコ・
テキーラ (p361) 22.5ml
デル・マゲイ・ビーダ・メスカル* 15ml

ライム・ジュース	22.5ml
シンプル・シロップ (p357)	22.5ml
アンゴスチュラ・ビターズ	2ダッシュ

燻製塩をクープ・グラスの縁につける。残りの材料を氷とともにシェイクし、漉しながら、クープ・グラスに注ぐ。ガーニッシュはなし。

. . . .

スパイシー・パロマ
SPICY PALOMA
フィル・ウォード、2008

コーシャー・ソルト	
ハラペーニョ・インフュージョン・シエンブラ・アズール・ブランコ・テキーラ (p361)	60ml
グレープフルーツ・ジュース	30ml
ライム・ジュース	22.5ml
シンプル・シロップ (p357)	15ml
炭酸水	
ガーニッシュ:ライム・ホイール	1

ハイボール・グラスの縁にコーシャー・ソルトをつける。すべての（炭酸水を除く）材料をシェイクし、角氷を詰めたハイボール・グラスに、漉しながら注ぐ。炭酸水で満たす。ライム・ホイールを飾り、ストローをつけてサーブする。

. . . .

スモークド・オルチャータ
SMOKED HORCHATA
ホアキン・シモー、2008

フォルタレサ・レポサド・テキーラ*	30ml
デル・マゲイ・クレマ・デ・メスカル*	30ml
シナモン・バーク・シロップ (p357)	7.5ml
特製オリジナル・オルチャータ (p366)	60ml
アンゴスチュラ・ビターズ	1ダッシュ

| ガーニッシュ:シナモン・スティック | 1 |

すべての材料を氷とともにシェイクし、大きな角氷を1個入れたダブル・ロック・グラスに、漉しながら注ぐ。シナモン・スティックを飾る。

. . . .

セント・マチルダ
ST. MATILDA
フィル・ウォード、2007

バートレット梨1/2、さいの目に刻む	
シエンブラ・アズール・ブランコ・テキーラ*	60ml
マティルド・ポワール・ペア・リキュール	7.5ml
レモン・ジュース	15ml
シンプル・シロップ (p357)	15ml
ガーニッシュ:バートレット梨のスライス	1

シェーカーに梨を入れて、マドラーでつぶす。残りの材料を加えて、氷とともにシェイクする。ダブル・ストレインしながら、クープ・グラスに注ぐ。梨のスライスを飾る。

. . . .

ダールグレン
DHALGREN
フィル・ウォード、2008

シエンブラ・アズール・ブランコ・テキーラ*	60ml
オティマ10年トゥニー・ポート	30ml
ライム・ジュース	15ml
ジンジャー・シロップ (p357)	15ml
アンゴスチュラ・ビターズ	1ダッシュ
ガーニッシュ:ライム・ホイール	1

すべての材料を氷とともにシェイクして、角氷を詰めたハイボール・グラスに、漉しながら注ぐ。ライム・ホイールを飾る。

チンゴン
CHINGON

ブライアン・ミラー、2009

　　当店の働き者のバーバック全員に対する献辞として、このドリンクを創作しました。チンゴンとは、「いかしてる」という意味のメキシコの俗語です。——BM

シエテ・レグアス・レポサド・テキーラ*	60ml
ベネディクティン	7.5ml
オレンジ・ジュース	15ml
ライム・ジュース	15ml
オルジェー（p358）	15ml
ガーニッシュ：オレンジ・ツイスト	1

すべての材料を氷とともにシェイクし、漉しながら、クープ・グラスに注ぐ。オレンジ・ツイストを飾る。

・・・・・・・・

TYコブラー
TY COBBLER

フィル・ウォード、2008

　　チェリーとチナールの組み合わせは、わたしにとって新鮮な驚きでした。クラッシュド・アイスの上にマドリングしたチェリーを散らした感じが、わたしは大好きです。——PW

チェリーのブランデー漬け	3
白角砂糖	1
シエテ・レグアス・ブランコ・テキーラ*	60ml
チナール	15ml
ビターメンズ・ホコラートル・モール・ビターズ*	1ダッシュ
ガーニッシュ：オレンジ・ホイール	1

シェーカーにチェリーと角砂糖を入れて、マドラーでつぶす。残りの材料を加えて、ドライ・シェイクする。クラッシュド・アイスを詰めたダブル・ロック・グラスに注ぐ。オレンジ・ホイールを飾る。

ドス・ベシートス
DOS BESITOS

スコット・ティーグ、2013

エル・テソロ・レポサド・テキーラ*	30ml
シエテ・レグアス・ブランコ・テキーラ*	30ml
パイナップル・ジュース	22.5ml
ライム・ジュース	15ml
アガベ・シロップ	7.5ml
グレナディン・シロップ（p366）	1ティースプーン

すべての材料を氷とともにシェイクし、漉しながら、クープ・グラスに注ぐ。ガーニッシュはなし。

・・・・・・・・

トミー・アンド・ザ・ロンデルズ
TOMMY AND THE RON-DELS

ブラッド・ファラン、2012

　　わたしはロン・デル・バリリット・ラムのフレーバー・プロフィールがすっかり気に入ったので、トミーのマルガリータのスペックにこのラムを組み入れ、テキーラとメスカルをスプリット・ベースにして加えました。——BF

エル・テソロ・レポサド・テキーラ*	22.5ml
デル・マゲイ・チチカパ・メスカル*	7.5ml
ロン・デル・バリリット3スター・ラム*	30ml
ガリアーノ・オーセンティコ	15ml
ビュー・ポンタリエ・アブサン*	1ダッシュ
ライム・ジュース	30ml
アガベ・ネクター	15ml
ビターメンズ・エレマクレ・ティキ・ビターズ*	1ダッシュ
ガーニッシュ：ライム・ホイール	1

すべての材料を氷とともにシェイクして、大きな角氷1個を入れたオールドファッションド・グラスに、漉しながら注ぐ。ライム・ホイールを飾る。

ネイキッド・アンド・フェイマス
NAKED AND FAMOUS
ホアキン・シモー、2011

　このカクテルは、クラシックのラスト・ワード（p207）とペーパー・プレイン（Paper Plane）がオアハカ〔メキシコの州名／州都名〕で道ならぬ恋をしてできた不義の子どもです。ペーパー・プレインとは、サム・ロスがニューヨークのウエスト・ビレッジのリトル・ブランチというバーにいたときに創作したドリンクです。このドリンクで重要なことは、アグレッシブなほどスモーキーでくせのあるメスカルを選ぶことです。というのは、使う量が比較的わずかでも、ほかの2つのリキュールに力負けしないようにする必要があるからです。このリキュールはどちらも複雑さに欠けます。——JS

デル・マゲイ・チチカパ・メスカル*	22.5ml
イエロー・シャルトリューズ	22.5ml
アペロール	22.5ml
ライム・ジュース	22.5ml

すべての材料を氷とともにシェイクして、漉しながら、クープ・グラスに注ぐ。ガーニッシュはなし。

....

ビレッジ・トゥ・ビレッジ
VILLAGE TO VILLAGE
トーマス・ウォー、2009

チナーコ・ベルデ・ブランコ・テキーラ	45ml
サン・エリザベス・オールスパイス・ドラム*	1/2ティースプーン
ふじリンゴジュース	45ml
レモン・ジュース	22.5ml
アカシア・ハチミツ・シロップ（p356）	15ml
ジンジャー・シロップ（p357）	1/2ティースプーン
ガーニッシュ：アンゴスチュラ・ビターズ	2ダッシュ
ミントの小枝	1

すべての材料を角氷3個とともにショート・シェイクし、

ネイキッド・アンド・フェイマス

ピンチェ・チボー

クラッシュド・アイスを詰めたピルスナー・グラスに、濾しながら注ぐ。ビターズとミントの小枝を飾り、ストローをつけてサーブする。

・・・・・・・・

ピンチェ・チボー
PINCHE CHIVO
ホアキン・シモー、2011

キュウリ・ホイール	3
カブリト・ブランコ・テキーラ*	60ml
セージ・インフュージョン・ドラン・ブラン・ベルモット (p362)	
	22.5ml
ライム・ジュース	22.5ml
アカシア・ハチミツ・シロップ (p356)	15ml
ガーニッシュ:キュウリのリボン	1

シェーカーにキュウリ・ホイールを入れて、マドラーでつぶす。残りの材料を加えて、氷とともにシェイクし、濾しながら、クープ・グラスに注ぐ。カクテル・ピックに刺したキュウリのリボンを飾る。

・・・・・・・・

フレッサ・ブラバ
FRESA BRAVA
フィル・ウォード、2009

イチゴ	1
ハラペーニョ・インフュージョン・シエンブラ・アズール・ブランコ・テキーラ (p361)	60ml
イエロー・シャルトリューズ	22.5ml
レモン・ジュース	22.5ml
シンプル・シロップ (p357)	15ml

シェーカーにイチゴを入れて、マドラーで軽くつぶす。残りの材料を加えて、氷とともにシェイクし、ダブル・ストレインしながら、クープ・グラスに注ぐ。ガーニッシュはなし。

フロール・デ・ハリスコ
FLOR DE JALISCO
ホアキン・シモー、2009

　1980年代に、サンフランシスコのトミーズ・メキシカン・レストランのオーナー、フリオ・ベルメホが、アガベ・シロップで甘味をつけたマルガリータを広めました。わたしたちはベルメホ氏のスペックを応用して、おもしろ半分でいくつかのバージョンをつくりました。レモン・ジュースとオレンジ・マーマレードを使ったこのドリンクもそのひとつです。——JS

シエンブラ・アズール・ブランコ・テキーラ*	60ml
レモン・ジュース	22.5ml
アガベ・ネクター	7.5ml
オレンジ・マーマレード	1ティースプーン

すべての材料を氷とともにシェイクして、濾しながら、クープ・グラスに注ぐ。ガーニッシュはなし。

・・・・・・・・

ヘッド・スピン
HEAD SPIN
ジリアン・ボース、2013

　わたしがデス・アンド・コーで働きはじめたころに好きだったドリンクのひとつが、ホアキンのマギー・スミス（p280）でした。マギー・スミスは、サンタ・テレサ・オレンジ・リキュールを使ったダイキリのバリエーションですが、わたしはこれをマルガリータにアレンジしました。——JV

カベーサ・ブランコ・テキーラ*	45ml
サンタ・テレサ・オレンジ・リキュール*	15ml
ライム・ジュース	22.5ml
オレンジ・ジュース	15ml
キンカン・コーディアル (p366)	22.5ml
バニラ・シロップ (p358)	7.5ml
炭酸水	

| ガーニッシュ：ライム・ホイール | 1 |

すべての（炭酸水を除く）材料を氷とともにシェイクして、漉しながら、大きなクープ・グラスに注ぐ。炭酸水で満たして、ライム・ホイールを飾る。

. . . .

ラ・バレンティーナ
LA VALENTINA
トーマス・ウォー、2009

　1930年代のブリンカーから、わたしはライ・ウイスキーとグレープフルーツとラズベリーの組み合わせに興味を持ちました。ライ・ウイスキーの代わりにテキーラを使い、小麦ビールで味を和らげました。──TW

ラズベリー	3
ドン・フリオ・ブランコ・テキーラ	45ml
グレープフルーツ・ジュース	30ml
ライム・ジュース	22.5ml
シンプル・シロップ (p357)	22.5ml
コーシャー・ソルト	少々
ブロンシュ・ド・ブリュッセル・ビール	45ml

| ガーニッシュ：カクテル・ピックに刺したラズベリー | 3 |

シェーカーにラズベリーを入れて、マドラーで軽くつぶす。残りの（ビールを除く）材料を加えて、角氷3個とともにショート・シェイクする。クラッシュド・アイスを詰めたピルスナー・グラスに、ダブル・ストレインしながら注ぐ。そのあとビールを注ぎ入れる。ラズベリーを飾り、ストローをつけてサーブする。

. . . .

ロス・アマルゴス
LOS AMARGOS
トーマス・ウォー、2009

センティネラ・レポサド・テキーラ*	45ml
アマーロ・ノニーノ*	22.5ml
カーダマロ*	22.5ml
マラスカ・マラスキーノ・リキュール*	1ティースプーン
レモン・ジュース	22.5ml

すべての材料を氷とともにシェイクして、漉しながら、クープ・グラスに注ぐ。ガーニッシュはなし。

AGAVE
テキーラとメスカル
《ステア》

アルタ・カリフォルニア
ALTA CALIFORNIA
アレックス・デイ、2009

シエンブラ・アズール・ブランコ・テキーラ*	60ml
ドラン・ブラン・ベルモット	22.5ml
イエロー・シャルトリューズ	15ml弱
シナモン・バーク・シロップ (p357)	1/4ティースプーン

すべての材料を氷とともにステアし、漉しながら、クープ・グラスに注ぐ。ガーニッシュはなし。

· · · · · · · · ·

イマジナリー・グレース
IMAGINARY GRACE
ホアキン・シモー、2009

シエテ・レグアス・レポサド・テキーラ*	60ml
モレニータ・クリーム・シェリー	30ml
クリア・クリーク・ペア・ブランデー*	1/2ティースプーン
カルパノ・アンティカ・フォーミュラ・ベルモット	1/2ティースプーン
アガベ・ネクター	1/2ティースプーン
ビターメンズ・ホコラートル・モール・ビターズ*	1ダッシュ
アンゴスチュラ・ビターズ	1ダッシュ

すべての材料を氷とともにステアして、漉しながら、クープ・グラスに注ぐ。ガーニッシュはなし。

オーギー・マーチ
AUGIE MARCH
フィル・ウォード、2008

エル・テソロ・レポサド・テキーラ*	60ml
カルパノ・アンティカ・フォーミュラ・ベルモット	22.5ml
チナール	15ml
ガーニッシュ:チェリーのブランデー漬け	1

すべての材料を氷とともにステアして、漉しながら、クープ・グラスに注ぐ。チェリーを飾る。

· · · · · · · · ·

グリーン・アンド・レッド
GREEN AND RED
トーマス・ウォー、2012

　キュウリを使うステアのドリンクは、めったにありません。ステアでは、キュウリのフレーバーをドリンクになじませるのがとても難しいからです。このカクテルのアイデアの元になったのは、キュウリを使ったリフレッシュ系の別のステア・ドリンクのチン・アップ（the Chin Up）です。カクテルの名前は、ロンドンにあるりっぱなテキーラ・バーにちなんでつけました。——TW

キュウリ・ホイール	3
シエテ・レグアス・ブランコ・テキーラ*	30ml
ハラペーニョ・インフュージョン・シエンブラ・アズール・ブランコ・テキーラ (p361)	30ml
コッキ・アメリカーノ	22.5ml
ドラン・ドライ・ベルモット	22.5ml

アルベアル・フェスティバル・パレ・クレーム・シェリー*.........7.5ml
ガーニッシュ：キュウリのリボン.............................1

ミキシング・グラスにキュウリ・ホイールを入れて、マドラーでつぶす。残りの材料を加えて、氷とともにステアし、漉しながら、クープ・グラスに注ぐ。カクテル・ピックを刺したキュウリのリボンを飾る。

· · · · · · · ·

コラリージョ
CORALILLO
トーマス・ウォー、2001

エル・テソロ・アネホ・テキーラ*...........................45ml
イエロー・シャルトリューズ..............................22.5ml
ビュネルVSOPカルバドス.................................22.5ml
クリア・クリーク・ペア・ブランデー*......................7.5ml
ガーニッシュ：ふじリンゴのスライス........................1

すべての材料を氷とともにステアして、漉しながら、クープ・グラスに注ぐ。リンゴのスライスを飾る。

· · · · · · · ·

サラマーゴ
SARAMAGO
フィル・ウォード、2008

デル・マゲイ・ビーダ・メスカル*
シエンブラ・アズール・ブランコ・テキーラ*................60ml
ドラン・ブラン・ベルモット...............................22.5ml
サンジェルマン...15ml
特製オリジナル・オレンジ・ビターズ（p365）.........1ダッシュ
グレープフルーツ・ツイスト................................1

クープ・グラスをメスカルでリンスし、そのあとメスカルは捨てる。残りの（グレープフルーツ・ツイストを除く）材料を氷とともにステアし、漉しながら、クープ・グラスに注ぐ。ドリンクの上でグレープフルーツ・ツイスト

を絞り、そのあとツイストは捨てる。ガーニッシュはなし。

· · · · · · · ·

シャタード・グラーサー
SHATTERED GLASSER
フィル・ウォード、2008

　常連のお客様から、かなり無理のある条件をベースにしたカクテルを即興で創作してほしいとリクエストされることがありますが、そうして作ったドリンクには、愛着があります——そして、最初の試みでちゃんとしたドリンクができると、愛着はますます深くなります。ある晩、ビターメンズ・ビターズが好きなエイブリー・グラーサーというオープン当時からのご常連から、自分が好きな材料が全部入ったドリンクを作ってほしいと頼まれました。問題は、そのお客様がいろいろ変わったものが好きなことでした。でも、試しにベース・スピリッツと風味づけの酒の両方に複数の材料を使ってみたところ、驚くほどバランスのとれたドリンクができました。——PW

エル・テソロ・レポサド・テキーラ*........................30ml
ロス・アマンテス・ホーベン・メスカル*...................15ml
カルパノ・アンティカ・フォーミュラ・ベルモット..........22.5ml
バン・オーステン・バタビア・アラック*...................15ml
サン・エリザベス・オールスパイス・ドラム*...............7.5ml
ベネディクティン..7.5ml
ビターメンズ・ホコラートル・モール・ビターズ*........2ダッシュ

すべての材料を氷とともにステアし、漉しながら、クープ・グラスに注ぐ。ガーニッシュはなし。

スパゲッティ・ウエスタン
SPAGHETTI WESTERN
ジェシカ・ゴンザレス、2011

シエテ・レグアス・レポサド・テキーラ*	30ml
ロス・ナウアレス・メスカル*	15ml
アマーロ・ノニーノ*	22.5ml
特製オリジナル・オレンジ・ビターズ (p365)	1ダッシュ
ガーニッシュ:グレープフルーツ・ツイスト	1

すべての材料を氷とともにステアし、大きな角氷1個を入れたオールドファッションド・グラスに、漉しながら注ぐ。グレープフルーツ・ツイストを飾る。

. . . .

スパニッシュ・キャラバン
SPANISH CARAVAN
ブライアン・ミラー、2008

　これは、シアトルのジグザグ・カフェのマリー・ステンソンが創作したバーボンベースのドリンク、チャス（Chas）のバリエーションです。——BM

ラプサン・スーチョン・インフュージョン・シエンブラ・アズール・ブランコ・テキーラ (p363)	60ml
ラッツァローニ・アマレット	7.5ml
グラン・マルニエ	7.5ml
ベネディクティン	7.5ml
コアントロー	7.5ml
アンゴスチュラ・オレンジ・ビターズ*	1ダッシュ
ガーニッシュ:オレンジ・ツイスト	1

すべての材料を氷とともにステアして、漉しながら、クープ・グラスに注ぐ。オレンジ・ツイストを飾る。

セルジオ・レオーネ
SERGIO LEONE
ブライアン・ミラー、2009

　これは、わたしがこれまでデス・アンド・コーで創作した少数のテキーラベースのカクテルのひとつです。レッド・フック（Red Hook）のスペックをベースにしました。——BM

エル・テソロ・レポサド・テキーラ*	60ml
カルパノ・アンティカ・フォーミュラ・ベルモット	22.5ml
ソレルノ・ブラッド・オレンジ・リキュール	7.5ml
ビターメンズ・ホコラートル・モール・ビターズ*	1ダッシュ

すべての材料を氷とともにステアして、漉しながら、クープ・グラスに注ぐ。ガーニッシュはなし。

. . . .

テ・アモ
TE AMO
ブラッド・ファラン、2012

　当店のカクテルのなかには、いくつもの材料をほんの少量ずつ使うものがあります。わたしたちは、提供時間を短縮するために、そうした材料をあらかじめ混ぜたものをチーター・ボトルに作り置きしておきます。ティックル・ジュース——ホワイト・クレーム・ド・カカオとチナールを2対1の割合で混ぜたもの——は、このドリンクとともに考案されました。——BF

エル・テソロ・アネホ・テキーラ*	60ml
コッキ・ベルモット・ディ・トリノ	22.5ml
マリー・ブリザール・ホワイト・クレーム・ド・カカオ	2ティースプーン
チナール	1ティースプーン
特製オリジナル・オレンジ・ビターズ (p365)	1ダッシュ
ビターメンズ・ホコラートル・モール・ビターズ*	1ダッシュ
ビターメンズ・ヘルファイア・ハバネロ・シュラブ*	1ダッシュ
ガーニッシュ:オレンジ・ツイスト	1

すべての材料を氷とともにステアして、漉しながら、マティーニ・グラスに注ぐ。オレンジ・ツイストを飾る。

・・・・・・・・・

デイル・クーパー
DALE COOPER

ジェシカ・ゴンザレス、2011

店のカウンターに置いてあったコーヒー・ポッド・マシンで作るコーヒーは、本当にひどい味だったので、美味しく飲めるようにするために、いつも少量のグリーン・シャルトリューズとシナモン・シロップを入れていました。——JG

シエテ・レグアス・レポサド・テキーラ*	60ml
コーヒー・インフュージョン・カルパノ・アンティカ・フォーミュラ・ベルモット (p364)	15ml
グリーン・シャルトリューズ	15ml
シナモン・バーク・シロップ (p357)	1ティースプーン
ビターメンズ・ホコラートル・モール・ビターズ*	1ダッシュ

すべての材料を氷とともにステアして、漉しながら、マティーニ・グラスに注ぐ。ガーニッシュはなし。

・・・・・・・・・

テリブル・ラブ
TERRIBLE LOVE

フィル・ウォード、2013

デル・マゲイ・チチカパ・メスカル*	45ml
スーズ・サベール・ドートルフォア・リキュール*	22.5ml
サンジェルマン	15ml
特製オリジナル・オレンジ・ビターズ (p365)	1ダッシュ
ガーニッシュ:グレープフルーツ・ツイスト	1

すべての材料を氷とともにステアし、大きな角氷1個を入れたオールドファッションド・グラスに、漉しながら注ぐ。グレープフルーツ・ツイストを飾る。

ニッティグリティ
NITTY-GRITTY

ホアキン・シモー、2011

メスカルとシェリーを組み合わせたフィッティフィッティ・マティーニ（Fitty-Fitty martini）を焼きなおしたこのドリンクは、かなりドライなので、テクスチャーと甘味を加える必要がありました。ペア・リキュールとアガベ・ネクターをごく微量加えただけで、大きな違いが出ました。——JS

デル・マゲイ・エスパディン・エスペシャル・メスカル*	45ml
ラ・シガレラ・マンサニーリャ・シェリー	45ml
ベネディクティン	15ml
ロスマン&ウインター・ペア・リキュール*	1/2ティースプーン
アガベ・ネクター	1/2ティースプーン
バー・コード・ベイクド・アップル・ビターズ*	1ダッシュ
ビター・トゥルース・アロマティック・ビターズ*	1ダッシュ
ガーニッシュ:レモン・ツイスト	1

すべての材料を氷とともにステアして、漉しながら、クープ・グラスに注ぐ。レモン・ツイストを飾る。

パーフェクト・クライム
PERFECT CRIME

ジリアン・ボース、2013

　　パスケ・マリーフランボワーズは、コニャックにラズベリーを漬け、摘みたてのブドウの果汁を絞って造るすてきなアペリティフです。マリーフランボワーズがこのドリンクの味を和らげ、強烈にスモーキーなメスカルと苦味のあるアマーロとをうまく結びつけています。——JV

ソンブラ・メスカル*	52.5ml
パスケ・マリーフランボワーズ*	15ml
アマーロ・アベルナ	15ml
バニラ・シロップ (p358)	1ティースプーン
特製オリジナル・オレンジ・ビターズ (p365)	2ダッシュ
ガーニッシュ:カクテル・ピックを刺したラズベリー	2

すべての材料を氷とともにステアして、大きな角氷1個を入れたダブル・ロック・グラスに、漉しながら注ぐ。ラズベリーを飾る。

· · · · · · · ·

ビペラ
VIPERA

ブライアン・ミラー、2008

　　デイル・デグロフのアップル・マティーニのレシピで使う梨とリンゴとスパイスをインフュージョンしたウォッカを基にして、自分流の梨をインフュージョンしたスパイス入りテキーラをつくりました。——BM

スパイス入り梨インフュージョン・シエンブラ・アズール・ブランコ・テキーラ (p362)	60ml
レアーズ・ボンデッド・アップル・ブランデー*	15ml
イエロー・シャルトリューズ	15ml
ガーニッシュ:アンジュ梨のスライス	1

すべての材料を氷とともにステアして、漉しながら、クープ・グラスに注ぐ。梨のスライスを飾る。

· · · · · · · ·

プリマ・チャイナ
PRIMA CHINA

ホアキン・シモー、2009

　　わたしの妻の母親は中国人で、妻のいとこはメキシコ人と結婚しています。そこで、このカクテルで両方の文化を——中国のお茶とメキシコのテキーラとビターズを——結びつけることにしました。カクテル名は、妻の中国人のいとこ（プリマはスペイン語で「いとこ」の意味）にちなんでつけました。——JS

シエンブラ・アズール・アネホ・テキーラ*	60ml
アールグレー・インフュージョン・ドラン・ブラン・ベルモット (p363)	22.5ml
チナール	7.5ml
マリー・ブリザール・ホワイト・クレーム・ド・カカオ	1ティースプーン
ビターメンズ・ホコラートル・モール・ビターズ*	1ダッシュ
ガーニッシュ:グレープフルーツ・ツイスト	1

すべての材料を氷とともにステアして、漉しながら、クープ・グラスに注ぐ。グレープフルーツ・ツイストを飾る。

· · · · · · · ·

ブロークン・オース
BROKEN OATH

エレン・リース、2013

ソンブラ・メスカル*	45ml
ルスタウ・アモンティリャード・シェリー	22.5ml
コッキ・ベルモット・ディ・トリノ	22.5ml
ガリアーノ・リストレット*	15ml
ビターメンズ・ホコラートル・モール・ビターズ*	2ダッシュ

すべての材料を氷とともにステアして、漉しながら、ニック＆ノラ・グラスに注ぐ。ガーニッシュはなし。

ホット・リップス
HOT LIPS
ジェシカ・ゴンザレス、2009

　ホアキンのフェイスフル・スコッツマン（p271）は
——脂肪を加えてほどよいテクスチャーにすれば——柑
橘ジュースを使ってステア・ドリンクが作れることを教
えてくれました。——JG

コーシャー・ソルト
ハラペーニョ・インフュージョン・シエンブラ・アズール・ブランコ・
テキーラ（p361）..22.5ml
ロス・アマンテス・ホーベン・メスカル*..................22.5ml
レモン・ジュース...15ml
パイナップル・ジュース.......................................15ml
バニラ・シロップ（p358）...................................15ml
サトウキビ・シロップ（p357）....................1ティースプーン

ファンシー・フィズ・グラスの縁の半分に塩をつけ、角
氷2個を加える。残りの材料を氷とともにステアし、漉
しながら、グラスに注ぐ。ガーニッシュはなし。

・・・・・・・・

ヤマ・ブランカ
YAMA BLANCA
ジェシカ・ゴンザレス、2009

センティネラ・レポサド・テキーラ*........................45ml
ハラペーニョ・インフュージョン・シエンブラ・アズール・ブランコ・
テキーラ（p361）...15ml
ドラン・ブラン・ベルモット..................................22.5ml
ベルベット・ファレナム*.......................................7.5ml

すべての材料を氷とともにステアし、漉しながら、クー
プ・グラスに注ぐ。ガーニッシュはなし。

ラスト・トレイン・トゥ・オアハカ
LAST TRAIN TO OAXACA
ブライアン・ミラー、2009

プエブロ・ビエホ・アネホ・テキーラ*.....................45ml
ロス・アマンテス・ホーベン・メスカル*..................15ml
リレ・ブラン..22.5ml
ドンズ・スパイス #2（p365）....................1ティースプーン
ガーニッシュ：オレンジ・ツイスト..................................1

すべての材料を氷とともにステアし、漉しながら、クー
プ・グラスに注ぐ。オレンジ・ツイストを飾る。

・・・・・・・・

レベル・レベル
REBEL REBEL
ジリアン・ボース、2013

　このドリンクは、ひとつの材料を多用しすぎると、常
識からはずれたドリンクができてしまいやすいというこ
とを示す一例です。このドリンクはいろいろな約束事を
破っていますが、なかでもいちばん目立っているのは、
シェイク・ドリンクのように見えるという点です。——
JV

チェリー・トマト..1/2
シエテ・レグアス・ブランコ・テキーラ*.....................30ml
スイカ・インフュージョン・ドラン・ドライ・ベルモット（p362）
....45ml
コッキ・アメリカーノ・ローザ*................................30ml
フュージョン・バージュ・ブラン*.................1/2ティースプーン
コーシャー・ソルト..ほんの少々
特製オリジナル・オレンジ・ビターズ（p365）.........1ダッシュ

ミキシング・グラスにチェリー・トマトを入れて、マド
ラーでつぶす。残りの材料を加えて、氷とともにステア
する。ダブル・ストレイン（二度漉し）しながら、ニッ
ク＆ノラ・グラスに注ぐ。ガーニッシュはなし。

WHISKEY
ウイスキー
《シェイク》

アイ・オブ・ザ・トリノ
EYE OF THE TORINO
ジリアン・ボース、2013

　普通は、クリーミーな味のティキ・ドリンクにピート香の強いスコッチを使おうと考える人はあまりいないでしょうが、スコッチのスモーキーなフレーバーはこのドリンクの濃厚な味のなかでも際立ちます。——JV

ボウモア12年スコッチ	60ml
コッキ・ベルモット・ディ・トリノ	15ml
パイナップル・ジュース	15ml
レモン・ジュース	15ml
オルジェー（p358）	15ml
バニラ・シロップ（p358）	1ティースプーン
ココ・ロペス*	15ml
ヘビー・クリーム	7.5ml
アンゴスチュラ・ビターズ	1ダッシュ
ビターメンズ・ホコラートル・モール・ビターズ*	1ダッシュ
ガーニッシュ：パイナップルのくし切りとチェリーのフラッグ	1

すべての材料を角氷3個とともにショート・シェイクし、クラッシュド・アイスを詰めたココナッツ・マグに、漉しながら注ぐ。パイナップルのくし切りとチェリーのフラッグを飾る。

ウェアハウスC
WAREHOUSE C
ジリアン・ボース、2013

　オルジェーとシナモン・バーク・シロップとジンジャー・シロップの組み合わせは、当店では人気の高い甘味料のトリオです。この3つが使えるときに、ひとつしか使わない理由が何かあるのでしょうか。——JV

イチゴ	1
バッファロー・トレース・バーボン	45ml
レモン・ジュース	22.5ml
ライム・ジュース	7.5ml
オルジェー（p358）	7.5ml
シナモン・バーク・シロップ（p357）	7.5ml
ジンジャー・シロップ（p357）	7.5ml
ビター・トゥルース・アロマティック・ビターズ*	1ダッシュ

シェーカーにイチゴを入れて、マドラーで軽くつぶす。残りの材料を加えて、氷とともにシェイクし、漉しながら、クープ・グラスに注ぐ。ガーニッシュはなし。

· · · · · · · · ·

キャッスル・トゥ・キャッスル
CASTLE TO CASTLE
トーマス・ウォー、2009

ナッポーグ・キャッスル12年アイリッシュ・ウイスキー	45ml
ふじリンゴジュース	45ml
レモン・ジュース	22.5ml
アカシア・ハチミツ・シロップ（p356）	15ml

ガーニッシュ:バジルの小枝 1

すべての材料を角氷3個とともにショート・シェイクし、クラッシュド・アイスを詰めたピルスナー・グラスに、漉しながら注ぐ。バジルの小枝を飾り、ストローをつけてサーブする。

. . . .

グラウス・ランパント
GROUSE RAMPANT
アレックス・デイ、2008

　これは、秋らしいフレーバーに満ちたウイスキー・サワーのバリエーションです。わたしはドリンクの表面に、スコットランドの国旗を連想させるXの字をビターズで描きます。——AD

ふじリンゴ・インフュージョン・フェイマス・グラウス・スコッチ
(p362) 60ml
レモン・ジュース 22.5ml
アカシア・ハチミツ・シロップ (p356) 7.5ml
シナモン・バーク・シロップ (p357) 7.5ml
卵白 1個分
ガーニッシュ:特製オリジナル・ペイショーズ・ビターズ (p365)

すべての材料をドライ・シェイクし、そのあと氷を加えてもう一度シェイクする。ダブル・ストレイン（二度漉し）しながらクープ・グラスに注ぎ、X字型になるようにビターズを2度ふりかける。

. . . .

クレーン・キック
CRANE KICK
ブラッド・ファラン、2012

　ジャパニーズ・ウイスキーをベースにしたティキ・カクテルをつくってみたいと思いましたが、ほんの少量でもカラニを使うと、カラニの味しかしなくなるので、カ

ラニとのバランスをとるためにピート香の強いスコッチを1ティースプーン加え、深みをいっそう増すことにしました。——BF

山崎12年ウイスキー 60ml
ラフロイグ10年スコッチ 1ティースプーン
カラニ・ロン・デ・ココ・ココナッツ・リキュール* ... 2ティースプーン
オレンジ・ジュース 30ml
レモン・ジュース 15ml
オルジェー （p358） 15ml
アンゴスチュラ・ビターズ 1ダッシュ

すべての材料を角氷3個とともにショート・シェイクし、クラッシュド・アイスを詰めたピルスナー・グラスに、漉しながら注ぐ。ストローをつけてサーブする。ガーニッシュはなし。

. . . .

スウィープ・ザ・レッグ
SWEEP THE LEG
ブラッド・ファラン、2013

サントリー白州12年ウイスキー 60ml
オルジェー （p358） 22.5ml
ルスタウ・アモンティリャード・シェリー 15ml
レモン・ジュース 15ml
オレンジ・ジュース 15ml
アカシア・ハチミツ・シロップ (p356) 7.5ml
ルクサルド・アマーロ・アバノ* 1ティースプーン
アンゴスチュラ・ビターズ 1ダッシュ
ビターメンズ・ホコラートル・モール・ビターズ* 1ダッシュ
ガーニッシュ:ライム・ホイール1、オレンジの半月切り1、チェリーのブランデー漬け1、ミントの小枝1

すべての材料を角氷3個とともにショート・シェイクし、クラッシュド・アイスを詰めたピルスナー・グラスに、漉しながら注ぐ。ライム・ホイールとオレンジの半月切りとチェリーをカクテル・ピックに刺し、ミントの小枝とともに氷に挿し込む。

スウェアンゲン・スリング
SWEARENGEN SLING
ブライアン・ミラー、2009

チェリーのブランデー漬け	2
ブレット・バーボン	60ml
アマーロ・ノニーノ*	15ml
チェリー・ヒーリング	15ml
レモン・ジュース	15ml
シンプル・シロップ (p357)	15ml
ガーニッシュ:チェリーのブランデー漬け	1

シェーカーにチェリーを入れて、マドラーでつぶす。残りの材料を加えて、氷とともにシェイクする。角氷を詰めたハイボール・グラスに、漉しながら注ぐ。カクテル・ピックに刺したチェリーを飾り、ストローをつけてサーブする。

. . . .

スコッチ・レディ
SCOTCH LADY
フィル・ウォード、2008

フェイマス・グラウス・スコッチ	45ml
レアーズ・ボンデッド・アップル・ブランデー*	15ml
レモン・ジュース	22.5ml
シンプル・シロップ (p357)	22.5ml
グレナディン・シロップ (p366)	7.5ml
卵白	1個分
ガーニッシュ:チェリーのブランデー漬け	1

すべての材料をドライ・シェイクし、そのあと氷を加えてもう一度シェイクする。ダブル・ストレインしながら、クープ・グラスに注ぎ、チェリーを飾る。

ストロー・ドッグ
STRAW DOG
トーマス・ウォー、2009

イチゴ	1
コンパス・ボックス・アシイラ・スコッチ	45ml
ドラン・ブラン・ベルモット	30ml
レモン・ジュース	22.5ml
シンプル・シロップ (p357)	15ml
ビターメンズ・ホップト・グレープフルーツ・ビターズ*	1ダッシュ
ガーニッシュ:イチゴ	1/2

シェーカーにイチゴを入れて、マドラーで軽くつぶす。残りの材料を加えて、氷とともにシェイクし、漉しながら、クープ・グラスに注ぐ。半分に切ったイチゴを飾る。

. . . .

ダブル・フィルアップ
DOUBLE FILL-UP
フィル・ウォード、2008

リッテンハウス100ライ・ウイスキー	60ml
レモン・ジュース	22.5ml
シンプル・シロップ (p357)	22.5ml
ザクロ糖蜜	1ティースプーン
ミントの葉	3
ガーニッシュ:ミントの葉	1

すべての材料を氷とともにシェイクし、ダブル・ストレインしながら、クープ・グラスに注ぐ。ミントの葉を飾る。

. . . .

202ステップス
202 STEPS
フィル・ウォード、2008

タンジェリン、皮をむいたもの	1/4
ベイカーズ・バーボン	60ml

シンプル・シロップ (p357)	15ml
特製オリジナル・オレンジ・ビターズ (p365)	2ダッシュ
ガーニッシュ:オレンジ・ツイスト	1

シェーカーにタンジェリンを入れて、マドラーでつぶす。残りの材料を加えて、氷とともにシェイクし、大きな角氷を1個入れたダブル・ロック・グラスに、ダブル・ストレインしながら注ぐ。オレンジ・ツイストを飾る。

· · · · · · · ·

デッドパン・フィックス
DEADPAN FIX

ジェシカ・ゴンザレス、2011

　ライ・ウイスキーは、シェイク・ドリンクではバーボン以上に扱いにくい材料です。使い方次第で、手に負えない暴れん坊にもなりかねません。でも、このドリンクのような、カンパリやジンジャーやグレープフルーツのようにもっと主張の強いフレーバーと合わせると、いい味に仕上がります。——JG

リッテンハウス100ライ・ウイスキー	45ml
カンパリ	7.5ml
グラン・マルニエ	7.5ml
グレープフルーツ・ジュース	22.5ml
レモン・ジュース	15ml
ジンジャー・シロップ (p357)	7.5ml
ガーニッシュ:オレンジ・ツイスト	1

すべての材料を氷とともにシェイクし、漉しながら、クープ・グラスに注ぐ。オレンジ・ツイストを飾る。

· · · · · · · · ·

デンジャラス・リエゾンズ
DANGEROUS LIAISONS

ホアキン・シモー、2012

ラベンダー・インフュージョン・バーンハイム・オリジナル・ウィート・

ウイスキー （p362)	45ml
ドラン・ブラン・ベルモット	22.5ml
グレープフルーツ・ジュース	22.5ml
レモン・ジュース	15ml
アカシア・ハチミツ・シロップ (p356)	15ml
ガーニッシュ:グレープフルーツの半月切り	1

すべての材料を氷とともにシェイクし、氷を詰めたハイボール・グラスに、漉しながら注ぐ。カクテル・ピックに刺したグレープフルーツの半月切りを飾り、ストローをつけてサーブする。

· · · · · · · · · ·

ドクター・フィールグッド
DR. FEELGOOD

ジリアン・ボース、2013

　これは、レシピでは甘そうに見えて、実際にはそうでないドリンクのよい例です。超辛口のアップル・ブランデーとイチジクをインフュージョンしたバーボンのなせる業です。——JV

イチジク・インフュージョン・エライジャ・クレイグ・バーボン (p361)	60ml
クリア・クリーク・アップル・ブランデー*	15ml
グラン・マルニエ	7.5ml
レモン・ジュース	15ml
グラニー・スミス・アップル・ジュース	15ml
オルジェー （p358)	7.5ml
ジンジャー・シロップ (p357)	7.5ml
アンゴスチュラ・ビターズ	1ダッシュ

すべての材料を氷とともにシェイクし、漉しながら、大きなクープ・グラスに注ぐ。ガーニッシュはなし。

ドックス・ドラム
DOC'S DRAM

ホアキン・シモー、2011

　ライ・ウイスキーとジンを同じドリンクのスプリット・ベースとして使うことは、通常はありませんが、麦芽の味が豊かなオールド・トムとソフトなオーバーホルトは、この秋にふさわしいスパイスをきかせたサワーでは、抜群の相性の良さを発揮します。——JS

オールド・オーバーホルト・ライ・ウイスキー	45ml
ランサム・オールド・トム・ジン*	15ml
ルスタウ・イースト・インディア・ソレラ・シェリー	15ml
レモン・ジュース	22.5ml
メープル・シロップ	15ml
アップル・バター	1ティースプーン
アンゴスチュラ・ビターズ	1ダッシュ
ガーニッシュ:リンゴの扇	1

すべての材料を氷とともにシェイクし、大きな角氷を1個入れたダブル・ロック・グラスに、漉しながら注ぐ。リンゴの扇を飾る。

・・・・・・・・・・

ナインティーンス・センチュリー
19TH CENTURY

ブライアン・ミラー、2009

ウッドフォード・リザーブ・バーボン	45ml
リレ・ルージュ	22.5ml
マリー・ブリザール・ホワイト・クレーム・ド・カカオ	22.5ml
レモン・ジュース	22.5ml

すべての材料を氷とともにシェイクし、漉しながら、クープ・グラスに注ぐ。ガーニッシュはなし。

パディ・メルト
PADDY MELT

ホアキン・シモー、2011

　ウイスキーなんて大嫌いだと言い張るお客様に限って、一晩に4杯はこのカクテルを飲み干します。——JS

ナッポーグ・キャッスル12年アイリッシュ・ウイスキー	45ml
カモミール・インフュージョン・オールド・オーバーホルト・ライ・ウイスキー（p363）	15ml
アマーロ・メレッティ*	15ml
レモン・ジュース	22.5ml
サトウキビ・シロップ（p357）	15ml

すべての材料を氷とともにシェイクして、漉しながら、ファンシー・フィズ・グラスに注ぐ。ガーニッシュはなし。

パディ・メルト

第5章　スペック：ウイスキー シェイク

バンクス・オブ・アイラ
BANKS OF ISLAY
トーマス・ウォー、2012

生のカレーリーフ	6
ラフロイグ10年スコッチ	45ml
ライム・ジュース	22.5ml
サトウキビ・シロップ（p357）	15ml
グレナディン・シロップ（p366）	1ティースプーン
ガーニッシュ：生のカレーリーフ	1

シェーカーにカレーリーフを入れて、マドラーで軽くつぶす。残りの材料を加えて、氷とともにシェイクし、ダブル・ストレインしながら、クープ・グラスに注ぐ。カレーリーフを飾る。

・・・・・・・・・・

バンパイア・ブルース
VAMPIRE BLUES
ジェシカ・ゴンザレス、2009

オールド・ウェラー・アンティーク107バーボン	45ml
イースト・インディア・ソレラ・シェリー	15ml
レモン・ジュース	15ml
シンプル・シロップ（p357）	15ml
パンプキン・バター	1ティースプーン
アンゴスチュラ・ビターズ	2ダッシュ
ガーニッシュ：シナモン・スティック	1

すべての材料を氷とともにシェイクし、角氷を詰めたダブル・ロック・グラスに、漉しながら注ぐ。ドリンクの上でシナモン・スティックを挽いて少しふりかけ、それからそのシナモン・スティックを飾り、ストローをつけてサーブする。

ピーツ・ワード
PETE'S WORD
フィル・ウォード、2008

　カクテル名にはこれといった意味はありませんが、ピート香の強いスコッチとライム・ジュースは驚くほどよく合うので、この驚くべきコンボを使ってラスト・ワード（p207）のバリエーションをつくってみました。——PW

ラフロイグ10年スコッチ	22.5ml
ルクサルド・マラスキーノ・リキュール	22.5ml
グリーン・シャルトリューズ	22.5ml
ライム・ジュース	22.5ml

すべての材料を氷とともにシェイクし、漉しながら、クープ・グラスに注ぐ。ガーニッシュはなし。

・・・・・・・・・・

フィックス・ミー・アップ
FIX ME UP
トーマス・ウォー、2009

サゼラック6年ライ・ウイスキー	30ml
ルスタウ・アモンティリャード・シェリー	45ml
レモン・ジュース	15ml
オレンジ・ジュース	15ml
オルジェー（p358）	22.5ml
アンゴスチュラ・ビターズ	2ダッシュ
炭酸水	22.5ml

すべての（炭酸水を除く）材料を角氷3個とともにショート・シェイクし、大きな角氷1個を入れたスニフターに、漉しながら注ぐ。炭酸水を注ぎ入れる。ガーニッシュはなし。

ブラウン・ローズ
BLOWN ROSE
トーマス・ウォー、2009

ふじリンゴのスライス	3
カモミール・インフュージョン・オールド・オーバーホルト・ライ・ウイスキー（p363）	60ml
パイナップル・ジュース	15ml
ライム・ジュース	15ml
シナモン・バーク・シロップ（p357）	15ml
ガーニッシュ：ライム・ホイール	1

シェーカーにリンゴのスライスを入れて、マドラーでつぶす。残りの材料を加えて、氷とともにシェイクする。ダブル・ストレインしながら、クープ・グラスに注ぎ、ライム・ホイールを飾る。

・・・・・・・・・・

ブルー・ラン・スリング
BLUE RUN SLING
ホアキン・シモー、2009

エライジャ・クレイグ12年バーボン*	60ml
アマーロ・アベルナ	7.5ml
ふじリンゴジュース	22.5ml
レモン・ジュース	15ml
バニラ・シロップ（p358）	22.5ml
特製オリジナル・オレンジ・ビターズ（p365）	1ダッシュ
ガーニッシュ：オレンジのフラッグ1とフィー・ブラザーズ・ウイスキー・バレルエイジド・ビターズ*	

すべての材料を氷とともにシェイクし、角氷を詰めたハイボール・グラスに、漉しながら注ぐ。オレンジのフラッグを飾り、ドリンクの上にビターズを数ドロップふりかけ、ストローをつけてサーブする。

ブレージング・サドルズ
BLAZING SADDLES
ブラッド・ファラン、2013

　ハイ・ウエスト蒸留所のオート・ウイスキーは、わたしが本当に好きな少数の熟成させないウイスキーのひとつです。このウイスキーは、グレープフルーツやシナモンのフレーバーをつけたサワーのようなドリンクに使っても、力負けしない独自のフレーバー・プロフィール〔風味の特徴〕を持っています。──BF

ハイ・ウエスト・シルバー・オート・ウイスキー*	60ml
コンビエ・パンプリムース・ローズ・リキュール*	15ml
レモン・ジュース	22.5ml
シナモン・バーク・シロップ（p357）	15ml
ビターメンズ・エレマクレ・ティキ・ビターズ*	1ダッシュ
ガーニッシュ：グレープフルーツ・ツイスト	1

すべての材料を氷とともにシェイクし、漉しながら、クープ・グラスに注ぐ。グレープフルーツ・ツイストを飾る。

・・・・・・・・・・

ベイク・スリング
VEJK SLING
フィル・ウォード、2008

　スリングは、もっとも古いカクテルのテンプレートのひとつで、酒にレモンや砂糖や水を組み合わせ、ホットまたはコールドで飲めるようにしたものです。このカクテルはスリングを大ざっぱに解釈をしてつくったバリエーションで、小説『キャッチ22』のひらめきの元になったチェコの作品から名前をつけました──PW

〔『キャッチ22』は、アメリカの作家ジョーゼフ・ヘラーによる、第二次大戦を舞台にした風刺的小説。『キャッチ22』に影響を与えた小説は、チェコの作家ヤロスラフ・ハシェクの風刺小説『兵士シュヴェイクの冒険』。カクテル名のvejkは、主人公の名前シュベイク（Švejk）からとったものと思われる〕

コンパス・ボックス・アシイラ・ブレンデッド・スコッチ	60ml

カモミール・インフュージョン・ビアンコ・ベルモット (p363)	
	30ml
レモン・ジュース	15ml
シンプル・シロップ (p357)	22.5ml
特製オリジナル・オレンジ・ビターズ (p365)	1ダッシュ
炭酸水	
ガーニッシュ:レモン・ツイスト	1

すべての（炭酸水を除く）材料を氷とともにシェイクし、角氷を詰めたハイボール・グラスに、漉しながら注ぐ。炭酸水で満たす。レモン・ツイストを飾り、ストローをつけてサーブする。

・・・・・・・・・

ホワーリング・タイガー
WHIRLING TIGER
ブライアン・ミラー、2008

　このバーボンベースのカクテルのヒントになったのは、ダーク・アンド・ストーミー（p196）です。カクテル名は、ケンタッキーを根拠地とするストーム・チェイサー・グループ〔竜巻などの気象現象を追跡・撮影する専門家〕からつけました。——BM

バッファロー・トレース・バーボン	60ml
ふじリンゴジュース	30ml
レモン・ジュース	22.5ml
ジンジャー・シロップ (p357)	15ml
ガーニッシュ:ふじリンゴのスライス	1

すべての材料を氷とともにシェイクし、角氷を詰めたハイボール・グラスに、漉しながら注ぐ。リンゴのスライスを飾り、ストローをつけてサーブする。

ホンシュウ・パンチ
HONSHU PUNCH
トーマス・ウォー、2009

山崎12年ウイスキー	60ml
レモン・ジュース	22.5ml
パイナップル・ジュース	15ml
サトウキビ・シロップ (p357)	15ml
フィー・ブラザーズ・ウイスキー・バレルエイジド・ビターズ*	
	2ダッシュ
ビター・トゥルース・アロマティック・ビターズ*	2ダッシュ
炭酸水	30ml

すべての（炭酸水を除く）材料をシェイクし、大きな角氷1個を入れたスニフターに、漉しながら注ぐ。炭酸水を注ぎ入れる。ガーニッシュはなし。

・・・・・・・・・

ミセス・ドイル
MRS. DOYLE
エリン・リース、2013

レッドブレスト12年アイリッシュ・ウイスキー	60ml
クローナン・スウェーデン・プンシュ*	7.5ml
レモン・ジュース	22.5ml
シンプル・シロップ (p357)	15ml

すべての材料を氷とともにシェイクして、漉しながら、クープ・グラスに注ぐ。ガーニッシュはなし。

モノンガヒーラ・ミュール
MONONGAHELA MULE
フィル・ウォード、2007

ラズベリー	4
ミントの葉	6
オールド・オーバーホルト・ライ・ウイスキー	60ml
レモン・ジュース	22.5ml
ジンジャー・シロップ（p357）	15ml
ガーニッシュ：ミントの小枝	1

シェーカーにラズベリーとミントを入れて、マドラーで軽くつぶす。残りの材料を加え、氷とともにシェイクする。角氷を詰めたハイボール・グラスに、ダブル・ストレインしながら注ぐ。ミントの小枝を飾り、ストローをつけてサーブする。

・・・・・・・・・・

リトル・エンジン
LITTLE ENGINE
アレックス・デイ、2009

フェイマス・グラウス・スコッチ	60ml
オティマ10年トゥニー・ポート	15ml
レモン・ジュース	15ml
メープル・シロップ	15ml
アップル・バター	1ティースプーン
ガーニッシュ：リンゴの扇	1

すべての材料を角氷3個とともにショート・シェイクし、クラッシュド・アイスを詰めたダブル・ロック・グラスに、ダブル・ストレインしながら注ぐ。リンゴの扇を飾り、ストローをつけてサーブする。

WHISKEY
ウイスキー
《ステア》

ウィキッド・キス
WICKED KISS
フィル・ウォード、2007

　クラシックのウィドウズ・キスのこのバリエーションは、デス・アンド・コーのオリジナル・メニューのためにわたしが創作した最初のドリンクのひとつです。——PW

リッテンハウス100ライ・ウイスキー	30ml
レアーズ・ボンデッド・アップル・ブランデー*	30ml
イエロー・シャルトリューズ	7.5ml
ベネディクティン	7.5ml
アンゴスチュラ・ビターズ	1ダッシュ

すべての材料を氷とともにステアし、漉しながら、クープ・グラスに注ぐ。ガーニッシュはなし。

・・・・・・・・・

キャロル・ガーデンズ
CARROLL GARDENS
ホアキン・シモー、2008

　このドリンクは、デス・アンド・コーでつくられたブルックリン（p203）の数あるスピンオフのひとつです。カクテル名は、同じブルックリンのイタリア系アメリカ人が多く住むコミュニティーの地名からつけました。——JS

リッテンハウス100ライ・ウイスキー	60ml
プント・エ・メス	15ml
アマーロ・ナルディーニ*	15ml
ルクサルド・マラスキーノ・リキュール	1ティースプーン
レモン・ツイスト	1

すべての（レモン・ツイストを除く）材料を氷とともにステアし、漉しながら、クープ・グラスに注ぐ。ドリンクの上でレモン・ツイストを絞り、そのあとツイストは捨てる。ガーニッシュはなし。

・・・・・・・・・

キュア・フォー・ペイン
CURE FOR PAIN
ブライアン・ミラー、2009

　ブールバーディエ（p202）に一工夫を加えたこのドリンクは、当店の長年のご常連のひとりアンソニー・サーニコラに敬意を表してつくりました。——BM

リッテンハウス100ライ・ウイスキー	45ml
スタッグ・バーボン	15ml
オティマ10年トゥニー・ポート	15ml
カルパノ・アンティカ・フォーミュラ・ベルモット	15ml
カンパリ	1ティースプーン
マリー・ブリザール・ホワイト・クレーム・ド・カカオ	1ティースプーン
ガーニッシュ：オレンジ・ツイスト	1

すべての材料を氷とともにステアし、漉しながら、クープ・グラスに注ぐ。オレンジ・ツイストを飾る。

コーヒー&シガレッツ
COFFEE AND CIGARETTES
トーマス・ウォー、2011

　クラシックのロブ・ロイ（p208）のコーヒー・リキュールを使ったバリエーションは見たことがありませんでした。そんなシンプルな発想でしたが、元のドリンクとは全然違うものになりました。——TW

カリラ12年スコッチ	60ml
ガリアーノ・リストレット*	15ml
カルパノ・アンティカ・フォーミュラ・ベルモット	1ティースプーン
ビターメンズ・ホコラートル・モール・ビターズ*	2ダッシュ

すべての材料を氷とともにステアし、漉しながら、マティーニ・グラスに注ぐ。ガーニッシュはなし。

・・・・・・・・・・

ザ・デンジャラス・サマー
THE DANGEROUS SUMMER
ホアキン・シモー、2009

　クラシックのブラッド・アンド・サンド（p202）のステアのバージョンであるこのドリンクは、闘牛士を描いたヘミングウェイの小説のタイトル〔『危険な夏』〕から名前をとりました。チェリー・ヒーリングをドライなチェリー・ブランデーに置き換え、オレンジ・ジュースをブラッド・オレンジ・リキュールに置き換えています。——JS

山崎12年ウイスキー	45ml
ドラン・ルージュ・ベルモット	22.5ml
ソレルノ・ブラッド・オレンジ・リキュール	15ml
マスネ・キルシュ・ビュー・チェリー・ブランデー	15ml
オレンジ・ツイスト	1

すべての（オレンジ・ツイストを除く）材料を氷とともにステアし、漉しながら、マティーニ・グラスに注ぐ。ドリンクの上でオレンジ・ツイストを火であぶり、そのあとツイストは捨てる。ガーニッシュはなし。

シュラフス・エンド
SHRUFF'S END
フィル・ウォード、2008

　ベネディクティンは、ほとんどどんなものでも2つの材料を見事に結びつけます。このカクテルでは、ピート香の強いスコッチとアップル・ブランデーが申し分のない形で見事に結びつけられ、その結果リンゴの燻製のような味に仕上がっています。——PW

ラフロイグ10年スコッチ	30ml
レアーズ・ボンデッド・アップル・ブランデー*	30ml
ベネディクティン	15ml
特製オリジナル・ペイショーズ・ビターズ（p365）	2ダッシュ

すべての材料を氷とともにステアして、漉しながら、クープ・グラスに注ぐ。ガーニッシュはなし。

・・・・・・・・・・

スイート・アンド・ビシャス
SWEET AND VICIOUS
アレックス・デイ、2008

　このマンハッタン（p205）のバリエーションでは、マドリングしたリンゴを入れることによって明るい、酵母

のような香りを加え、軽い口当たりに仕上げています。
——AD

ふじリンゴのスライス	2
オールド・オーバーホルト・ライ・ウイスキー	60ml
ドラン・ドライ・ベルモット	15ml
アマーロ・ノニーノ*	15ml
メープル・シロップ	1ティースプーン
ガーニッシュ:リンゴの扇	1

ミキシング・グラスにリンゴのスライスを入れて、マドラーで軽くつぶす。残りの材料を加えて、氷とともにステアする。ダブル・ストレイン（二度漉し）しながら、クープ・グラスに注ぎ、リンゴの扇を飾る。

· · · · · · · · ·

スコッチ・ドラム
SCOTCH DRAM
フィル・ウォード、2008

コンパス・ボックス・アシイラ・スコッチ	60ml
カルパノ・アンティカ・フォーミュラ・ベルモット	22.5ml
ドランブイ	7.5ml
特製オリジナル・ペイショーズ・ビターズ (p365)	1ダッシュ

すべての材料を氷とともにステアし、漉しながら、クープ・グラスに注ぐ。ガーニッシュはなし。

· · · · · · · · ·

セント・コロンブス・リル
ST. COLUMB'S RILL
フィル・ウォード、2008

ブッシュミルズ・アイリッシュ・ウイスキー	60ml
ドラン・ブラン・ベルモット	22.5ml
グリーン・シャルトリューズ	7.5ml
ルクサルド・マラスキーノ・リキュール	7.5ml

すべての材料を氷とともにステアし、漉しながら、クープ・グラスに注ぐ。ガーニッシュはなし。

· · · · · · · · ·

ティー・イン・ザ・サハラ
TEA IN THE SAHARA
ブライアン・ミラー、2009

白い甘皮を少し残したレモンのコイン	1
ココナッツ緑茶インフュージョン・フェイマス・グラウス・スコッチ (p363)	60ml
ストレガ	1ティースプーン
アカシア・ハチミツ・シロップ (p356)	1ティースプーン

レモンをミキシング・グラスの上で絞り、レモンはそのままグラスに入れる。残りの材料を加えて、氷とともにステアする。漉しながら、ダブル・ロック・グラスに注ぐ。ガーニッシュはなし。

· · · · · · · · ·

トレンブリング・ベル
TREMBLING BELL
トーマス・ウォー、2012

カモミール・インフュージョン・オールド・オーバーホルト・ライ・ウイスキー （p363)	45ml
ナッポーグ・キャッスル12年アイリッシュ・ウイスキー	30ml
コッキ・アメリカーノ	22.5ml
マスネ・クレーム・ド・ペシェ・ピーチ・リキュール	1ティースプーン
アカシア・ハチミツ・シロップ (p356)	1/2ティースプーン
レモン・ツイスト	1

すべての（レモン・ツイストを除く）材料を氷とともにステアし、漉しながら、クープ・グラスに注ぐ。レモン・ツイストをドリンクの上で絞り、そのあとツイストは捨てる。ガーニッシュはなし。

バッファロー・ソルジャー
BUFFALO SOLDIER
ブライアン・ミラー、2008

ペカンをインフュージョンしたバーボンはそれ自体すばらしい味でしたが、少しコクが足りませんでした。店にあるほぼすべての甘味料を試してみて、最終的にデメララ・シロップに落ち着きました。——BM

ペカン・インフュージョン・バッファロー・トレース・バーボン (p364)	60ml
デメララ・シロップ (p357)	7.5ml

バーボンとシロップを氷とともにステアし、大きな角氷を1個入れたダブル・ロック・グラスに、漉しながら注ぐ。ガーニッシュはなし。

· · · · · · · · ·

B. A. F.
B.A.F.
エリン・リース、2012

メニューづくりのためのテイスティングでこのドリンクを味見していたとき、誰かが一口すすって言いました。「こいつはやけに苦いな（bitter as fuck）……でも、わたしは大好きだ」 その一言で名前が決まりました。——ER

マッカラン・ファイン・オーク10年スコッチ	30ml
ルスタウ・オロロソ・シェリー	30ml
アペロール	15ml
グラン・クラシコ・ビター	15ml
レモン・ツイスト	1

すべての（レモン・ツイストを除く）材料を氷とともにステアし、漉しながら、ダブル・ロック・グラスに注ぐ。ドリンクの上でレモン・ツイストを絞り、そのあとツイストは捨てる。ガーニッシュはなし。

フェイスフル・スコッツマン
FAITHFUL SCOTSMAN
ホアキン・シモー、2008

これは、スコッチベースのパンチを単品で出すときのカクテル名です。この名前は、ニワトリが小屋から——そして亭主が家から——抜け出すのを防ぐ力がクミンにはある、という中世の言い伝えにちなんでつけました。——JS

コンパス・ボックス・アシイラ・スコッチ	45ml
マスネ・クレーム・ド・ペシェ・ピーチ・リキュール	7.5ml
パイナップル・ジュース	15ml
レモン・ジュース	15ml
クミン・シロップ (p357)	7.5ml
ガーニッシュ:パイナップルの葉	1

すべての材料をステアし、大きな角氷を1個入れたダブル・ロック・グラスに、漉しながら注ぐ。パイナップルの葉を飾る。

· · · · · · · · ·

フォー・イン・ハンド
FOUR IN HAND
スコット・ティーグ、2013

言いわけ無用の度数の高い複雑なドリンクです。デス・アンド・コーの看板商品のひとつです。——ST

オールド・グランダッド114バーボン	22.5ml
レアーズ・ボンデッド・アップル・ブランデー*	22.5ml
スミス&クロス・ラム	7.5ml
グリーン・シャルトリューズ	7.5ml
シナモン・バーク・シロップ (p357)	1ティースプーン
バニラ・シロップ (p358)	1ティースプーン
ガーニッシュ:オレンジ・ツイスト	1

すべての材料を氷とともにステアし、漉しながら、ロック・グラスに注ぐ。オレンジ・ツイストを飾る。

ブラック・マーケット・マンハッタン
BLACK MARKET MANHATTAN
ブライアン・ミラー、2008

シアトルのパイク・プレイス・マーケットでとてもすばらしいシナモンオレンジ・ティーを見つけたので、店に持ってきて、いろいろなインフュージョンを試してみました。当店オリジナルの紅茶をインフュージョンしたスイート・ベルモットは、さまざまなステア・ドリンクやパンチになくてはならない材料になりました。——BM

バーンハイム・ウィート・ウイスキー............60ml
シナモンオレンジ・ティー・インフュージョン・スイート・ベルモット
(p363)............30ml
アンゴスチュラ・ビターズ............1ダッシュ
ガーニッシュ:レモン・ツイスト............1

すべての材料を氷とともにステアし、漉しながら、クープ・グラスに注ぐ。レモン・ツイストを飾る。

. . . .

ベラ・コーエン
BELLA COHEN
ジェシカ・ゴンザレス、2011

ナッポーグ・キャッスル12年アイリッシュ・ウイスキー............45ml
アルベアル・フェスティバル・パレ・クレーム・シェリー＊............45ml
コアントロー............15ml
サンジェルマン............1ティースプーン
特製オリジナル・ペイショーズ・ビターズ (p365)............1ダッシュ
ガーニッシュ:レモン・ツイスト............1

すべての材料を氷とともにステアし、漉しながら、クープ・グラスに注ぐ。レモン・ツイストを飾る。

マンハッタン・トランスファー
MANHATTAN TRANSFER
フィル・ウォード、2008

リッテンハウス100ライ・ウイスキー............45ml
ドライ・ベルモット............30ml
ラマゾッティ＊............30ml
特製オリジナル・オレンジ・ビターズ (p365)............1ダッシュ

すべての材料を氷とともにステアし、漉しながら、クープ・グラスに注ぐ。ガーニッシュはなし。

. . . .

ラ・ドルチェ・ビータ
LA DOLCE VITA
トーマス・ウォー、2008

これは、ベルモットの代わりにサンジェルマンを使ったオールド・パル (p192) のバリエーションです。ホームバーにあるものでできるシンプルなドリンクの好例です。——TW

カモミール・インフュージョン・オールド・オーバーホルト・ライ・ウイスキー (p363)............60ml
カンパリ............22.5ml
サンジェルマン............15ml

すべての材料を氷とともにステアし、大きな角氷を1個入れたダブル・ロック・グラスに、漉しながら注ぐ。ガーニッシュはなし。

. . . .

ラ・ビーニャ
LA VIÑA
アレックス・デイ、2009

わたしとしては、アルコール度数の比較的低いカクテルを創作するのは、これが初めての試みだったので、自

マンハッタン・トランスファー

分が愛用している2つの材料、シェリーとアマーロ・ノニーノを使いました。味はマンハッタンに似ていますが、もっとずっと軽い感じです。——AD

ラッセルズ・リザーブ・ライ	30ml
アマーロ・ノニーノ*	30ml
ルスタウ・イースト・インディア・ソレラ・シェリー	30ml
リーガンズ・オレンジ・ビターズ*	1ダッシュ

すべての材料を氷とともにステアし、漉しながら、クープ・グラスに注ぐ。ガーニッシュはなし。

BRANDY
ブランデー
《シェイク》

エンチャンテッド・オーチャード
ENCHANTED ORCHARD
ホアキン・シモー、2011

カンポ・デ・エンカント・アチョラード・ピスコ*	45ml
ビュネルVSOPカルバドス	15ml
ベネディクティン	15ml
パイナップル・ジュース	15ml
レモン・ジュース	15ml
アカシア・ハチミツ・シロップ (p356)	15ml
ガーニッシュ:シナモン・スティック	1

すべての材料を氷とともにシェイクし、大きな角氷1個を入れたダブル・ロック・グラスに、漉しながら注ぐ。シナモン・スティックを飾る。

・・・・・・・・・・

ゴールデン・ゲート
GOLDEN GATE
トーマス・ウォー、2009

　グラン・マルニエをベース・スピリッツとして使うのは奇妙なことに思えるかもしれませんが、グラン・マルニエはコニャックとトリプル・セックを混ぜたものですから、その豊潤さを、カンパリのような苦味のあるものと、多めの柑橘ジュースと合わせてバランスをうまくとれば、なかなかいい味に仕上がります。——TW

グラン・マルニエ	22.5ml
ベネディクティン	15ml
カンパリ	15ml
グレープフルーツ・ジュース	22.5ml
ライム・ジュース	15ml
ガーニッシュ:ライム・ツイスト	1

すべての材料を角氷3個とともにショート・シェイクし、クラッシュド・アイスを詰めたハイボール・グラスに、漉しながら注ぐ。ライム・ツイストを飾り、ストローをつけてサーブする。

・・・・・・・・・・

ジョーカーズ・ワイルド
JOKER'S WILD
トーマス・ウォー、2011

　パチャランは、スローベリーとコーヒー豆とアニスで香りをつけたバスク地方のリキュールです。——TW

ラ・ディアブラーダ・ピスコ*	15ml
ソコ・パチャラン・ナバラ・リキュール	45ml
ビュー・ポンタリエ・アブサン*	2ダッシュ
レモン・ジュース	22.5ml
シンプル・シロップ (p357)	15ml
バニラ・シロップ (p358)	7.5ml
炭酸水	

すべての（炭酸水を除く）材料をドライ・シェイクし、氷を加えてもう一度シェイクする。角氷を詰めたハイボール・グラスに、漉しながら注ぐ。炭酸水で満たし、ティンに残った泡をスプーンでひとすくいして飾る。

ジンジャー・スナップ
GINGER SNAP
ホアキン・シモー、2009

ピエール・フェラン・アンブレ・コニャック*	45ml
スミス&クロス・ラム	15ml
ラム・クレマン・クレオール・シュラブ	15ml
レモン・ジュース	22.5ml
シナモン・バーク・シロップ (p357)	7.5ml
ジンジャー・シロップ (p357)	7.5ml

すべての材料を氷とともにシェイクし、漉しながら、クープ・グラスに注ぐ。ガーニッシュはなし。

....

スティック・ザ・ランディング
STICK THE LANDING
ブラッド・ファラン、2012

ルイ・ロワイエ・フォース53コニャック*	30ml
レッドブレスト12年アイリッシュ・ウイスキー	30ml
マスネ・クレーム・ド・ペシェ・ピーチ・リキュール	1ティースプーン
レモン・ジュース	22.5ml
サトウキビ・シロップ (p357)	15ml
アンゴスチュラ・ビターズ	2ダッシュ

すべての材料を氷とともにシェイクし、漉しながら、クープ・グラスに注ぐ。ガーニッシュはなし。

....

スロー・スコベイビル・スリング
SLOE SCOBEYVILLE SLING
フィル・ウォード、2008

レアーズ・ボンデッド・アップル・ブランデー*	60ml
プリマス・スロー・ジン*	30ml
レモン・ジュース	15ml
シンプル・シロップ (p357)	22.5ml

ペイショーズ・ビターズ*	2ダッシュ
炭酸水	
ガーニッシュ:ふじリンゴのスライス	1

すべての（炭酸水を除く）材料を角氷3個とともにショート・シェイクし、角氷を詰めたハイボール・グラスに、漉しながら注ぐ。炭酸水で満たし、リンゴのスライスを飾り、ストローをつけてサーブする。

....

ソレラ・サイドカー
SOLERA SIDECAR
ホアキン・シモー、2009

　サイドカー（p194）をアレンジしたこのドリンクは、デザートで出てくるペストリーのような味がします。シェリーはナッツのフレーバーを添え、アマーロはビスコッティの香りを加え、コニャックはフルーツと花の香りを感じさせます。──JS

ハインHコニャック	45ml
イースト・インディア・ソレラ・シェリー	15ml
グラン・マルニエ	7.5ml
ラッツァローニ・アマレット	7.5ml
レモン・ジュース	15ml
シンプル・シロップ (p357)	7.5ml

すべての材料を氷とともにシェイクし、漉しながら、クープ・グラスに注ぐ。ガーニッシュはなし。

ドント・シット・アンダー・ジ・アップル・ツリー
DON'T SIT UNDER THE APPLE TREE
ブライアン・ミラー、2008

　このカクテルに使うブレイバーン・シロップは、リンゴの風味豊かな芯と皮だけを使って作りました。——BM

レアーズ・ボンデッド・アップル・ブランデー＊	60ml
レモン・ジュース	15ml
ブレイバーン・アップル・シロップ（p358）	30ml
卵白	1個分
フィー・ブラザーズ・ウイスキー・バレルエイジド・ビターズ＊	1ダッシュ
ガーニッシュ：ブレイバーン・アップルのスライス	1

すべての材料をドライ・シェイクし、氷を加えてもう一度シェイクする。ダブル・ストレイン（二度漉し）しながら、クープ・グラスに注ぐ。リンゴのスライスを飾る。

. . . .

ハートシェイプト・ボックス
HEART-SHAPED BOX
ブラッド・ファラン、2013

イチゴ	1
ハインHコニャック	60ml
サンジェルマン	22.5ml
レモン・ジュース	22.5ml
シナモン・バーク・シロップ（p357）	7.5ml

スロー・スコベイビル・スリング

熟成したバルサミコ酢	1/2ティースプーン
アンゴスチュラ・ビターズ	1ダッシュ
ガーニッシュ:イチゴ	1/2

シェーカーにイチゴを入れて、マドラーで軽くつぶす。残りの材料を加えて、ショート・シェイクする。クラッシュド・アイスを詰めたダブル・ロック・グラスに、漉しながら注ぐ。半分に切ったイチゴを飾り、ストローをつけてサーブする。

・・・・・・・・・・

バナナ・コニャック
BANANA COGNAC
タイソン・ビューラー、2013

デイブ・シャペル〔アメリカのコメディアン〕のコントからひらめきを得たこのコンセプト・ドリンクは、アブア・アンブラナを使いました。これには、ほかのカシャーサにはないすばらしいフルーツとチョコレートの香りがあります。——TB

ピエール・フェラン1840コニャック	30ml
アブア・アンブラナ・カシャーサ*	15ml
レモン・ジュース	22.5ml
オレンジ・ジュース	15ml
バナナ・シロップ (p358)	22.5ml
オルジェー (p358)	7.5ml
アンゴスチュラ・ビターズ	2ダッシュ
ガーニッシュ:乾燥バナナ・チップ	1

すべての材料を角氷3個とともにショート・シェイクし、クラッシュド・アイスを詰めたピルスナー・グラスに、漉しながら注ぐ。乾燥バナナ・チップを飾り、ストローをつけてサーブする。

ピーチー・パチャクテク
PEACHY PACHACUTI
トーマス・ウォー、2011

このドリンクは、ペルーで行われたピスコ・カクテルのコンテストのために創作したものです。ここでは、卵白の代わりにギリシャ・ヨーグルトを使いました。カクテル名は、コンテストで優勝する可能性が高くなるのではないかと期待して、インカの皇帝の名にちなんでつけました。あいにくなことに、審査員に飲んでもらうドリンクを作るときにヨーグルトを加えるのを忘れてしまい、審査員の評価はさんざんでした。——TW

熟した桃のスライス	3
マチュ・ピスコ*	60ml
ライム・ジュース	15ml
レモン・ジュース	15ml
アカシア・ハチミツ・シロップ (p356)	22.5ml
ギリシャ・ヨーグルト	1ティースプーン

シェーカーに桃のスライスを入れて、マドラーでつぶす。残りの材料を加えて、氷とともにシェイクする。大きな角氷1個を入れたスニフターに、ダブル・ストレインしながら注ぐ。ガーニッシュはなし。

・・・・・・・・・・

ホイ・ポロイ
HOI POLLOI
ジェシカ・ゴンザレス、2009

ハインHコニャック	30ml
干しブドウ・インフュージョン・ワイルド・ターキー・ライ (p362)	
	15ml
マリー・ブリザール・ホワイト・クレーム・ド・カカオ	15ml
パイナップル・ジュース	30ml
レモン・ジュース	22.5ml
シンプル・シロップ (p357)	15ml
アンゴスチュラ・ビターズ	1ダッシュ
ガーニッシュ:パイナップルのくし切り	1

すべての材料を角氷3個とともにショート・シェイクし、クラッシュド・アイスを詰めたピルスナー・グラスに、漉しながら注ぐ。パイナップルのくし切りを飾り、ストローをつけてサーブする。

・・・・・・・・・・

ポート・オーソリティ
PORT AUTHORITY
トーマス・ウォー、2008

ブラックベリー	4
コニャック	60ml
オティマ10年トゥニー・ポート	22.5ml
クレーム・ド・カシス	15ml
レモン・ジュース	15ml
ビターメンズ・ホコラートル・モール・ビターズ*	2ダッシュ
ガーニッシュ：ブラックベリー	1

シェーカーにブラックベリーを入れて、マドラーで軽くつぶす。残りの材料を加えて、氷とともにシェイクする。ダブル・ストレインしながら、クープ・グラスに注ぎ、ブラックベリーを飾る。

・・・・・・・・・・

ポワール・マンズ・コブラー
POIRE MAN'S COBBLER
フィル・ウォード、2008

熟したバートレット梨、さいの目に刻んだもの	1/4
ビュネルVSOPカルバドス	60ml
ベネディクティン	7.5ml
特製オリジナル・ペイショーズ・ビターズ（p365）	2ダッシュ
ガーニッシュ：バートレット梨のスライス	1

シェーカーに梨を入れて、マドラーでつぶす。残りの材料を加えて、氷とともにシェイクする。クラッシュド・アイスを詰めたダブル・ロック・グラスに、漉しながら注ぐ。梨のスライスを飾る。

マギー・スミス
MAGGIE SMITH
ホアキン・シモー、2009

　これは、クラシック・カクテルとしては珍しくスプリット・ベースを使うビトウィン・ザ・シーツのバリエーションです。ここでは、コニャックの代わりにピスコを使いました。——JS

カンポ・デ・エンカント・アチョラード・ピスコ*	30ml
バンクス5アイランド・ホワイト・ラム	30ml
サンタ・テレサ・オレンジ・リキュール*	15ml
ライム・ジュース	22.5ml
オルジェー（p358）	7.5ml
アカシア・ハチミツ・シロップ（p356）	1ティースプーン
ガーニッシュ：ライム・ホイール	1

すべての材料を氷とともにシェイクし、漉しながら、クープ・グラスに注ぐ。ライム・ホイールを飾る。

・・・・・・・・・・

ムーチョ・ピチュ
MUCHO PICCHU
ホアキン・シモー、2008

マチュ・ピスコ*	45ml
ルクサルド・マラスキーノ・リキュール	7.5ml
グレープフルーツ・ジュース	15ml
シンプル・シロップ（p357）	15ml
ドライ・シャンパン	
ガーニッシュ：グレープフルーツ・ツイスト	1

すべての（シャンパンを除く）材料を氷とともにシェイクし、漉しながら、フルート・グラスに注ぐ。シャンパンで満たし、グレープフルーツ・ツイストを飾る。

モーニング・バズ
MORNING BUZZ
ジリアン・ボース、2012

ハインHコニャック	30ml
サカパ23年ラム	22.5ml
ルスタウ・アモンティリャード・シェリー	15ml
オルジェー（p358）	7.5ml
アカシア・ハチミツ・シロップ（p356）	7.5ml
ハニーナッツ・チェリオ・インフュージョン・クリーム（p367）	
	22.5ml
卵黄	1個

すべての材料をドライ・シェイクし、そのあと氷を加えてもう一度シェイクする。ダブル・ストレインしながら、ファンシー・フィズ・グラスに注ぐ。ガーニッシュはなし。

・・・・・・・・・・

リトル・バーディ
LITTLE BIRDY
ホアキン・シモー、2009

　これは、わたしが「ロースト・チキン」ドリンクと呼んでいるもののひとつです。誰からも好まれるドリンクという意味です。でも、カクテル名は、チキンではなく、インカの言葉で「鳥」を意味するピスコにちなんでつけました。──JS

イチゴ・パイナップル・インフュージョン・マチュ・ピスコ（p361）	
	60ml
サンジェルマン	15ml
グレープフルーツ・ジュース	22.5ml
レモン・ジュース	15ml
シンプル・シロップ（p357）	1ティースプーン

すべての材料を氷とともにシェイクし、漉しながら、クープ・グラスに注ぐ。ガーニッシュはなし。

リトル・ミス・アナベル
LITTLE MISS ANNABELLE
ホアキン・シモー、2009

　このサイドカー（p194）のバリエーションは、ピエール・フェランのオーナーであるアレクサンドル・ガブリエルの娘から名前をとりました。甘味料をほんの少量使っているために濃厚な口当たりになっています。──JS

ピエール・フェラン・アンブレ・コニャック＊	60ml
マティルド・ポワール・ペア・リキュール	7.5ml
ベネディクティン	7.5ml
レモン・ジュース	22.5ml
サトウキビ・シロップ（p357）	7.5ml
特製オリジナル・ペイショーズ・ビターズ（p365）	1ダッシュ

すべての材料を氷とともにシェイクし、漉しながら、クープ・グラスに注ぐ。ガーニッシュはなし。

BRANDY
ブランデー
《ステア》

ウィドウズ・ローレル
WIDOW'S LAUREL
ホアキン・シモー、2009

　これは、1895年に登場したウィドウズ・キスを焼き直したバージョンで、オリジナルよりスパイスを強めにし、アルコール度数は低めにしています。——JS

ビュネルVSOPカルバドス 60ml
ドランブイ 15ml
カルパノ・アンティカ・フォーミュラ・ベルモット 15ml
サン・エリザベス・オールスパイス・ドラム＊ 1ティースプーン
アンゴスチュラ・ビターズ 1ダッシュ
ガーニッシュ:カクテル・ピックに刺したチェリーのブランデー漬け ... 3

すべての材料を氷とともにステアし、漉しながら、クープ・グラスに注ぐ。チェリーを飾る。

. . . .

キャッスル・オブ・コルドバ
CASTLE OF CÓRDOBA
ホアキン・シモー、2009

ビュネルVSOPカルバドス 22.5ml
ピエール・フェラン・アンブレ・コニャック＊ 15ml
アルベアル・フェスティバル・パレ・クレーム・シェリー＊ 60ml
特製オリジナル・ペイショーズ・ビターズ（p365）........ 2ダッシュ
ガーニッシュ:リンゴのスライス 1

すべての材料を氷とともにステアし、漉しながら、クープ・グラスに注ぐ。リンゴのスライスを飾る。

サイドワインダー
SIDEWINDER
フィル・ウォード、2008

ハインHコニャック 60ml
レアーズ・ボンデッド・アップル・ブランデー＊ 15ml
ベネディクティン 7.5ml
イエロー・シャルトリューズ 7.5ml
ビュー・ポンタリエ・アブサン＊ 1ダッシュ
特製オリジナル・ペイショーズ・ビターズ（p365）........ 1ダッシュ

すべての材料を氷とともにステアし、漉しながら、クープ・グラスに注ぐ。ガーニッシュはなし。

. . . .

シャーデーズ・タブー
SADE'S TABOO
ジェシカ・ゴンザレス、2009

ハインHコニャック 60ml
コッキ・アメリカーノ 22.5ml
ドラン・ルージュ・ベルモット 22.5ml
ビターメンズ・ホップト・グレープフルーツ・ビターズ＊ 1ダッシュ

すべての材料を氷とともにステアし、漉しながら、クープ・グラスに注ぐ。ガーニッシュはなし。

ジャルナック・シュラブ
JARNAC SHRUB
トビー・チェッキーニ、2009

ハインHコニャック	60ml
カルパノ・アンティカ・フォーミュラ・ベルモット	30ml
トビーズ・サワー・チェリー・シュラブ (p367)	30ml
特製オリジナル・オレンジ・ビターズ (p365)	1ダッシュ
ガーニッシュ:カクテル・ピックに刺したチェリーのブランデー漬け	3

すべての材料を氷とともにステアし、漉しながら、クープ・グラスに注ぐ。チェリーを飾る。

・・・・・・・・

スイート・ヒアアフター
SWEET HEREAFTER
ホアキン・シモー、2009

これは、ピスコ・サワーとは反対のドリンクです。ピスコのフレーバーを隠す柑橘類と卵白でシェイクするのではなく、ピスコのフルーツと花の香りを引き立てるために、ベルモットとコッキ・アメリカーノを合わせてステアします。コッキ・アメリカーノは、キナ皮とオレンジでフレーバーをつけたアペリティフです。——JS

グレープフルーツ・ツイスト	1
カンポ・デ・エンカント・アチョラード・ピスコ*	60ml
コッキ・アメリカーノ	15ml
ドラン・ブラン・ベルモット	15ml
サンジェルマン	1ティースプーン
ビターメンズ・ホップト・グレープフルーツ・ビターズ*	1ダッシュ

グレープフルーツ・ツイストをミキシング・グラスの上で絞り、そのあとツイストは捨てる。残りの材料を加えて、氷とともにステアし、漉しながら、クープ・グラスに注ぐ。ガーニッシュはなし。

ソウル・クレンチ
SOUL CLENCH
ジリアン・ボース、2013

ワカー・ピスコ	60ml
ドラン・ドライ・ベルモット	22.5ml
コンビエ・パンプリムース・ローズ・リキュール*	15ml
サンジェルマン	15ml
ベルベット・ファレナム*	7.5ml
ガーニッシュ:グレープフルーツ・ツイスト	1

すべての材料を氷とともにステアし、大きな角氷1個を入れたダブル・ロック・グラスに、漉しながら注ぐ。グレープフルーツ・ツイストを飾る。

・・・・・・・・

ナイト・オウル
NIGHT OWL
アレックス・デイ、2009

このマンハッタンのバリエーションは、風味づけにバタビア・アラックを使います。バタビア・アラックを使うと、ドリンクにくせのある強いにおいをつけずに、多少の複雑さを加えることができます。——AD

ピエール・フェラン・アンブレ・コニャック*	60ml
プント・エ・メス	15ml
ルスタウ・イースト・インディア・ソレラ・シェリー	15ml
バン・オーステン・バタビア・アラック*	7.5ml

すべての材料を氷とともにステアし、漉しながら、クープ・グラスに注ぐ。ガーニッシュはなし。

ブラック・マーケット・ブランデー
BLACK MARKET BRANDY
ホアキン・シモー、2008

　マーケット・スパイスのシナモンオレンジ・ティー*をインフュージョンしたベルモットは、デス・アンド・コーの看板ともいえる材料になりました——誰もがこの材料を使ってカクテルを創作しています。このドリンクは、ブライアンのブラック・マーケット・マンハッタン（p205）をブランデーを使ってアレンジしたバージョンです。——JS

レアーズ・ボンデッド・アップル・ブランデー*	30ml
ハインHコニャック	30ml
シナモンオレンジ・ティー・インフュージョン・スイート・ベルモット (p363)	22.5ml
特製オリジナル・ペイショーズ・ビターズ (p365)	1ダッシュ
アンゴスチュラ・ビターズ	1ダッシュ
ガーニッシュ:カクテル・ピックに刺したチェリーのブランデー漬け	3

すべての材料を氷とともにステアして、漉しながら、クープ・グラスに注ぐ。チェリーを飾る。

・・・・・・・・・

ブラック・マジック
BLACK MAGIC
トーマス・ウォー、2009

　このドリンクは、レシピで見るほどきつくはありません。微量のアブサンとフェルネットが、クラシック・カクテルのスティンガー（p196）のブランデーとクレーム・ド・メンテの組み合わせに、かすかなハーブの香りを加えます。——TW

ビュー・ポンタリエ・アブサン*	
ハインHコニャック	30ml
アンゴスチュラ5年ラム*	30ml
マリー・ブリザール・ホワイト・クレーム・ド・メンテ*	15ml
フェルネット・ブランカ	1ティースプーン

シンプル・シロップ (p357)	1ティースプーン

クープ・グラスをアブサンでリンスし、そのあとアブサンは捨てる。残りの材料を氷とともにステアし、漉しながら、クープ・グラスに注ぐ。ガーニッシュはなし。

・・・・・・・・・

マーティカ
MARTICA
フィル・ウォード、2007

ハインHコニャック	30ml
アプルトン・エステートV/Xラム	30ml
カルパノ・アンティカ・フォーミュラ・ベルモット	22.5ml
ルクサルド・マラスキーノ・リキュール	7.5ml
アンゴスチュラ・ビターズ	1ダッシュ

すべての材料を氷とともにステアして、漉しながら、クープ・グラスに注ぐ。ガーニッシュはなし。

・・・・・・・・・

リトル・スパロー
LITTLE SPARROW
ブライアン・ミラー、2008

　このドリンクがこんなに人気が出るなんて思っていませんでしたが、サンジェルマンを加えると、思いも寄らない味になります。カルバドスに少量のレアーズを混ぜました。そうしないと、甘すぎるからです。レアーズは、ドリンクを辛口にするはたらきがあります。——BM

ビュネルVSOPカルバドス	60ml
レアーズ・ボンデッド・アップル・ブランデー*	7.5ml
カルパノ・アンティカ・フォーミュラ・ベルモット	22.5ml
サンジェルマン	15ml
特製オリジナル・ペイショーズ・ビターズ (p365)	2ダッシュ
ガーニッシュ:レモン・ツイスト	1

すべての材料を氷とともにステアし、漉しながら、クープ・グラスに注ぐ。レモン・ツイストを飾る。

. . . .

リリーワッカー
LILYWHACKER
フィル・ウォード、2008

レアーズ・ボンデッド・アップル・ブランデー*	60ml
カルパノ・アンティカ・フォーミュラ・ベルモット	22.5ml
コアントロー	15ml
ビターメンズ・ホコラートル・モール・ビターズ*	1ダッシュ

すべての材料を氷とともにステアし、漉しながら、クープ・グラスに注ぐ。ガーニッシュはなし。

. . . .

レジェンド
LEGEND
ジリアン・ボース、2012

ピエール・フェラン1840コニャック	30ml
アプルトン・エステートV/Xラム	15ml
ルスタウ・アモンティリャード・シェリー	22.5ml
アマーロ・ノニーノ*	15ml
デメララ・シロップ（p357）	7.5ml
ビター・トゥルース・アロマティック・ビターズ*	1ダッシュ
アンゴスチュラ・ビターズ	1ダッシュ

すべての材料を氷とともにステアし、漉しながら、クープ・グラスに注ぐ。ガーニッシュはなし。

レ・ベール・モン
LES VERTS MONTS

ジリアン・ボース、2013

　このドリンクは、カクテルにいろいろな形でブドウベースの材料が使われており、フランスとスペインの最高の産物が組み合わされています。——JV

タリケVSクラシック・バスアルマニャック*	30ml
ギヨンパンチュロー・コニャック・グランデ・シャンパンVSOP*	22.5ml
ビュネルVSOPカルバドス	22.5ml
ドラン・ブラン・ベルモット	22.5ml
アルベアル・フェスティバル・パレ・クレーム・シェリー*	7.5ml
メープル・シロップ	7.5ml
アンゴスチュラ・ビターズ	1ダッシュ
レモン・ツイスト	1
ガーニッシュ:ふじリンゴのスライス	1

すべての（レモン・ツイストを除く）材料を氷とともにステアして、漉しながら、ニック＆ノラ・グラスに注ぐ。ドリンクの上でレモン・ツイストを絞り、そのあとツイストは捨てる。リンゴのスライスを飾る。

レ・ベール・モン

SPARKLING COCKTAILS
スパークリング・カクテル

カクテルにおけるシャンパンのおもな役割は、酸味と泡を加えることです。もし高品質のプレスティージュ・キュベの繊細な複雑さを味わいたいなら、グラスに注いで飲んでみてください。実のところ、高級なシャンパンはドリンクに入れてもふつうはあまり美味しくありません。それに、本物の（フランスのシャンパーニュ地方で造られている）シャンパンを使うと、バーでは法外な高値になってしまいます。デス・アンド・コーをオープンした当時、ポル・ロジェのシャンパンを大量に仕入れていましたが、最近では、その数分の1の価格で手に入る同じようなフレーバー・プロフィール〔風味の特徴〕のクレマン・デュ・ジュラを使っています。ですから、以下のレシピでシャンパンを指定してあっても、同じような味のスパークリング・ワインで代用してもかまいません。スパークリング・カクテルの材料として最適のワインは、辛口で（甘い材料を加える余地があり）、すっきりとしていて、適度な泡立ちがあるものです。

アイアン・チャンセラー
IRON CHANCELLOR
ホアキン・シモー、2008

マッケソン・スタウト*	60ml
エスプレッソ・インフュージョン・デメララ・シロップ (p356)	7.5ml
ドライ・シャンパン	

ビールとシロップをフルート・グラスに入れて混ぜ、そのあとティースプーンの背からたらすようにしてシャンパンを加える。ガーニッシュはなし。

アイリッシュ・シールバッハ
IRISH SEELBACH
アレックス・デイ、2009

これはシールバッハのバリエーションです。シールバッハとは、ケンタッキー州のルーイビルにあるシールバッハ・ホテルで生まれたクラシックのシャンパン・ドリンクです。——AD

クロンターフ1014アイリッシュ・ウイスキー	30ml
コアントロー	15ml
特製オリジナル・ペイショーズ・ビターズ (p365)	4ダッシュ
アンゴスチュラ・ビターズ	4ダッシュ
ドライ・シャンパン	
ガーニッシュ：オレンジ・ツイスト	1

すべての（シャンパンを除く）材料を氷とともにステアし、漉しながら、フルート・グラスに注ぐ。シャンパンで満たし、オレンジ・ツイストを飾る。

· · · · · · · · · ·

エルダー・ファッション・ロワイヤル
ELDER FASHION ROYALE
フィル・ウォード、2008

プリマス・ジン	45ml
サンジェルマン	15ml
特製オリジナル・オレンジ・ビターズ (p365)	1ダッシュ
ドライ・シャンパン	
ガーニッシュ：グレープフルーツ・ツイスト	1

すべての（シャンパンを除く）材料を氷とともにステアし、漉しながら、フルート・グラスに注ぐ。シャンパンで満たす。グレープフルーツ・ツイストを飾る。

. . . .

カルバ・ドルサ・ロワイヤル
CALVA DORSA ROYALE
フィル・ウォード、2008

ビュネルVSOPカルバドス	45ml
サンジェルマン	15ml
ビュー・ポンタリエ・アブサン*	2ダッシュ
ドライ・シャンパン	

すべての（シャンパンを除く）材料を氷とともにステアし、漉しながら、クープ・グラスに注ぐ。シャンパンで満たす。ガーニッシュはなし。

. . . .

グリーン・フラッシュ
GREEN FLASH
ブライアン・ミラー、2009

ラムJM100プルーフ・アグリコル・ブラン	45ml
ビュー・ポンタリエ・アブサン*	7.5ml
レモン・ジュース	22.5ml
アカシア・ハチミツ・シロップ (p356)	15ml
ドライ・シャンパン	
ガーニッシュ：チェリーのブランデー漬け	1

すべての（シャンパンを除く）材料を氷とともにシェイクし、漉しながら、フルート・グラスに注ぐ。シャンパンで満たす。チェリーを飾る。

サイダー・ハウス・ルールズ
CIDER HOUSE RULES
トーマス・ウォー、2009

フロール・デ・カーニャ・エクストラドライ・ホワイト・ラム*	22.5ml
アプルトン・エステートV/Xラム	22.5ml
ベルベット・ファレナム*	7.5ml
ライム・ジュース	15ml
アカシア・ハチミツ・シロップ (p356)	7.5ml
ビターメンズ・エレマクレ・ティキ・ビターズ*	1ダッシュ
ドックス・ハード・ペア・サイダー	

すべての（サイダーを除く）材料をミキシング・グラスに入れて、氷とともにステアし、漉しながらフルート・グラスに注ぐ。サイダーで満たす。ガーニッシュはなし。

. . . .

サウス・サイダー
SOUTH SIDER
アレックス・デイ、2009

　このドリンクのひらめきのヒントになったのは、禁酒法時代のニューヨークを象徴するミルク＆ハニーで創作されたシカゴ・カクテルです。これは、基本的にはラムを使ったマティーニです。シャンパンの弾ける泡はガーニッシュのような効果があり、ドリンクを少し晴れやかにします。——AD

エル・ドラド12年ラム	60ml
カルパノ・アンティカ・フォーミュラ・ベルモット	30ml
アンゴスチュラ・ビターズ	1ダッシュ
特製オリジナル・ペイショーズ・ビターズ (p365)	1ダッシュ
ドライ・シャンパン	15ml
ガーニッシュ：オレンジ・ツイスト	1

すべての（シャンパンを除く）材料を氷とともにステアし、漉しながら、クープ・グラスに注ぐ。シャンパンで満たし、オレンジ・ツイストを飾る。

ザ・ビッテンベンダー
THE BITTENBENDER
ジリアン・ボース、2013

　このドリンクは、もともとはとても濃厚なパンチとしてつくりました。パンチでなくカクテルにすると、ずっといい味になると、わたしは思います。――JV

ラズベリー	4
レモン・ツイスト	1
オレンジ・ツイスト	1
ラッセルズ・リザーブ10年バーボン	60ml
カカオ・ニブ・インフュージョン・カンパリ (p364)	22.5ml
レモン・ジュース	22.5ml
ジンジャー・シロップ (p357)	22.5ml
ドライ・シャンパン	30ml
ガーニッシュ:レモン・ホイール	1

シェーカーにラズベリーとレモン・ツイストとオレンジ・ツイストを入れて、マドラーでつぶす。残りの（シャンパンを除く）材料を加えて、氷とともにシェイクする。大きな角氷1個を入れたスニフターに、漉しながら注ぎ、シャンパンで満たす。レモン・ホイールを飾る。

ジェーン・ローズ
JANE ROSE
ホアキン・シモー、2011

レアーズ・ボンデッド・アップル・ブランデー*	30ml
レモン・ジュース	15ml
トビーズ・ライム・コーディアル (p367)	15ml
グレナディン・シロップ (p366)	15ml
ドライ・シャンパン	

すべての（シャンパンを除く）材料を氷とともにシェイクし、漉しながら、クープ・グラスに注ぐ。シャンパンで満たす。ガーニッシュはなし。

ザ・ビッテンベンダー

ジュリアン・ソレル
JULIEN SOREL
フィル・ウォード、2008

　このドリンクは、シャンパンを使ったラスト・ワード（p207）のバリエーションです（カクテル名としては史上最悪です）――PW

〔ジュリアン・ソレルは、フランスの作家スタンダールの小説『赤と黒』（1830年刊）の主人公の名前。下層階級出身の野心家の青年で、上流階級進出をめざすが、やがて自滅する〕

クルボアジエ・コニャック	15ml
グリーン・シャルトリューズ	15ml
ルクサルド・マラスキーノ・リキュール	15ml
レモン・ジュース	15ml

ドライ・シャンパン
レモン・ツイスト..1

すべての（シャンパンとレモン・ツイストを除く）材料を氷とともにシェイクし、漉しながら、フルート・グラスに注ぐ。シャンパンで満たす。ドリンクの上でレモン・ツイストを絞り、そのあとツイストは捨てる。ガーニッシュはなし。

. . . .

スージー Q
SUSIE Q
ホアキン・シモー、2009

ビュネルVSOPカルバドス..45ml
レモン・ジュース..15ml
シナモン・バーク・シロップ（p357）....................7.5ml
ジンジャー・シロップ（p357）................................7.5ml
バニラ・シロップ（p358）..7.5ml
アンゴスチュラ・ビターズ....................................1ダッシュ
スパークリング・ロゼ

すべての（スパークリング・ロゼを除く）材料を氷とともにシェイクし、漉しながら、フルート・グラスに注ぐ。スパークリング・ロゼで満たす。ガーニッシュはなし。

. . . .

セダ・デ・ナランハ
SEDA DE NARANJA
フィル・ウォード、2007

エル・テソロ・レポサド・テキーラ*.....................22.5ml
グラン・マルニエ..22.5ml
特製オリジナル・オレンジ・ビターズ（p365）.........1ダッシュ
ドライ・シャンパン

すべての（シャンパンを除く）材料を氷とともにステアし、漉しながら、クープ・グラスに注ぐ。シャンパンで

満たす。ガーニッシュはなし。

. . . .

ダーク'ン'バブリー
DARK'N'BUBBLY
ホアキン・シモー、2008

ゴスリングス・ブラック・シール・ラム.................45ml
ライム・ジュース..7.5ml
カレード・ジンジャー・シロップ（p357）................15ml
ドライ・シャンパン

すべての（シャンパンを除く）材料を氷とともにシェイクし、漉しながら、フルート・グラスに注ぐ。シャンパンで満たす。ガーニッシュはなし。

. . . .

ダーティ・メアリー、クレイジー・ラリー
DIRTY MARY, CRAZY LARRY
トーマス・ウォー、2012

レアーズ・ボンデッド・アップル・ブランデー*...........60ml
フル・セイル・セッション・ブラック・ラガー*

ピルスナー・グラスに角氷を詰めて、アップル・ブランデーを加える。フル・セイルで満たす。

. . . .

ディック・アンド・ジェーン
DICK AND JANE
トビー・チェッキーニ、2009

タンカレー・ナンバー・テン・ジン.........................45ml
サンジェルマン..15ml
レモン・ジュース..15ml
ハイビスカス・シロップ（p357）............................15ml
特製オリジナル・ペイショーズ・ビターズ（p365）.....2ダッシュ

ドライ・シャンパン

ガーニッシュ：細長く切ったレモン・ツイスト 1

すべての（シャンパンを除く）材料を氷とともにシェイクし、漉しながら、フルート・グラスに注ぐ。シャンパンで満たす。レモン・ツイストを飾る。

. . . .

ドック・ダネーカ・ロワイヤル
DOC DANEEKA ROYALE
アレックス・デイ、2008

　これはフレンチ75（p203）のアレンジです。ジンを多めにし、柑橘類は少なめにしました。グレープフルーツとメープル・シロップはとてもよく合います。——AD

プリマス・ジン 60ml
レモン・ジュース 15ml
グレードBメープル・シロップ 15ml
ビターメンズ・ホップト・グレープフルーツ・ビターズ* 1ダッシュ
ドライ・シャンパン
グレープフルーツのコイン 1

すべての（シャンパンとグレープフルーツのコインを除く）材料を氷とともにシェイクし、ダブル・ストレイン（二度漉し）しながら、クープ・グラスに注ぐ。シャンパンで満たす。グレープフルーツのコインをドリンクの上で絞って、そのあとコインは捨てる。ガーニッシュはなし。

. . . .

ドラゴン・リリー
DRAGON LILY
ホアキン・シモー、2008

シエンブラ・アズール・ブランコ・テキーラ* 45ml
タラゴン・アガベ・ネクター・ガストリック（p366） 22.5ml
特製オリジナル・ペイショーズ・ビターズ（p365） 1ダッシュ

ドライ・シャンパン

すべての（シャンパンを除く）材料を氷とともにステアし、漉しながら、フルート・グラスに注ぐ。シャンパンで満たす。ガーニッシュはなし。

. . . .

トラピーズ
TRAPEZE
トーマス・ウォー、2011

ロイヤル・コンビエール* 15ml
イエロー・シャルトリューズ 15ml
カンパリ 15ml
フィー・ブラザーズ・ウイスキー・バレルエイジド・ビターズ*
.................................1ダッシュ
ドライ・シャンパン
ガーニッシュ：オレンジ・ツイスト 1

すべての（シャンパンを除く）材料を氷とともにステアし、漉しながら、フルート・グラスに注ぐ。シャンパンで満たし、オレンジ・ツイストを飾る。

. . . .

ドランケン・スカル
DRUNKEN SKULL
ブライアン・ミラー、2009

エル・ドラド12年ラム 22.5ml
アプルトン・エステートV/Xラム 22.5ml
ビュー・ポンタリエ・アブサン* 2ダッシュ
ライム・ジュース 15ml
グレナディン・シロップ（p366） 15ml
ドライ・シャンパン

すべての（シャンパンを除く）材料を氷とともにシェイクし、漉しながら、フルート・グラスに注ぐ。シャンパンで満たす。ガーニッシュはなし。

ノース・バイ・ノースウエスト
NORTH BY NORTHWEST
ブライアン・ミラー、2008

　このドリンクを創作しているとき、ケーリー・グラントがプラザ・ホテルでいつも飲んでいたものを想像してみました。このカクテル名をとった映画『North By Northwest（北北西に進路を取れ）』のなかで、ケーリーはこんなセリフを口にします。「何かあっては困る。母親や秘書、元妻2人、それとバーテンダーに頼られている身なもんでね……」——BM

エイビエーション・ジン*	45ml
セント・ジョージ・アブサン*	7.5ml
レモン・ジュース	22.5ml
シンプル・シロップ（p357）	22.5ml
ドライ・シャンパン	

すべての（シャンパンを除く）材料を氷とともにシェイクし、漉しながら、フルート・グラスに注ぐ。シャンパンで満たす。ガーニッシュはなし。

・・・・・・・・・

ビター・フレンチ
BITTER FRENCH
フィル・ウォード、2008

　このフレンチ75（p203）のバリエーションは、カンパリを初めて飲む人にとってはたぶん史上最高のドリンクでしょう。——PW

プリマス・ジン	30ml
カンパリ	7.5ml
レモン・ジュース	15ml
シンプル・シロップ（p357）	15ml
ドライ・シャンパン	
グレープフルーツ・ツイスト	1

すべての（シャンパンとグレープフルーツ・ツイストを

除く）材料を氷とともにシェイクし、漉しながら、フルート・グラスに注ぐ。シャンパンで満たす。ドリンクの上でグレープフルーツ・ツイストを絞り、そのあとツイストは捨てる。ガーニッシュはなし。

・・・・・・・・・

ピロー・トーク
PILLOW TALK
ホアキン・シモー、2009

ビーフィーター24ジン	45ml
プリマス・スロー・ジン*	7.5ml
クレーム・イベット*	7.5ml
グレープフルーツ・ジュース	22.5ml
バニラ・シロップ（p358）	1/2ティースプーン
スパークリング・ロゼ	

すべての（スパークリング・ロゼを除く）材料を氷とともにシェイクし、漉しながら、フルート・グラスに注ぐ。スパークリング・ロゼで満たす。ガーニッシュはなし。

・・・・・・・・・

ファンシー・ホランド・ロワイヤル
FANCY HOLLAND ROYALE
トーマス・ウォー、2008

　このドリンクは、もともとはジュネバベースのマティーニでしたが、これにフィルがシャンパンをトッピングしました。——TW

ボルス・ジュネバ	45ml
グラン・マルニエ	22.5ml
サトウキビ・シロップ（p357）	1ティースプーン
フィー・ブラザーズ・ウイスキー・バレルエイジド・ビターズ*	
	1ダッシュ
ドライ・シャンパン	

すべての（シャンパンを除く）材料を氷とともにステア

し、漉しながら、フルート・グラスに注ぐ。シャンパンで満たす。ガーニッシュはなし。

....

ブーミン・グラニー
BOOMIN' GRANNY
ジリアン・ボース、2012

ハインHコニャック	45ml
グラニー・スミス・アップル・ジュース	30ml
ライム・ジュース	15ml
アカシア・ハチミツ・シロップ (p356)	15ml
ドライ・シャンパン	
ガーニッシュ:グラニー・スミス・アップルのスライス	1

すべての（シャンパンを除く）材料を氷とともにシェイクし、漉しながら、フルート・グラスに注ぐ。シャンパンで満たし、ガーニッシュのリンゴのスライスをドリンクに入れる。

....

フェア・レディ
FAIR LADY
ジリアン・ボース、2011

セージ・インフュージョン・ドラン・ブラン・ベルモット (p362)	30ml
クログスタッド・アクアビット*	22.5ml
グレープフルーツ・ジュース	22.5ml
サトウキビ・シロップ (p357)	1ティースプーン
ドライ・シャンパン	

すべての（シャンパンを除く）材料を氷とともにシェイクし、漉しながら、フルート・グラスに注ぐ。シャンパンで満たす。ガーニッシュはなし。

フラキータ
FLAQUITA
ジェシカ・ゴンザレス、2011

フラキータとは、わたしがフロリダのレストランの厨房で働いていたときのニックネームです。わたしは、テキーラとシャンパンの縁結びをしようと思い立ち、チョコレート・リキュールとカンパリを組み合わせてみたところ、これがうまくいきました。──JG

エル・テソロ・プラチナ・テキーラ*	30ml
ドラン・ブラン・ベルモット	15ml
マリー・ブリザール・ホワイト・クレーム・ド・カカオ	7.5ml
カンパリ	7.5ml
レモン・ジュース	15ml
ジンジャー・シロップ (p357)	1ティースプーン
ドライ・シャンパン	

すべての（シャンパンを除く）材料を氷とともにシェイクし、漉しながら、フルート・グラスに注ぐ。シャンパンで満たす。ガーニッシュはなし。

....

ミグ・ロワイヤル
MIG ROYALE
フィル・ウォード、2007

プリマス・ジン	30ml
コアントロー	22.5ml
ルクサルド・マラスキーノ・リキュール	15ml
レモン・ジュース	15ml
ドライ・シャンパン	

すべての（シャンパンを除く）材料を氷とともにシェイクし、漉しながら、クープ・グラスに注ぐ。シャンパンで満たす。ガーニッシュはなし。

ミグ・ロワイヤル (p293)

ミス・ビヘイビン
MISS BEHAVIN'
ブライアン・ミラー、2008

クリア・クリーク・ペア・ブランデー*	22.5ml
レアーズ・ボンデッド・アップル・ブランデー*	22.5ml
レモン・ジュース	22.5ml
シンプル・シロップ (p357)	30ml
ドライ・シャンパン	
ガーニッシュ:アンジュ梨のスライス	1

すべての（シャンパンを除く）材料を氷とともにステアし、漉しながら、フルート・グラスに注ぐ。シャンパンで満たし、アンジュー梨のスライスを飾る。

. . . .

モルフェオ
MORFEO
ホアキン・シモー、2009

カモミール・インフュージョン・オールド・オーバーホルト・ライ・ウイスキー （p363）	45ml
ガリアーノ・オーセンティコ	7.5ml
レモン・ジュース	22.5ml
アカシア・ハチミツ・シロップ (p356)	15ml
ドライ・シャンパン	

すべての（シャンパンを除く）材料を氷とともにシェイクし、漉しながら、フルート・グラスに注ぐ。シャンパンで満たす。ガーニッシュはなし。

ラジオ・デイズ
RADIO DAYS
アレックス・デイ、2013

わたしは、アペリティフ・ワインにジンを加えてシャンパン・ドリンクのベースにするのが好きです。──AD

オレンジの半月切り	1
アンゴスチュラ・ビターズ	1ダッシュ
タンカレー・ロンドン・ドライ・ジン	30ml
サレール・ゲンティアナ・アペリティフ*	22.5ml
レモン・ジュース	22.5ml
アカシア・ハチミツ・シロップ (p356)	15ml
ドライ・シャンパン	
ガーニッシュ:オレンジの半月切り	1

シェーカーにオレンジの半月切りとビターズを入れて、マドラーでつぶす。残りの（シャンパンを除く）材料を加えて、氷とともにシェイクする。漉しながら、大きなクープ・グラスに注ぎ、シャンパンで満たし、オレンジの半月切りを飾る。

. . . .

ラン・フォー・ザ・ローゼズ
RUN FOR THE ROSES
ホアキン・シモー、2012

ナッポーグ・キャッスル12年アイリッシュ・ウイスキー	15ml
バラ・インフュージョン・リレ・ロゼ (p364)	60ml
マスネ・キルシュ・ビュー・チェリー・ブランデー	15ml
サトウキビ・シロップ (p357)	1ティースプーン
ドライ・シャンパン	

すべての（シャンパンを除く）材料を氷とともにステアし、漉しながら、クープ・グラスに注ぐ。シャンパンで満たす。ガーニッシュはなし。

リブ・フリー・オア・ダイ
LIVE FREE OR DIE
ホアキン・シモー、2011

イーグル・レア10年バーボン	45ml
ロスマン&ウインター・チェリー・リキュール*	15ml
ルビー・ポート	15ml
ビュー・ポンタリエ・アブサン*	1ダッシュ
ドライ・シャンパン	
ガーニッシュ:オレンジ・ツイスト	1

すべての（シャンパンを除く）材料を氷とともにシェイクし、漉しながら、フルート・グラスに注ぐ。シャンパンで満たし、オレンジ・ツイストを飾る。

. . . .

リリーズ・カーテル
LILY'S CARTEL
エリン・リース、2013

マチュ・ピスコ*	30ml
アペロール	22.5ml
ブラッド・オレンジ・ジュース	22.5ml
レモン・ジュース	7.5ml
シンプル・シロップ (p357)	15ml
ドライ・シャンパン	

すべての（シャンパンを除く）材料を氷とともにシェイクし、漉しながら、フルート・グラスに注ぐ。シャンパンで満たす。ガーニッシュはなし。

FORTIFIED WINE
COCKTAILS
フォーティファイド・ワインのカクテル

フォーティファイド・ワイン（酒精強化ワイン）は、悲しいことに、カクテルのベース材料としてあまり活用されていません。わたしたちは、こうした状況を改善するために、フォーティファイド・ワインを使ったドリンクの独立したセクションをメニューに設けました。また、こうしたドリンクには、ほかのカクテルに比べてアルコール度数の低いものが多いので、ゆっくりと酒を楽しむ長い夜の始まりにはうってつけの1杯です。

カフェ・サンディニスタ
CAFÉ SANDINISTA
ホアキン・シモー、2012

これは、たくさんの酒を使わなくても、さまざまなフレーバーとテクスチャーをドリンクに加えることができるというひとつの見本です。──JS

ルスタウ・イースト・インディア・ソレラ・シェリー	30ml
コーヒー・チリ・インフュージョン・カンパリ (p361)	7.5ml
オレンジ・ジュース	15ml
ライム・ジュース	15ml
デメララ・シロップ (p357)	15ml
コーシャー・ソルト	ほんの少々
ガーニッシュ：コーヒー豆	

角氷3個とともにショート・シェイクし、クラッシュド・アイスを詰めたダブル・ロック・グラスに、漉しながら注ぐ。コーヒー豆を挽いて飾り、ストローをつけてサーブする。

シューツ・アンド・ラダーズ
SHOOTS AND LADDERS
エリン・リース、2013

バジル・インフュージョン・ドラン・ブラン・ベルモット (p362)	45ml
ルスタウ・アモンティリャード・シェリー	45ml
ハラペーニョ・インフュージョン・シエンブラ・アズール・ブランコ・テキーラ (p361)	15ml
サトウキビ・シロップ (p357)	1/2ティースプーン

すべての材料を氷とともにステアし、漉しながら、ロック・グラスに注ぐ。ガーニッシュはなし。

· · · · · · · · · ·

シューマンズ・アレー
SCHUMAN'S ALLEY
ジリアン・ボース、2013

コントラット・ベルモット・ビアンコ*	22.5ml
ドラン・ドライ・ベルモット	22.5ml
コッキ・アメリカーノ	22.5ml
フォーズ・ジン*	30ml
イエロー・シャルトリューズ	15ml
ビターメンズ・ホップト・グレープフルーツ・ビターズ*	1ダッシュ
デイル・デグロフズ・ピメント・ビターズ*	1ダッシュ
ガーニッシュ：レモン・ツイスト	1

すべての材料を氷とともにステアし、漉しながら、ニック＆ノラ・グラスに注ぐ。ドリンクの上でレモン・ツイストを絞り、そのあとツイストを丸めてカクテル・ピッ

クを刺し、ドリンクに入れて飾りにする。

. . . .

ストリンガー・ベル
STRINGER BELL
タイソン・ビューラー、2013

　最初は、シェリーとセロリを中心にして低アルコールのアペリティフ・スタイルのドリンクをつくるつもりでしたが、チリ・ペッパーをインフュージョンしたテキーラとチナールを使ってスパイシーで野菜っぽい味にしました。——TB

ルスタウ・アモンティリャード・シェリー	45ml
ハラペーニョ・インフュージョン・シエンブラ・アズール・ブランコ・テキーラ (p361)	15ml
チナール	7.5ml
ライム・ジュース	22.5ml
セロリ・ジュース	15ml
サトウキビ・シロップ (p357)	15ml
コーシャー・ソルト	少々
ガーニッシュ：セロリ・スティック	1

すべての材料を氷とともにシェイクし、大きな角氷1個を入れたダブル・ロック・グラスに、漉しながら注ぐ。セロリ・スティックを飾る。

. . . .

ダービー・ガール
DERBY GIRL
ジリアン・ボース、2013

　ジュレップは、一般的には強めで、その1杯で酔ってしまうドリンクですが、酒の強さを控えめにして、アペリティフ・スタイルのジュレップをつくってみました。——JV

小さめのネクタリンのスライス	3

リレ・ブラン	45ml
スーズ・サベール・ドートルフォア・リキュール＊	15ml
コーバル・ローズ・ヒップ・リキュール	15ml
アカシア・ハチミツ・シロップ (p356)	7.5ml
ガーニッシュ：ミントの束	1

シェーカーにネクタリンのスライスを入れて、マドラーでつぶす。残りの材料を加えて、氷とともにショート・シェイクする。クラッシュド・アイスを詰めたジュレップ・ティンに、漉しながら注ぐ。氷の真ん中にミントの小枝を飾り、ストローをつけてサーブする。

. . . .

チナロ・ド・ベルジュラック
CYNARO DE BERGERAC
ブラッド・ファラン、2013

　このコンセプト・ドリンクの発想のきっかけは、シラノ・ド・ベルジュラック〔フランスの古典的戯曲「シラノ・ド・ベルジュラック」の主人公の名前〕という名前と、チナールをフランスのベルジュラック地方の赤ワインと組み合わせてみようと思い立ったことでした。この不似合いなもの同士を、ブラック・ストラップ・ラムとデメララ・シロップを使って結びつけ、当店オリジナルのベルジュラック・ミックスを創作しました。その後、このミックスは、ほかのドリンクの材料としても使われるようになりました。——BF

ベルジュラック・ミックス (p366)	45ml
ボルズ・バレルエイジド・ジュネバ	30ml
ヘイマンズ・オールド・トム・ジン	15ml
ベネディクティン	15ml
ビュー・ポンタリエ・アブサン＊	1ダッシュ
ビターメンズ・ホコラートル・モール・ビターズ＊	1ダッシュ
ガーニッシュ：オレンジ・ツイスト	1

すべての材料を氷とともにステアし、漉しながら、ニック＆ノラ・グラスに注ぐ。オレンジ・ツイストを飾る。

ハブ・アット・イット
HAVE AT IT

アレックス・デイ、2013

ウィリアムズ&ハンバート・ドライ・サック・ミディアム・シェリー*	45ml
フォーズ・ジン*	22.5ml
グレープフルーツ・ジュース	22.5ml
レモン・ジュース	15ml
シンプル・シロップ (p357)	22.5ml
アンゴスチュラ・ビターズ	1ダッシュ
炭酸水	
ガーニッシュ:オレンジのくし切り	1

すべての（炭酸水を除く）材料を氷とともにショート・シェイクし、角氷をたっぷり入れたハイボール・グラスに、漉しながら注ぐ。炭酸水で満たす。オレンジのくし切りを飾り、ストローをつけてサーブする。

. . . .

フェア・フォールト
FAIR FAULT

タイソン・ビューラー、2013

　このカクテルのひらめきのヒントになったのは、トリークル（Treacle）というイギリスの歴史あるドリンクです。トリークルとは、ラムのオールドファッションドにアップル・ジュースを加えたものです。ブラック・ストラップ・ラムを浮かべたわたしのバージョンは、ドリンクの上にパンケーキ・シロップをトッピングしたような味になっています。最初はラムの濃厚な糖蜜の香りがし、そのあと酸味の強いピノ・デ・シャラントが突き抜けるように香ってきます。ピノ・デ・シャラントは、グレープ・マストとコニャックで造ったアペリティフです。——TB

パスケ・ピノ・デ・シャラント*	60ml
クルーザン・シングルバレル・ラム*	15ml
グラニー・スミス・アップル・ジュース	15ml

レモン・ジュース	15ml
サトウキビ・シロップ (p357)	7.5ml
クルーザン・ブラック・ストラップ・ラム*	1ティースプーン

すべての（ブラック・ストラップ・ラムを除く）材料を氷とともにシェイクして、漉しながら、ポート・グラスに注ぐ。ドリンクの上にブラック・ストラップ・ラムをフロートする。ガーニッシュはなし。

・・・・・・・・・・

ミッドナイト・マウンテン
MIDNIGHT MOUNTAIN
ブラッド・ファラン、2013

アマーロ・ナルディーニ*	45ml
カルパノ・アンティカ・フォーミュラ・ベルモット	30ml
マリー・ブリザール・ホワイト・クレーム・ド・メンテ*	7.5ml
マリー・ブリザール・ホワイト・クレーム・ド・カカオ	7.5ml
ガーニッシュ：オレンジ・ツイスト	1

すべての材料を氷とともにステアし、大きな角氷1個を入れたダブル・ロック・グラスに、漉しながら注ぐ。ツイストを飾る。

メランコリー・サマー
MELANCHOLY SUMMER
エリン・リース、2013

キュウリのホイール	2
ルスタウ・マンサニーリャ・シェリー	30ml
フォーズ・ジン*	30ml
スーズ・サベール・ドートルフォア・リキュール*	15ml
カンタロープ・メロン・ジュース	22.5ml
レモン・ジュース	15ml
アカシア・ハチミツ・シロップ (p356)	15ml
ガーニッシュ：キュウリのリボン	1

シェーカーにキュウリのホイールを入れて、マドラーでつぶす。残りの材料を加えて、氷とともにシェイクする。ダブル・ストレイン（二度漉し）して、ニック＆ノラ・グラスに注ぐ。カクテル・ピックを刺したキュウリのリボンを飾る。

PUNCH
パンチ

オーセンティック（本格的）といえるパンチには、スピリッツ、砂糖、柑橘果実、水、スパイスの5つの要素がそろっていなければなりません。スパイスの成分が入っていないものは、厳密にはパンチとはいえません（とはいえわたしたちは、ときおり百も承知でこのルールを破ることもあります）。スパイスは、ビターズや茶、インフュージョン、生の材料など、さまざまな形で加えることができます。2008年にフィルがデス・アンド・コーでパンチのメニューを始めたとき、当時ブライアンが創作したばかりの紅茶インフュージョン・スイート・ベルモットを取り入れました。これは、当店のカクテル・プログラムをまた新たに切り開く開眼の瞬間でした。早速、角砂糖を柑橘果実と炭酸水とともにマドラーでつぶしてから残りの材料を加えて氷とともにステアするこのやり方を使って、一からパンチのメニューを開発しました。その結果できたデス・アンド・コーのオリジナルのパンチ・メニューは、強めのパンチに対する新たな関心をアメリカ全土に広げるきっかけとなったのです。当店では、その後もずっと、メニューを新しくするたびに新しいパンチを創作してきました。最近では、一部のバーテンダーが、フィルのステア法の代わりに、材料を2つのピッチャーの間で交互に入れ替える技法を使うようになりました。パンチのレシピは、とくに指定がない限り、4～6人分になっています。

アラック・パンチ
ARRACK PUNCH
フィル・ウォード、2008

デメララ・シュガーの角砂糖	16
炭酸水	300ml
アプルトン・エステートV/Xラム	180ml
バン・オーステン・バタビア・アラック＊	90ml
ルクサルド・マラスキーノ・リキュール	30ml
ライム・ジュース	90ml
ビター・トゥルース・アロマティック・ビターズ＊	5ダッシュ
ガーニッシュ：ライム・ホイール	6

ピッチャーに炭酸水120mlとともに角砂糖を入れ、角砂糖が完全にくずれるまでマドラーでつぶす。残りの（炭酸水の残りを除く）材料を加えて、ピッチャーの3/4まで角氷を入れる。冷たくなるまでステアしたあと、大きなブロック・オブ・アイス1個を入れたパンチ・ボウルに、漉しながら移す。残りの180mlの炭酸水で満たす。ライム・ホイールを飾り、レードルとパンチ・グラスを添えてサーブする。

· · · · · · · · ·

イースト・リバー・アンダーグラウンド
EAST RIVER UNDERGROUND
フィル・ウォード、2012

わたしはラ・ファボリットとハラペーニョ・インフュージョン・テキーラとの取り合わせが大好きですが、このパンチはテイスティングの日に地下鉄に乗っているときに思いつきました。——PW

白角砂糖	18
キュウリのホイール	8
生のカフェ・ライム・リーフ	8
コーシャー・ソルト	少々
炭酸水	120ml

ラ・ファボリット・ラム・アグリコル・ブラン*	120ml
ハラペーニョ・インフュージョン・シエンブラ・アズール・ブランコ・テキーラ (p361)	120ml
イエロー・シャルトリューズ	60ml
ライム・ジュース	120ml
ガーニッシュ:キュウリのホイールと生のカフェ・ライム・リーフ	各6

ピッチャーに角砂糖とキュウリのホイールと生のカフェ・ライム・リーフと塩を入れ、炭酸水を加えて、角砂糖が完全にくずれるまでマドラーでつぶす。残りの材料を加えて、ピッチャーの3/4まで角氷を入れる。冷たくなるまでステアしたあと、大きなブロック・オブ・アイスを1個入れたパンチ・ボウルに、漉しながら移す。キュウリのホイールとカフェ・ライム・リーフを飾り、レードルとパンチ・グラスを添えてサーブする。

. . . .

イーブル・デッド・パンチ
EVIL DEAD PUNCH
ブラッド・ファラン、2012

　ハロウィンの夜、少し酔っていたわたしは、ふと思い立って、ドリンクにサンジェルマンを90ml入れてみました。その結果、量がやや多めのパンチになりました。——BF

サンタ・テレサ1796ラム	180ml
ボナール・ゲンチアナキナ*	90ml
サンジェルマン	90ml
ロスマン&ウインター・アプリコット・リキュール*	22.5ml
ドンズ・スパイス #2 (p365)	15ml
ライム・ジュース	90ml
オレンジ・ジュース	90ml
サトウキビ・シロップ (p357)	15ml
ジンジャー・シロップ (p357)	15ml
アンゴスチュラ・ビターズ	3ダッシュ
炭酸水	180ml
ガーニッシュ:ライム・ホイールとオレンジ・ホイール	各6

アラック・パンチ

ピッチャーにすべての（炭酸水を除く）材料を入れて、混ぜ合わせる。ピッチャーの3/4まで角氷を入れる。冷たくなるまでステアしたあと、大きなブロック・オブ・アイスを1個入れたパンチ・ボウルに、漉しながら移す。炭酸水で満たす。ライム・ホイールとオレンジ・ホイールを飾り、レードルとパンチ・グラスを添えてサーブする。

. . . .

キルデビル・パンチ
KILL-DEVIL PUNCH
フィル・ウォード、2008

　最初このパンチは、ラズベリー入りの大きな角氷を飾ったとても華やかなものでした。でも、その後誰もラズベリー入りの角氷を作りたがらないので、このアイデアは取りやめにしました。——PW

白角砂糖	12
ラズベリー	15
炭酸水	90ml
アプルトン・エステートV/Xラム	180ml
ライム・ジュース	90ml
パイナップル・ジュース	90ml
ドライ・シャンパン	90ml
ガーニッシュ:ラズベリー	12

ピッチャーに角砂糖をラズベリーと炭酸水とともに入れて、角砂糖が完全にくずれるまでマドラーでつぶす。残りの（シャンパンを除く）材料を加えて、ピッチャーに3/4まで角氷を入れる。冷たくなるまでステアしたあと、大きなブロック・オブ・アイスを1個入れたパンチ・ボウルに、漉しながら移す。シャンパンで満たす。ラズベリーを飾り、レードルとパンチ・グラスを添えてサーブする。

ジャージー・ライトニング
JERSEY LIGHTNING
フィル・ウォード、2008

白角砂糖	12
炭酸水	270ml
レアーズ・ボンデッド・アップル・ブランデー*	180ml
シナモンオレンジ・ティー・インフュージョン・スイート・ベルモット (p363)	90ml
レモン・ジュース	90ml
ガーニッシュ:リンゴのスライス6とシナモン・スティック3本を半分に折ったもの	

ピッチャーに角砂糖と炭酸水90mlを入れて、角砂糖が完全にくずれるまでマドラーでつぶす。残りの（炭酸水の残りを除く）材料を加えて、ピッチャーの3/4まで角氷を入れる。冷たくなるまでステアしたあと、大きなブロック・オブ・アイスを1個入れたパンチ・ボウルに、漉しながら移す。残りの炭酸水180mlで満たす。リンゴのスライスとシナモン・スティックを飾り、レードルとパンチ・グラスを添えてサーブする。

. . . .

ドランケン・パンチ
DRUNKEN PUNCH
フィル・ウォード、2008

デメララ・シュガーの角砂糖	12
炭酸水	225m
ふじリンゴ・インフュージョン・フェイマス・グラウス・スコッチ (p362)	180ml
サン・エリザベス・オールスパイス・ドラム*	45ml
ふじリンゴジュース	135ml
レモン・ジュース	90ml
特製オリジナル・ペイショーズ・ビターズ (p365)	6ダッシュ
ガーニッシュ:リンゴのスライス	6

ピッチャーに炭酸水90mlとともに角砂糖を入れ、角砂糖が完全にくずれるまでマドラーでつぶす。残りの（炭

酸水の残りを除く）材料を加えて、ピッチャーの 3/4 まで角氷を入れる。冷たくなるまでステアしたあと、大きなブロック・オブ・アイスを 1 個入れたパンチ・ボウルに、漉しながら移す。残りの 135ml の炭酸水で満たす。リンゴのスライスを飾り、レードルとパンチ・グラスを添えてサーブする。

· · · · · · · · · ·

ナッツ・アンド・シェリー・パンチ
NUTS AND SHERRY PUNCH
フィル・ウォード、2008

白角砂糖	8
炭酸水	240ml
ルスタウ・イースト・インディア・ソレラ・シェリー	180ml
ペカン・インフュージョン・バッファロー・トレース・バーボン (p364)	90ml
サン・エリザベス・オールスパイス・ドラム*	15ml
ライム・ジュース	60ml
パイナップル・ジュース	30ml
ビターメンズ・ホコラートル・モール・ビターズ*	2ダッシュ

ピッチャーに角砂糖と炭酸水 60ml を入れ、角砂糖が完全にくずれるまでマドラーでつぶす。残りの（炭酸水の残りを除く）材料を加えて、ピッチャーの 3/4 まで角氷を入れる。冷たくなるまでステアしたあと、大きなブロック・オブ・アイスを 1 個入れたパンチ・ボウルに、漉しながら移す。残りの炭酸水 180ml で満たす。レードルとパンチ・グラスを添えてサーブする。ガーニッシュはなし。

· · · · · · · · ·

バレー・オブ・キングズ・パンチ
VALLEY OF KINGS PUNCH
ホアキン・シモー、2009

白角砂糖	6
炭酸水	120ml

スカーレット・グロウ・ティー・インフュージョン・マチュ・ピスコ (p363)

	240ml
パイナップル・ジュース	90ml
グレープフルーツ・ジュース	60ml
ライム・ジュース	60ml
ドライ・シャンパン	180ml
ガーニッシュ:パイナップルのくし切り	6

ピッチャーに、角砂糖と炭酸水を入れて、角砂糖が完全にくずれるまでマドラーでつぶす。残りの（シャンパンを除く）材料を加えて、ピッチャーの 3/4 まで角氷を入れる。冷たくなるまでステアしたあと、大きなブロック・オブ・アイスを 1 個入れたパンチ・ボウルに、漉しながら移す。シャンパンで満たす。パイナップルのくし切りを飾り、レードルとパンチ・グラスを添えてサーブする。

· · · · · · · · ·

ピーファイブ・パンチ
P-FIVE PUNCH
タイソン・ビューラー、2013

白角砂糖	12
オルジェー（p358）	60ml
カンポ・デ・エンカント・アチョラード・ピスコ*	120ml
アプルトン・ホワイト・ラム	60ml
オールド・ラジ・ジン	60ml
グレープフルーツ・ジュース	90ml
レモン・ジュース	60ml
ベヘロフカ・ビターズ	60ml
ガーニッシュ:レモン・ホイール	6

ピッチャーに角砂糖とオルジェーを入れ、角砂糖が完全にくずれるまでマドラーでつぶす。残りの材料を加えて、ピッチャーの 3/4 まで角氷を入れる。ドリンクをもうひとつのピッチャーとの間で交互に入れ替える。これを、ドリンクがかなり冷たくなり、砂糖が完全に溶けるまで続ける。大きなブロック・オブ・アイスを 1 個入れたパンチ・ボウルに、漉しながら移す。レモン・ホイールを飾り、レードルとパンチ・グラスを添えてサーブする。

ビリングスリー・パンチ

ピスコ・パンチ
PISCO PUNCH

フィル・ウォード、2008

　当店のパンチの多くは、味が複雑で強めのドリンクですが、同時に、新しいメニューをつくるときには必ず飲みやすいパンチも加えるように心がけています。──PW

白角砂糖	12
炭酸水	270ml
イチゴ・パイナップル・インフュージョン・マチュ・ピスコ (p361)	
	270ml
ルクサルド・マラスキーノ・リキュール	45ml
ライム・ジュース	90ml
ガーニッシュ：イチゴのスライスとライム・ホイール	各6

ピッチャーに角砂糖と炭酸水90mlを入れて、角砂糖が完全にくずれるまでマドラーでつぶす。残りの（炭酸水の残りを除く）材料を加えて、ピッチャーに3/4まで角氷を入れる。冷たくなるまでステアしたあと、大きなブロック・オブ・アイスを1個入れたパンチ・ボウルに、漉しながら移す。残りの炭酸水180mlで満たす。イチゴとライム・ホイールを飾り、レードルとパンチ・グラスを添えてサーブする。

・・・・・・・・・・

ピックアデクロップ・パンチ
PIC-A-DE-CROP PUNCH

ジェシカ・ゴンザレス、2011

{2人分}

　新メニューのためのテイスティングの前夜になって、あわてて新しいドリンクのアイデアをひねり出すこともよくあります。ふとした思いつきで、アプリコット（アンズ）とバタビア・アラックはプランテーション・ラムのバナナの香りを加えるとよく合うのではないかと思い、実際にやってみると、うまくいきました。レシピは2人分ですが、2倍や3倍に増やしてもかまいません。

──JG

プランテーション・バルバドス5年ラム*	90ml
エル・ドラド151ラム*	15ml
バン・オーステン・バタビア・アラック*	15ml
ロスマン&ウインター・アプリコット・リキュール*	30ml
ライム・ジュース	45ml
パイナップル・ジュース	45ml
グレープフルーツ・ジュース	30ml
サトウキビ・シロップ (p357)	30ml
アンゴスチュラ・ビターズ	2ダッシュ
炭酸水	30ml
ガーニッシュ：ライム・ホイール6とナツメグ	

ピッチャーにすべての（炭酸水を除く）材料を入れて混ぜ合わせる。ピッチャーの3/4まで角氷を入れる。冷たくなるまでステアしたあと、角氷を数個入れた小さめのパンチ・ボウルに、漉しながら移す。炭酸水で満たす。ライム・ホイールとおろしたナツメグ少々を飾り、ストローを2本つけてサーブする。

・・・・・・・・・

ビリングスリー・パンチ
BILLINGSLEY PUNCH

アレックス・デイ、2009

　アペロールを中心にしたパンチをつくってみたいと思い、このアペリティフとよく合うさわやかなフレーバーを一通り加えました。ジンとアペロールとグレープフルーツは、当店ではよく使う組み合わせです。その結果、とても華やかなパンチになったので、華やかさで知られたニューヨークのストーク・クラブのオーナーだった元密造酒製造者のシャーマン・ビリングスリーから名前を取りました。──AD

白角砂糖	12
炭酸水	240ml
タンカレー・ナンバー・テン・ジン	180ml
アペロール	60ml

グレープフルーツ・ジュース	60ml
レモン・ジュース	60ml
特製オリジナル・ペイショーズ・ビターズ（p365）	4ダッシュ
ガーニッシュ：グレープフルーツの半月切り	6

ピッチャーに炭酸水 120ml と角砂糖を入れ、角砂糖が完全に崩れるまでマドラーでつぶす。残りの（炭酸水の残りを除く）材料を加えて、ピッチャーの 3/4 まで角氷を入れる。冷たくなるまでステアしたあと、大きなブロック・オブ・アイスを 1 個入れたパンチ・ボウルに、漉しながら移す。残りの 120ml の炭酸水で満たす。グレープフルーツの半月切りを飾り、レードルとパンチ・グラスを添えてサーブする。

･･･････････

ブックハウス・ボーイズ・パンチ
BOOKHOUSE BOYS PUNCH
ジェシカ・ゴンザレス、2011

カモミール・インフュージョン・オールド・オーバーホルト・ライ・ウイスキー（p363）	90ml
オールド・ウェラー・アンティーク107バーボン	90ml
ドンズ・ミックス #1（p366）	90ml
グレープフルーツ・ジュース	45ml
レモン・ジュース	45ml
アカシア・ハチミツ・シロップ（p356）	22.5ml
ジンジャー・シロップ（p357）	22.5ml
炭酸水	150ml
ガーニッシュ：グレープフルーツの半月切り	6

ピッチャーにすべての（炭酸水を除く）材料を入れて、混ぜ合わせる。ピッチャーの 3/4 まで角氷を入れる。冷たくなるまでステアしたあと、大きなブロック・オブ・アイスを 1 個入れたパンチ・ボウルに、漉しながら移す。炭酸水で満たす。グレープフルーツの半月切りを飾り、レードルとパンチ・グラスを添えてサーブする。

ブラッドハウンド・パンチ
BLOODHOUND PUNCH
ジェイソン・リトレル、2009

エライジャ・クレイグ12年バーボン*	240ml
ドンズ・スパイス #2（p365）	120ml
レモン・ジュース	90ml
ブルーベリー・シロップ（p358）	120ml
炭酸水	180ml
ガーニッシュ：レモン・ホイール	6

ピッチャーにすべての（炭酸水を除く）材料を入れて、混ぜ合わせる。ピッチャーの 3/4 まで角氷を入れる。冷たくなるまでステアしたあと、大きなブロック・オブ・アイスを 1 個入れたパンチ・ボウルに、漉しながら移す。炭酸水で満たす。レモン・ホイールを飾り、レードルとパンチ・グラスを添えてサーブする。

･･･････････

ホイスト・ザ・カラーズ・パンチ
HOIST THE COLOURS PUNCH
ブライアン・ミラー、2009

白角砂糖	9
炭酸水	180ml
アプルトン・エステートV/Xラム	135ml
ゴスリングス・ブラック・シール・ラム	90ml
エル・ドラド151ラム*	45ml
ドンズ・ミックス #1（p366）	135ml
レモン・ジュース	90ml
パイナップル・ジュース	45ml
アンゴスチュラ・ビターズ	3ダッシュ
ガーニッシュ：ナツメグ	

ピッチャーに角砂糖と炭酸水 90ml を入れて、角砂糖が完全にくずれるまでマドラーでつぶす。残りの（炭酸水の残りを除く）材料を加えて、ピッチャーの 3/4 まで角氷を入れる。冷たくなるまでステアしたあと、大きなブロック・オブ・アイスを 1 個入れたパンチ・ボウルに、

漉しながら移す。残りの炭酸水90mlで満たす。ナツメグをおろしたもの少々を飾り、レードルとパンチ・グラスを添えてサーブする。

....

ポルフィリアン・パンチ
PORFIRIAN PUNCH

アレックス・デイ、2009

　カウンターの後ろにはシェリーとよく合う酒がたくさん並んでいますが、そのひとつがテキーラです。このパンチは、インフュージョンした酒を2つ使っているため、味の複雑さの層が増しています。——AD

白角砂糖	9
炭酸水	270ml
スパイス入り梨インフュージョン・シエンブラ・アズール・ブランコ・テキーラ (p362)	180ml
シナモンオレンジ・ティー・インフュージョン・スイート・ベルモット (p363)	45ml
ラ・ヒターナ・マンサニージャ・シェリー	45ml
レモン・ジュース	90ml
ガーニッシュ:梨のスライス	6

ピッチャーに角砂糖と炭酸水90mlを入れ、角砂糖が完全にくずれるまでマドラーでつぶす。残りの（炭酸水の残りを除く）材料を加えて、ピッチャーの3/4まで角氷を入れる。冷たくなるまでステアしたあと、大きなブロック・オブ・アイスを1個入れたパンチ・ボウルに、漉しながら移す。残りの炭酸水180mlで満たす。梨のスライスを飾り、レードルとパンチ・グラスを添えてサーブする。

....

マザーズ・ルーイン・パンチ
MOTHER'S RUIN PUNCH

フィル・ウォード、2008

　これは当店で創作したごく初期のパンチのひとつです。伝統的なパンチは、何らかのスパイスの要素を加

えて作るものですから、このカクテルでは紅茶をインフュージョンしています。紅茶のインフュージョンは、わたしたちにとってまさに新境地を開く画期的な材料でした。——PW

白角砂糖	8
炭酸水	60ml
プリマス・ジン	120ml
シナモンオレンジ・ティー・インフュージョン・スイート・ベルモット (p363)	60ml
グレープフルーツ・ジュース	120ml
レモン・ジュース	60ml
ドライ・シャンパン	90ml
ガーニッシュ:グレープフルーツ・ホイール	6

ピッチャーに角砂糖と炭酸水を入れて、角砂糖が完全にくずれるまでマドラーでつぶす。残りの（シャンパンを除く）材料を加えて、ピッチャーの3/4まで角氷を入れる。冷たくなるまでステアしたあと、大きなブロック・オブ・アイスを1個入れたパンチ・ボウルに漉しながら移す。シャンパンで満たす。グレープフルーツ・ホイールを飾り、レードルとパンチ・グラスを添えてサーブする。

· · · · · · · · ·

ライツ・アウト・パンチ
LIGHTS OUT PUNCH
ホアキン・シモー、2009

センティネラ・レポサド・テキーラ*	180ml
シナモンオレンジ・ティー・インフュージョン・スイート・ベルモット (p363)	90ml
アップル・ジュース	90ml
レモン・ジュース	60ml
デメララ・シロップ (p357)	30ml
アンゴスチュラ・ビターズ	4ダッシュ
フィー・ブラザーズ・ウイスキー・バレルエイジド・ビターズ*	4ダッシュ
炭酸水	180ml

ガーニッシュ:リンゴのスライス6とシナモン

ピッチャーにすべての（炭酸水を除く）材料を入れて、混ぜ合わせる。ピッチャーの3/4まで角氷を入れる。冷たくなるまでステアしたあと、大きなブロック・オブ・アイスを1個入れたパンチ・ボウルに、漉しながら移す。炭酸水で満たす。リンゴのスライスと挽いたシナモンを飾り、レードルとパンチ・グラスを添えてサーブする。

· · · · · · · · ·

ラグビー・パンチ
RUGBY PUNCH
ジェシカ・ゴンザレス、2009

わたしは緑茶をインフュージョンしたスコッチがとても気に入っていて、これをもうしばらく手放したくなかったので、このパンチを創作しました。——JG

白角砂糖	9
レモン・ツイスト	3
炭酸水	60ml
ココナッツ緑茶インフュージョン・フェイマス・グラウス・スコッチ (p363)	180ml
アマーロ・ノニーノ*	45ml
グラン・マルニエ	30ml
レモン・ジュース	90ml
ドライ・シャンパン	120ml
ガーニッシュ:レモン・ホイール	6

ピッチャーに、角砂糖とレモン・ツイストと炭酸水を入れて、角砂糖が完全にくずれるまでマドラーでつぶす。残りの（シャンパンを除く）材料を加えて、ピッチャーの3/4まで角氷を入れる。冷たくなるまでステアしたあと、大きなブロック・オブ・アイスを1個入れたパンチ・ボウルに、漉しながら移す。シャンパンで満たす。レモン・ホイールを飾り、レードルとパンチ・グラスを添えてサーブする。

ビリングスリー・パンチ (p307)

ラスト・フォー・ライフ・パンチ
LUST FOR LIFE PUNCH
ホアキン・シモー、2009

デメララ・シュガーの角砂糖	9
長めのオレンジ・ツイスト	3
炭酸水	90ml
レモン・ジュース	90ml
パイナップル・ジュース	45ml
クログスタッド・アクアビット*	180ml
グレープフルーツ・インフュージョン・プント・エ・メス (p361)	90ml
ドライ・シャンパン	135ml
ガーニッシュ:レモン・ホイール	6

ピッチャーにオレンジ・ツイストとともに角砂糖を入れて、角砂糖が完全にくずれるまでマドラーでつぶす。炭酸水とレモン・ジュースとパイナップル・ジュースを加えて、砂糖が溶けるまでステアする。アクアビットとインフュージョン・ベルモットを加えて、ピッチャーの3/4まで角氷を入れる。冷たくなるまでステアする。大きなブロック・オブ・アイスを1個入れたパンチ・ボウルにシャンパンを注ぎ入れる。その上から、ピッチャーの中身を漉しながら注ぎ入れる。レモン・ホイールを飾り、レードルとパンチ・グラスを添えてサーブする。

. . . .

ラズルダズル・パンチ
RAZZLE-DAZZLE PUNCH
ブラッド・ファラン、2013

　このパンチは、キャラウェイの香りが強い2つのスピリッツ、オールド・オーバーホルトとキュンメルを組み合わせたドリンクです。——BF

ラズベリー	18
微粒グラニュー糖	30ml
オレンジ・ツイスト	6
オールド・オーバーホルト・ライ・ウイスキー	360ml

キュンメル・リキュール	45ml
レモン・ジュース	90ml
グレープフルーツ・ジュース	90ml
サトウキビ・シロップ (p357)	45ml
ドライ・シャンパン	60ml
ガーニッシュ:ラズベリー12とレモン・ホイール6	

ピッチャーに、砂糖とオレンジ・ツイストとともにラズベリーを入れて、マドラーでつぶす。残りの(シャンパンを除く)材料を加えて、ピッチャーに角氷を詰める。冷たくなるまでステアする。パンチ・ボウルにシャンパンを注ぎ入れ、その上からピッチャーの中身を漉しながら注ぐ。大きなブロック・オブ・アイスを1個加える。ラズベリーとレモン・ホイールを飾り、レードルとパンチ・グラスを添えてサーブする。

. . . .

ラ・フィー・ノワール・パンチ
LA FÉE NOIR PUNCH
トーマス・ウォー、2009

白角砂糖	9
ブラックベリー	9
炭酸水	180ml
ヘイマンズ・オールド・トム・ジン	180ml
ルクサルド・マラスキーノ・リキュール	22.5ml
セント・ジョージ・アブサン*	22.5ml弱
オレンジ・ジュース	90ml
レモン・ジュース	60ml
ガーニッシュ:オレンジのスライス	6

ピッチャーに角砂糖をブラックベリーと炭酸水90mlとともに入れて、角砂糖が完全にくずれるまでマドラーでつぶす。残りの(炭酸水の残りを除く)材料を加えて、ピッチャーの3/4まで角氷を入れる。冷たくなるまでステアしたあと、大きなブロック・オブ・アイスを1個入れたパンチ・ボウルに、漉しながら移す。残りの炭酸水90mlで満たす。オレンジのスライスを飾り、レードルとパンチ・グラスを添えてサーブする。

JULEPS
ジュレップ

正しいジュレップの作り方については、2つのやり方があります。ひとつは、ティンのなかでミントをマドリングするやり方で、もうひとつは、ミントを敷いてその上にドリンクをビルドするやり方です。当店では通常、ミントはまとまった束にして飾りにします。こうすると、ストローで一口すするごとに、凝縮されたミントのアロマが香ってきます。これから見ていくように、ジュレップはほかのほとんどのカクテルに比べてより多くの忍耐を必要とします。正しいジュレップを作る秘訣は、ドリンクをステアしながらクラッシュド・アイスをゆっくりと加え、希釈度と温度を適正に保つことです。ジュレップ・ティンは、ドリンクを入れる器として美しいだけでなく、温度を教えてくれるすぐれたインジケーター（標示機器）の役目も果たします。ティンがすっかり霜におおわれるまで、ドリンクをステアしてください。

アペリティーボ・ジュレップ
APERITIVO JULEP
アレックス・デイ、2009

このドリンクは、基本的に大きなグラスにたっぷり入ったベルモットですが、アマーロを入れることによって、もっと複雑な味に感じられます。桃とアマーロの相性がいいことは、よく知られています。──AD

ドラン・ドライ・ベルモット	60ml
アマーロ・チョチャーロ*	22.5ml
マスネ・クレーム・ド・ペシェ・ピーチ・リキュール	1ティースプーン
ガーニッシュ：ミントの束	1

すべての材料をジュレップ・ティンに入れる。ティンの

5分目までクラッシュド・アイスを入れる。ティンの縁をつかんで、ティースプーンでステアしながら、氷をかき回す。10秒ほどすると、ティン全体に霜がつき始める。ティンの2/3までクラッシュド・アイスを追加して、ティンが完全に霜でおおわれるまでステアする。さらに氷を加えて、ティンの縁より高く山盛りにする。氷の真ん中にミントの束を飾り、ストローをつけてサーブする。

・・・・・・・・・

カモミール・ジュレップ
CHAMOMILE JULEP
フィル・ウォード、2008

わたしはカモミールをインフュージョンしたグラッパの味がとても気に入り、オールド・オーバーホルト・ライで同じものつくってみようと思いました。その結果に、わたしはすっかり感激し、その味をそっくりそのまま生かした形にしようと思い、ジュレップにしました。それ以来、このインフュージョンは当店でもっとも多用されるもののひとつになりました。──PW

カモミール・インフュージョン・オールド・オーバーホルト・ライ・ウイスキー（p363）	60ml
シンプル・シロップ（p357）	7.5ml
ガーニッシュ：ミントの束	1

ライ・ウイスキーとシンプル・シロップをジュレップ・ティンに入れる。ティンの5分目までクラッシュド・アイスを入れる。ティンの縁をつかんで、ティースプーンでステアしながら、氷をかき回す。10秒ほどすると、ティン全体に霜がつき始める。ティンの2/3までクラッシュ

ド・アイスを追加し、ティンが完全に霜でおおわれるまでステアする。さらに氷を加えて、ティンの縁より高く山盛りにする。氷の真ん中にミントの束を飾り、ストローをつけてサーブする。

・・・・・・・・・

ジャスト・アナザー・ジュレップ
JUST ANOTHER JULEP
ブライアン・ミラー、2008

ケンタッキー生まれのユーモア作家アービン・S・コブは、かつてこう言いました。「ミント・ジュレップにライ・ウイスキーを入れてミントの葉をつぶすなんて、赤ん坊のベッドにサソリを入れるようなもんだ」。この言葉を肝に銘じて、わたしはミントの葉でジュレップ・ティンの内側をこすり、ドリンクを作る前にミントは捨てることにしています。——BM

ミントの小枝	2
バッファロー・トレース・バーボン	60ml
デメララ・シロップ (p357)	7.5ml
ゴスリングス・ブラック・シール・ラム	15ml
ガーニッシュ:ミントの束	1

ジュレップ・ティンの内側をミントでこすり、そのあとミントは捨てる。ティンにクラッシュド・アイスを詰め、バーボンとシロップを加える。軽くかき回して、上からさらにクラッシュド・アイスを加える。その上からラムを注ぐ。氷の真ん中にミントの束を飾り、ストローをつけてサーブする。

・・・・・・・・・

ジワタネホ・ジュレップ
ZIHUATANEJO JULEP
ブライアン・ミラー、2009

挽いたシナモンを直接ドリンクに入れなくても、シナモンのスティックをあらかじめ挽いてから氷にさして飾

れば、アロマが立っていっそう香（かぐわ）しくなります。——BM

ミントの小枝	1
エル・テソロ・レポサド・テキーラ*	60ml
デメララ・シロップ (p357)	1ティースプーン
デル・マゲイ・チチカパ・メスカル*	15ml
ガーニッシュ:シナモン・スティック1とミントの束1	

ジュレップ・ティンの内側をミントでこすり、そのあとミントは捨てる。ティンにクラッシュド・アイスを詰め、テキーラとシロップを加える。軽くかき混ぜて、上からクラッシュド・アイスを加える。メスカルをフロートする。ドリンクから離してシナモン・スティックの側面を挽いてアロマを立たせ、そのシナモンとミントの束を氷の真ん中に飾り、ストローをつけてサーブする。

・・・・・・・・・

スモークド・ジュレップ
SMOKED JULEP
フィル・ウォード、2008

ラフロイグ12年スコッチ*	30ml
レアーズ・ボンデッド・アップル・ブランデー*	30ml
メープル・シロップ	7.5ml
ガーニッシュ:リンゴの扇1とミントの束1	

すべての材料をジュレップ・ティンに入れる。ティンの5分目までクラッシュド・アイスを入れる。ティンの縁をつかんで、ティースプーンでステアしながら、氷をかき回す。10秒ほどすると、ティン全体に霜がつき始める。ティンの2/3までクラッシュド・アイスを追加し、ティンが完全に霜におおわれるまでステアする。さらに氷を加えて、ティンの縁より高く山盛りにする。氷の真ん中にリンゴの扇とミントの束を飾り、ストローをつけてサーブする。

ダブルバレル・ジュレップ
DOUBLE-BARREL JULEP
ホアキン・シモー、2009

オールド・グランダッド114バーボン	45ml
ディプロマティコ・リゼルバ・エクスクルーシバ・ラム	15ml
マスネ・クレーム・ド・ペシェ・ピーチ・リキュール	1ティースプーン
デメララ・シロップ（p357）	1ティースプーン
スミス&クロス・ラム	7.5ml
フィー・ブラザーズ・ウイスキー・バレルエイジド・ビターズ*	4ダッシュ
ガーニッシュ:ミントの束	1

バーボンとディプロマティコ・ラムとピーチ・リキュールとシロップをジュレップ・ティンに入れる。ティンの5分目までクラッシュド・アイスを入れる。ティンの縁をつかんで、ティースプーンでステアしながら、氷をかき回す。10秒ほどすると、ティン全体に霜がつき始める。ティンの2/3までクラッシュド・アイスを追加し、ティンが完全に霜でおおわれるまでステアする。さらに氷を加えて、ティンの縁より高く山盛りにする。ドリンクの上にスミス＆クロスをフロートし、ビターズを振りかける。氷の真ん中にミントの束を飾り、ストローをつけてサーブする。

. . . .

ノットクワイトジョージア・ジュレップ
NOT-QUITE-GEORGIA JULEP
フィル・ウォード、2008

コニャック	30ml
レアーズ・ボンデッド・アップル・ブランデー*	30ml
マスネ・クレーム・ド・ペシェ・ピーチ・リキュール	1ティースプーン
シンプル・シロップ（p357）	1ティースプーン
ガーニッシュ:ミントの束	1

すべての材料をジュレップ・ティンに入れる。ティンの5分目までクラッシュド・アイスを入れる。ティンの縁をつかんで、ティースプーンでステアしながら、氷をか

き回す。10秒ほどすると、ティン全体に霜がつき始める。ティンの2/3までクラッシュド・アイスを追加し、ティンが完全に霜におおわれるまでステアする。さらに氷を加えて、ティンの縁より高く山盛りにする。氷の真ん中にミントの束を飾り、ストローをつけてサーブする。

. . . .

メープル・ジュレップ
MAPLE JULEP
フィル・ウォード、2008

オールド・オーバーホルト・ライ・ウイスキー	60ml
メープル・シロップ	7.5ml
ガーニッシュ:ミントの束	1

ライ・ウイスキーとメープル・シロップをジュレップ・ティンに入れる。ティンの5分目までクラッシュド・アイスを入れる。ティンの縁をつかんで、ティースプーンでステアしながら、氷をかき回す。10秒ほどすると、ティン全体に霜がつき始める。ティンの2/3までクラッシュド・アイスを追加し、ティンが完全に霜におおわれるまでステアする。さらに氷を加えて、ティンの縁より高く山盛りにする。氷の真ん中にミントの束を飾り、ストローをつけてサーブする。

. . . .

ラケッティア・ジュレップ
RACKETEER JULEP
ジェシカ・ゴンザレス、2009

ミントの小枝	1
ボルス・ジュネバ	60ml
スミス&クロス・ラム	15ml
デメララ・シロップ（p357）	1ティースプーン
バニラ・シロップ（p358）	1ティースプーン
ビター・トゥルース・アロマティック・ビターズ*	1ダッシュ
ガーニッシュ:ミントの束	1

メープル・ジュレップ（p315）

ジュレップ・ティンの内側をミントでこすり、そのあとミントは捨てる。残りの材料（ビターズを除く）をティンに入れる。ティンの5分目までクラッシュド・アイスを詰める。ティンの縁をつかんで、ティースプーンでステアしながら、氷をかき回す。10秒ほどすると、ティン全体に霜がつき始める。ティンの2/3までクラッシュド・アイスを追加し、ティンが完全に霜におおわれるまでステアする。さらに氷を加えて、ティンの縁より高く山盛りにする。ビターズをふりかける。氷の真ん中にミントの束を飾り、ストローをつけてサーブする。

FLIPS AND FIZZES
フリップとフィズ

カクテル史の研究家は、わたしたちの単純な定義に反論するかもしれませんが、わたしたちにとって、フリップとは全卵か黄身だけを使い、フィズは全卵か白身だけを使うものです。いずれの場合も、絶大な力を持つ卵はどんなドリンクにも際立ったボディとテクスチャーを加えることができます。例によって、生卵の扱いには気をつけてください。

サタデー・モーニング・フリップ
SATURDAY MORNING FLIP
ホアキン・シモー、2008

アプルトン・エステートV/Xラム	30ml
ゴスリングス・ブラック・シール・ラム	30ml
ルビー・ポート	22.5ml
エスプレッソ・インフュージョン・デメララ・シロップ (p356)	
	1ティースプーン
卵黄	1個
アンゴスチュラ・ビターズ	1ダッシュ

すべての材料をドライ・シェイクし、そのあと氷とともにもう一度シェイクする。ダブル・ストレイン（二度漉し）しながら、クープ・グラスに注ぐ。ガーニッシュはなし。

· · · · · · · · · ·

ジェリー・ロール・モートン
JELLY ROLL MORTON
トーマス・ウォー、2009

デス・アンド・コーでは、フリップを作ることはあま

り多くありません（エッグ・カクテルが大好きという人ばかりではありませんし、作るのも手間がかかって大変だからです）が、ジャズ・ミュージシャンの名前をとったこのすばらしいフリップは、誰からも好まれるドリンクです。──TW

ハインHコニャック	45ml
干しブドウ・インフュージョン・ワイルド・ターキー・ライ (p362)	
	15ml
サンデマン・ルビー・ポート	22.5ml
シンプル・シロップ (p357)	15ml
卵黄	1個
ヘビー・クリーム	15ml
アンゴスチュラ・ビターズ	1ダッシュ

すべての材料をドライ・シェイクし、そのあと氷とともにもう一度シェイクする。ダブル・ストレインしながら、クープ・グラスに注ぐ。ガーニッシュはなし。

· · · · · · · · · ·

ジャック・スパロー・フリップ
JACK SPARROW FLIP
ブライアン・ミラー、2008

フロール・デ・カーニャ7年ラム*	60ml
サンデマン・レインウォーター・マデイラ*	22.5ml
デメララ・シロップ (p357)	22.5ml
卵	1個
フィー・ブラザーズ・ウイスキー・バレルエイジド・ビターズ*	
	2ダッシュ
ガーニッシュ：シナモン	

すべての材料をドライ・シェイクし、そのあと角氷3個を加えてもう一度シェイクする。ダブル・ストレインしながら、ファンシー・フィズ・グラスに注ぐ。挽いたシナモン少々を飾る。

. . . .

スリーピー・ホロウ・フィズ
SLEEPY HOLLOW FIZZ

ブライアン・ミラー、2008

　ハロウィンをヒントにしたこのドリンクは、ジョニー・デップの映画から名前をとったデス・アンド・コーの数々のドリンクのなかでも最初のものです。厳密にはゴールデン・フィズになりますが、この濃厚なドリンクのイメージはフリップに近いでしょう。——BM

〔『スリーピー・ホロウ』は、ジョニー・デップ主演、1999年製作のアメリカ映画〕

フロール・デ・カーニャ7年ラム*	45ml
エル・ドラド・ハイストレングス151ラム*	15ml
レモン・ジュース	15ml
メープル・シロップ	15ml
卵黄	1個
パンプキン・ピューレ (p367)	2ティースプーン
炭酸水	

すべての（炭酸水を除く）材料をドライ・シェイクし、

そのあと氷とともにもう一度シェイクする。漉しながら、フィズ・グラスに注ぎ、炭酸水で満たす。ガーニッシュはなし。

. . . .

セリーヌ・フィズ
CELINE FIZZ

フィル・ウォード、2008

プリマス・ジン	60ml
サンジェルマン	22.5ml
レモン・ジュース	22.5ml
シンプル・シロップ (p357)	22.5ml
卵白	1個分
炭酸水	

すべての（炭酸水を除く）材料をドライ・シェイクし、そのあと氷とともにもう一度シェイクする。ダブル・ストレインしながら、フィズ・グラスに注ぎ、炭酸水で満たす。ガーニッシュはなし。

. . . .

チャイニーズ・フィズ
CHINESE FIZZ

フィル・ウォード、2008

　ハリー・クラドック著の『サヴォイ・カクテルブック』に記されたチャイニーズ・カクテルをフィズにアレンジしたバリエーションです。——PW

アプルトン・エステートV/Xラム	60ml
コアントロー	7.5ml
ルクサルド・マラスキーノ・リキュール	7.5ml
レモン・ジュース	15ml
シンプル・シロップ (p357)	15ml
グレナディン・シロップ (p366)	7.5ml
卵白	1個分
アンゴスチュラ・ビターズ	1ダッシュ

318

ガーニッシュ:オレンジ・ホイール................................1

すべての材料をドライ・シェイクし、そのあと氷とともにもう一度シェイクする。角氷を詰めたフィズ・グラスに、ダブル・ストレインしながら注ぐ。オレンジ・ホイールを飾り、ストローをつけてサーブする。

....

パールズ・ビフォー・スワイン
PEARLS BEFORE SWINE
ホアキン・シモー、2009

　ラモス・ジン・フィズ（p207）をもっと作りやすくできないかと（レシピ通りだと延々とシェイクを続けなければならないので）考えました。卵の代わりにヨーグルトとレモン・カードを使うと、うまくいきました。──JS

マーティン・ミラーズ・ウエストボーン・ストレングス・ジン	60ml
レモン・ジュース	15ml
オルジェー（p358）	15ml
ギリシャ・ヨーグルト	1ティースプーン
レモン・カード	1ティースプーン
ローズ・ウォーター	3ドロップ

すべての（ローズ・ウォーターを除く）材料を氷とともにシェイクし、ダブル・ストレインしながら、クープ・グラスに注ぐ。ローズ・ウォーターをトッピングする。ガーニッシュはなし。

....

ピット・ストップ・フリップ
PIT STOP FLIP
アレックス・デイ、2008

　フリップは、そもそも濃厚でデカダンなものです。このドリンクもそうですが、マデイラ・ワインは味が軽く、フレーバーを広げるので、もっとデリケートなフリップ

セリーヌ・フィズ

を作ることができます。——AD

レアーズ・ボンデッド・アップル・ブランデー*	45ml
サンデマン・レインウォーター・マデイラ*	15ml
メープル・シロップ	15ml
卵黄	1個
ヘビー・クリーム	15ml
ガーニッシュ:ナツメグとリンゴのスライス1	

すべての材料をドライ・シェイクし、そのあと氷ととも
にもう一度シェイクする。ダブル・ストレインしながら、
クープ・グラスに注ぐ。おろしたナツメグ少々を飾り、
リンゴのスライスをグラスの縁に挿す。

・・・・・・・・・

ル・ジゴ・フリップ
LE GIGOT FLIP
フィル・ウォード、2008

サンタ・テレサ1796ラム	60ml
チェリー・ヒーリング	15ml
デメララ・シロップ (p357)	7.5ml
卵黄	1個
ヘビー・クリーム	15ml
ビターメンズ・ホコラートル・モール・ビターズ*	2ダッシュ
ガーニッシュ:チェリーのブランデー漬け	1

すべての材料をドライ・シェイクし、そのあと氷ととも
にもう一度シェイクする。ダブル・ストレインしながら、
クープ・グラスに注ぐ。チェリーを飾る。

レーズン・バーン
RAISIN BURN
トーマス・ウォー、2008

干しブドウ・インフュージョン・ワイルド・ターキー・ライ (p362)	60ml
ルスタウ・イースト・インディア・ソレラ・シェリー	22.5ml
全卵	1個
ヘビー・クリーム	15ml
アンゴスチュラ・ビターズ	1ダッシュ
ガーニッシュ:シナモン	

すべての材料をドライ・シェイクし、そのあと大きな角
氷1個を加えてもう一度シェイクする。ダブル・ストレ
インしながら、クープ・グラスに注ぐ。挽いたシナモン
少々を飾る。

SWIZZLES
スウィズル

スウィズルの発祥地はカリブ海です。そこでは、クァラリビア・ツルビナタ（p112）の小枝で混ぜるのがならわしです。わたしたちは、ドライ・シェイクしたり、少量のペレット・アイスで材料をホイップしたりして、ドリンクをあらかじめ混ぜておきます。そうすれば、スウィズルを作るときに手間が省けて、営業中の貴重な時間が節約できるからです。でも、時間があるなら、ジュレップのようにミキシング・スプーンで——もし幸運にもボワレレ〔p112参照〕をお持ちならボワレレを使って——材料をかき混ぜて、カクテルをビルドしてもかまいません。

コッフィー・パーク・スウィズル
COFFEY PARK SWIZZLE
アレックス・デイ、2008

わたしがこれまでに創作した数多くのシェリー・カクテルのなかでも最初のものです。これは、スウィズルのカテゴリーのなかでもいちばんクラシックなドリンクであるクイーンズ・パーク・スウィズル（p193）に対するわたしの賛辞です。——AD

バルバンクール3スター・ラム	30ml
ルスタウ・アモンティリャード・シェリー	30ml
ベルベット・ファレナム*	7.5ml
ライム・ジュース	22.5ml
ジンジャー・シロップ（p357）	22.5ml
アンゴスチュラ・ビターズ	3ダッシュ
ガーニッシュ:ミントの小枝	1

すべての（ビターズを除く）材料をホイップする（少量のクラッシュド・アイスとともにシェイクして混ぜ合わせる）。クラッシュド・アイスを詰めたピルスナー・グラスに、漉しながら注ぐ。冷たくなるまで撹拌する。ビターズを加えて、ドリンクの表面だけ撹拌する。ミントの小枝を飾り、ストローをつけてサーブする。

· · · · · · · · ·

サーク・スウィズル
CIRQUE SWIZZLE
ジェシカ・ゴンザレス、2011

このドリンクのきれいなピンク色は、綿菓子を連想させます。——JG

アンカー・ジュニペロ・ジン	45ml
イエロー・シャルトリューズ	15ml
クレーム・イベット*	
1ティースプーンとドリンクにトッピングする分少々	
レモン・ジュース	22.5ml
バニラ・シロップ（p358）	15ml
シンプル・シロップ（p357）	7.5ml

すべての材料をドライ・シェイクし、クラッシュド・アイスを詰めたピルスナー・グラスに注ぐ。冷たくなるまで撹拌し、クレーム・イベットの薄い層をトッピングして、ストローをつけてサーブする。ガーニッシュはなし。

サングリア・スウィズル
SANGRIA SWIZZLE
トーマス・ウォー、2009

　このスウィズルは時間をかけて作ってください。ワインを干しブドウ・インフュージョン・ライ・ウイスキーとなじませるには時間が必要だからです。——TW

干しブドウ・インフュージョン・ワイルド・ターキー・ライ (p362)	45ml
リオハ赤ワイン	30ml
コアントロー	22.5ml
ライム・ジュース	15ml
シンプル・シロップ (p357)	1ティースプーン
ビターメンズ・ホコラートル・モール・ビターズ*	1ダッシュ
ガーニッシュ:オレンジ・ホイール	1

すべての材料をピルスナー・グラスに入れて混ぜ合わせ、撹拌しながら、少しずつクラッシュド・アイスを加える。オレンジ・ホイールを飾り、ストローをつけてサーブする。

· · · · · · · · ·

シックスス・ストリート・スウィズル
6TH STREET SWIZZLE
フィル・ウォード、2008

ラ・ファボリット・ラム・アグリコル・ブラン	45ml
ライム・ジュース	30ml
サトウキビ・シロップ (p357)	22.5ml
アンゴスチュラ・ビターズ	2ダッシュ
ガーニッシュ:ミントの小枝とライム・ホイール	各1

すべての材料をホイップする（少量のクラッシュド・アイスとともにシェイクして混ぜ合わせる）。クラッシュド・アイスを詰めたピルスナー・グラスに注ぎ、冷たくなるまでかき回す。ミントの小枝とライム・ホイールを飾り、ストローをつけてサーブする。

スネーク・ヒップス・スウィズル
SNAKE HIPS SWIZZLE
ホアキン・シモー、2009

ハインHコニャック	45ml
グラン・マルニエ	7.5ml
モレニータ・クリーム・シェリー	15ml
レモン・ジュース	15ml
メープル・シロップ	15ml
シナモン・バーク・シロップ (p357)	1ティースプーン
アンゴスチュラ・ビターズ	2ダッシュ

すべての（ビターズを除く）材料をドライ・シェイクし、クラッシュド・アイスを詰めたピルスナー・グラスに注ぐ。冷たくなるまでドリンクを撹拌する。ビターズを加えて、ドリンクの表面だけ撹拌する。ストローをつけてサーブする。ガーニッシュはなし。

· · · · · · · · ·

DJフレームスロワー
DJ FLAME THROWER
ホアキン・シモー、2012

　このドリンクでは、自分の好きな材料の組み合わせをいくつかを盛り込んでいます。グレープフルーツとシナモン、テキーラとチリ、テキーラとメスカルなどです。——JS

シエテ・レグアス・レポサド・テキーラ*	30ml
デル・マゲイ・ビーダ・メスカル*	15ml
アンチョ・チリ・インフュージョン・ドラン・ルージュ・ベルモット (p361)	30ml
グレープフルーツ・ジュース	15ml
ライム・ジュース	15ml
シナモン・バーク・シロップ (p357)	22.5ml
アンゴスチュラ・ビターズ	
ガーニッシュ:シナモン・スティック	1

すべての（ビターズを除く）材料を角氷3個とともに

ショート・シェイクし、クラッシュド・アイスを詰めたピルスナー・グラスに、漉しながら注ぐ。ビターズを加え、ドリンクの表面だけ撹拌する。ドリンクの上でシナモンを少し挽き、そのあとシナモン・スティックを飾って、ストローをつけてサーブする。

· · · · · · · · ·

ドリー・ダガー
DOLLY DAGGER
アレックス・デイ、2009

　　バニラ・シロップは、上手に使うと、ドリンクがずっとエレガントになります。このドリンクでは、バニラ・シロップが、濃厚でにおいにくせのあるラムをまろやかにし、シェリーとうまくなじませています。——AD

スミス&クロス・ラム	30ml
ウイリアムズ&ハンバート・ドライ・サック・ミディアム・シェリー	
	45ml
ライム・ジュース	22.5ml
サトウキビ・シロップ（p357）	15ml
バニラ・シロップ（p358）	1ティースプーン
ガーニッシュ:ミントの小枝	1

すべての材料をホイップする（少量のクラッシュド・アイスとともにシェイクして混ぜ合わせる）。クラッシュド・アイスを詰めたピルスナー・グラスに、漉しながら注ぐ。冷たくなるまで撹拌する。ミントの小枝を飾り、ストローをつけてサーブする。

· · · · · · · · ·

ドローレス・パーク・スウィズル
DOLORES PARK SWIZZLE
トーマス・ウォー、2009

エル・テソロ・アネホ・テキーラ*	30ml
ルスタウ・アモンティリャード・シェリー	30ml
ベルベット・ファレナム*	7.5ml

ライム・ジュース	22.5ml
ジンジャー・シロップ（p357）	22.5ml
アンゴスチュラ・ビターズ	3ダッシュ
ガーニッシュ:ミントの小枝	1

すべての（ビターズを除く）材料をドライ・シェイクし、クラッシュド・アイスを詰めたピルスナー・グラスに注ぐ。ビターズを加えて、ドリンクの表面だけ撹拌する。ミントの小枝を飾り、ストローをつけてサーブする。

· · · · · · · · ·

パーク・ライフ・スウィズル
PARK LIFE SWIZZLE
トーマス・ウォー、2009

ランサム・オールド・トム・ジン*	30ml
ルスタウ・アモンティリャード・シェリー	30ml
ベルベット・ファレナム*	15ml
ライム・ジュース	22.5ml
ジンジャー・シロップ（p357）	15ml
アンゴスチュラ・ビターズ	6ダッシュ
ガーニッシュ:ミントの小枝	1

すべての（ビターズを除く）材料をドライ・シェイクし、クラッシュド・アイスを詰めたピルスナー・グラスに注ぐ。ビターズをふりかける。ミントの小枝を飾り、ストローをつけてサーブする。

· · · · · · · · ·

バーボネス・スウィズル
BOURBONNAIS SWIZZLE
ブライアン・ミラー、2008

ペカン・インフュージョン・バッファロー・トレース・バーボン（p364）	60ml
マリー・ブリザール・ホワイト・クレーム・ド・カカオ	30ml
リレ・ルージュ	15ml
レモン・ジュース	22.5ml

すべての材料をドライ・シェイクし、そのあと角氷3個を加えて、もう一度ショート・シェイクする。クラッシュド・アイスを詰めたピルスナー・グラスに、漉しながら注ぐ。ストローをつけてサーブする。ガーニッシュはなし。

· · · · · · · · · ·

ハイド・パーク・スウィズル
HYDE PARK SWIZZLE
フィル・ウォード、2008

ミントの小枝	3または4
プリマス・ジン	60ml
ライム・ジュース	22.5ml
シンプル・シロップ (p357)	22.5ml
アンゴスチュラ・ビターズ	2ダッシュ
ペイショーズ・ビターズ*	2ダッシュ
ガーニッシュ:ミントの小枝	1

シェーカーにミントを入れて、マドラーで軽くつぶす。残りの（ビターズを除く）材料を加えてドライ・シェイクし、ピルスナー・グラスに注ぐ。グラスにクラッシュド・アイスを入れて、冷たくなるまで撹拌する。ビターズを加えて、ドリンクの表面だけ撹拌する。ミントの小枝を飾り、ストローをつけてサーブする。

· · · · · · · · · ·

ハリスコ・スウィズル
JALISCO SWIZZLE
フィル・ウォード、2008

シエンブラ・アズール・ブランコ・テキーラ*	45ml
デル・マゲイ・ビーダ・メスカル*	15ml
ライム・ジュース	22.5ml
サトウキビ・シロップ (p357)	15ml
アンゴスチュラ・ビターズ	2ダッシュ
ガーニッシュ:ライム・ホイール	1

すべての材料をドライ・シェイクしたあと、クラッシュド・アイスを詰めたピルスナー・グラスに注ぐ。冷たくなるまで撹拌する。ライム・ホイールを飾り、ストローをつけてサーブする。

· · · · · · · · · ·

マイラ・ブレッキンリッジ
MYRA BRECKINRIDGE
フィル・ウォード、2008

　このドリンクの名前は、当店の常連のお客様のアンソニー・サーニコラがつけてくれました。「ラフロイグがまるで性転換した」みたいだ、という意味です。——PW

〔マイラ・ブレッキンリッジは作家ゴア・ヴィダルの小説の主人公の名前。性転換手術をして男からマイラという女性名を名乗るようになる〕

ラフロイグ10年スコッチ	60ml
ビュー・ポンタリエ・アブサン*	2ダッシュ
ライム・ジュース	22.5ml
サトウキビ・シロップ (p357)	15ml
ガーニッシュ:ミントの小枝	1

すべての材料をドライ・シェイクし、クラッシュド・アイスを詰めたピルスナー・グラスに注ぐ。冷たくなるまで撹拌する。ミントの小枝を飾り、ストローをつけてサーブする。

· · · · · · · · · ·

ロバート・ジョンソン・スウィズル
ROBERT JOHNSON SWIZZLE
ブライアン・ミラー、2009

　スウィズルの表面に、ビターズを撹拌すると、ドリンクを一口すするたびに香りがパッと広がります。ほかの材料では出せない効果です。——BM

エバン・ウィリアムズ・シングルバレル・バーボン	60ml

オティマ10年トゥニー・ポート	22.5ml
レモン・ジュース	15ml
バニラ・シロップ (p358)	22.5ml
フィー・ブラザーズ・ウイスキー・バレルエイジド・ビターズ*	2ダッシュ
特製オリジナル・ペイショーズ・ビターズ (p365)	3ダッシュ
ガーニッシュ:ミントの小枝	1

すべての（ビターズを除く）材料をドライ・シェイクし、クラッシュド・アイスを詰めたピルスナー・グラスに注ぐ。冷たくなるまで撹拌する。ビターズを加えて、ドリンクの表面だけ撹拌する。ミントの小枝を飾り、ストローをつけてサーブする。

ロバート・ジョンソン・スウィズル

MULTIPLE CHOICE
マルティプル・チョイス

　2008 年に当店では、Mr. ポテト・ヘッド方式（p168）をカクテル・メニューに採用し、ベース・スピリッツをいろいろ置き換えて作ることができるドリンクのセクションを設けました。必然的に、それぞれのレシピについていちばん適しているスピリッツがわかってきたため、「マルティプル・チョイス」のセクションは段階的に廃止していきましたが、ベース・スピリッツを別のものに置き換えるだけで方程式が同じように（あるいはほぼ同じように）有効にはたらくという点で、Mr. ポテト・ヘッド方式が正しいことがたしかに証明されました。

エレクトリック・クールエイド・アシッド・テスト
ELECTRIC KOOL-AID ACID TEST
フィル・ウォード、2008

　これは Mr. ポテト・ヘッドのスペックとしてはクラシックといっていいものです。ジンを使うとランブル（p217）になり、ラムを使うとシアサッカー（p231）になり、アップル・ブランデーを使うとスロー・スコベイビル・スリング（p276）になります。――PW

プリマス・ジン、スカーレット・アイビス・ラム*、レアーズ・ボンデッド・アップル・ブランデー*、シエンブラ・アズール・ブランコ・テキーラ*のうちいずれかを30ml
スロー・ジン..30ml
レモン・ジュース..30ml
シンプル・シロップ（p357）..........................22.5ml
ブラックベリー..3
ルクサルド・マラスキーノ・リキュール..............15ml

すべての（ブラックベリーとマラスキーノ・リキュールを除く）材料を角氷3個とともにショート・シェイクし、クラッシュド・アイスを詰めたピルスナー・グラスに、漉しながら注ぐ。シェーカーに残った氷を捨てて、ブラックベリーとマラスキーノ・リキュールを加える。ブラックベリーをマドラーで軽くつぶして、ドリンクの上に注ぐ。ストローをつけてサーブする。

・・・・・・・・・

コイン・トス
COIN TOSS
フィル・ウォード、2008

　これはマルティプル・チョイスのために考えた当店オリジナルのカクテルです。このレシピには、わたしが数多くのドリンクを創作するために使ってきたテンプレートを採用しています。酒60mlと、ベルモット22.5ml、おもしろいもの――このドリンクではシャルトリューズとベネディクティンを合わせたベース・スピリッツ――を15ml加えます。――PW

リッテンハウス100ライ・ウイスキー、レアーズ・ボンデッド・アップル・ブランデー*、サンタ・テレサ1796ラム、ハインHコニャック、フェイマス・グラウス・スコッチのうちいずれかを60ml
カルパノ・アンティカ・フォーミュラ・ベルモット........22.5ml
イエロー・シャルトリューズ.....................................7.5ml
ベネディクティン..7.5ml
特製オリジナル・ペイショーズ・ビターズ（p365）......2ダッシュ

すべての材料を氷とともにステアし、漉しながら、クープ・グラスに注ぐ。ガーニッシュはなし。

・・・・・・・・・・

サンジェルマン・リダックス
ST-GERMAIN REDUX
フィル・ウォード、2008

ビーフィーター・ロンドン・ドライジン、アプルトン・エステートV/Xラム、シエンブラ・アズール・ブランコ・テキーラ*、コンパス・ボックス・アシイラ・スコッチ、カルバドス、ハインHコニャックのうちいずれかを30ml
ドライ・シャンパン 30ml
サンジェルマン 30ml
炭酸水 30ml
ガーニッシュ:レモン・ツイスト 1

角氷を詰めたワイン・グラスにすべての材料を入れて混ぜ合わせ、冷たくなるまでステアする。レモン・ツイストを飾る。

・・・・・・・・・・

ブラック・マーケット・スリング
BLACK MARKET SLING
フィル・ウォード、2008

プリマス・ジン、スカーレット・アイビス・ラム*、バーンハイム・ウィート・ウイスキー、リッテンハウス100ライ・ウイスキー、レアーズ・ボンデッド・アップル・ブランデー*、ハインHコニャックのいずれかを60ml
シナモンオレンジ・ティー・インフュージョン・スイート・ベルモット（p363）...........................30ml
レモン・ジュース...15ml
シンプル・シロップ（p357）...............................22.5ml
アンゴスチュラ・ビターズ 1ダッシュ
炭酸水
ガーニッシュ:カクテル・ピックに刺したチェリーのブランデー漬け
....3

すべての（炭酸水を除く）材料を氷とともにシェイクし、角氷を詰めたハイボール・グラスに、漉しながら注ぐ。炭酸水で満たす。チェリーを飾り、ストローをつけてサーブする。

・・・・・・・・・・

リトル・キンダム
LITTLE KINGDOM
フィル・ウォード、2008

エル・テソロ・レポサド・テキーラ*、ビーフィーター・ロンドン・ドライジン、コンパス・ボックス・アシイラ・スコッチ、リッテンハウス100ライ、ハインHコニャックのうちいずれかを60ml
カルパノ・アンティカ・フォーミュラ・ベルモット 22.5ml
チナール 15ml
ガーニッシュ:チェリーのブランデー漬け 1

すべての材料を氷とともにステアし、漉しながら、クープ・グラスに注ぐ。チェリーを飾る。

AQUAVIT
アクアビット

　アクアビットは、クラシック・カクテルでは主要な材料ではなかったので、しばしばベース・スピリッツとしては見過ごされてきました。わたしたちはこうした状況を改善するために、ときおりメニューにアクアビットの独自のセクションを設けています。

オーバー・アンド・アウト
OVER AND OUT
エリン・リース、2013

クログスタッド・アクアビット*	30ml
オチョ2012プラタ・テキーラ*	30ml
ライム・ジュース	22.5ml
スイカ・ジュース	22.5ml
サトウキビ・シロップ (p357)	15ml
ビター・トゥルース・セロリ・ビターズ*	1ダッシュ
特製オリジナル・オレンジ・ビターズ (p365)	1ダッシュ

すべての材料を氷とともにシェイクし、漉しながら、大きなクープ・グラスに注ぐ。ガーニッシュはなし。

グレート・ノーザン
GREAT NORTHERN
ジェシカ・ゴンザレス、2011

リニア・アクアビット	60ml
リレ・ブラン	22.5ml
コアントロー	15ml
レモン・ジュース	22.5ml
アカシア・ハチミツ・シロップ (p356)	15ml
ガーニッシュ：オレンジの半月切り	2

すべての材料を角氷3個とともにショート・シェイクし、クラッシュド・アイスを詰めたダブル・ロック・グラスに、漉しながら注ぐ。オレンジの半月切りを飾る。

スラップ'ン'ピックル
SLAP'N'PICKLE
ブライアン・ミラー、2009

キュウリのホイール	3
クログスタッド・アクアビット*	60ml
ライム・ジュース	22.5ml
シンプル・シロップ (p357)	22.5ml
グレナディン・シロップ (p366)	1ティースプーン
ビター・トゥルース・セロリ・ビターズ*	2ダッシュ
ガーニッシュ:キュウリの縦薄切り	1

シェーカーにキュウリのホイールを入れて、マドラーでつぶす。残りの材料を加えて、氷とともにシェイクし、大きな角氷1個を入れたダブル・ロック・グラスに、ダブル・ストレイン（二度漉し）しながら注ぐ。キュウリの縦薄切りを飾る。

. . . .

ワン、ワン、ワン
ONE, ONE, ONE
トーマス・ウォー、2009

　これは、ペグ・クラブのオードリー・サンダースが世に広めた等分のマティーニのフィッティ・フィッティに、アクアビットを加えてアレンジしたドリンクです。──TW

クログスタッド・アクアビット*	30ml
ビーフィーター・ロンドン・ドライ・ジン	30ml
ドラン・ブラン・ベルモット	30ml
リーガンズ・オレンジ・ビターズ*	1ダッシュ

すべての材料を氷とともにステアし、漉しながら、クープ・グラスに注ぐ。ガーニッシュはなし。

SAZERAC VARIATIONS
サゼラックのバリエーション

ニューオリンズがカクテル文化にもたらした功績としてもっともよく知られているサゼラックには、優雅なまでのシンプルさがあります。わたしたちはもちろん、オリジナル・レシピを再現しようとして暗中模索しましたが、そのかいもなく、きわめてあいまいな解釈でかろうじてクラシックなサゼラックの1バージョンと考えられるようなものがいくつもできただけでした（クラシックなサゼラックの当店独自のレシピについては p194 を参照してください）。

アリデー
HALLYDAY
トーマス・ウォー、2011

フランスのポップ・シンガーのジョニー・アリデーから名前をとったこのサゼラックのバリエーションは、フランス産の材料を4つ組み合わせています。——TW

ビュー・ポンタリエ・アブサン*	
ハインHコニャック	45ml
ドラン・ブラン・ベルモット	15ml
ロイヤル・コンビエール・リキュール*	15ml
クリア・クリーク・ペア・ブランデー*	1ティースプーン
アンゴスチュラ・ビターズ	1ダッシュ
ガーニッシュ:レモン・ツイスト	1

ロック・グラスをアブサンでリンスし、そのあとアブサンは捨てる。残りの材料を氷とともにステアし、漉しながら、グラスに注ぐ。レモン・ツイストを飾る。

アレンビック
ALEMBIC
フィル・ウォード、2008

ビュー・ポンタリエ・アブサン*	
アンカー・ジュネビーブ・ジン*	60ml
デメララ・シロップ (p357)	7.5ml
特製オリジナル・ペイショーズ・ビターズ (p365)	3ダッシュ
ガーニッシュ:レモン・ツイスト	1

ロック・グラスをアブサンでリンスし、そのあとアブサンは捨てる。残りの材料を氷とともにステアし、グラスに大きな角氷1個を入れ、漉しながらグラスに注ぐ。レモン・ツイストを飾る。

. . . .

エネミー・ライン
ENEMY LINES
ジリアン・ボース、2011

アクアビットとテキーラをベース・スピリッツに使うというのは奇妙な感じがしますが、実際にはよく合います。砂糖をたくさん使わなくても、濃厚なドリンクに仕上がります。——JV

リニア・アクアビット	45ml
エル・テソロ・レポサド・テキーラ*	22.5ml
サトウキビ・シロップ (p357)	1ティースプーン
特製オリジナル・ペイショーズ・ビターズ (p365)	4ダッシュ
ビター・トゥルース・アロマティック・ビターズ*	1ダッシュ
レモン・ツイスト	1

すべての（レモン・ツイストを除く）材料を氷とともにステアし、漉しながら、ロック・グラスに注ぐ。ドリンクの上でレモン・ツイストを絞り、そのあとツイストは捨てる。ガーニッシュはなし。

・・・・・・・・・

ガンズ・アンド・ローゼ
GUNS AND ROSÉ
スコット・ティーグ、2013

　わたしは、アルコール度数の高いスピリッツと、ソフトでデリケートなものを組み合わせるのが好きです。このドリンクでは、火を吹くようなウイスキーと、ロゼで造ったアペリティフを組み合わせました。——ST

オールド・グランダッド114バーボン	45ml
リレ・ロゼ＊	30ml
サトウキビ・シロップ（p357）	1ティースプーン
特製オリジナル・ペイショーズ・ビターズ（p365）	2ダッシュ
グレープフルーツ・ツイスト	1

すべての（グレープフルーツ・ツイストを除く）材料を氷とともにステアし、漉しながら、ロック・グラスに注ぐ。ドリンクの上でグレープフルーツ・ツイストを絞り、そのあとツイストは捨てる。ガーニッシュはなし。

・・・・・・・・・

クーパー・ユニオン
COOPER UNION
フィル・ウォード、2008

ラフロイグ10年スコッチ	
レッドブレスト12年アイリッシュ・ウイスキー	60ml
サンジェルマン	15ml
特製オリジナル・オレンジ・ビターズ（p365）	1ダッシュ
レモン・ツイスト	1

ダブル・ロック・グラスをラフロイグでリンスし、その

あとラフロイグは捨てる。残りの（レモン・ツイストを除く）材料を氷とともにステアし、漉しながら、グラスに注ぐ。ドリンクの上でレモン・ツイストを絞り、そのあとツイストは捨てる。ガーニッシュはなし。

・・・・・・・・・

クレオール・サズ
CREOLE SAZ
ホアキン・シモー、2011

　このドリンクに入っているものは、すべてがフランス由来です。アブサンはフランス産、コニャックもフランス産、ラムはフランス植民地産、ビターズもかつてフランスの植民地だったハイチが原産地です。——JS

ビュー・ポンタリエ・アブサン＊	
バルバンクール3スター・ラム	45ml
ピエール・フェラン1840コニャック	15ml
サトウキビ・シロップ（p357）	1ティースプーン
特製オリジナル・ペイショーズ・ビターズ（p365）	3ダッシュ
レモン・ツイスト	1

ロック・グラスをアブサンでリンスし、そのあとアブサンは捨てる。残りの（レモン・ツイストを除く）材料を氷とともにステアし、漉しながら、グラスに注ぐ。ドリンクの上でレモン・ツイストを絞り、そのあとツイストは捨てる。ガーニッシュはなし。

・・・・・・・・・

サズ・フー？
SAZ WHO?
ブライアン・ミラー、2009

クルーザン・シングルバレル・ラム＊	45ml
クリア・クリーク・ペア・ブランデー＊	15ml
ビュー・ポンタリエ・アブサン＊	2ダッシュ
デメララ・シロップ（p357）	1ティースプーン
特製オリジナル・ペイショーズ・ビターズ（p365）	4ダッシュ

| アンゴスチュラ・ビターズ | 1ダッシュ |
| レモン・ツイスト | 1 |

すべての（レモン・ツイストを除く）材料を氷とともにステアし、漉しながら、ダブル・ロック・グラスに注ぐ。ドリンクの上でレモン・ツイストを絞り、そのあとツイストは捨てる。ガーニッシュはなし。

. . . .

デビル・インサイド
DEVIL INSIDE
トーマス・ウォー、2011

ラフロイグ10年スコッチ	
リッテンハウス100ライ・ウイスキー	45ml
ブルイックラディ・ポート・シャルロット7年スコッチ*	15ml
ビュー・ポンタリエ・アブサン*	2ダッシュ

デメララ・シロップ (p357)	1ティースプーン
特製オリジナル・ペイショーズ・ビターズ (p365)	2ダッシュ
レモン・ツイスト	1

ロック・グラスをラフロイグでリンスし、そのあとラフロイグは捨てる。残りの（レモン・ツイストを除く）材料を氷とともにステアし、漉しながら、ロック・グラスに注ぐ。ドリンクの上でレモン・ツイストを絞り、そのあとツイストは捨てる。ガーニッシュはなし。

. . . .

ベイ・シティ・ローラー
BAY CITY ROLLER
ブライアン・ミラー、2008

| コンパス・ボックス・アシイラ・スコッチ | 60ml |
| アマーロ・アベルナ | 7.5ml |

ラテン・クォーター

シンプル・シロップ (p357)	1ティースプーン
ガーニッシュ：オレンジ・ツイスト	1

すべての材料を氷とともにステアし、漉しながら、ダブル・ロック・グラスに注ぐ。オレンジ・ツイストを飾る。

· · · · · · · · · ·

ラテン・クォーター
LATIN QUARTER
ホアキン・シモー、2008

　デス・アンド・コーのドリンクのうち、どれが別の店でまねされるかは、なかなか予想できません。このサゼラックのバリエーションは、世界中のカクテル・バーのメニューに載ることになりました。——JS

ビュー・ポンタリエ・アブサン*	
サカパ23年ラム	60ml
サトウキビ・シロップ (p357)	1ティースプーン
特製オリジナル・ペイショーズ・ビターズ (p365)	3ダッシュ
アンゴスチュラ・ビターズ	1ダッシュ
ビターメンズ・ホコラートル・モール・ビターズ*	1ダッシュ
レモン・ツイスト	1

ダブル・ロック・グラスをアブサンでリンスし、そのあとアブサンは捨てる。残りの（レモン・ツイストを除く）材料を氷とともにステアし、漉しながら、グラスに注ぐ。ドリンクの上でレモン・ツイストを絞り、そのあとツイストは捨てる。ガーニッシュはなし。

NEGRONI VARIATIONS
ネグローニのバリエーション

わたしたちが好きなカクテル本の作家キングズリー・エイミスは、ネグローニについてこう語っています。「これはほんとうにすばらしい発明だ。ネグローニが持つ人を元気づける力は、ドリンクとしては珍しく、それどころかほかのどんなものにもめったにないものだ」。わたしたちもまったく同感です。そのうえ、ジンとスイート・ベルモットとカンパリを同じ比率にするだけのシンプルなレシピは、無限の応用が可能です（クラシックなネグローニの当店独自のレシピについてはp199を参照してください）。

ウノ、ドス、トレス
UNO, DOS, TRES
ホアキン・シモー、2009

シエンブラ・アズール・レポサド・テキーラ*	45ml
グレープフルーツ・インフュージョン・プント・エ・メス (p361)	22.5ml
カンパリ	15ml
チナール	7.5ml
ビターメンズ・ホコラートル・モール・ビターズ*	1ダッシュ
ガーニッシュ:オレンジ・ツイスト	1

すべての材料を氷とともにステアし、漉しながら、クープ・グラスに注ぐ。ドリンクの上でオレンジ・ツイストを火であぶり、そのあとガーニッシュとしてドリンクに入れる。

キングストン・ネグローニ
KINGSTON NEGRONI
ホアキン・シモー、2009

わたしは、スミス＆クロス・ラムを初めて味見したあと、すぐにこのネグローニのバリエーションを創作しました。このラムの強さを受け止められるだけの力があるのは、カルパノ・アンティカしかありません。——JS

スミス＆クロス・ラム	30ml
カルパノ・アンティカ・フォーミュラ・ベルモット	30ml
カンパリ	30ml
ガーニッシュ:オレンジ・ツイスト	1

すべての材料を氷とともにステアし、漉しながら、ダブル・ロック・グラスに注ぐ。オレンジ・ツイストを飾る。

· · · · · · · · · ·

ザ・バンダービルト
THE VANDERBILT
スコット・ティーグ、2013

レアーズ・ボンデッド・アップル・ブランデー*	45ml
グラン・クラシコ・ビター	30ml
マティルド・ポワール・ペア・リキュール	22.5ml

すべての材料を氷とともにステアし、大きな角氷1個を入れたダブル・ロック・グラスに、漉しながら注ぐ。ガーニッシュはなし。

ハウス・オブ・ペイン
HOUSE OF PAYNE
フィル・ウォード、2012

ラズベリーとカンパリはひじょうに親和性が高いので、このネグローニのバリエーションでは、この2つを組み合わせ、それにスロー・ジンを加えてみました。——PW

ラズベリー	3
ビーフィーター・ロンドン・ドライ・ジン	45ml
プリマス・スロー・ジン*	30ml
カンパリ	30ml
ガーニッシュ：ラズベリー	1

ミキシング・グラスにラズベリーを入れて、マドラーで軽くつぶす。残りの材料を加えて、氷とともにステアする。大きな角氷1個を入れたダブル・ロック・グラスに、ダブル・ストレイン（二度漉し）しながら注ぐ。ラズベリーを飾る。

· · · · · · · · · ·

バルタザール・アンド・ブリムンダ
BALTASAR AND BLIMUNDA
フィル・ウォード、2008

ビーフィーター・ロンドン・ドライ・ジン	60ml
プント・エ・メス	15ml
カンパリ	15ml
オティマ10年トゥニー・ポート	15ml
ガーニッシュ：オレンジのコイン	1

すべての材料を氷とともにステアし、漉しながら、クープ・グラスに注ぐ。コインの形に切ったオレンジの果皮を火であぶり、そのあとガーニッシュとしてドリンクの中に入れる。

フェイルセーフ
FAIL-SAFE
スコット・ティーグ、2013

ドリンクのなかには、単なる幸運な偶然によって生まれるものもあります。ある夜、わたしはカウンターの後ろに隣り合わせに並ぶ数本のボトルを目にして、この組み合わせでいいんじゃないかと、ふと思いました。その数本の酒をネグローニの比率でいろいろと混ぜてみたところ、行ける味のドリンクができました。——ST

ペリーズ・トット・ネイビー・ストレングス・ジン*	22.5ml
プリマス・スロー・ジン*	22.5ml
アペロール	15ml
ピエール・フェラン・ドライ・キュラソー*	15ml
アンゴスチュラ・ビターズ	2ダッシュ

すべての材料を氷とともにステアし、大きな角氷1個を入れたダブル・ロック・グラスに、漉しながら注ぐ。ガーニッシュはなし。

· · · · · · · · · ·

ホワイト・ネグローニ
WHITE NEGRONI
アレックス・デイ、2009

フォーズ・ジン*	45ml
ドラン・ブラン・ベルモット	22.5ml
スーズ・サベール・ドートルフォア・リキュール*	22.5ml
ガーニッシュ：レモン・ツイスト	1

すべての材料を氷とともにステアし、大きな角氷1個を入れたダブル・ロック・グラスに、漉しながら注ぐ。レモン・ツイストを飾る。

マニャニータ
MANĀNITA

ホアキン・シモー、2011

オアハカ〔メキシコの州名/州都名〕では、モーニング・コーヒーの前にマニャニータと呼ばれるメスカルを小さなコピータ〔おちょこのような酒器〕で1杯飲む習慣があります。これはおそらく、当店でいままでに出したもののなかでも、いちばんスパイスの強いドリンクでしょう。──JS

ソンブラ・メスカル*	30ml
コーヒー・チリ・インフュージョン・カンパリ (p361)	30ml
特製オリジナル・スイート・ベルモット (p365)	30ml
ガーニッシュ:オレンジ・ツイスト	1

すべての材料を氷とともにステアし、大きな角氷1個を入れたダブル・ロック・グラスに、漉しながら注ぐ。オレンジ・ツイストを飾る。

・・・・・・・・・・

レンジ・ライフ
RANGE LIFE

フィル・ウォード、2008

エル・テソロ・レポサド・テキーラ*	60ml
カンパリ	15ml
グラン・マルニエ	15ml
プント・エ・メス	15ml

すべての材料を氷とともにステアし、漉しながら、クープ・グラスに注ぐ。ガーニッシュはなし。

DAIQUIRI VARIATIONS
ダイキリのバリエーション

デス・アンド・コーの仲間内で通じる暗黙のメッセージがあるとすれば、それはダイキリです。コックの腕前を知りたければ、オムレツの作り方を見ればよくわかります。それと同じように、バーテンダーの感性は、ダイキリを注文すればよくわかります。もし、甘味と酸味と強さのバランスがよくとれていて——しかもものすごく冷たいけど薄すぎはしない——正しいダイキリだったら、そのバーテンダーはどんなドリンクでも美味しく作れるはずです。

ダイキリは、当店のシフト前のドリンクとしてみんなに好まれるドリンクでもあり、もしお客様がシフトがちょうど始まるときご入店されたなら、GDT（ギャングスター・ダイキリ・タイム）を目撃することになるでしょう。トーマスとブラッドのどちらが作ったダイキリがうまいかを競い合ったことがきっかけとなって、指名されたバーテンダーがスタッフのためにダイキリ（またはそのバリエーション）を作ることが、毎日の恒例になりました。以下に挙げるスペックの多くは、この神聖なならわしから生まれたものです（クラシックなダイキリの当店独自のレシピについては p196 を参照してください）。

アラッキリ
ARRACKUIRI
フィル・ウォード、2008

バタビア・アラックを初めて仕入れたとき、誰もこのやっかいな酒に手を出そうとはしませんでした。でも、わたしは、この酒をベース・スピリッツとして使ってみようと思い立ち、スプーン1杯のザクロ糖蜜を混ぜてみると、奇跡が起きたのです。——PW

バン・オーステン・バタビア・アラック*	60ml
ライム・ジュース	22.5ml
シンプル・シロップ (p357)	22.5ml
ザクロ糖蜜	1ティースプーン
ミントの葉	6〜8
ガーニッシュ:ミントの葉	1

すべての材料をショート・シェイクし、ダブル・ストレイン（二度漉し）しながら、クープ・グラスに注ぐ。ミントの葉を飾る。

・・・・・・・・・・

アンガス・ストーリー・ダイキリ
ANGUS STORY DAIQUIRI
フィル・ウォード、2012

ある夜、多くの人から尊敬されているイギリスのバーテンダー、アンガス・ウインチェスターが来店して、3つのラムを使ったダイキリをつくってくれと言いました。そのとき作ったのがこれです。——PW

アプルトン・エステートV/Xラム	22.5ml
ロン・デル・バリリット3スター・ラム*	22.5ml
ラ・ファボリット・ラム・アグリコル・ブラン*	15ml
ライム・ジュース	22.5ml
サトウキビ・シロップ (p357)	15ml
ガーニッシュ:ライムのくし切り	1

すべての材料を氷とともにシェイクし、漉しながら、クープ・グラスに注ぐ。ライムのくし切りを飾る。

オータム・ダイキリ
AUTUMN DAIQUIRI

ホアキン・シモー、2008

　秋のフレーバーが香るダイキリをつくりたいと思い、いろいろなラムを試したすえに、マウント・ゲイに行き着きました。マウント・ゲイを使うと、それはもうすばらしいリンゴのフレーバーをドリンクに加えることができます。——JS

マウント・ゲイ・エクリプス・ラム*	60ml
ライム・ジュース	15ml
パイナップル・ジュース	15ml
デメララ・シロップ (p357)	7.5ml
シナモン・バーク・シロップ (p357)	7.5ml
アンゴスチュラ・ビターズ	1ダッシュ

すべての材料を氷とともにシェイクし、漉しながら、クープ・グラスに注ぐ。ガーニッシュはなし。

グラニーズ・ダイキリ
GRANNY'S DAIQUIRI

フィル・ウォード、2008

グラニー・スミス・アップル・インフュージョン・ラム・バルバンクール	60ml
ライム・ジュース	22.5ml
シンプル・シロップ (p357)	22.5ml
ガーニッシュ：ライムのくし切り	1

すべての材料を氷とともにシェイクし、漉しながら、クープ・グラスに注ぐ。ライムのくし切りを飾る。

・・・・・・・・・・

サンセット・アット・ゴーワヌス
SUNSET AT GOWANUS

アレックス・デイ、2008

　このデカダン趣味のダイキリのバリエーションでは、サンタ・テレサ・ラムの明るいフルーティな特徴が、アップル・ブランデーとメープル・シロップのおかげでいっそう引き立っています。——AD

サンタ・テレサ1796ラム	60ml
レアーズ・ボンデッド・アップル・ブランデー*	7.5ml
イエロー・シャルトリューズ	7.5ml
ライム・ジュース	22.5ml
グレードBメープル・シロップ	15ml

すべての材料を氷とともにシェイクし、漉しながら、クープ・グラスに注ぐ。ガーニッシュはなし。

・・・・・・・・・・

ジャバニーズ・ダイキリ
JAVANESE DAIQUIRI

タイソン・ビューラー、2013

　このダイキリは、最初は当店オリジナルのギムレット

のアレンジをつくるつもりで始めましたが、その後大き
く方向転換しました。これはややこしいドリンクです。
アラックは、くせのある奇妙な材料で、これを好む人は
あまり多くありません。また、材料のリストに「カレー」
があるのを見て、インド料理風の味を連想する人もいる
でしょう。このように風変わりな材料が多く含まれてい
るにもかかわらず、驚くほど飲みやすいカクテルに仕上
がりました。——TB

バン・オーステン・バタビア・アラック*	30ml
スカーレット・アイビス・ラム*	30ml
トビーズ・ライム・コーディアル (p367)	30ml
生のカレーリーフ	3
ガーニッシュ:ライムのくし切り	1

すべての材料を氷とともにシェイクし、クラックド・ア
イスを入れたダブル・ロック・グラスに、漉しながら注
ぐ。ライムのくし切りを飾る。

・・・・・・・・・

ダイ、ダイ、マイ・ダーリン
DAI, DAI MY DARLING
ジリアン・ボース、2012

　ステアで作るヘミングウェイ・ダイキリを創作しよう
と思い立ち、柑橘系のフレーバーをまったく加えずに酸
味を加える過リン酸塩を使ったところ、うまくいきまし
た。その代り、柑橘系のフレーバーは、グレープフルー
ツのフレーバーを持つリキュールで加えました。——
JV

フロール・デ・カーニャ・エクストラドライ・ホワイト・ラム*	22.5ml
エル・ドラド3年ラム*	22.5ml
バンクス5アイランド・ホワイト・ラム	15ml
ドラン・ブラン・ベルモット	15ml
コンビエ・パンプリムース・ローズ・リキュール*	15ml
キルシュ	1/2ティースプーン
ルクサルド・マラスキーノ・リキュール	1/2ティースプーン
過リン酸塩	1/2ティースプーン

ガーニッシュ:ライムのくし切り	1

すべての材料を氷とともにステア、漉しながら、クープ・
グラスに注ぐ。ライムのくし切りを飾る。

・・・・・・・・・

D.W.B.
D.W.B.
フィル・ウォード、2008

　このダイキリの名称は、"Daiquiri With Benefits（特
典つきのダイキリ）"の略です。ラ・ファボリットを使
うと、とてもすばらしいダイキリになり、バタビア・ア
ラックのくせのあるにおいが加わると、ますますよくな
ります。——PW

ラ・ファボリット・ラム・アグリコル・ブラン*	60ml
バン・オーステン・バタビア・アラック*	15ml
ライム・ジュース	22.5ml
サトウキビ・シロップ (p357)	15ml
ガーニッシュ:ライムのくし切り	1

すべての材料を氷とともにシェイクし、漉しながら、クー
プ・グラスに注ぐ。ライムのくし切りを飾る。

・・・・・・・・・

テイク・ツー
TAKE TWO
タイソン・ビューラー、2013

　ダークなフル・ボディの ワインは、ベルジュラック・
ミックスのベースです。これは、ブラッドが自作のチナ
ロ・ド・ベルジュラック（p299）のために創作したも
のです。わたしはこれをダイキリ・スタイルのドリンク
にも使ってみようと思いました（それでこのカクテル名
にしました）。赤ワインは味が複雑ですから、カクテル
に使うにはおもしろい材料です。これをうまく使うコツ
は、フレーバー・プロフィール〔風味の特徴〕をほかの材料

とうまく合わせることです。——TB

ロン・デル・バリリット3スター・ラム*	30ml
ベルジュラック・ミックス (p366)	30ml
ビュー・ポンタリエ・アブサン*	1ダッシュ
ライム・ジュース	22.5ml
サトウキビ・シロップ (p357)	15ml
ガーニッシュ:ライムのくし切り	1

すべての材料を氷とともにシェイクし、漉しながら、クープ・グラスに注ぐ。ライムのくし切りを飾る。

· · · · · · · · ·

ブークマン・ダイキリ
BOUKMAN DAIQUIRI
アレックス・デイ、2008

デュティ・ブークマンは、ハイチ革命勃発のきっかけをつくった奴隷です。コニャックに対してラムの比率を多くしたのは、ハイチがフランスの植民地支配から解放されたことに対するわたしなりの共感を表したものです。——AD

バルバンクール・ホワイト・ラム*	45ml
ハインHコニャック	15ml
ライム・ジュース	22.5ml
シナモン・バーク・シロップ (p357)	15ml

すべての材料を氷とともにシェイクし、漉しながら、クープ・グラスに注ぐ。ガーニッシュはなし。

· · · · · · · · ·

ベンジャミン・バーカー・ダイキリ
BENJAMIN BARKER DAIQUIRI
ブライアン・ミラー、2008

カンパリとアブサンを加えることによって、このドリンクはプロのバーテンダーが認めるダイキリになりまし

た。このドリンクは、赤みを帯びているので、スウィーニー・トッドの別名のひとつから名前をとりました。——BM

〔スウィーニー・トッドは19世紀の英国の怪奇小説に登場する架空の連続殺人者の名前。ジョニー・デップ主演で映画化もされた。ベンジャミン・バーカーはスウィーニー・トッドの本名〕

ゴスリングス・ブラック・シール・ラム	60ml
カンパリ	15ml
ビュー・ポンタリエ・アブサン*	2ダッシュ
ライム・ジュース	22.5ml
デメララ・シロップ (p357)	15ml
ガーニッシュ:ライムのくし切り	1

すべての材料を氷とともにシェイクし、漉しながら、クープ・グラスに注ぐ。ライムのくし切りを飾る。

· · · · · · · · · ·

ホーベンクール・ダイキリ
JOVENCOURT DAIQUIRI
フィル・ウォード、2007

このドリンクは、メスカルを使ってカクテルを作ってみようという突然のひらめきから生まれました。メスカルでカクテルを作るのは、いまでこそ珍しくありませんが、当時は誰もメスカルをカクテルの材料に使ってはいませんでした。——PW

バルバンクール・ホワイト・ラム*	60ml
デル・マゲイ・ビーダ・メスカル*	7.5ml
ライム・ジュース	22.5ml
シンプル・シロップ (p357)	22.5ml

すべての材料を氷とともにシェイクし、漉しながら、クープ・グラスに注ぐ。ガーニッシュはなし。

メリディアン・ダイキリ
MERIDIAN DAIQUIRI
ホアキン・シモー、2011

カルダモン・ポッド	5
リニア・アクアビット	45ml
スカーレット・アイビス・ラム*	15ml
パイナップル・ジュース	22.5ml
ライム・ジュース	15ml
ジンジャー・シロップ（p357）	15ml
ガーニッシュ：ライム・ホイール	1

シェーカーにカルダモン・ポッドを入れて、マドラーで軽くつぶす。残りの材料を加えて、氷とともにシェイクする。大きな角氷を1個入れたダブル・ロック・グラスに、漉しながら注ぐ。ライム・ホイールを飾る。

· · · · · · · · · ·

モスキート・コースト
MOSQUITO COAST
フィル・ウォード、2008

スカーレット・アイビス・ラム*	60ml
サン・エリザベス・オールスパイス・ドラム*	7.5ml
ライム・ジュース	22.5ml
シンプル・シロップ（p357）	22.5ml
ガーニッシュ：ライムのくし切り	1

すべての材料を氷とともにシェイクし、漉しながら、クープ・グラスに注ぐ。ライムのくし切りを飾る。

· · · · · · · · ·

ラ・ボンバ・ダイキリ
LA BOMBA DAIQUIRI
ホアキン・シモー、2008

　これはまったく甘くないフルーツ・ドリンクの好例です。カクテル名は、ザクロを意味するフランス語ポムグラネイトがグレネイド（手榴弾）〔＝爆弾〕に似ていることからつけました。——JS

ラズベリー	5
バルバンクール・ホワイト・ラム*	60ml
ライム・ジュース	22.5ml
シンプル・シロップ（p357）	15ml
ザクロ糖蜜	1ティースプーン
ガーニッシュ：ライム・ホイールとラズベリーのフラッグ	1

シェーカーにラズベリーを入れて、マドラーで軽くつぶす。残りの材料を加えて、氷とともにシェイクする。ダブル・ストレインしながら、クープ・グラスに注ぐ。ライム・ホイールとラズベリーのフラッグを飾る。

· · · · · · · · ·

リンババ・ダイキリ
LINBABA DAIQUIRI
ホアキン・シモー、2011

　インド亜大陸は、いままで多くのドリンクのアイデアをわたしにあたえてくれました。インドのスパイスを使ったこのダイキリのバリエーションは、わたしの愛読書の主人公の名前からとりました。——JS

スカーレット・アイビス・ラム*	45ml
アプルトン・エステートV/Xラム	15ml
ライム・ジュース	22.5ml
シナモン・バーク・シロップ（p357）	7.5ml
オルジェー（p358）	7.5ml
ジンジャー・シロップ（p357）	7.5ml
生のカレーリーフ	2
アンゴスチュラ・ビターズ	1ダッシュ

すべての材料を氷とともにシェイクし、漉しながら、クープ・グラスに注ぐ。ガーニッシュはなし。

DEATH & CO FAMILY DAIQUIRI ALBUM
デス・アンド・コーのファミリー・ダイキリ・アルバム

ドリンクはシンプルなほど、解釈の幅が広くなります。これを実際に証明するために、
デス・アンド・コーのバーテンダーにそれぞれのお気に入りのクラシック・ダイキリのスペックをまとめてもらいました。
自分のオリジナルのダイキリを創作するときには、まず初めにラムを選んで、そのラムとのバランスを考えながら、
自分の好みに合うようにライムや甘味料の量を調整します。サトウキビ・シロップのように比較的濃密な甘味料を使うと、
シンプル・シロップよりも、希釈しすぎる危険性が小さくなります。また、コブラー・シェーカーを使ってください。
そのほうが、ドリンクを手早く冷やすことができますし、
グラスに注ぐときにドリンクに落ちる微細な氷片をちょうど適当な量にすることができます。

ジリアンのダイキリ
ジリアン・ボース

フロール・デ・カーニャ・エクストラドライ・ホワイト・ラム*......22.5ml
エル・ドラド3年ラム*......22.5ml
バンクス5アイランド・ホワイト・ラム......15ml
ライム・ジュース......30ml
サトウキビ・シロップ (p357)......15ml
ガーニッシュ:ライムのくし切り......1

すべての材料を氷とともにシェイクし、漉しながらクープ・グラスに注ぐ。ライムのくし切りを飾る。

エリンのダイキリ
エリン・リース

フロール・デ・カーニャ・エクストラドライ・ホワイト・ラム*......45ml
ラ・ファボリット・ラム・アグリコル・ブラン*......15ml
ライム・ジュース......30ml
サトウキビ・シロップ (p357)......15ml
ガーニッシュ:ライムのくし切り......1

すべての材料を氷とともにシェイクし、漉しながら、クープ・グラスに注ぐ。ライムのくし切りを飾る。

ラビのダイキリ
ラビ・デロッシ

フロール・デ・カーニャ・エクストラドライ・ホワイト・ラム*......60ml
ライム・ジュース......22.5ml
リッチ・シンプル・シロップ (グラニュー糖2に対して水1の割合)......15ml
ガーニッシュ:ライムのくし切り......1

すべての材料を氷とともにシェイクし、ダブル・ストレイン (二度漉し) しながら、クープ・グラスに注ぐ。ライムのくし切りを飾る。

デイブのダイキリ
デイブ・カプラン

マツサレム・グラン・レゼルバ15年ラム 60ml
ライム・ジュース 30ml
シンプル・シロップ (p357) 22.5ml
ガーニッシュ：ライムのくし切り 1

すべての材料を氷とともにシェイクし、漉しながら、クープ・グラスに注ぐ。ライムのくし切りを飾る。

アレックスのダイキリ
アレックス・デイ

フロール・デ・カーニャ・エクストラドライ・ホワイト・ラム* 60ml
ライム・ジュース 30ml
シンプル・シロップ (p357) 22.5ml
ガーニッシュ：ライムのくし切り 1

すべての材料を氷とともにシェイクし、漉しながら、クープ・グラスに注ぐ。ライムのくし切りを飾る。

トーマスのダイキリ
トーマス・ウォー

カーニャ・ブラバ・ラム* 60ml
ライム・ジュース 30ml
サトウキビ・シロップ (p357) 15ml
ガーニッシュ：ライムのくし切り 1

すべての材料を氷とともにシェイクし、漉しながら、クープ・グラスに注ぐ。ライムのくし切りを飾る。

ブライアンのダイキリ
ブライアン・ミラー

フロール・デ・カーニャ・エクストラドライ・ホワイト・ラム* 60ml
ライム・ジュース 22.5ml
シンプル・シロップ (p357) 15ml
ガーニッシュ：ライムのくし切り 1

すべての材料を氷とともにシェイクし、漉しながら、クープ・グラスに注ぐ。ライムのくし切りを飾る。

フィルのダイキリ
フィル・ウォード

バルバンクール・ホワイト・ラム* 60ml
ライム・ジュース 22.5ml
サトウキビ・シロップ (p357) 15ml
ガーニッシュ：ライムのくし切り 1

すべての材料を氷とともにシェイクし、漉しながら、クープ・グラスに注ぐ。ライムのくし切りを飾る。

ホアキンのダイキリ
ホアキン・シモー

アプルトン・エステートV/Xラム 30ml
スカーレット・アイビス・ラム* 30ml
ライム・ジュース 30ml
デメララ・シロップ (p357) 15ml

すべての材料を氷とともにシェイクし、漉しながら、クープ・グラスに注ぐ。ガーニッシュはなし。

クラシック・マンハッタン (p205)

MANHATTAN VARIATIONS
マンハッタンのバリエーション

「マンハッタンをくれ」という注文は、メニューにないほかのどのドリンクよりもよく耳にします。ウイスキーの味をベルモットでやわらげて甘味をつけ、ビターズでアクセントをつけるレシピは、もっとも転用しやすいカクテルのテンプレートです。現代のバーテンダーがクラシックのレシピにいろいろ手を加えるずいぶん以前から、マンハッタンは数多くのスピンオフを生み出してきました。なかには、ロブ・ロイ（p208）のように、それ自体がクラシックになったレシピもあります（クラシックなマンハッタンの当店独自のレシピについてはp205を参照してください）。

アンジェニュー
INGÉNUE
ブライアン・ミラー、2009

まず名前が最初に頭に浮かび、それからティキへの称賛の気持ちを表したコニャックベースのマンハッタンのバリエーションを思いつきました。——BM

ピエール・フェラン・アンブレ・コニャック＊	60ml
ドラン・ルージュ・ベルモット	30ml
シナモン・バーク・シロップ（p357）	1ティースプーン

すべての材料を氷とともにステアし、漉しながら、クープ・グラスに注ぐ。ガーニッシュはなし。

オークニー・チャペル
OAKNEY CHAPEL
ジェイソン・リトレル、2009

シェリーをほんの少し入れるだけで、ドリンクの味はすっかり変わります。このドリンクでは、シェリーそのものの味は陰に隠れてしまいますが、ドリンクはまったく違う味になります。——JL

ハイランド・パーク12年スコッチ	60ml
ドラン・ドライ・ベルモット	15ml
ルスタウ・アモンティリャード・シェリー	7.5ml
グラン・マルニエ	7.5ml
サトウキビ・シロップ（p357）	7.5ml
ガーニッシュ：オレンジ・ツイスト	1

すべての材料を氷とともにステアし、漉しながら、マティーニ・グラスに注ぐ。オレンジ・ツイストを飾る。

・・・・・・・・・・

ザ・ブラック・プリンス
THE BLACK PRINCE
フィル・ウォード、2008

サカパ23年ラム	60ml
プント・エ・メス	22.5ml
アマーロ・アベルナ	15ml
特製オリジナル・オレンジ・ビターズ（p365）	1ダッシュ

すべての材料を氷とともにステアし、漉しながら、クープ・グラスに注ぐ。ガーニッシュはなし。

ジャイブ・ターキー
JIVE TURKEY
ジェシカ・ゴンザレス、2009

ワイルド・ターキー・ライ101	30ml
バッファロー・トレース・バーボン	22.5ml
アマーロ・チョチャーロ*	22.5ml
ドラン・ドライ・ベルモット	22.5ml
サンジェルマン	7.5ml
アンゴスチュラ・ビターズ	1ダッシュ

すべての材料を氷とともにステアし、漉しながら、クープ・グラスに注ぐ。ガーニッシュはなし。

. . . .

ストールン・ハフィー
STOLEN HUFFY
ジリアン・ボース、2013

　お客様から、4人に1人の割合で、スパイシーなものを作ってくれ、と言われます。そう言われたバーテンダーは、最初は必ずハラペーニョをインフュージョンしたテキーラに手を伸ばしますが、わたしはスパイシーな味の幅を広げるために、何かほかのものを試してみたいと思いました。その結果、レッド・タイ・チリがフレーバーの強いライ・ウイスキーと抜群に相性がいいことがわかりました。——JV

レッド・タイ・チリ・インフュージョン・リッテンハウス・ライ・ウイスキー (p361)	45ml
デル・マゲイ・チチカパ・メスカル*	1ティースプーン
特製オリジナル・スイート・ベルモット (p365)	22.5ml
ピエール・フェラン・ドライ・キュラソー*	15ml
サトウキビ・シロップ (p357)	1ティースプーン
アンゴスチュラ・ビターズ	1ダッシュ

すべての材料を氷とともにステアし、漉しながら、ニック&ノラ・グラスに注ぐ。ガーニッシュはなし。

スフォルツァンド
SFORZANDO
エリン・リース、2012

リッテンハウス100ライ・ウイスキー	30ml
デル・マゲイ・チチカパ・メスカル*	22.5ml
ベネディクティン	15ml
ドラン・ドライ・ベルモット	15ml
ビターメンズ・ホコラートル・モール・ビターズ*	2ダッシュ
ガーニッシュ:オレンジ・ツイスト	1

すべての材料を氷とともにステアし、漉しながら、クープ・グラスに注ぐ。オレンジ・ツイストを飾る。

. . . .

セント・ジェームズ・インファーマリー
ST. JAMES INFIRMARY
ホアキン・シモー、2011

プランテーション・バルバドス5年ラム*	45ml
セント・ジェームズ・ロイヤル・アンブレ・ラム・アグリコル	15ml

コッキ・ベルモット・ディ・トリノ	15ml
モレニータ・クリーム・シェリー	15ml
シンプル・シロップ（p357）	1ティースプーン
ビターメンズ・エレマクレ・ティキ・ビターズ*	2ダッシュ
ビター・トゥルース・ジェリー・トーマス・ビターズ*	1ダッシュ
ガーニッシュ：オレンジ・ツイスト	1

すべての材料を氷とともにステアし、漉しながら、クープ・グラスに注ぐ。オレンジ・ツイストを飾る。

・・・・・・・・・・

デイジー・ブキャナン
DAISY BUCHANAN
ホアキン・シモー、2009

　これはわたしが夏に作るマンハッタンです。花とハーブの香りがして、複雑な味ですが、押しつけがましい味ではありません。──JS

カモミール・インフュージョン・オールド・オーバーホルト・ライ・ウイスキー（p363）	60ml
ドラン・ドライ・ベルモット	22.5ml
アペロール	15ml
イエロー・シャルトリューズ	7.5ml

すべての材料を氷とともにステアし、漉しながら、クープ・グラスに注ぐ。ガーニッシュはなし。

・・・・・・・・・・

ドランケン・ドードー
DRUNKEN DODO
ブライアン・ミラー、2008

スカーレット・アイビス・ラム*	60ml
カルパノ・アンティカ・フォーミュラ・ベルモット	22.5ml
サン・エリザベス・オールスパイス・ドラム*	7.5ml
アンゴスチュラ・ビターズ	2ダッシュ
ガーニッシュ：オレンジ・ツイスト	1

すべての材料を氷とともにステアし、漉しながら、クープ・グラスに注ぐ。オレンジ・ツイストを飾る。

・・・・・・・・・・

ナビゲーター
NAVIGATOR
タイソン・ビューラー、2013

　生のアプリコット（アンズ）よりも干したアプリコットのほうがインフュージョンに適していることに気づき、アプリコットの味を活かしたドリンクをつくりました。少量のシロップを使うことによって、マデイラの豊潤さと甘味を最大限に引き出しました。──TB

アプリコット・インフュージョン・フェイマス・グラウス・スコッチ（p361）	45ml
ブランディーズ5年マルムジー・マデイラ	22.5ml
デメララ・シロップ（p357）	1/2ティースプーン
バニラ・シロップ（p358）	1/2ティースプーン
特製オリジナル・ペイショーズ・ビターズ（p365）	1ダッシュ

すべての材料を氷とともにステアし、漉しながら、クープ・グラスに注ぐ。ガーニッシュはなし。

・・・・・・・・・・

ピスコ・インフェルノ
PISCO INFERNO
ブラッド・ファラン、2012

カンポ・デ・エンカント・アチョラード・ピスコ*	60ml
アンチョ・チリ・インフュージョン・ドラン・ルージュ・ベルモット（p361）	15ml
チェリー・ヒーリング	2と1/4ティースプーン
マスネ・キルシュ・ビュー・チェリー・ブランデー	2と1/4ティースプーン
フィー・ブラザーズ・ウイスキー・バレルエイジド・ビターズ*	2ダッシュ
特製オリジナル・オレンジ・ビターズ（p365）	1ダッシュ

ガーニッシュ:オレンジ・ツイスト................................1

すべての材料を氷とともにステアし、漉しながら、マ
ティーニ・グラスに注ぐ。オレンジ・ツイストを飾る。

· · · · · · · · · ·

ミ・アマーロ
MI AMARO
ホアキン・シモー、2009

　これは、たぶんわたしがいままで思いついたステアの
テキーラ・ドリンクなかでも最高のものでしょう。ひじょ
うにシンプルなドリンクです。単なるマンハッタンのバ
リエーションですが、とてもすばらしい材料がいくつか
入っています。——JS

エル・テソロ・レポサド・テキーラ*................................60ml
アマーロ・チョチャーロ*................................15ml
カルパノ・アンティカ・フォーミュラ・ベルモット................15ml
サンジェルマン................................7.5ml
ガーニッシュ:グレープフルーツ・ツイスト................1

すべての材料を氷とともにステアし、漉しながら、クー
プ・グラスに注ぐ。グレープフルーツ・ツイストを飾る。

レッド・アント
RED ANT
トーマス・ウォー、2011

リッテンハウス100ライ・ウイスキー................45ml
デル・マゲイ・チチカパ・メスカル*................1ティースプーン
マスネ・キルシュ・ビュー・チェリー・ブランデー................15ml
チェリー・ヒーリング................15ml
シナモン・バーク・シロップ (p357)................1/2ティースプーン
ビターメンズ・ホコラートル・モール・ビターズ*................2ダッシュ
ガーニッシュ:カクテル・ピックに刺したチェリーのブランデー漬け
................................3

すべての材料を氷とともにステアし、漉しながら、マ
ティーニ・グラスに注ぐ。チェリーを飾る。

OLD-FASHIONED VARIATIONS
オールドファッションドのバリエーション

スピリッツと砂糖と水とビターズ。この4つの要素で構成されるオールドファッションドは、いわばカクテルのプロトタイプ（原型）です。この自由度の高さが魅力のレシピから、わたしたちのお気に入りのドリンクやもっとも人気の高いドリンクが生み出されています（クラシックなオールドファッションドの当店独自のレシピについてはp192を参照してください）。

エルダー・ファッション
ELDER FASHION
フィル・ウォード、2007

プリマス・ジン	60ml
サンジェルマン	15ml
特製オリジナル・オレンジ・ビターズ（p365）	2ダッシュ
ガーニッシュ：グレープフルーツ・ツイスト	1

すべての材料を氷とともにステアし、大きな角氷1個を入れたダブル・ロック・グラスに、漉しながら注ぐ。グレープフルーツ・ツイストを飾る。

・・・・・・・・・・

オアハカ・オールドファッションド
OAXACA OLD FASHIONED
フィル・ウォード、2008

エル・テソロ・レポサド・テキーラ*	45ml
デル・マゲイ・サン・ルイ・デル・リオ・メスカル*	15ml
アガベ・ネクター	1ティースプーン
アンゴスチュラ・ビターズ	2ダッシュ
ガーニッシュ：オレンジ・ツイスト	1

すべての材料を氷とともにステアし、大きな角氷1個を入れたダブル・ロック・グラスに、漉しながら注ぐ。ドリンクの上でオレンジ・ツイストを火であぶり、そのあとガーニッシュとしてドリンクの中に入れる。

・・・・・・・・・・

カンファレンス
CONFERENCE
ブライアン・ミラー、2008

　店の接客係のひとりから、ステアで強めのドリンクを作ってほしいと頼まれました。そこで、自分が好きな4種類のスピリッツをベースにして、オールドファッションドのテンプレートに当てはめました。4つともブラウン・スピリッツだったので、この4つを結びつけるものが必要でした。このときたまたま（ビターズの会社ビターメンズの）エイブリー・グラーサーがカウンターに座っていて、自分が持ってきたモール・ビターズを試してみないか、と言ってくれました。すると、まるで靴のひもを結ぶようにぴったりとフィットしたのです。──BM

リッテンハウス100ライ・ウイスキー	15ml
バッファロー・トレース・バーボン	15ml
カルバドス	15ml
ハインHコニャック	15ml
デメララ・シロップ（p357）	1ティースプーン
アンゴスチュラ・ビターズ	2ダッシュ
ビターメンズ・ホコラートル・モール・ビターズ*	1ダッシュ

第5章　スペック：オールドファッションドのバリエーション

エルダー・ファッション (p349)

ガーニッシュ:レモン・ツイストとオレンジ・ツイスト 各1

すべての材料を氷とともにステアし、大きな角氷1個を入れたダブル・ロック・グラスに、漉しながら注ぐ。レモン・ツイストとオレンジ・ツイストを飾る。

・・・・・・・・・

ジキル・アンド・ハイド
JEKYLL AND HYDE
トーマス・ウォー、2009

イーグル・レア10年バーボン 45ml
レアーズ・ボンデッド・アップル・ブランデー* 15ml
シナモン・バーク・シロップ (p357) 1/2ティースプーン
デメララ・シロップ (p357) 1ティースプーン
ビター・トゥルース・アロマティック・ビターズ* 2ダッシュ
アンゴスチュラ・ビターズ 2ダッシュ
ガーニッシュ:レモン・ツイストとオレンジ・ツイスト 各1

すべての材料を氷とともにステアし、大きな角氷1個を入れたダブル・ロック・グラスに、漉しながら注ぐ。レモン・ツイストとオレンジ・ツイストを飾る。

・・・・・・・・・・

ティー・タイム・アット・ギレルモズ
TEA TIME AT GUILLERMO'S
ジリアン・ボース、2013

　わたしの友人のギレルモ・サウザは、彼の一族がその有名なブランドを売却したあとに残った古い蒸留所で、フォルタレサ・テキーラを造っています。わたしは、彼に敬意を表して、彼が造ったテキーラに、カラメルとベルガモットのフレーバーがついたクイーン・オブ・アール・ティー・インフュージョン・シエンブラ・アズール・レポサド・テキーラを加えて、この濃厚でデカダンなドリンクを作りました。——JV

フォルタレサ・レポサド・テキーラ* 30ml

スカーレット・アイビス・ラム* 30ml
クイーン・オブ・アール・ティー・インフュージョン・シエンブラ・アズール・レポサド・テキーラ (p363) 15ml
ドランブイ 15ml
メープル・シロップ 1ティースプーン
特製オリジナル・オレンジ・ビターズ (p365) 1ダッシュ
フィー・ブラザーズ・ウイスキー・バレルエイジド・ビターズ*
.... 1ダッシュ

すべての材料を氷とともにステアし、大きな角氷1個を入れたオールドファッションド・グラスに、漉しながら注ぐ。ガーニッシュはなし。

・・・・・・・・・

ティキティキ・トムトム
TIKI-TIKI TOM-TOM
トーマス・ウォー、2012

エル・ドラド15年ラム 45ml
スカーレット・アイビス・ラム* 15ml
ドランブイ 15ml
ストレガ 1ティースプーン
アカシア・ハチミツ・シロップ (p356) 1/2ティースプーン

すべての材料を氷とともにステアし、大きな角氷1個を入れたダブル・ロック・グラス・グラスに、漉しながら注ぐ。ガーニッシュはなし。

・・・・・・・・・

デス・フロム・アバブ
DEATH FROM ABOVE
トーマス・ウォー、2011

レモン・ハート151ラム* 30ml
スカーレット・アイビス・ラム* 22.5ml
クルーザン・ブラック・ストラップ・ラム* 7.5ml
ルスタウ・イースト・インディア・ソレラ・シェリー 1ティースプーン
サトウキビ・シロップ (p357) 1ティースプーン

アンゴスチュラ・ビターズ	1ダッシュ
特製オリジナル・オレンジ・ビターズ (p365)	2ダッシュ
ガーニッシュ:レモン・ツイストとオレンジ・ツイスト	各1

すべての材料を氷とともにステアし、大きな角氷1個を入れたダブル・ロック・グラスに、漉しながら注ぐ。レモン・ツイストとオレンジ・ツイストを飾る。

....

ノース・ガーデン
NORTH GARDEN
ジェイソン・リトレル、2009

あるとき、お客様から「偉大なアメリカの小説」のような味のカクテルを作ってくれ、と言われました。そこで、我が国最古の蒸留所で造られたアップル・ブランデーとクラシック・バーボンを組み合わせました。──JL

レアーズ・ボンデッド・アップル・ブランデー＊	45ml
バッファロー・トレース・バーボン	22.5ml
ラフロイグ10年スコッチ	7.5ml
デメララ・シロップ (p357)	1ティースプーン
アンゴスチュラ・ビターズ	1ダッシュ

すべての材料を氷とともにステアし、漉しながら、クープ・グラスに注ぐ。ガーニッシュはなし。

....

ヘッドストーン
HEADSTONE
ジリアン・ボース、2013

いちばん高価なオールドファッションのバリエーションをつくりたいと思い、まずエレガントでフローラルなジャパニーズ・ウイスキーを選び、これに2種類のオレンジ・リキュールを加えました。──JV

サントリー白州12年ウイスキー	60ml

マンダリン・ナポレオン・リキュール	15ml
ラム・クレマン・クレオール・シュラブ	7.5ml
サトウキビ・シロップ (p357)	7.5ml
特製オリジナル・オレンジ・ビターズ (p365)	2ダッシュ
アンゴスチュラ・ビターズ	1ダッシュ

すべての材料を氷とともにステアし、大きな角氷1個を入れたダブル・ロック・グラスに、漉しながら注ぐ。ガーニッシュはなし。

· · · · · · · · · ·

ラ・カンファレンシア
LA CONFERENCIA
フィル・ウォード、2008

　ブライアンがオリジナルのカンファレンスを創作したとき、わたしは感激のあまり（そして嫉妬のあまり）パクらずにはいられなくなりました。わたしのバージョンでは、もちろん、ウイスキーの代わりにテキーラを使いました。——PW

エル・テソロ・レポサド・テキーラ*	15ml
デル・マゲイ・ビーダ・メスカル*	15ml
ラ・ファボリット・ラム・アグリコル・ブラン*	15ml
サンタ・テレサ・ラム	15ml
サトウキビ・シロップ (p357)	7.5ml
アンゴスチュラ・ビターズ	1ダッシュ
ビターメンズ・ホコラートル・モール・ビターズ*	1ダッシュ
ガーニッシュ:オレンジ・ツイスト	1

すべての材料を氷とともにステアし、漉しながら、ダブル・ロック・グラスに注ぐ。オレンジ・ツイストを飾る。

付録

付録1
甘味料とインフュージョンとそのほかの調合物

付録2
デス・アンド・コーからの推薦図書

付録3
材料等の供給元

付録1

SWEETENERS, INFUSIONS
& OTHER CONCOCTIONS
甘味料とインフュージョンと
そのほかの調合物

甘味料

　デス・アンド・コーの多くのカクテルでは、別の材料をインフュージョンしてフレーバーを加えたシロップや、別のフレーバーを抽出するために加熱したシロップをよく使います。これから紹介するレシピは、必要に応じて量を増やしてもかまいません。ここでは、自家製のオリジナルのシロップを作る場合のアドバイスもします。

・シロップを作るとき、加熱するのは、砂糖を溶かしたり、(シナモン・バーク・シロップのように)材料からフレーバーを抽出するときだけにしてください。砂糖を加熱すると、フレーバーやテクスチャーが変化するので、作るたびに味に微妙な違いが生じる可能性があります。

・微粒グラニュー糖は、溶かす手間が少し楽になりますが、グラニュー糖でもまったくかまいません。微粒グラニュー糖よりも、時間と忍耐が必要になるだけです。微粒グラニュー糖を1カップ使った場合、グラニュー糖1カップよりも甘いシロップになります〔微粒グラニュー糖は粒子が細かいので粒子同士の間に隙間があかず、同じ1カップでもよりぎっしり詰まる。そのため、より甘くなる。なお、純粉砂糖(パウダー・シュガー)は微粒グラニュー糖以上に粒子が細かいので、同容量だと、微粒グラニュー糖以上にぎっしり詰まり、微粒グラニュー糖以上に甘くなる〕。ですから、グラニュー糖を使う場合は、重さで計るか正確な量のグラニュー糖をブレンダーかフード・プロセッサーにかけて、微粒グラニュー糖にしてください。重要なことは、砂糖と水を必ず別々に計量することです。砂糖と水をいっしょに計量した場合、砂糖はすでに溶けかかっていますから、でき上がったシロップは、甘さや濃度が正しい比率になっていないかもしれません。

・シロップは、使わないときは、冷蔵庫で保存してください。通常、加熱調理したシロップは、室温まで冷ましてから、貯蔵容器に移して冷蔵庫に入れるのがベストです。インフュージョンしたシロップのほとんどは、1～2週間すると香りが抜け始めますが、糖度が高いほど、シロップの持ちもよくなります。念のために、貯蔵しておいたシロップは、使う前に必ず味見をしてください。

〔カップ数についての注：日本のカップが200mlであるのに対して、米国のカップは240mlです。つまり、米国カップの容量は日本のカップの容量の1.2倍になります。よって、米国カップで1カップとある場合、日本のカップでは1.2カップになります。以下ではこのことを考慮し、日本のカップの容量に合わせるため、原著のカップ数に1.2を掛けたカップ数表記にしてあります。半端な数値になっているのはそのためですので、あらかじめご了承ください〕

アカシア・ハチミツ・シロップ

　しっかりと閉まるフタのついた瓶などの容器に、アカシア・ハチミツ2.4カップと温水1.2カップを入れて混ぜる。ハチミツが溶けるまで、容器を強く振る。

エスプレッソ・インフュージョン・デメララ・シロップ

　エスプレッソ・ロースト・コーヒー豆120グラムを粗く挽いて、容器に移す。室温の水2.4カップを加えて、よくかき混ぜる。ふたをして、12～16時間置く。目の細かいストレーナーで漉して、デメララ・シロップ(後出)を好みの量だけ混ぜ入れる。

オルジェー

p358を参照。

カレード・ジンジャー・シロップ

片手鍋に、テリチェリー・ブラック・ペッパーコーン2テーブルスプーンと、グレイン・オブ・パラダイス（マニゲット）2テーブルスプーンと、コリアンダー・シード2テーブルスプーンを入れて、香りが立つまで中火で2〜3分煎る。デメララ・シュガー1.8カップ、微粒グラニュー糖0.6カップ、温水2.4カップを加える。絶えずかき混ぜながら沸騰させ、火を落として2分間とろ火で煮る。火から下ろして、つぶした生のカレーリーフ4本分を鍋に加える。ふたをして1時間置く。チーズクロスをセットした漉し器で漉し、固形物を強く絞って、できるだけ多くのフレーバーを抽出する。

クミン・シロップ

フライパンにクミン・シード6テーブルスプーンを入れて、香りが立つまで、中弱火で乾煎りする。片手鍋にグラニュー糖2.4カップと水2.4カップを入れて沸騰させ、砂糖が溶けるまで絶えずかき混ぜる。火からおろし、クミン・シードを入れて、かき混ぜる。ふたをして、6時間置く。チーズクロスをセットした漉し器で漉す。

サトウキビ・シロップ

片手鍋に、有機ケイン・シュガー〔有機きび砂糖〕（ラベルに「濃縮サトウキビ・ジュース」と書いてある場合も多い。タービナード・シュガーとは違うので注意）2.4カップと、水1.2カップを入れて混ぜる。中火で加熱しながらかき混ぜ、沸騰させないようにしながら、砂糖が溶けるまで煮込む。

シナモン・バーク・シロップ

片手鍋の中で、カシア・シナモン・スティック30グラムをマドラーでつぶして、バラバラにする。水2.4カップと微粒グラニュー糖2.4カップを加える。沸騰させ、ときどきかき混ぜる。火を落としてふたをし、4分間とろ火で煮る。火から下ろして、そのまま一晩おく。チーズクロスをセットした漉し器で漉す。

ジンジャー・シロップ

生のショウガの絞り汁0.6カップを作る。それには、ジュース絞り機を使うか、細かくおろした生のショウガをきれいな布巾で包んで汁を絞る。これだけの量の絞り汁を作るには、根ショウガが720グラムほど必要になる。絞り汁をブレンダーに入れ、微粒グラニュー糖1.2カップを加えて、砂糖が溶けるまでブレンダーでかき混ぜる。

シンプル・シロップ

同量（重さで計るのが望ましいが、計量カップでもよい）の微粒グラニュー糖と温水を容器に入れる。砂糖が溶けるまで、かき混ぜるか、容器ごと振る。

スカーレット・グロウ・シロップ

片手鍋に水2.4カップを入れて沸騰させる。火からおろして、スカーレット・グロウ・ハーバル・ティー*（inpursuitoftea.comで購入可能）をティースプーン山盛り4杯混ぜ入れる。ふたをして、6時間置く。チーズクロスをセットした漉し器で漉す。微粒グラニュー糖2.4カップを加えて、砂糖が溶けるまでかき混ぜるか、または容器ごと振る。

デメララ・シロップ

片手鍋に、デメララ・シュガー2.4カップと水1.2カップを入れて混ぜる。中火で加熱しながら絶えずかき混ぜて、沸騰させないようにし、砂糖が溶けるまで煮る。

ハイビスカス・シロップ

片手鍋に水2.4カップを入れて、煮立てる。火から下ろして、干しハイビスカスの花を105グラム混ぜ入れる。ふたをして、20分置く。チーズクロスをセットした漉し器で漉したあと、鍋に戻す。微粒グラニュー糖2.4カップを混ぜ入れ、弱火で加熱しながら絶えずかき混ぜ、沸騰させないようにしながら、砂糖が溶けるまで煮る。

パッション・フルーツ・シロップ

パッション・フルーツ・ピューレ1.2カップとシンプル・シロップ（前出参照）0.6カップをブレンダーに入れ、砂糖が溶けるまでかき混ぜる。

バナナ・シロップ

片手鍋に、スライスしたバナナ1本と、ケイン・シュガー（cane suger）〔サトウキビだけを原料とする砂糖〕2.4カップと、水2.4カップを入れる。とろ火で煮たあと、火から下ろしてふたをし、室温までさます。一晩冷蔵庫に置いたあと、チーズクロスをセットした漉し器で漉す。

バニラ・シロップ

タヒチアン・バニラ・ビーン1個を縦半分に割り、片手鍋に入れる。水2.4カップと微粒グラニュー糖2.4カップを入れる。火にかけて沸騰させ、ときおりかき混ぜる。火を落としてふたをし、4分間弱火で煮る。火から下ろして、一晩置く。チーズクロスをかぶせた漉し器で漉す。

ブルーベリー・シロップ

片手鍋に、ブルーベリー6カップと、グラニュー糖1.2カップ、水1.2カップを入れて混ぜる。ポテト・マッシャーでブルーベリーをつぶす。沸騰したら、火を落としてとろ火にし、ときどきかき混ぜながら、15分間煮る。チーズクロスをセットした漉し器で漉し、ブルーベリーを押しつぶして、できるだけ多くの果汁を絞り出す。漉しとった混合液をソースパンに戻し、10分間とろ火で煮る。テーブルスプーン2杯のリンゴ酢を混ぜ入れ、2分間とろ火で煮る。

ブレイバーン・アップル・シロップ

片手鍋に、水2.4カップとグラニュー糖2.4カップを入れて混ぜ、とろ火で煮る。ブレイバーン・アップル5個の果皮と芯を混ぜ入れ、とろ火で煮ながらときどきかき混ぜ、30分間煮込む。室温まで冷ましたあと、目の細かい漉し器で漉す。

オルジェー

オルジェーは、アーモンドをベースにしたシロップのことで、19世紀半ば以来カクテル文化に貢献してきました。古式ゆかしいジャパニーズ・カクテル（ブランデー、オルジェー、アンゴスチュラ・ビターズ）では主要な材料ですし、とくにマイタイをはじめとするティキ系のドリンクではきわめて重要な材料です。水とアーモンドに、オレンジ花水やコニャックなどのほかの材料を加えて作るオルジェーには、たんに材料を合計しただけではないユニークなフレーバーと、材料が一体となったそれ自体の風味があります。ミルクとナッツが混じり合ったような味がしますが、くどさはありません。これがほかの材料のフレーバーの深みを増し、さっぱりした感じとピリッとくる感じをうまく結びつけ、材料からは予想もつかない霊妙な口当たりを生み出しています。デス・アンド・コーでは、このオルジェーをさまざまなスタイルのカクテルに使っています。

オルジェー

トースッテド・アーモンド・ミルク（下記参照）	360ml
微粒グラニュー糖	480ml
ピエール・フェラン・アンブレ・コニャック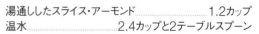*	2と1/2ティースプーン
ラッツァローニ・アマレット*	2と1/2ティースプーン
ローズ・ウォーター	1/4ティースプーン

片手鍋にアーモンド・ミルクと砂糖を入れる。中弱火で加熱しながら、ときおりかき混ぜ、沸騰させないようにしながら、砂糖が溶けるまで煮る。火から下ろして、コニャックとアマレットとローズ・ウォーターを混ぜ入れる。冷蔵期限は最長で1か月。

トースッテド・アーモンド・ミルク

湯通ししたスライス・アーモンド	1.2カップ
温水	2.4カップと2テーブルスプーン

大きな片手鍋を中弱火にかけ、アーモンドを乾煎りする。絶えずかき回し、きつね色になるまで煎る。ブレンダーに移して、水を加える。アーモンドが細切れになるまでブレンダーを回し、さらに2分間回しつづける。チーズクロスをセットした漉し器で漉す。

インフュージョン

インフュージョンでオリジナルの材料を作る場合、以下のようなアドバイスを参考にしてください。

・**溶媒**：安物のウォッカや人工味付けキャンディのせいで、インフュージョンはいわれなき非難を浴びています。でも、もし一級品の酒を使うなら、もともと美味しいものに、さらに複雑な味を加えることができます。アルコール度数が高いスピリッツを使えば、インフュージョンの時間を短縮することができますし、場合によってはものの数分で終わることもあります。それに対して、ベルモットなどの度数の低い酒を使うと、同じ効果を上げるために、最大1週間かかることもあります。

・**香りづけの材料**：わたしたちがインフュージョンにとくに好んで使う材料は、高級なオリジナル・ブレンドの紅茶や、スイート・リキュールによく使われるコーヒー、ココナッツ、パイナップルなどです。フルーツなどの生の農産品は、使う前に洗って汚れをとっておきます。表面積は重要な要素です。わたしたちは、溶媒と接する面が多くなるように、バッグに入っていない茶の葉や細かく刻んだフルーツや野菜を使います。そのほうが、インフュージョンにかかる時間が短縮できるうえ、抽出できるフレーバーの量も多くなります。

・**容器**：ふたが固く閉まる耐酸性のプラスティックかガラスの容器を選んでください。中身をかき混ぜられるように、スプーンが無理なく容器の中に差し入れられることを確認してください。業務用のキャンブロ・コンテナや口の大きな瓶が最適です。絶対必要なことは、容器にいっさい汚れがないことです。アルコールには、チキン・スープのにおいや、そのほか容器に残っているものがあれば何でも、たとえそれが食器用の洗剤であっても、吸い取ってしまう性質があるからです。インフュージョンの材料に使った酒の瓶は、でき上がったインフュージョン液を保存するために、取っておいてください。

・**温度**：使う材料がひとつだけなら、ほとんどのインフュージョンは、室温で冷暗所で行うことができます。生のフルーツとスパイスなどの組み合わせのように、インフュージョンする比率が異なる違う種類の材料を使う場合には、フレーバーの混合に時間がかかるので、冷蔵庫で保存してください。

・**時間**：フレーバーのインフュージョンに要する時間は、さまざまな要素によって大きく変わります。そうした要素には、材料の香りの強さや熟度、容器の大きさなどがありますが、なかでももっとも重要なのは、自分自身の好みです。インフュージョンするときは、こまめに味見をしてください。ベリーやトロピカル・フルーツのように生の熟した材料は、わりと短時間でインフュージョンできますから、フルーツがあまり劣化しないうちに材料を漉し出すことが重要ですが、フレーバーがすべてスピリッツに浸出されてからでなければなりません。タンニンを含むもの（茶やハーブなど）の場合、もっとタイミングが微妙になります。アールグレーのフレーバーをベルモットにインフュージョンする場合、完璧なレベルになるか、それともタンニンが強すぎて台なしになるかは、紙一重の差で決まります。ペカンのように乾燥した固い材料の場合は、フレーバーが抽出されるまでに少し長めの時間——ときには1週間以上——かかります。

・**保存**：インフュージョン液が冷暗所で常温保存可能なものであっても、フレーバーの鮮度をなるべく長持ちさせるために、冷蔵庫で保存することをおすすめします。それに、インフュージョン液は、カクテルを作るときにはあらかじめ冷やしておかなければなりません。

・・・チリのインフュージョン・・・

アンチョ・チリ・インフュージョン・ドラン・ルージュ・ベルモット

乾燥アンチョ・チリ3本を、茎を取ってから、粗みじんにする。刻んだチリを容器に移し、ドラン・ルージュ・ベルモットの750mlボトル1本分を加え、よくかき混ぜる。室温で1時間45分置いて、その間ときどきかき混ぜる。目の細かい漉し器で漉す。

コーヒー・チリ・インフュージョン・カンパリ

レッド・プヤ・チリ (red puya chile) とモリータ・チリ (morita chile) とムラート・チリ (mulato chile) の砕いたものをそれぞれ22グラム分容器に入れて混ぜる。挽いていないコーヒー豆をティースプーンに山盛り8杯と、カンパリの1リットル・ボトル1本分を加えて、よくかき混ぜる。室温で5時間置いて、その間ときどきかき混ぜる。目の細かい漉し器で漉す。

ハラペーニョ・インフュージョン・シエンブラ・アズール・ブランコ・テキーラ

容器にハラペーニョ・チリ4本の茎と種と、ハラペーニョ1/2の果肉の部分を刻んだものを入れ、シエンブラ・アズール・ブランコ・テキーラ*の750mlボトル1本分を加えてよく混ぜる。室温で20分置く。その間こまめに味見して、辛さのレベルが自分の好みになったら、インフュージョンを止めてもよい。目の細かい漉し器で漉す。

レッド・タイ・チリ・インフュージョン・リッテンハウス・ライ・ウイスキー

乾燥したレッド・タイ・チリ10個を砕いたものと、リッテンハウス100ライ・ウイスキーの750mlボトル1本分を容器に入れて、よくかき混ぜる。室温で15分置く。その間こまめに味見して、辛さのレベルが自分の好みになったら、インフュージョンを止めてもよい。目の細かい漉し器で漉す。

・・・フルーツのインフュージョン・・・

アプリコット・インフュージョン・フェイマス・グラウス・スコッチ

ドライフルーツのアプリコット（アンズ）のホール10個を粗みじんにする。アプリコットを容器に移し、フェイマス・グラウス・スコッチ1リットル・ボトル1本分を加えて、よくかき混ぜる。室温で24時間置き、その間ときどきかき混ぜる。目の細かい漉し器で漉す。

イチゴ・パイナップル・インフュージョン・マチュ・ピスコ

角切りにしたパイナップル4.8カップと、半分に切ったイチゴ4.8カップを、マチュ・ピスコ*の750mlボトル1本分とともに容器に入れて、よくかき混ぜる。ふたをして、冷蔵庫で5日間置き、毎日かき混ぜる。チーズクロスをセットした漉し器で漉す。

イチジク・インフュージョン・エライジャ・クレイグ・バーボン

生のイチジク4個を容器に入れて、マドラーでつぶす。エライジャ・クレイグ12年バーボン*の750mlボトル1本分を加えて、よくかき混ぜる。1時間置き、その間ときおりかき混ぜる。チーズクロスをセットした漉し器で漉す。

グラニー・スミス・アップル・インフュージョン・ラム・バルバンクール

グラニー・スミス・アップル（芯も皮もすべて含む）4個を粗みじんにして、バルバンクール・ホワイト・ラム*の750mlボトル1本分とともに容器に入れ、よくかき混ぜる。室温で1週間置き、毎日かき混ぜる。チーズクロスをセットした漉し器で漉す。

グレープフルーツ・インフュージョン・プント・エ・メス

ルビー・レッド・グレープフルーツ2個分の果皮と、プント・エ・メスの750mlボトル1本分を容器に入れ、よくかき混ぜる。ふたをして、24時間冷蔵庫に置く。目の細かい漉し器で漉す。

スイカ・インフュージョン・ドラン・ドライ・ベルモット

2.5センチ角に切ったスイカ10個と、ドラン・ドライ・ベルモットの750mlボトル1本分をブレンダーに入れる。スイカがとろとろになるまでブレンダーを回す。室温で1時間置く。チーズクロスをセットした漉し器で漉す。

スパイス入り梨インフュージョン・シエンブラ・アズール・ブランコ・テキーラ

容器に、レッド・アンジュー梨3個を粗みじんにしたものと、グラニー・スミス・アップル（芯も皮もすべて含む）1個を粗みじんにしたものを入れ、さらにクローブ2と、シナモン・スティック1を入れて、シエンブラ・アズール・ブランコ・テキーラ*の750mlボトル1本分を加えて、よくかき混ぜる。ふたをして、室温で1週間置き、毎日かき混ぜる。チーズクロスをセットした漉し器で漉す。

パイナップル・インフュージョン・フロール・デ・カーニャ・エクストラドライ・ホワイト・ラム

角切りにしたパイナップル3.6カップと、フロール・デ・カーニャ・エクストラドライ・ホワイト・ラム*の750mlボトル1本分を容器に入れ、よくかき混ぜる。ふたをして、冷蔵庫で5日間置き、毎日かき混ぜる。チーズクロスをセットした漉し器で漉す。

バナナ・チップ・インフュージョン・ゴスリングス・ブラック・シール・ラム

バナナ・チップ3.6カップとゴスリングス・ブラック・シール・ラム1リットル・ボトル1本分を容器に入れて、よくかき混ぜる。室温で24時間置いて、その間ときおりかき混ぜる。チーズクロスをセットした漉し器で漉してから、容器に戻し、冷蔵庫で一晩置く。チーズクロスをセットした目の細かい漉し器で漉す。

干しブドウ・インフュージョン・ワイルド・ターキー・ライ

干しブドウ3.6カップと、ワイルド・ターキー・ライの750mlボトル1本分を容器に入れて、よくかき混ぜる。室温で48時間置いて、毎日かき混ぜる。チーズクロスをセットした漉し器で漉す。

ふじリンゴ・インフュージョン・フェイマス・グラウス・スコッチ

ふじリンゴ（芯も皮もすべて含む）3個を粗みじんにして、フェイマス・グラウス・スコッチの750mlボトル1本分とともに容器に入れ、よくかき混ぜる。室温で1週間置き、毎日かき混ぜる。チーズクロスをセットした漉し器で漉す。

・・・ハーブのインフュージョン・・・

セージ・インフュージョン・ドラン・ブラン・ベルモット

乾燥したホールリーフのセージ15グラムと、ドラン・ブラン・ベルモット750mlボトル1本分を容器に入れて、よくかき混ぜる。室温で1時間15分置き、その間ときおりかき混ぜる。目の細かい漉し器で漉す。

バジル・インフュージョン・ドラン・ブラン・ベルモット

生のバジルの葉25枚とドラン・ブラン・ベルモット750mlボトル1本分を容器に入れて、よくかき混ぜる。ふたをして、室温で24時間置き、ときおりかき混ぜる。目の細かい漉し器で漉す。

ペニーロイヤル・インフュージョン・ヘイマンズ・オールド・トム・ジン

ティースプーン2杯の乾燥したペニーロイヤルと、ヘイマンズ・オールド・トム・ジン750mlボトル1本分を容器に入れて、よくかき混ぜる。5分間置く。目の細かい漉し器で漉す。

ラベンダー・インフュージョン・バーンハイム・オリジナル・ウィート・ウイスキー

テーブルスプーン1杯の乾燥ラベンダーと、バーンハイム・オリジナル・ウィート・ウイスキー750mlボトル1本分を容器に入れて、よくかき混ぜる。室温で30分間置く。チーズクロスをセットした漉し器で漉す。

・・・茶のインフュージョン・・・

アールグレー・インフュージョン・ドラン・ブラン・ベルモット

アールグレーの茶葉0.3カップと、ドラン・ブラン・ベルモット750mlボトル1本分を容器に入れて、よくかき混ぜる。室温で45分置き、その間ときおりかき混ぜる。チーズクロスをセットした漉し器で漉す。

カモミール・インフュージョン・オールド・オーバーホルト・ライ・ウイスキー

カモミール・ティーの茶葉を0.3カップと、オールド・オーバーホルト・ライ・ウイスキー1リットル・ボトル1本分を容器に入れて、よくかき混ぜる。室温で1時間45分置き、その間ときおりかき混ぜる。チーズクロスをセットした漉し器で漉す。

カモミール・インフュージョン・ビアンコ・ベルモット

カモミール・ティーの茶葉をテーブルスプーン山盛り3杯と、マルティーニ・ビアンコ・ベルモット750mlボトル1本分を容器に入れて、よくかき混ぜる。室温で1時間45分置き、その間ときおりかき混ぜる。チーズクロスをセットした漉し器で漉す。

クイーン・オブ・アール・ティー・インフュージョン・シエンブラ・アズール・レポサド・テキーラ

Tサロンのクイーン・オブ・アール・ティー*の茶葉（tsalon.comで購入可能）をティースプーン1杯と、シエンブラ・アズール・レポサド・テキーラ*750mlボトル1本分を容器に入れて、よくかき混ぜる。室温で10分置く。チーズクロスをセットした漉し器で漉す。

ココナッツ緑茶インフュージョン・フェイマス・グラウス・スコッチ

Tサロンのココナッツ入り緑茶*の茶葉（tsalon.comで購入可能）をティースプーン山盛り6杯と、フェイマス・グラウス・スコッチ750mlボトル1本分を容器に入れて、よくかき混ぜる。室温で30分置き、その間ときおりかき混ぜる。チーズクロスをセットした漉し器で漉す。

サマー・ロワイヤル・ティー・インフュージョン・フロール・デ・カーニャ・ホワイト・ラム

Tサロンのサマー・ロワイヤル・ティー*の茶葉（tsalon.comで購入可能）をテーブルスプーン山盛り3杯と、フロール・デ・カーニャ・エクストラドライ・ホワイト・ラム*750mlボトル1本分を容器に入れて、よくかき混ぜる。室温で1時間置き、その間ときどきかき混ぜる。チーズクロスをセットした漉し器で漉す。

シナモンオレンジ・ティー・インフュージョン・スイート・ベルモット

マーケット・スパイスのシナモンオレンジ・ティー*の茶葉（marketspice.comで購入可能）をテーブルスプーン山盛り3杯と、マルティーニ・スイート・ベルモット750mlボトル1本分を容器に入れて、よくかき混ぜる。室温で1時間30分置き、その間ときおりかき混ぜる。チーズクロスをセットした漉し器で漉す。

スカーレット・グロウ・ティー・インフュージョン・マチュ・ピスコ

スカーレット・グロウ・ハーブ・ティー*の茶葉（inpursuitoftea.comで購入可能）を0.3カップと、マチュ・ピスコ*750mlボトル1本分を容器に入れて、よくかき混ぜる。室温で1時間30分置き、その間ときおりかき混ぜる。チーズクロスをセットした漉し器で漉す。

ラプサン・スーチョン・インフュージョン・シエンブラ・アズール・ブランコ・テキーラ

ラプサン・スーチョン・ティーの茶葉をテーブルスプーンに山盛り3杯と、シエンブラ・アズール・ブランコ・テキーラ*750mlボトル1本分を容器に入れて、よくかき混ぜる。室温で5時間置き、その間ときおりかき混ぜる。チーズクロスをセットした漉し器で漉す。

・・・そのほかのインフュージョン・・・

カカオ・ニブ・インフュージョン・カベーサ・ブランコ・テキーラ

カカオ・ニブをテーブルスプーン3杯と、カベーサ・

ブランコ・テキーラ*の1リットル・ボトル1本分を容器に入れて、よくかき混ぜる。室温で1時間置き、その間ときどきかき混ぜる。チーズクロスをセットした漉し器で漉す。

カカオ・ニブ・インフュージョン・カンパリ

カカオ・ニブをテーブルスプーン3杯と、カンパリの750mlボトル1本分を容器に入れて、よくかき混ぜる。室温で1時間置き、その間ときどきかき混ぜる。チーズクロスをセットした漉し器で漉す。

花椒インフュージョン・プリマス・ジン

花椒30グラムと、プリマス・ジンの1リットル・ボトル1本分を容器に入れて、よくかき混ぜる。室温で35分置き、その間ときどきかき混ぜる。目の細かい漉し器で漉す。

コーヒー・インフュージョン・カルパノ・アンティカ・フォーミュラ・ベルモット

挽いてないコーヒー豆をテーブルスプーン3杯と、カルパノ・アンティカ・フォーミュラ・ベルモットの1リットル・ボトル1本分を容器に入れて、よくかき混ぜる。ふたをして、室温で24時間置き、その間ときどきかき混ぜる。チーズクロスをセットした漉し器で漉す。

スナップエンドウ・インフュージョン・プリマス・ジン

粗みじんにしたスナップエンドウ2.4カップと、プリマス・ジン750mlボトル1本分を容器に入れて、よくかき混ぜる。室温で1時間置き、その間ときどきかき混ぜる。チーズクロスをセットした漉し器で漉す。

バラ・インフュージョン・リレ・ロゼ

ドライローズバッド（乾燥させたバラのつぼみ）をテーブルスプーンに山盛り4杯と、リレ・ロゼ*の750mlボトル1本分を容器に入れ、よくかき混ぜる。室温で1時間30分置き、その間ときどきかき混ぜる。目の細かい漉し器で漉す。

ペカン・インフュージョン・バッファロー・トレース・バーボン

二つ割にしたペカン2.4カップを冷水に20分浸ける。

オーブンを150℃まで予熱する。ペカンの水をよく切って、縁を折り返したベーキング・シートの上にペカンを広げる。塩とコショウと赤唐辛子で味付けして、オーブンで20分間焼く。その間ときどきかき混ぜ、ペカンが焦げつかないように注意する。室温まで冷ます。冷ましたペカンと、バッファロー・トレース・バーボンの750mlボトル1本分を容器に入れて、よくかき混ぜる。室温で1週間置き、その間毎日かき混ぜる。チーズクロスをセットした漉し器で漉す。

グラスの縁取り〔スノー・スタイル〕

デス・アンド・コーでは、グラスを縁取るドリンクはあまり多くはありません。縁取りをするときも、グラスの外側を回して、しばしば縁の半分にだけつけて、お客様が一口ごとにどれくらいの量を飲むかを自分で決められるようにしています。また、つける量は控えめにし、グラスの縁がきれいに見えるように1.2〜1.3センチ程度の幅で均一につくようにします。

シナモン・アンド・シュガー

細かく挽いた（粉末）シナモンと微粒グラニュー糖を同量ずつ加えて混ぜる。

スパイシー・シュガー・アンド・ソルト

コーシャー・ソルトとグラニュー糖とアンチョ・チリ・パウダーをそれぞれ同量ずつ加えて混ぜる。

トーステッド・フェンネル・ソルト

テーブルスプーン1杯のフェンネル・シードを小さなフランパンで軽く空煎りする。冷ましてから、スパイス・グラインダーにかけて細かく挽く。挽いたフェンネルを計量して、同量のコーシャー・ソルトを加え、よく混ぜる。

作り置きの材料（バッチ）

デス・アンド・コーのカクテルのなかには、微量の材

料を——これをティースプーンに何杯、あれを7.5mlといった具合に——必要とするものがあり、そうした材料が1杯のドリンクに何種類も必要な場合もあります。スピードアップを図る（そして計量の正確さを期す）ために、こうした材料については、何杯分かまとまった量をあらかじめ計って、チーター・ボトルに入れておきます。そうした混合液は、それ自体がひとつの材料となり、新しいドリンクのヒントにもなって、カウンターの上に定位置を占めるようになります。とはいえ、ご家庭では、こうした混合液はドリンクを作るときにそのつど必要な分だけ作ってもかまいません。つまり、特製オリジナル・スイート・ベルモットを何杯分もまとめて作るのではなく、作るドリンクのレシピに応じて、同じ比率でドラン・ルージュとプント・エ・メスを加えればいいのです。

ゾンビ・ミックス

ベルベット・ファレナム* 240ml
グレナディン・シロップ（p366） 30mlと4ティースプーン
ビュー・ポンタリエ・アブサン* 2ティースプーン

特製オリジナル・オレンジ・ビターズ

フィー・ブラザーズ・ウエスト・インディアン・オレンジ・ビターズ*を1
リーガンズ・オレンジ・ビターズ*を1
アンゴスチュラ・オレンジ・ビターズ*を1の割合で

特製オリジナル・スイート・ベルモット

ドラン・ルージュ・ベルモットを1
プント・エ・メスを1の割合で

特製オリジナル・ペイショーズ・ビターズ

ペイショーズ・ビターズ*を2
ビター・トゥルース・クレオール・ビターズ*を1の割合で

ドンズ・スパイス #2

バニラ・シロップ（p358）を1に対して
サン・エリザベス・オールスパイス・ドラム*を1の割

合で

ドンズ・ミックス #1

グレープフルーツ・ジュース（できればルビーレッド）を2に対して
シナモン・バーク・シロップ（p357）を1の割合で

ベルジュラック・ミックス

ベルジュラックの赤ワイン　180ml
クルーザン・ブラック・ストラップ・ラム＊　45ml
チナール　45ml
デメララ・シロップ（p357）　15ml

ペンデニス・ミックス

シンプル・シロップ（p357）　60ml
マリー・ブリザール・アプリコット・リキュール 30ml
マリー・ブリザール・クレーム・ド・ペシェ・ピーチ・リキュール　2ティースプーン

そのほかの材料

　ガストリック、コーディアル、ピューレ、等々。こうした「そのほかの」材料は、毎日使う必需品ではありませんが、当店のメニューのなかでもとくにユニークなカクテルを作る場合に、ほかのものでは代用がきかない材料です。

赤ピーマンのピューレ

　粗みじんにした赤唐辛子と水少々をブレンダーにかける。とろとろになるまで混ぜた後、目の細かい漉し器で漉す。冷蔵期限は最長3日間。

キンカン・コーディアル

　グラニュー糖1.2カップ、薄切りにしたキンカンを0.6カップ、水0.3カップ、ライム・ジュース2テーブルスプーン、レモン・ジュース1と1/2テーブルスプーンを、ブレンダーまたはフード・プロセッサーにかける。キンカンが細切れになるまでブレンダーを回す。容器に移し

てふたをし、24時間冷蔵庫に置く。目の細かい漉し器で漉す。冷蔵期限は最長で1週間。

グレナディン・シロップ

　無ろ過の無糖の有機ザクロ果汁4.8カップと、有機ケイン・シュガー〔サトウキビだけを原料とする砂糖〕（ラベルに「濃縮サトウキビ・ジュース」と書いてある場合も多い。タービナード・シュガーとは違うので注意）3.6カップを、片手鍋に入れて混ぜる。中火で加熱し、絶えずかき混ぜながら、沸騰しないようにして、砂糖が溶けるまで煮る。火から下ろして、室温まで冷ます。容器に移して、ザクロ糖蜜180mlを混ぜ入れる。3センチ程度のオレンジ・ツイスト8枚をドリンクの上で絞り、そのあとツイストは捨て、よくかき混ぜる。冷蔵期限は最長で2週間。

ストロベリーバルサミコ・ガストリック

　微粒グラニュー糖1.6カップと水1.6カップを、中サイズの片手鍋に入れて混ぜる。弱火で加熱しながら、絶えずかき混ぜて、沸騰させないようにし、砂糖が溶けるまで煮る。ヘタを取って半分に切ったイチゴを2.4カップ加えて、ときどきかき混ぜながら、30分煮る。バルサミコ酢1.2カップを混ぜ入れ、火を強くして、煮立てる。弱火にして、ときどきかき混ぜながら、とろみがつくまで30分間煮る。冷ましてから、チーズクロスをセットした目の細かい漉し器で漉す。冷蔵期限は最長で3週間。

タラゴン・アガベ・ネクター・ガストリック

　片手鍋を中火にかけ、アガベ・ネクター360mlを煮立てながら、こまめにかき混ぜる。シャンパン・ビネガー120mlをゆっくり加え、その間絶えずかき混ぜる。5分間煮立て、その間ときどきかき混ぜる。火から下ろして、マドラーで軽くつぶしたタラゴンの葉0.3カップを混ぜ入れる。冷ましてから、チーズクロスをセットした目の細かい漉し器で漉しながら、タラゴンの葉を強く絞ってできるだけフレーバーを抽出する。冷蔵期限は最長で3週間。

特製オリジナル・オルチャータ

　アーモンド・プードル1.2カップと細かく刻んだ無糖

ココナッツ1.2カップを、厚手のフライパンで軽く乾煎りする。ライス・ミルク2.4カップと、アーモンド・ミルク1.2カップ、ココナッツ水1.2カップ、ライト・ブラウン・シュガー（light brown sugar）〔三温糖などの薄茶色の砂糖〕0.3カップ、シナモン・バーク・シロップ（p357）テーブルスプーン2杯を、煎ったアーモンド・プードルと無糖ココナッツとともにボウルに入れて、よくかき混ぜる。何回かに分けて、ブレンダーに移し、高速で45秒ほど回す。目の細かい漉し器で漉しながら、固形物からできるだけ多くの液体を絞り出す。冷蔵期限は最長で3日間。

トビーズ・サワー・チェリー・シュラブ

サワー・チェリー2リットルを洗って、腐った部分があれば取り除く。へこみのないチェリーを大きな耐酸性の深鍋に入れ、手か木製スプーンで数分かけてすりつぶす。リンゴ酢（できればブラグの製品がよい）などの酢を、チェリーが浸るまで入れる。ふたをして、室温で1週間置き、毎日かき混ぜる。においが強くても、表面にカスが浮いても、そのままにする。1週間後、粗糖0.6カップを混ぜ入れ、1時間弱火で煮込み、その間ときどきかき混ぜる（においがちょっときついので、ドアや窓を開けておく）。少し冷ましてから、チーズクロスをセットした目の細かい漉し器で漉す。試しに、シュラブを作ってみる。このチェリーの混合液をテーブルスプーン3〜4杯分を取って冷ます（鍋にはふたをして、中身が冷めないようする）。600mlのグラスに氷を詰める。グラスの縁ぎりぎりまで水か炭酸水を加え、冷ましておいたチェリーの混合液を混ぜ入れる。味を見て、必要に応じて味を調える。酸味が強すぎるようなら、砂糖0.6カップくらいを、鍋の中身がまだ温かいうちに少しずつ加え、加えるたびに砂糖が溶けるまでかき混ぜる。味が自分の好み通りになったら、すべてを冷ます。冷蔵庫に入れておけば、無期限に保存できる。

トビーズ・ライム・コーディアル

ライム12個の皮をむき、皮は取っておいて、実を絞ってジュースにする。ライム・ジュースの重量を計り、同じ重量のグラニュー糖を計る。耐酸性の容器にライム・ジュースと砂糖を入れ、砂糖が溶けるまでかき混ぜる。ライムの皮を入れてかき混ぜ、味見する。甘味より酸味のほうがわずかに強く、粘り気がかなりあるくらいがちょうどいい。必要に応じてライム・ジュースや砂糖を加え、フレーバーとテクスチャーを整える。ふたをして、室温で24時間置き、その間ときどきかき混ぜる。目の細かい漉し器で漉す。冷蔵期限は最長で1か月。

ハニーナッツ・チェリオ・インフュージョン・クリーム

ヘビー・クリーム〔乳脂肪分が多く含まれた泡立てる前のクリーム〕2.4カップとハニーナッツ・チェリオ2.4カップをボウルに入れて、軽くかき混ぜる。ふたをして、冷蔵庫で1時間置き、チーズクロスをかけた目の細かい漉し器で漉しながら、チェリオを軽く絞る。冷蔵期限は最長で2日間。

パンプキン・ピューレ

純粋なカボチャ・ピューレ15オンス〔450ml〕缶1個分、シンプル・シロップ450ml（p357）、シナモン・パウダー1ティースプーン、粉末ショウガ1/2ティースプーン、クローブ・パウダー1/4ティースプーンを、ボウルに入れて混ぜる。材料が混ざり合うまで、スティック・ミキサーか泡だて器を使って、激しくかき混ぜる。冷蔵期限は最長で1週間。

付録2
THE DEATH & CO BOOKSHELF
デス・アンド・コーからの推薦図書

すばらしいカクテルを作る技能を向上させ、カクテルを飲む楽しみをいっそう高めるほかの本も、ぜひ紹介したいと思います。
本書を読んだあとは、以下に挙げるタイトルをできるだけ多くお読みになることをおすすめします。

Amis, Kingsley. *Everyday Drinking: The Distilled Kingsley Amis*. Bloomsbury, 2010. (キングズレー・エイミス『エヴリデイ・ドリンキング』講談社、1985年)

Baker, Charles H., Jr. *Jigger, Beaker and Glass: Drinking Around the World*. Derrydale Press, 2001.

Boothby, William T. *Cocktail Boothby's American Bartender*. Anchor Distilling, 2009.

Cecchini, Toby. *Cosmopolitan: A Bartender's Life*. Broadway Books, 2003.

Chartier, Francois. *Taste Buds and Molecules: The Art and Science of Food, Wine, and Flavor*. Houghton Mifflin Harcourt, 2012.

Craddock, Harry. *The Savoy Cocktail Book*. Pavilion, 2007. (ピーター・ドレーリ、サヴォイホテル『サヴォイ・カクテルブック』パーソナルメディア、2002年)

Curtis, Wayne. *And a Bottle of Rum: A History of the New World in Ten Cocktails*. Crown, 2006.

DeGroff, Dale. *Craft of the Cocktail: Everything You Need to Know to Be a Master Bartender, with 500 Recipes*. Clarkson Potter, 2002.

DeGroff, Dale. *The Essential Cocktail: The Art of Mixing Perfect Drinks*. Clarkson Potter, 2008.

Embury, David A. *The Fine Art of Mixing Drinks*. Mud Puddle Books, 2008.

Ensslin, Hugo. *Recipes for Mixed Drinks*. Mud Puddle Books, 2009.

Grimes, William. *Straight Up or On the Rocks: A Cultural History of American Drink*. Simon & Schuster, 1993.

Haigh, Ted. *Vintage Spirits and Forgotten Cocktails: From the Alamagoozlum to the Zombie, 100 Rediscovered Recipes and the Stories Behind Them*. Quarry Books, 2009.

Jackson, Michael. *Whiskey: The Definitive World Guide*. Dorling Kindersley, 2005. (マイケル・ジャクソン『ウィスキー・エンサイクロペディア』小学館、2007年)

Lendler, Ian. *Alcoholica Esoterica: A Collection of Useful and Useless Information as It Relates to the History and Consumption of All Manner of Booze*. Penguin Books, 2005.

Lord, Tony. *The World Guide to Spirits, Aperitifs and Cocktails*. Sovereign Books, 1979.

McGee, Harold. *On Food and Cooking: The Science and Lore of the Kitchen*. Scribner, 2004. (Harold McGee『マギー キッチンサイエンス』共立出版、2008年)

Meehan, Jim. *The PDT Cocktail Book: The Complete Bartender's Guide from the Celebrated Speakeasy*. Sterling Epicure, 2011.

Myhrvold, Nathan, Chris Young, and Maxime Bilet.

Modernist Cuisine: The Art and Science of Cooking. Cooking Lab, 2011.

O'Neil, Darcy. *Fix the Pumps.* Art of Drink, 2010.

Pacult, F. Paul. *Kindred Spirits 2.* Spirit Journal, 2008.

Page, Karen, and Andrew Dornenburg. *The Flavor Bible: The Essential Guide to Culinary Creativity, Based on the Wisdom of America's Most Imaginative Chefs.* Little, Brown, 2008.

Page, Karen, and Andrew Dornenburg. *What to Drink with What You Eat: The Definitive Guide to Pairing Food with Wine, Beer, Spirits, Coffee, Tea—Even Water—Based on Expert Advice from America's Best Sommeliers.* Bulfinch, 2006.

Parsons, Brad Thomas. *Bitters: A Spirited History of a Classic Cure-All, with Cocktails, Recipes, and Formulas.* Ten Speed Press, 2011.

Regan, Gary. *The Bartender's Gin Compendium.* Xlibris, 2009.

Regan, Gary. *The Joy of Mixology: The Consummate Guide to the Bartender's Craft.* Clarkson Potter, 2003.

Schwartz, Rob, and Jeff Hollinger. *The Art of the Bar: Cocktails Inspired by the Classics.* Chronicle Books, 2006.

Stewart, Amy. *The Drunken Botanist: The Plants That Create the World's Great Drinks.* Algonquin Books, 2013.

Thomas, Jerry. *The Bartender's Guide: How to Mix Drinks.* Dick & Fitzgerald, 1862.

Uyeda, Kazuo. *Cocktail Techniques.* Mud Puddle Books, 2010.（上田和男『カクテルテクニック』柴田書店、2000年）

Wondrich, David. *Imbibe!* Perigree, 2007.

Wondrich, David. *Punch: The Delights (and Dangers) of the Flowing Bowl.* Perigee, 2010.

付録3
RESOURCES
材料等の供給元

デス・アンド・コーでは、ドリンクを作るために以下の供給元から材料や道具、
ガラス製品、そのほかを仕入れなければなりません。

ART OF DRINK (artofdrink.com)
過リン酸塩や乳酸

ASTOR WINES & SPIRITS (astorwines.com)
スピリッツ各種

BAR PRODUCTS (barproducts.com)
バー用品全般

BEVERAGE ALCOHOL RESOURCE
(beveragealcoholresource.com)
バーテンダーやそのほかの飲酒業に携わるプロの養成所

CHEF SHOP (chefshop.com)
ナパ・フュージョン・ベルジュ*、ハチミツ、マラス
キーノ・チェリー、その他の基本的な食料品

COCKTAIL KINGDOM (cocktailkingdom.com)
バー用品全般、ビターズ、シロップ、カクテル関連図書
（ビンテージ・クラシックに関するファクシミリ資料な
どを含む）

DRINK UP NY (drinkupny.com)
希少なスピリッツやそのほかの酒類

DUAL SPECIALTIES (dualspecialty.com)
スパイス、ナッツ、ビターズ

IN PURSUIT OF TEA (inpursuitoftea.com)
外国産やレア物の茶

INSTAWARES (instawares.com)
各種のバー用品、ガラス製品、キッチン用品

LIBBEY (libbey.com)
耐久性の高いガラス製品

MARKET SPICE (marketspice.com)
オリジナル・ブレンド・ティー

MONTEREY BAY SPICE COMPANY (herbco.com)
ハーブ、スパイス、茶葉のまとめ買い

STEELITE (steelite.com)
クープ・グラスやニック＆ノラ・グラス

TERRA SPICE COMPANY (terraspice.com)
各種のスパイス、砂糖、ドライ・フルーツ、チリ

T SALON (tsalon.com)
茶葉やハーブ茶

度量衡換算表
MEASUREMENT CONVERSION CHARTS

液量

オンス	メートル法
1/4オンス	7.5 ml
1/2オンス	15 ml
3/4オンス	22.5 ml
1オンス	30 ml
1と1/4オンス	37.5 ml
1と1/2オンス	45 ml
1と3/4オンス	52.5 ml
2オンス	60 ml

そのほかの体積の計量単位 〔＊カップは米国のカップ〕

	メートル法
1テーブルスプーン	15 ml
2テーブルスプーン	30 ml
1/4カップ	60 ml
1/3カップ	80 ml
1/2カップ	120 ml
2/3カップ	160 ml
3/4カップ	180 ml
1カップ	240 ml
1と1/4カップ	300 ml
2カップ（1パイント）	480 ml
2と1/2カップ	600 ml
1クォート	1 L

重量

ポンド法	メートル法
1/2オンス	15 g
1オンス	30 g
2オンス	60 g
1/4ポンド	115 g
1/3ポンド	150 g
1/2ポンド	225 g
3/4ポンド	350 g
1ポンド	450 g

長さ

インチ	メートル
1/4インチ	6 mm
1/2インチ	1.25 mm
3/4インチ	2 cm
1インチ	2.5 cm
6インチ（1/2フィート）	15 cm
12インチ（1フィート）	30 cm

温度

華氏	摂氏
250° F	120℃
275° F	135℃
300° F	150℃
325° F	160℃
350° F	175℃
375° F	190℃
400° F	200℃
425° F	220℃
450° F	230℃
475° F	245℃
500° F	260℃

ACKNOWLEDGMENTS
謝辞

デイブ・カプラン

　本書がこうして存在するのは、数えきれないほどの多くの人たちのおかげです。わたしに執筆の話を持ちかけたエージェントのジョーナ・ストラウスは、本書が完成するまでの間、絶えず連れ添って道案内を務めてくれました。ジョーナはまず、わたしの共犯者となる享楽家のニック・フォーチャルドを紹介してくれました。ニックは、すでに退職したデス・アンド・コーの元スタッフを辛抱強く説得したり、本ができ上がるまでの間わたしを追いかけてアメリカ全土を駆け回るなど、ほかの人にはめったにできないことをやってくれました。ティム・トムキンソンとキャサリン・トムキンソンには、デス・アンド・コーのオープン以来、店のメニューの体裁や、そのほかいろいろなことを頼んできました。わたしたちの企画案を芸術作品として表現してくれましたし、期待にたがわず、本書のデザインでもいかんなくその才能を発揮してくれました。

　わたしたちは企画書を携えて、テン・スピード・プレスのアーロン・ウェーナーに会いました。彼は、こういう本をつくりたいというわたしの漠然とした夢物語を辛抱強く聞いて、最終的にわたしたちの考えを理解してくれました。そして、わたしたちはデス・アンド・コーの7番テーブルで数杯のカクテルを飲み交わしました。1週間後、ワイオミング州ジャクソン・ホールに到着した直後、まだ機上にいたわたしは、ジョーナからの電話を受け取りました。わたしたちの企画がテン・スピードに採用された、という知らせでした。このニュースを、わたしはどれほど待ち望んでいたかしれません。

　テン・スピードのエミリー・ティンバーレイクは、わたしたちがストレスと達成感をこもごも味わっていたあのころ、いつも変わらぬ美しい声で電話口で応対してくれました。ウイリアム・ヒアフォードは、暗いデス・アンド・コーの店内をちょうどいい量の光で照らし、美しい写真を撮ってくれました。わたしの共同経営者のラビ・デロッシと、決して無口ではないサイレント・パートナーのクレイグ・マンジーノには、7年にわたって店を大いに盛り立て、幾度も訪れた苦境に耐えてくれたことに感謝したいと思います。

　ポール・パカルト、デイル・デグロフ、デビッド・ワンドリッチ、スティーブ・オルソン、ダグ・フロスト、サイモン・フォード、アレン・カッツ、ジュリー・ライナー、オードリー・サンダース、サシャ・ペトラスケ、レンネル・スムザーズ、そのほか多くの人たちには、オープンから数年間にわたって、バーを切り盛りするための激励やご教示やご指導、ご支援をいただいたことに、感謝します。

　デス・アンド・コーをどういう店にするかを決めるのは、過去もそして現在も、スタッフです。オープン当時、フィル・ウォードにヘッド・バーテンダーを務めてもらいましたが、これは店のコンセプトづくりをフィルにまかせることにしたからです。このころのことは、わたしにとって懐かしい思い出のひとつです。フィル、君は変わり者だが、ものすごく頭が切れる。君の挑戦心のおかげです。その後、ヘッド・バーテンダーの仕事は、ティキやジョニー・デップなどさまざまなものへの愛情とともに、ブライアン・ミラーにバトンタッチされました。そのあとを引き継いだトーマス・ウォーは、サンフランシスコの雰囲気を少しニューヨーク・シティーに持ち込

みました。ジリアン・ボースがデス・アンド・コーの現在のヘッド・バーテンダーですが、いまも昔もこの仕事は並大抵の苦労ではできません。君たちがばからしいほどの時間をかけ、途方もないエネルギーと創造力を注ぎこんでくれたこと、そして、この店のためにリーダーシップを発揮し、愛情を捧げてくれたことに、感謝します。

そのほかのデス・アンド・コーのスタッフにも感謝します。5年間デス・アンド・コーに勤めてくれたホアキン・シモーは、誰からも好かれるバーテンダーでしたし、バーのカウンターに立っていてあんなに感じのいい男は、ほかにはいないでしょう。ジェシカ・ゴンザレスは、ウエイトレスとして入店しましたが、バーテンダーに昇格し、5年間当店で働いたあと、ノーマッド（Nomad）のヘッド・バーテンダーになりました。トビー・チェッキーニは、当店で働いたバーテンダーのなかでは、いちばん年配で、いちばん気難しく、そしていちばんウィットに富んでいました。どうか、この本を本棚にしまう前に、序文も読んでください——髪を切りに行くのは、そのあとにしましょう。そして、デス・アンド・コーのために時間と精力をつぎ込んでくれたほかのすべての人に、心より感謝します。アン・クレア、キャベル・トムリンソン、ダモン・ダイアー、ケルビン・ジョイナー、ショーン・ニューウェル、ジェームズ・フラク、プラシド、アレクサンドラ・レイシー、ジャックリン・レオン、メアリー・ベルハネ、ジェイソン・リトレル、ミシェル・ベルナルディ、ザック・ロンバード、エドガー・クラッチフィールド、シャノン・テバイ、ウォリー・スアレス、ケイティ・エマーソン、イザベラ・フーバー、エリアーデ・メンデス、エンジェル・コロン、ボビー・ワインバーガー（司法試験に合格後、ときどき法的なアドバイスをしてもらって感謝しています）、サミュエル・ベガ、スティーブン・フレッチャー、クリス・ダーシュ、セレナ・チャウ、デビッド・パウエル、コンスタンス・ソーセク、ミゲル・リベラ、エリン・リース、クリスティーナ・ゲラーシモビッチ、ステファニー・ジョイスソリス、デビン・シソン、ジョン・エバンス、エバ・マクギャリー、アーニー・マーセラ（どうか長生きなさってください）、ティム・エレッジ、ブラッド・ファラン、ステファニー・ボリス、フェリペ・コリーナ、ピー

ター・マリン、タイソン・ビューラー（君はクビだ）、アンドリア・ハラミジョ、スコット・ティーグ（ここにはありがちなジョークを入れてみて）、ジョーダン・ゴメス、ジェーン・デインジャー、ジョシュア・ドイリー、シェイ・ミニロ、エトマンド・マルベッリ、ジャック・バーンズ、エリン・A・ライツ、アンソニー・バイロン、ジャスティス・マクファデン、ブリトニー・チャドボーン、ザシェリー・エリス、ポール・ディスティファノ、オスカー・バレ、ドルー・ブショング、バレリー・ゾルキナ、マイケル・ラッセル。そして、当店で働いたことのあるすべての人たちに、深く感謝します。名前を思い出せない人たちがいたら、申しわけない。これもきっと酒のせいです。

フランキー・ロドリゲス、いつも灯火を絶やさず、店の補修に気を配り、デス・アンド・コーという一家をひとつにまとめてくれて、ありがとう。君は最高のマネージャーであり、誰もがみんな頼りにする友人です。

感謝を捧げたい人は、まだほかにもおおぜいいます。わたしの家族に深く感謝します。家族は、いつも変わらずわたしにとって支えであり、励みです。母のバーブ・カプランのようなありがたい親は、なかなかいないと思います。息子のわたしに美術学校で教育を受けさせ、そのわたしが24歳でいきなりバー業界に——それもマンハッタンで——転身するのを応援してくれたのです。その点は、父のロバート・カプランも同じです。デス・アンド・コーをオープンするとき、ふだんカクテルなど飲まない父から、いったいどんなバーなのか（「キャッチバーじゃないだろうな？」）と、聞かれました。祖父のモリー・カプランは、いまも変わらずわたしにとって偉大な存在です。生前、わたしのサロンはどんなところなのかといつも質問されていたので、ある日、祖父がようやく店にやってきたとき、わたしはこのサロンをどう思うかと感想をたずねました。すると、祖父はいつもの晴れやかなほほえみをたたえて、こう答えました。「ここはサロンなんかじゃない。ここはれっきとした企業だよ」。姉のサラは、いつまでもわたしより1年先輩でいてくれる最高の友です。

アレックス・デイは、優秀なバーテンダーであると同時に、それ以上にすぐれたビジネスマンです。初めてデス・アンド・コーにやってきて、ホアキンの前に座って

フレンチ75を飲んだとき、アレックスは、わたしたちとともに同じ道を進むことを決意し、リスクを承知で、わたしのパートナーになってくれました。君のビジネスに対する意欲と情熱のおかげで、わたしは前進を続け、君の友情のおかげで分別を保つことができた。君とは、これからもいっしょにもっといろいろなことを成し遂げたい。

　そしてほかの誰よりも、デス・アンド・コーにいらっしゃるすべてのお客様に感謝します。毎週（あるいは週に何度も）ご来店くださる常連の方々は、わたしたちにとって家族も同然です。初めてご来店くださるお客様も、わたしたちのカクテルに対する愛に共感してくださるありがたい仲間です。デス・アンド・コーが ―― この本も含めて ―― こうして存在するのは、ほかならぬお客様のおかげです。

　最後に、ちょっといかれていて、愛情深く、親しみやすい、才能豊かな、そしてしょっちゅう酔っぱらっている同業者のみなさんに、感謝します。わたしには、ほかの仕事は考えられません。自分の家と呼べるこれ以上の場所は、想像もできません。

アレックス・デイ

　デス・アンド・コーをすばらしいバーにするために ―― そして本書を世に出すために ―― 力を尽くしてくれたすべての人々に感謝しようとすると、世界のバー業界の人口調査をするのと同じことになるかもしれません。デス・アンド・コーを、同業者が喜んで集まる場所にしてもらったことに対して、わたしは一生感謝を忘れません。バーテンダー、シェフ、スピリッツの製造業者、ブランド・アンバサダー、酒類業界のフーリガンたちは、みなデス・アンド・コーを第二の我が家とし、ニューヨークに来たときは真っ先にやってきて、そのたびに新しい話を聞かせてくれます。

　ほかの誰にもまして、酔っ払っていつも悪ふざけをいっしょにやってきたデイブ・カプランに感謝します。デイブがつくったこの新しいすてきな店に、わたしは何の権利もありませんでしたが、彼はそのわたしにここで働くチャンスをくれました。それ以来彼は、わたしの職業神経症を癒してくれています。わたしがデス・アンド・コーの共同所有者になった日は、わたしの人生でもこのうえなく大切な記念日のひとつです。本書の企画に参加させてもらい、紙面を汚す栄誉を与えられたことに、感謝します。

　わたしが感謝したい人たちには、デイブもたぶん感謝したでしょうが、それだけでなくわたしは、迷惑かもしれないけれど、その人たちを愛しています。デス・アンド・コーのスタッフによって、仕事の上でも、個人的な意味でも、わたしの人生は変わりました。こうした情熱あふれる人たちとともに働くチャンスを得た幸運を、わたしは一生忘れません。ホアキン・シモーが初めてわたしに作ってくれたカクテルは、すばらしいドリンクに対するわたしの目を開かせてくれました。彼のカクテルを味わったことは、わたしのバーテンダーとしての人生でもっとも重要な一瞬でした。わたしがいまここでこうして謝辞を書いているのも、そもそもあれが始まりだったのです。おっかなびっくりで初めて試用のシフトについた（オアハカ・オールドファッションドにアガベ・ネクターを入れるのを忘れてしまった）あの日、いっしょにシフトについたのはフィル・ウォードでした。フィルに

は ——ほんとうに口数は少ないけど、つねに洞察力と知恵に富んだ言葉で ——その後もいろいろ仕事の手ほどきをしてもらい、また、彼からは人並みであることに満足しないことの大切さを教わりました。ブライアン・ミラーは、あの得意のものすごいシェイクのフォームと持ち前の強烈なウィットを控え、仕事に対する強迫的な責任感に突き動かされて、本書のすみずみにまで多大な貢献をしています。ジェシカ・ゴンザレスは、それほどずば抜けたバーテンダーではないようなふりをずっとしていますが、彼女の仕事ぶりを見ていると、わたしたちは自分が新米になったような気分にさせられます。はるばるニューヨークまで来てくれたトーマス・ウォーは、カクテルに対するわたしたちの見方を変え、ドリンク作りに限りない創造性を発揮してくれました。デス・アンド・コーの次の時代に、ジリアン・ボースが発揮したリーダーシップは、計り知れないほど貴重なものでした。君の貢献度はほかの誰とも比べようがない。君のカクテルは本当にびっくりするほど美味しい。君がいなかったら、わたしたちはきっと途方に暮れていただろう。ブラッド・ファラン、君のアイデアの多くは、最初はひどくばかげたものに思えるが、ところがどうして、飲んでみるとこれが美味しい。毎晩、店内を活気づけてくれて、ありがとう。おかげで、お客様は当店のカウンターに座ることを大の楽しみにして足を運んでくれる。エリン・リース、常識離れしたプロの技能を持つ君は、この本が世に出るころには、きっとよい場所を見つけていることだろう。どうか、お願いだ、普通の人びとであるわたしたちのことを忘れないでほしい。タイソン・ビューラー、君がデス・アンド・コーで働いてくれたことにはどう感謝していいか、わからないくらいだ。エリンと同じように、君の腕前は折り紙つきだから、この本が出版されるころには、どこか遠いところに行ってしまって ——上院議員にでもなって ——いるんじゃないかな。君を見ていると、わたしたちはみな自分がぼんくらに思えてくるよ。ありがとう！ アル・ソタック、君がチームに加わってくれたことは、この上ない栄誉だ。君と初めていっしょに働いたのはフィラデルフィアだったが、あれ以来君はすっかり腕を上げて、いまではわたしが知る限り指折りの独創的なバーテンダーになった。レイン・フォード、君とは一度も同じシフトになったことがない

が、君がシフトのときに何度もカウンターで飲ませてもらった。君のカクテルを飲むと、霊感がさえわたって、店を出るまでに、いつも必ず新しいアイデアがひらめいた。ありがとう、キャベル・トムリンソンとカティー・スタイプ。君たちは地球上で（わたしの母を除けば）いちばんすてきな女性たちだ。二人とも、どこの誰よりもすばらしいバーテンダーだ。

思い起こせば、わたしが初めて待望の日曜のシフトについた夜のことでした。わたしは、仕事中ずっと同僚に助けてもらいました。いまアイルランドのどこかにいるマリア・ダイヤモンドへ、あのときはありがとう。何度も物を落としてかんしゃくを起こしたわたしを、君は上手にフォローしてくれました。サム・カーショウ、君はすべてのカクテルにマーマレードを入れていた。あのテクニックを教えてもらったことへの感謝の気持ちは、これからもずっと変わらない。その後わたしがバーテンダーとしてどれだけ大きな影響を受けたかを知ったら、君はきっと驚くだろう。ダモン・ダイアー、あなたの温和な物腰、いつも絶やさない笑顔、絶妙なタイミングで下品なジョークを飛ばすセンスのよさに、当店で働いたことのあるうぬぼれ屋たちみんながあこがれてきました。それはこれからもずっと変わらないでしょう。お疲れさまでした。

どんな仕事でも、変化のない単調な毎日が続くと、感覚が麻痺して、自分を取り囲む魅力あるものを見失いがちになります。これは自信をもって言えることですが、非番の日にデス・アンド・コーに飲みにきて、これまでに名前を挙げたバーテンダーの誰かの前に座ってカクテルを作ってもらうと、バーテンダーの仕事に対する意欲がたちまち再燃します。これほどすばらしいバーテンダーが一つの店にそろったことなど、いままで一度もありません。

長年当店のジェネラル・マネージャーを務めているフランキー・ロドリゲスは、あらゆる面から見て当店の誰よりもいい奴で、どんなに感謝しても感謝しきれません。わたしたちバーテンダーがスポットライトを浴びているとき、君は縁の下の力持ちに徹してくれている。フランキー、君がいなかったら、デス・アンド・コーは間違いなく存在していないだろう。君がリーダーとなって、デス・アンド・コーのサービス文化を率先してつくり上げ

謝辞　　　　　　　　　　　　　　　　　　　　　　375

てくれていることに、わたしたち全員がとても感謝しています。

ドア・ホスト、接客係、そのほかデス・アンド・コーのスタッフ全員の疲れを知らない仕事ぶりに対する感謝の気持ちは、ここではとても言い尽くせないほどです。シャノン、コニー、アンドリア、バレリー、アンクレア、フレッチ、ボビー………もう切りがない！　もしここで名前を挙げるのを忘れている人がいたら、どうか、許してください。とてもじゃないけど、書ききれません。

パートナーのラビ・デロッシとクレイグ・マンツィーノに感謝します。二人は、デス・アンド・コーという大いなる情熱に賛同して、数々の思い切った決定を全面的に後押しして、大きな力になってくれました。君たちのビジネス・センスとアドバイスは、計り知れないほど有益で、どれほど助けられたかわかりません。

デス・アンド・コーは、これまでずっとレストランで働く人々の灯台代わりになってきました。レストランの夜の営業が終わって彼らが店にやってくると、カウンター席のほとんどが埋まります。フィリップ・キルシェンクラーク、わたしはあなたにドリンクを作る機会がなくて残念です。もし機会があれば、情熱と知性にあふれるあなたから投げかけられるリクエストに刺激されて、意欲をかき立てられ、わくわくさせられることでしょう。でも、あなたが来店してくれるのは、当店の新顔のバーテンダーの腕前を正しく吟味するためだと考えることにして、心の慰めにします。アマドル・アコスタとアリナ・アコスタ、あなたたちのことが二人とも大好きです。あなたたちといっしょにいるだけで、誰もがみないい気分になります。ナディーン・プロクター、あなたとは話していて一度も退屈したことがありません。ほかの人たちも、きっと同じでしょう。あなたのおかげで、うちの店はますます楽しい場所になっています。デス・アンド・コーの常連であり、いまではよき友人となったアーニー・マーセラ、うちの調理場を指導してくれて、ありがとう。当店の料理では、正統派のあなたの技能には遠く及ばないが、あなたはそれを一度もばかにしたりしたことはない。当店のプリマス・ジンには全部あなたの名前をつけています。

数年前にわたしがニック・フォーチャルドと初めて会ったのは、わたしがティーカップでありきたりなドリンクを作っているときでした。どういうわけか、ニックは、わたしに本づくりの能力があると確信しました。ありがとう、ニック。君は、まるで酔っぱらいの子猫を集めるのを正業としているかのように、信じられないような忍耐力を発揮して、わたしたちから本書に収録するための情報を聞き出しました。本書のカバーにわたしの名前を載せてもらえるなんて、この上ない栄誉です。しかも、あなたの名前といっしょに並べてもらえるなんて、自分のしていることを自覚しろと言われているみたいです。いつものことながら、あなたの文体をパクらせてもらって、すみません。

本書の成功を信じて、出版してくれたアーロン、エミリーをはじめとするテン・スピード・プレスのすべての人々に感謝します。わたしたちのやり方はあれでよかったのでしょうか？

最後になりましたが、バーというものは、そこに足を運んで楽しんでくれる人たちがいなければ、意味がありません。マスコミに褒められたり、賞をもらったりしても、イースト・シックスス・ストリートに毎晩足を運んでくださる普通の人々がいなければ、まったく何の意味もないのです。それは、ご新規さんも、ご常連――家族同然の人も多い ――も、同じです。わたしは、バーテンダーとして、ある意味でカウンセラーのようにみなさんの心を癒したいと思っています。わたしのほうも、多くのお客様に心を癒してもらいました。わたしたちの小さなバーにおいでくださって、ありがとうございます。でも、何にもましてありがたいのは、あなたたちの友情です。

ニック・フォーチャルド

わたしが初めてデス・アンド・コーに行ったのは、いみじくも、正式に営業を始めた初日のことでした。当時わたしは、その近くにすでに何年も前から住んでいて、近所に野心的なカクテル・バーがオープンするといううわさを小耳にはさみました。凍てつく1月のある日の晩、何やら恐ろしげなドアを開くと、カウンターの隅の方のスツールがひとつ空いていました。その席に着くと、ペグ・クラブにいたフィル・ウォードがバーテンダーをしていることに気がつきました。わたしは、彼のカクテルを飲んで、何度も目からうろこが落ちる思いをしたことがありました。ペグ・クラブといえば、当時ニューヨークでも1、2を争う先進的なカクテル・バーでした。フィルがそこにいるというだけで、このオープンしたてのバーがにわかに高級店の厳かなオーラに包まれました。わたしは独学でカクテルの勉強を始めたばかりだったので、オープン時のメニューのなかでフィルが好きなものを作ってほしいと言いました。(そういうリクエストをバーテンダーがいちばん嫌がることを、そのころのわたしはまだよく知りませんでした)。フィルは、オアハカ・オールドファッションドを作ってくれました。その目の覚めるようなドリンクを一口飲んだとたん、わたしは、デス・アンド・コーが新しいカクテルの大きな潮流を生み出すことになるだろうと予感しました。

その後カクテルについてもっといろいろな話を書くようになると、わたしにとって、デス・アンド・コーは、もっとも信頼できる知識の泉になりました。バー業界の今後のトレンドがこれからどうなっていくかを知りたくなると、わたしは必ずシックスス・ストリートに出かけて、この店の独創的なバーテンダーがこれから何をしようとしているかを見きわめ、そこから、アメリカ中のほかのバーがこれからどんなサービスをすることになるかを探りました。この数年間、わたしはデス・アンド・コーでそれまで知らなかったいろいろなものを教わりました。わたしにとって初めてのパンチ、初めてのスウィズル、初めての正しいティキ・ドリンク、数えきれないスピリッツやビターズ、そのほかのさまざまな外国産の材料の味を、この店で知ったのです。わたしはカクテル

の本を書こうと思ったことは一度もありませんでしたが、数年前のあるとき、もし書くとすれば、わたしにこれだけ多くのことを教えてくれたこのバーについて書きたい、と思うようになりました。

だから、デイブと彼の代理人のジョーナ・ストラウスが、この本を書く話をわたしに持ち込んできたのは、大いなる定めだったのです。わたしたちはじきに、自分たちがイメージしているのがこれまでとは違う種類のカクテル本であることに気づきました。それは、プロのバーテンダーとアマチュアのホーム・バーテンダーの両方に美味しいドリンクの作り方と美味しさの秘訣を教える本です。ありがとう、ジョーナ。君は、わたしたちをまとめてチームをつくり、わたしたちの片意地な企画をテン・スピード・プレスに売り込んでくれました。ありがとう、アーロン・ウェーナー。あなたは、わたしたちを信頼して、テン・スピードの輝かしいレガシーの一角に、この本を加えてくれました。

わたしの代理人であり、賛同者であり、相談役でもあるデビッド・ララベルへ。あなたの言うとおりでした。この本は、とてつもなくすばらしい本です。契約についてもう一度交渉したいんですが、もう遅すぎますかね。

デイブ・カプラン、この本を共同執筆する間、わたしを西海岸から東海岸まで(全米各地を)引っ張りまわしてくれて、ありがとう。あなたの生まれ持った接客業の才能と、いかなる困難にも屈しない強い意志がなければ、イースト・シックスス・ストリート433番地は、いまもつまらないインド料理店のままだったでしょう。あなたの店とスタッフと本書の企画に対するあなたの情熱は、決してゆらぐことがなく、わたしたちはみなあなたに感化されて、既成概念を打ち破らなければならないという気持ちに絶えず駆り立てられました。あなたとは、いつかまたいっしょに本をつくりたい。

アレックス・デイ、君からそっと救いの手を差し伸べてもらうまで、わたしがカクテルについて知っていることは、映画『カクテル』を見て知ったことだけだった。君は、トム・クルーズ流のやり方を忘れさせ、セント・マーク・プレイスの中華料理店で箸と空の水のグラスを使って、わたしの目を開かせてくれた。君がこの本のためにいろいろ尽くしてくれたおかげで、不可能なことが楽しみに変わった。アリガトウ、センセイ。

デス・アンド・コーで過去に働いていた、あるいは現在働いているすべてのバーテンダーとスタッフに、感謝します。あなたたちは、自分が苦労して得た知識をわたしに提供してくれました。わたしのばかげた質問にも答えてくれたし、そのうえわたしの肝臓の健康にまで気を使ってくれました。ジリアン・ボースとファンキー・ロドリゲスには、とくにお礼を言わなければならない。あなたたちには、全体をまとめ上げ、議論を戦わせ、ダブル・チェックし、修正を加え、そのうえ精神的なサポートまでしてもらいました。どうか、ゆっくり一眠りしてください。

いつも愛想よく親切なデス・アンド・コーのドアマン（そしてドアウーマン）たちに、わたしを中に入れてくれて（例外もあるけど）ありがとう。

ウィル・ヘレフォード、あなたの大人向けの最初の本にかかわれたことを誇りに思います。あなたは、この企画にまさにすべてを注ぎ込んで、このバーとドリンクを紙面の上に生き生きと再現してくれました。ティム・トムキンソンとキャサリン・トムキンソンの二人と力を合わせて、書店に並べてもひときわ見映えのするカクテル本に仕上げてくれました。

ドン・リーへ、カクテルを理解する知力があなたの10分の1でもいいから（そしてあなたのふさふさした見事な髪の50分の1でもいいから）わたしにあったら、どんなにいいでしょう。道具や技術、そのほかさまざまなことについて貴重な情報を提供していただき、また、カクテル・キンダムの図書室にも長居させてもらい、ありがとうございます。誓って言いますが、わたしは何も盗んでいませんから。

トビー・チェッキーニ、本書にウィットと読み物らしい雰囲気を盛り込んでくれて、感謝します。まだ知らない人がいたらいけないので、念のために言っておきますが、コスモポリタンを最初に考案したのがトビーです。もし今度トビーに会う機会があったら、1杯作ってもらうといいですよ。

ジャスミン・スター、あなたのカクテルに関する驚くほど豊富な知識、原稿を整理・編集する能力、情報収集のたゆまぬ努力は、わたしたちの文章にたんに手入れするというよりはるかに多くのことをしてくれました。

最後に、エミリー・ティンバーレイクにお礼を言います。あなたは、わたしがいっしょに働いたことがある編集者のなかでも、もっとも忍耐強く、もっとも熟練した能力の持ち主です。とりとめのないアイデアをまとめ上げ、的確な質問をしつつ、厳しい質問にも答えてくれたことに感謝します。今度1杯おごらせてください。

日本で入手が難しいと考えられる
酒・食材のリスト

酒

あ

アブア・アンブラナ・カシャーサ　Avuá Amburana Cachaça

アプルトン・エステート・リザーブ・ラム　Appleton Estate Reserve Rum

アマーロ・チョチャーロ　Amaro Cio Ciaro

アマーロ・ナルディーニ　Amaro Nardini

アマーロ・ノニーノ・クインテッセンティア　Amaro Nonino Quintessentia

アマーロ・メレッティ　Amaro Meletti

アマーロ・ルカーノ　Amaro Lucano

アメリカン・フルーツ・ブラック・カレント・コーディアル　American Fruits Black Currant Cordial

アルキミア・チョコレート・ウォッカ　Alchemia Chocolate Vodka

アルベアル・フェスティバル・パレ・クレーム・モンティーリャ・モリレス（アルベルアル・フェスティバル・ペール・クリーム・モンティーリャ・モリレス）　Alvear Festival Pale Cream Montilla-Moriles

アンカー・ジュネビーブ・ジン　Anchor Genevieve Gin

アンゴスチュラ・オレンジ・ビターズ　Angostura orange bitters

アンゴスチュラ5年ラム　Angostura 5-year Rum

エイビエーション・ジン　Aviation Gin

エライジャ・クレイグ12年ケンタッキー・ストレート・バーボン　Elijah Craig 12-year Kentucky Straight Bourbon

エリクシア・コンビエ　Élixir Combier

エル・テソロ・アネホ・テキーラ　El Tesoro Añejo Tequila

エル・テソロ・プラチナ・テキーラ　El Tesoro Platinum Tequila

エル・テソロ・レポサド・テキーラ　El Tesoro Reposado Tequila

エル・ドラド151ラム　El Dorado 151 Rum

エル・ドラド3年ラム　El Dorado 3-year Rum

オチョ2012プラタ・テキーラ　Oho 2012 Plata Tequila

か

カーダマロ　Cardamaro

カーニャ・ブラバ・ラム　Caña Brava

ガブリエル・ブディエ・キュラソー　Gabriel Boudier Curaçao

カブリト・ブランコ・テキーラ　Cabrito Blanco Tequila

カベーサ・ブランコ・テキーラ　Cabeza blanco tequila

カラニ・ロン・デ・ココ・ココナッツ・リキュール　Kalani Ron de Coco Coconut Liqueur

ガリアーノ・リストレット　Galliano Ristretto

カンポ・デ・エンカント・アチョラード・ピスコ　Campo de Encanto Acholado Pisco

ギヨンパンチュロー・コニャック・グランデ・シャンパン VSOP　Guillon-Painturaud Cognac Grande Champagne VSOP

クリア・クリーク・アップル・ブランデー　Clear Creek Apple Brandy

クリア・クリーク・ペア・ブランデー　Clear Creek Pear Brandy

クルーザン・シングルバレル・ラム　Cruzan Single-Barrel Rum

クルーザン・ブラック・ストラップ・ラム　Cruzan Black Strap Rum

クレーム・イベット　Crème Yvette

クローナン・スウェーデン・プンシュ　Kronan Swedish Punsch

クログスタッド・アクアビット　Krogstad Aquavit

コッキ・アメリカーノ・ローザ　Cocchi Americano Rosa

コントラット・アメリカーノ・ロッソ・ベルモット　Contratto Americano Rosso Vermouth

コントラット・ベルモット・ビアンコ　Contratto Vermouth Bianco

コンビエ・パンプリムース・ローズ・リキュール（コンビエ・パンプルムス・ローズ・リキュール）　Combier Pamplemousse Rose Liqueur

さ

サレール・ゲンティアナ・アペリティフ　Salers Gentien Aperitif

サン・エリザベス・オールスパイス・ドラム　St. Elizabeth Allspice Dram

サンタ・テレサ・オレンジ・リキュール　Santa Teresa Orange

Liqueur

サンデマン・レインウォーター・マデイラ　Sandeman Rainwater Madeira

シエテ・レグアス・ブランコ・テキーラ　Siete Leguas Blanco Tequila

シエテ・レグアス・レポサド・テキーラ　Siete Leguas Reposado Tequila

シエンブラ・アズール・アネホ・テキーラ　Siembra Azul Añejo Tequila

シエンブラ・アズール・ブランコ・テキーラ　Siembra Azul blanco Tequila

シエンブラ・アズール・レポサド・テキーラ　Siembra Azul Reposado Tequila

シャーベイ・ウォッカ　Charbay Vodka

スーズ・サベール・ドートルフォア・リキュール　Suze Saveur d'Autrefois Liqueur

スカーレット・アイビス・ラム　Scarlet Ibis Rum

スクラッピーズ・ラベンダー・ビターズ　Scrappy's Lavender Bitters

スプリングバンク10年スコッチ　Springbank 10-year Scotch

センティネラ・レポサド・テキーラ　Centinela Reposado Tequila

セント・ジョージ・アブサン　St. George Absinthe

ソンブラ・メスカル　Sombra Mezcal

た

タパティオ110ブランコ・テキーラ　Tapatio 110 Blanco Tequila

タリケVSクラシック・バスアルマニャック　Tariquet VS Classique Bas-Armagnac

ツァーベンツ・ストーン・パイン・リキュール　Zirbenz Stone Pine Liqueur

デイル・デグロフズ・ピメント・ビターズ　Dale DeGroff's Pimento Bitters

デル・マゲイ・エスパディン・エスペシャル・メスカル　Del Maguey Espadin Especial Mezcal

デル・マゲイ・クレマ・デ・メスカル　Del Maguey Crema de Mezcal

デル・マゲイ・サン・ルイ・デル・リオ・メスカル　Del Maguey San Luis Del Rio Mezcal

デル・マゲイ・チチカパ・メスカル　Del Maguey Chichicapa Mazcal

デル・マゲイ・ビーダ・メスカル　Del Maguey Vida Mezcal

ドラン・ジェネピー・デ・ザルプ・リキュール　Dolin Génépy Des Alpes Liqueur

ドロシー・パーカー・ジン　Dorothy Parker Gin

な

ネイソン・ラム・アグリコル・ブラン　Neisson Rhum Agricole Blanc

は

バー・コード・ベイクド・アップル・ビターズ　Bar Code Baked Apple Bitters

ハイ・ウエスト・シルバー・オート・ウイスキー　High West Silver Oat Whiskey

バカルディ・ロン・スペリオール・リミテッド・エディション　Bacardi Ron Superior Limited Edition

パスケ・ピノ・デ・シャラント　Pasquet Pineau Des Charentes

パスケ・マリーフランボワーズ　Pasquet Marie-Framboise

バルバンクール・ホワイト・ラム　Barbancourt White Rum

バン・オーステン・バタビア・アラック　Van Oosten Batavia Arrack

パンサー・ピス　Panther piss

ピエール・フェラン・アンブレ・コニャック　Pierre Ferrand Ambre Cognac

ピエール・フェラン・コニャック＆プランテーション・ラム　Pierre Ferrand Cognac Plantation Rum

ピエール・フェラン・ドライ・キュラソー　Pierre Ferrand Dry Curaçao

ビターキューブ・チェリー・バーク・アンド・バニラ・ビターズ　Bittercube cherry bark and vanilla bitters

ビター・トゥルース・アロマティック・ビターズ　Bitter Truth aromatic bitters

ビター・トゥルース・クレオール・ビターズ　Bitter Truth Creole Bitters

ビター・トゥルース・ジェリー・トーマス・ビターズ　Bitter Truth Jerry Thomas' bitters

ビター・トゥルース・セロリ・ビターズ　Bitter Truth celery bitters

ビターメンズ・エレマクレ・ティキ・ビターズ　Bittermens 'Elemakule Tiki bitters

ビターメンズ・ヘルファイア・ハバネロ・シュラブ　Bittermens Hellfire habanero shrub

ビターメンズ・ホコラートル・モール・ビターズ　Bittermens Xocolatl mole bitters

ビターメンズ・ホップト・グレープフルーツ・ビターズ　Bittermens hopped grapefruit bitters

ビュー・ポンタリエ・アブサン（エミル・ペルノ）　Emile Pernot Vieux Pontarlier Absinthe

フィー・ブラザーズ・ウイスキー・バレルエイジド・ビターズ　Fee Brothers Whiskey Barrel-Aged Bitters

フィー・ブラザーズ・ウエスト・インディアン・オレンジ・ビ

ターズ　Fee Brothers West Indian Orange Bitters

プエブロ・ビエホ・アネホ・テキーラ　Pueblo Viejo Añejo Tequila

プエブロ・ビエホ・レポサド・テキーラ　Pueblo Viejo Reposado Tequila

フォーズ・ジン　Fords gin

フォルタレサ・レポサド・テキーラ　Fortaleza ReposadoTequila

フュージョン・ベルジュ・ブラン（ナパ）　Fusion Verjus Blanc

プランテーション・バルバドス5年ラム　Plantation Barbacos 5-year Rum

プリマス・スロー・ジン　Plymouth Sloe Gin

ブルイックラディ・ポート・シャルロット7年スコッチ　Bruichladdich Port Charlotte 7-year Scotch

フル・セイル・セッション・ブラック・ラガー　Full Sail Session Black Lager

フロール・デ・カーニャ・エクストラドライ・ホワイト・ラム　Flor de Caña Extra-Dry White Rum

フロール・デ・カーニャ7年　Flor de Caña 7

ペイショーズ・ビターズ　Peychaud's Bitters

ベルベット・ファレナム（ジョン・D・タイラー）　John D. Taylor's Velvet Falernum

ペリーズ・トット・ネイビー・ストレングス・ジン　Perry's Tot Navy-Strength Gin

ボナール・ゲンチアナキナ（ボナル・ジャンシアーヌ・キナ）　Bonal Gentiane-Quina

ま

マウント・ゲイ・エクリプス・ラム　Mount Gay Eclipse Rum

マスネ・クレーム・ド・ミュール・ブラックベリー・リキュール　Massenez Crème De Mûre Blackberry Liqueur

マチュ・ピスコ　Macchu Pisco

マッケソン・スタウト　Mackeson Stout

マラスカ・マラスキーノ・リキュール　Maraska Maraschino Liqueur

マリー・ブリザール・ホワイト・クレーム・ド・メンテ　Marie Brizard White Crème de Menthe

メルレ・クレーム・ド・フレイズ・ド・ボワ・ストロベリー・リキュール　Merlet Crème de Fraise des Bois Strawberry Liqueur

モロ・ベイ・シャルドネ　Morro Bay Chardonnay

ら

ラ・ディアブラーダ・ピスコ　La Diablada Pisco

ラ・ファボリット・ラム・アグリコル・アンブレ　La Favorite Rhum Agricole Ambre

ラフロイグ12年スコッチ　Laphroaig 12-year Scotch

ラマゾッティ　Ramazzotti

ランサム・オールド・トム・ジン　Ransom Old Tom Gin

リーガンズ・オレンジ・ビター　Regan's Orange Bitters

リレ・ロゼ　Lillet Rosé

ルイ・ロワイエ・フォース53コニャック　Louis Royer Force 53 Cognac

ルクサルド・アマーロ・アバノ　Luxardo Amaro Abano

レアーズ・ボトルドインボンド・ストレート・アップル・ブランデー　Laird's Bottled-Bond Straight Apple Brandy

レモン・ハート151ラム　Lemon Hart 151 Rum

ロイヤル・コンビエール　Royal Combier

ロス・アマンテス・ホーベン・メスカル　Los Amantes Joven Mezcal

ロス・ナウアレス・メスカル　Los Nahuales Mezcal

ロスマン＆ウインター・オーチャード・アプリコット・リキュール　Rothman & Winter Orchard Apricot Liqueur

ロスマン＆ウインター・クレーム・ド・バイオレット　Rothman & Winter Crème de Violette

ロスマン＆ウインター・チェリー・リキュール　Rothman & Winter Cherry Liqueur

ロスマン＆ウインター・ペア・リキュール　Rothman & Winter Pear Liqueur

ロン・デル・バリリット3スター・ラム　Ron del Barrilito 3-Star Rum

食材

ココ・ロペス　Coco Lopez

スカーレット・グロウ・ハーバル・ティー　Scarlet Glow herbal tea (https://www.inpursuitoftea.com/)

Tサロンのクイーン・オブ・アール・ティー　T Salon Queen of Earl tea (http://tsalon.com/)

Tサロンのココナッツ入り緑茶　T Salon Green Tea with Coconut (http://tsalon.com/)

Tサロンのサマー・ロワイヤル・ティー　T Salon Summer Royale tea (http://tsalon.com/)

ドックス・ハード・アップル・サイダー　Doc's Hard Apple Cider

マーケットプレイスのシナモンオレンジ・ティー　Market Spice cinnamon-orange tea (https://www.marketspice.com/)

INDEX
索引

あ

アーモンド・ブラザー　Almond Brother　241
アールグレー・インフュージョン・ドラン・ブラン・ベルモット　Earl Grey–Infused Dolin Blanc Vermouth　363
アイアン・チャンセラー　Iron Chancellor　287
アイ・オブ・ザ・トリノ　Eye of the Torino　259
アイリッシュ・ウイスキー　Irish whiskey　65, 67
アイリッシュ・シールバッハ　Irish Seelbach　287
アカ・コブラー　Aka Cobbler　241
アカシア・ハチミツ・シロップ　Acacia Honey Syrup　356
赤ピーマンのピューレ　Red Bell Pepper Puree　366
アクアビット　aquavit　72, 328
アコスタ、アマドル　Acosta, Amador　177
アップルジャック　applejack　70
アップル・ジュース　apple juice　88
アップル・ブランデー　apple brandy　70–71
アブサン　absinthe　72–73
アプリコット・リキュール　apricot liqueur　77
アペリティーボ・ジュレップ　Aperitivo Julep　43, 313
アペリティフ　aperitifs　77–78, 81–82
アペロール　Aperol　77
アマーロ　Amari　77–78
アマーロ・アベルナ　Amaro Averna　77
アマーロ・チョチャーロ　Amaro CioCaro　77
アマーロ・ナルディーニ　Amaro Nardini　77
アマーロ・ノニーノ・クインテッセンティア　Amaro Nonino Quintessentia　77
アマーロ・メレッティ　Amaro Meletti　77
アミティビル　Amityville　234
アラッキリ　Arrackuiri　337
アラック・ストラップ　Arrack Strap　234
アラック・パンチ　Arrack Punch　302
アリデー　Hallyday　330
アリデー、ジョニー　Hallyday, Johnny　330
アルタ・カリフォルニア　Alta California　251
アルマニャック　Armagnac　69

アレックスのダイキリ　Alex's Daiquiri　343
アレンビック　Alembic　330
アンガス・ストーリー・ダイキリ　Angus Story Daiquiri　337
アンジーズ・シークレット　Angie's Secret　234
アンジェニュー　Ingénue　345
アンジュ・ママ　Anjou Mama　209
アプリコット・インフュージョン・フェイマス・グラウス・スコッチ　Apricot-Infused Famous Grouse Scotch　361
アンチョ・チリ・インフュージョン・ドラン・ルージュ・ベルモット　Ancho Chile–Infused Dolin Rouge Vermouth　361

い

イーグルアイ・チェリー　Eagle-Eye Cherry　235
イースト・インディア・トレーディング・カンパニー　East India Trading Co.　235
イースト・リバー・アンダーグラウンド　East River Underground　302
イーブル・デッド・パンチ　Evil Dead Punch　303
イェリン、ガロ　Yellin, Garo　151
イチゴ・パイナップル・インフュージョン・マチュ・ピスコ　Strawberry-and Pineapple-Infused Macchu Pisco　361
イチジク・インフュージョン・エライジャ・クレイグ・バーボン　Fig-Infused Elijah Craig Bourbon,　361
一度に複数のドリンクを作る　rounds, building　145
イマジナリー・グレース　Imaginary Grace　251
インサンダイアリー　In-Sandiary　241
インフュージョン　infusions　86, 359–64
インフュージョンしたカンパリ　Campari, infused　361, 364
インペリアル・マーチ　Imperial March　218

う

ウィキッド・キス　Wicked Kiss　268
ウイスキー　whiskey　63–65, 67
　インフュージョンした—　infused　362
　→「バーボン」「ライ・ウイスキー」「スコッチ・ウイスキー」の各項も参照

ウイスキー・サワー　Whiskey Sour　191
ウィドウズ・ローレル　Widow's Laurel　282
ウィレット・ライ　Willett rye　99
ウインチェスター、アンガス　Winchester, Angus　337
ウー、グレン・T　Wu, Glen T.　130
ウェアハウスC　Warehouse C　259
ウォータールー・サンセット　Waterloo Sunset　209
ウォード8　Ward 8　192
ウォー、トーマス　Waugh, Thomas　20, 109, 140, 156–59, 169, 210, 214, 216, 218, 222, 223, 224, 230, 232, 237, 239, 240, 242, 243, 247, 250, 251, 253, 259, 261, 264, 265, 266, 269, 270, 272, 275, 279, 280, 284, 288, 290, 291, 292, 312, 317, 320, 322, 323, 329, 330, 332, 343, 348, 351
ウォード、フィル　Ward, Phil　16–18, 29, 35, 53, 63, 82, 86, 92, 105, 140, 156–59, 168, 169, 179, 212, 217, 219, 221, 224, 226, 228, 230, 231, 243, 244, 245, 246, 249, 251, 253, 255, 261, 264, 265, 267, 268, 269, 270, 272, 276, 280, 282, 284, 285, 287, 288, 289, 290, 292, 293, 302, 304, 305, 307, 309, 313, 314, 315, 318, 320, 322, 324, 326, 327, 330, 331, 335, 336, 337, 338, 339, 340, 341, 343, 345, 349, 353
ウォッカ　vodka　44
ウッドゥン・シップ　Wooden Ship　218
ウノ、ドス、トレス　Uno, Dos, Tres　334

え

エアメール　Airmail　192
エイティーンス・センチュリー　18th Century　228
18-28セット　18-28 set　115
エイビエーション　Aviation　192
エイミス、キングズリー　Amis, Kingsley　334
エスパディン・クイーン　Espadin Queen　242
エスプレッソ・インフュージョン・デメララ・シロップ　Espresso-Infused Demerara Syrup　356
エネミー・ライン　Enemy Lines　330
エリンのダイキリ　Eryn's Daiquiri　342
エル・コンパニェーロ　El Compañero　242
エルダー・ファッション　Elder Fashion　349
エルダー・ファッション・ロワイヤル　Elder Fashion Royale　287
エレクトリック・クールエイド・アシッド・テスト　Electric Kool-Aid Acid Test　326
エンチャンテッド・オーチャード　Enchanted Orchard　275

お

オアハカ・オールドファッションド　Oaxaca Old-Fashioned　29, 349
オーギー・マーチ　Augie March　251
オークニー・チャペル　Orkney Chapel　345
オータム・ダイキリ　Autumn Daiquiri　338

オー・ド・ビー　eaux-de-vie　71
オーバー・アンド・アウト　Over and Out　328
オーバーヘッド・スマッシュ　Overhead Smash　209
オールド・アイアンサイド　Old Ironsides　235
オールド・パル　Old Pal　185, 192
オールドファッションド　Old-Fashioned　192
　　——のテイスティングと評価　tasting and evaluating　163
　　——のバリエーション　variations　353
オルジェー　Orgeat　358
オルソン、スティーブ　Olson, Steve　16, 80
オレンジ・ジュース　orange juice　88
おろし器　graters　124

か

ガーニッシュ　garnishes　93–98, 165
カイピリーニャ　Caipirinha　192
カカオ・ニブ・インフュージョン・カベーサ・ブランコ・テキーラ　Cacao Nib-Infused Cabeza Blanco Tequila　363
カカオ・ニブ・インフュージョン・カンパリ　Cacao Nib-Infused Campari　364
カクテル　cocktail
　　コンセプト・ドリンク　concept drinks　170, 172
　　ステア vs シェイク　stirring vs. shaking　133
　　作り置き（バッチ）　batching　35, 181, 364–65
　　——の説明　describing　167
　　——を創作するための戦略　strategies for creating　168–169
　　——のためのフレーバーの組み合わせ　flavor combinations for　174
　　——のテイスティングと評価　tasting and evaluating　156–59, 161–65
　　——のネーミング　naming　166
　　——の要素　elements of　166
　　→個々のカクテルレシピとテクニックも参照
花椒インフュージョン・プリマス・ジン　Szechuan Peppercorn-Infused Plymouth Gin　364
カッツ、アレン　Katz, Allen　52, 217
カディス・コリンズ　Cádiz Collins　210
カフェ・サンディニスタ　Café Sandinista　298
カフェ・ライム・リーフ　Kaffir lime leaves　96
カプラン、デイブ　Kaplan, Dave　14–20, 156–59, 179, 343
ガブリエル、アレクサンドル　Gabriel, Alexandre　99, 281
カモミール・ジュレップ　Chamomile Julep　313
ガリアーノ　Galliano　75
カリビアン・シュラブ　Caribbean Shrub　228
カルバドス　calvados　70–71

カルバ・ドルサ・ロワイアル　Calva Dorsa Royale　288
カレード・ジンジャー・シロップ　Curried Ginger Syrup　357
カレー・リーフ　curry leaves　96
皮むき器　peelers　124
柑橘果実の搾り器　citrus juicers　79
柑橘類（のガーニッシュ）　citrus garnishes　93–95
ガンズ・アンド・ローゼ　Guns and Rosé　331
カンパニー・バック　Company Buck　228
カンパリ　Campari　77
カンファレンス　Conference　189, 349
甘味料　sweeteners　87, 356–58

き

キー・パーティ　Key Party　218
ギムレット　Gimlet　193
キャッスル・オブ・コルドバ　Castle of Córdoba　282
キャッスル・トゥ・キャッスル　Castle to Castle　259
キャロル・ガーデンズ　Carroll Gardens　268
キャンバス地の袋　Lewis bags　122
キャンプ・カウンシル　Camp Council　242
キャンベル、スコット　Campbell, Scott　15
キュア・フォー・ペイン　Cure for Pain　268
キュー・ガーデンズ・クーラー　Kew Gardens Cooler　210
キュウリ（のガーニッシュ）　cucumber garnishes　96
ギルダ・カクテル　Gilda Cocktail　242
キルデビル・パンチ　Kill-Devil Punch　304
キンカン・コーディアル　Kumquat Cordial　366
キングストン・ネグローニ　Kingston Negroni　334

く

クイーン・オブ・アール・ティー・インフュージョン・シエンブラ・アズール・レポサド・テキーラ　Queen of Earl Tea-Infused Siembra Azul Reposado Tequila　363
クイーンズ・パーク・スウィズル　Queen's Park Swizzle　193
クイーン・パーム　Queen Palm　210
クーパー・ユニオン　Cooper Union　331
グッド・ヒューマー　Good Humor　172, 212
クミン・シロップ　Cumin Syrup　357
グラーサー、エイブリー　Glasser, Avery　253, 349
グラウス・ランパント　Grouse Rampant　260
グラス　glasses
　——の温度　temperature of　127
　——の縁取り　rimming　148, 364
　さまざまなタイプの——　types of　127–29
　ミキシング・——　mixing　113, 138

グラスホッパー　Grasshopper　193
グラッパ　grappa　68, 69
クラドック、ハリー　Craddock, Harry　133, 318
グラニーズ・ダイキリ　Granny's Daiquiri　338
グラニー・スミス・アップル・インフュージョン・ラム・バルバンクール　Granny Smith Apple–Infused Rhum Barbancourt　361
グランデュラ・デル・モノ　Glandula del Mono　243
グランド・ストリート　Grand Street　183, 218
グラン・マルニエ　Grand Marnier　75
グリーン・アンド・レッド　Green and Red　251
グリーン・フラッシュ　Green Flash　288
グレート・ノーザン　Great Northern　328
グレープ・ブランデー　grape brandies　68–70
グレープフルーツ・インフュージョン・プント・エ・メス　Grapefruit-Infused Punt e Mes　361
グレープフルーツ・ジュース　grapefruit juice　88
クレーム・ド・カカオ　crème de cacao　76
クレーン・キック　Crane Kick　172, 260
クレオール・サズ　Creole Saz　331
グレナディン・シロップ　Grenadine　366

け

計量　measuring
　——のテクニック　techniques for　131–32
　——の道具　tools for　119–20
ゲット・ラッキー　Get Lucky　228
ケララ　Kerala　229

こ

コアントロー　Cointreau　75
コイン・トス　Coin Toss　326
コーヒー＆シガレッツ　Coffee and Cigarettes　269
コーヒー・インフュージョン・カルパノ・アンティカ・フォーミュラ・ベルモット　Coffee-Infused Carpano Antica Formula Vermouth　364
コーヒー・チリ・インフュージョン・カンパリ　Coffee- and Chile-Infused Campari　361
コープス・リバイバー#2　Corpse Reviver #2　193
氷（アイス）　ice　101–03
　——を切削する道具　shaping tools　122–23
　シェイクと——　shaking and　144
　ステアと——　stirring and　138, 140
ゴールデン・ゲート　Golden Gate　275
ゴールデン・ビューティフル　Golden Beautiful　243
コールドドラフトの氷　Kold-Draft ice　101–02
コーン・ストレーナー　cone strainers　117

ココナッツ·リキュール　coconut liqueur　75

ココナッツ緑茶インフュージョン·フェイマス·グラウス·スコッチ
Coconut Green Tea-Infused Famous Grouse Scotch　363

ココB.ウェア　Koko B. Ware　230

ココ·ロペス　Coco Lopez　92

漉し方　straining
　漉す道具（ストレーナー）　tools for　116–17
　シェイク·ドリンクの――　for shaken drinks　147
　ステア·ドリンクの――　for stirred drinks　146

コッキ·アメリカーノ　Cocchi Americano　82

コッブ、アービン　Cobb, Irvin S.　314

コッフィー·パーク·スウィズル　Coffey Park Swizzle　321

コナーズ、レジナ　Connors, Regina　185

コニャック　cognac　69, 99

コブラー·シェーカー　cobbler shakers　114

コブラズ·ファング　Cobra's Fang　193

コブラ·ベルデ　Cobra Verde　237

コラボ　collaborations　99

コラリージョ　Coralillo　253

コルタード　Cortado　237

ゴンザレス　Gonzalez　219

ゴンザレス、ジェシカ　Gonzalez, Jessica　17, 213, 216, 218, 222, 237, 254, 255, 257, 262, 264, 272, 279, 282, 293, 307, 308, 310, 315, 321, 328, 346

コンセプト·ドリンク　concept drinks　172

さ

サーク·スウィズル　Cirque Swizzle　321

サーニコラ、アンソニー　Sarnicola, Anthony　185, 268, 324

サイダー·ハウス·ルールズ　Cider House Rules　288

サイドカー　Sidecar　194

サイドワインダー　Sidewinder　282

サウザ、ギレルモ　Sauza, Guillermo　351

サウス·サイダー　South Sider　288

サウス·サイド　South Side　194

ザ·ギフト·ショップ　The Gift Shop　230

ザ·グリーン·マイル　The Green Mile　230

ザ·グレート·プリテンダー　The Great Pretender　230

ザクロ糖蜜　pomegranate molasses　92

ザ·コマンダント　The Commandant　212

サザン·エクスポージャー　Southern Exposure　243

ザ·ジョイ·ディビジョン　The Joy Division　219

サズ·フー?　Saz Who?　331

サゼラック　Sazerac　130, 194
　――のバリエーション　variations　330–33

サタデー·モーニング·フリップ　Saturday Morning Flip　317

ザ·デンジャラス·サマー　The Dangerous Summer　269

サトウキビ·シロップ　Cane Sugar Syrup　357

ザ·バンダービルト　The Vanderbilt　334

ザ·ビーグル　The Beagle　99

ザ·ビッテンベンダー　The Bittenbender　289

ザ·ブラック·プリンス　The Black Prince　345

サマー·シャック　Summer Shack　219

サマー·ロワイヤル·ティー·インフュージョン·フロール·デ·カーニャ·ホワイト·ラム　Summer Royale Tea-Infused Flor de Caña White Rum　363

ザ·モンロー　The Monroe　219

サラマーゴ　Saramago　253

ザ·リスク·プール　The Risk Pool　212

サリバン、デニス·P　Sullivan, Dennis P.　116

サン·エリザベス·オールスパイス·ドラム　St. Elizabeth Allspice Dram　76

サングリア·スウィズル　Sangria Swizzle　322

サンジェルマン　St-Germain　36, 76

サンジェルマン·リダックス　St-Germain Redux　327

酸性リン酸塩　acid phosphate　92

サンセット·アット·ゴーワヌス　Sunset at Gowanus　338

サンセット·ガン　Sunset Gun　213

サンダース、オードリー　Saunders, Audrey　329

し

シアサッカー　Seersucker　231

シード、エリック　Seed, Eric　99

シーB3　Sea B3　231

シェイク　shaking
　漉し方と――　straining and　147
　――の科学　science of　144–46
　――のテクニック　techniques for　140–42
　――の道具　tools for　113–15
　ステア vs ――　stirring vs.　133

ジェーン·ローズ　Jane Rose　289

ジェスパー·リンド　Jesper Lind　221

シェリー　sherry　79–81

ジェリー·ロール·モートン　Jelly Roll Morton　317

ジガー　jiggers　119, 131–32

ジキル·アンド·ハイド　Jekyll and Hyde　351

シックスス·ストリート·スウィズル　6th Street Swizzle　322

シティ·オブ·ゴールド·スリング　City of Gold Sling　213

シナモン　cinnamon　98

シナモン·ガール　Cinnamon Girl　243

シナモン・バーク・シロップ　Cinnamon Bark Syrup　357

ジプシー・アイズ　Gypsy Eyes　213

ジプシー・ウェディング　Gypsy Wedding　213

シモー、ホアキン　Simó, Joaquín　17, 140, 155, 156–59, 185, 209, 210, 213, 214, 216, 217, 218, 219, 222, 228, 229, 232, 233, 239, 240, 241, 243, 245, 247, 249, 251, 255, 256, 257, 262, 263, 265, 268, 269, 271, 275, 276, 280, 281, 282, 283, 284, 287, 289, 290, 291,292, 295, 296, 298, 305, 310, 312, 315, 317, 319, 322, 331, 333, 334, 336, 338, 341, 346–48

ジャージー・ライトニング　Jersey Lightning　304

シャーデーズ・タブー　Sade's Taboo　282

ジャイブ・ターキー　Jive Turkey　346

ジャスト・アナザー・ジュレップ　Just Another Julep　314

シャタード・グラーサー　Shattered Glasser　253

ジャック・スパロー・フリップ　Jack Sparrow Flip　317

ジャック・ローズ　Jack Rose　194

ジャバニーズ・ダイキリ　Javanese Daiquiri　338

シャルトリューズ　Chartreuse　76

ジャルナック・シュラブ　Jarnac Shrub　283

シャンゼリゼ　Champs-Élysées　195

シャンティ・タウン　Shanty Town　214

シャンパン　champagne　287

シュア・ショット　Sure Shot　221

ジュース　juices

　さまざまな──　types of　88–89

　──の貯蔵（保存）法　storing　88

　──の作り方　making　88–89, 123

シューツ・アンド・ラダーズ　Shoots and Ladders　298

シューマンズ・アレー　Schuman's Alley　298

ジュネバ　genever　50–51

シュラフス・エンド　Shruff's End　269

ジュリアス・オレンジ　Julius Orange　172, 231

ジュリアン・ソレル　Julien Sorel　289

ジュレップ　juleps　205, 207, 313–16

ジュレップ・ストレーナー　julep strainers　116

ジョーカーズ・ワイルド　Joker's Wild　275

ショート・リブ　Short Rib　244

ジリアンのダイキリ　Jillian's Daiquiri　342

シルバー・モンク　Silver Monk　244

シロップ　syrups　87, 356–58

ジワタネホ・ジュレップ　Zihuatanejo Julep　314

ジン　gin　50–52

　インフュージョンした──　infused　362, 364

シンガポール・スリング　Singapore Sling　195

シングル・オリジン　Single Origin　244

ジンジャー・シロップ　Ginger Syrup　357

ジンジャー・スナップ　Ginger Snap　276

シンダー　Cinder　244

ジン・ハウンド　Gin Hound　214

ジン・フィズ　Gin Fizz　195

シンプル・シロップ　Simple Syrup　357

ジン・リッキー　Gin Rickey　195

す

スイート・アンド・ビシャス　Sweet and Vicious　269

スイート・ヒアアフター　Sweet Hereafter　283

スイカ・インフュージョン・ドラン・ドライ・ベルモット　Watermelon-Infused Dolin Dry Vermouth　362

スウィープ・ザ・レッグ　Sweep the Leg　260

スウィズル　swizzles　193, 321–25

スウィズル・スティック　swizzle sticks　112–13

スウェアンゲン・スリング　Swearengen Sling　261

スージーQ　Susie Q　290

スーズ　Suze　76

スカーレット・アイビス・ラム　Scarlet Ibis Rum　99

スカーレット・グロウ・シロップ　Scarlet Glow Syrup　357

スカーレット・グロウ・ティー・インフュージョン・マチュ・ピスコ　Scarlet Glow Tea-Infused Macchu Pisco　363

スコッチ・ウイスキー　Scotch　65, 67

　インフュージョンした──　infused　361–63

スコッチ・ドラム　Scotch Dram　270

スコッチ・レディ　Scotch Lady　261

スコッフロー　Scofflaw　196

ステア　stirring

　濾し方と──　straining and　146

　──の科学　science of　138, 140

　──のテクニック　techniques for　133, 136–37

　──の道具　tools for　111–13

　──vs シェイク　shaking vs.　133

　2杯を同時に──する方法　double　138

　4杯を同時に──する方法　quadruple　138

スティック・ザ・ランディング　Stick the Landing　276

スティンガー　Stinger　196

ステンソン、マリー　Stenson, Murray　254

ストールン・ハフィー　Stolen Huffy　346

ストリンガー・ベル　Stringer Bell　299

ストレガ　Strega　76

ストレンジ・ブリュー　Strange Brew　109, 214

ストロー・ドッグ　Straw Dog　261

ストロベリー（のガーニッシュ）　strawberry garnishes　98

ストロベリー・バルサミコ・ガストリック　Strawberry-Balsamic

Gastrique 366
スナップエンドウ・インフュージョン・プリマス・ジン　Sugar Snap Pea–Infused Plymouth Gin 364
スネーク・ヒップス・スウィズル　Snake Hips Swizzle 322
スパイシー・パロマ　Spicy Paloma 245
スパイス入り梨インフュージョン・シエンブラ・アズール・ブランコ・テキーラ　Spiced Pear–Infused Siembra Azul Blanco Tequila 362
スパゲッティ・ウエスタン　Spaghetti Western 254
スパニッシュ・キャラバン　Spanish Caravan 254
スピード注ぎ口　speed pourers 120
スピリッツ　spirits
　基本的なベース・スピリッツ　primary base 44
　――のテイスティングと評価　tasting and evaluating 46–47
　風味づけ（ベース以外）として使われるスピリッツ　as modifiers 44, 75
　ベース・スピリッツの複合　multiple base 169–70
スプーン　spoons
　計量――　measuring 119–20
　バー――　bar- 111–12
スフォルツァンド　Sforzando 346
スプリット・ベース　split bases 170
スモークド・オルチャータ　Smoked Horchata 245
スモークド・ジュレップ　Smoked Julep 314
スラップ'ン'ピックル　Slap 'n' Pickle 329
スラング（デス・アンド・コー用語辞典）　slang 35–37
スリーピー・ホロウ・フィズ　Sleepy Hollow Fizz 318
スリング・オブ・アフロディーテ　Sling of Aphrodite 232
スロー・スコベイビル・スリング　Sloe Scobeyville Sling 276

せ

セイモア、アンディ　Seymour, Andy 16, 80
セージ・インフュージョン・ドラン・ブラン・ベルモット　Sage-Infused Dolin Blanc Vermouth 362
セダ・デ・ナランハ　Seda de Naranja 290
セリーヌ・フィズ　Celine Fizz 318
セルジオ、レオーネ　Sergio Leone 254
センチメンタル・ジャーニー　Sentimental Journey 221
セント・コロンブス・リル　St. Columb's Rill 270
セント・ジェームズ・インファーマリー　St. James Infirmary 346
セント・マチルダ　St. Matilda 245

そ

ソウル・クレンチ　Soul Clench 283
ソレラ・サイドカー　Solera Sidecar 276
ゾンビ・パンチ　Zombie Punch 196

ゾンビ・ミックス　Zombie Mix 365

た

ダーク・アンド・ストーミー　Dark and Stormy 196
ダーク'ン'バブリー　Dark 'n' Bubbly 290
ダーティ・メアリー、クレイジー・ラリー　Dirty Mary, Crazy Larry 290
ダービー・ガール　Derby Girl 299
ダールグレン　Dhalgren 245
ダイ、ダイ、マイ・ダーリン　Dai, Dai My Darling 339
ダイキリ　Daiquiri 196
　――のテイスティングと評価　tasting and evaluating 162
　――のバリエーション　variations 337–43
ダイヤモンドバック　Diamondback 197
タップアイサー　Tap-Icers 122–23
ダブル・ストレイン（二度漉し）　double straining 147
ダブルバレル・ジュレップ　Double-Barrel Julep 315
ダブル・フィルアップ　Double Fill-Up 261
タラゴン・アガベ・ネクター・ガストリック　Tarragon and Agave Nectar Gastrique 366

ち

チーター・ボトル　cheater bottles 82
チェッキーニ、トビー　Cecchini, Toby 9–12, 227, 283, 290
チェリー（のガーニッシュ）　cherry garnishes 95
チナール　Cynar 78
チナールタウン　Cynartown 221
チナロ・ド・ベルジュラック　Cynaro de Bergerac 299
チャールストン・カクテル　Charleston Cocktail 197
チャイニーズ・フィズ　Chinese Fizz 318
チャドウィック、トム　Chadwich, Tom 105
チャドボーン、ブリタニー　Chadbourne, Brittany 30, 33, 34
茶のインフュージョン　tea infusions 363
チョコレート　chocolate 98
チリ・インフュージョン　chile infusions 361
チンゴン　Chingon 246

つ

ツイストを火であぶる　flaming twists 95
202ステップス　202 Steps 261
作り置きする　batches 181
作り置きの材料　batches 364–66

て

テ・アモ　Te Amo 254

デイ、アレックス　Day, Alex　12, 20, 43, 140, 159, 169, 182, 210, 218, 226, 227, 237, 238, 241, 251, 260, 267, 269, 270, 272, 283, 287, 288, 291, 295, 300, 307, 309, 313, 319, 321, 323, 335, 338, 340

ティー・イン・ザ・サハラ　Tea in the Sahara　270

ティーグ、スコット　Teague, Scott　30, 33, 34, 219, 228, 229, 232, 246, 271, 331, 334, 335

DJフレームスロワー　DJ Flamethrower　322

ティー・タイム・アット・ギレルモズ　Tea Time at Guillermo's　351

D. W. B.　D.W.B.　339

ティー・パンチ　Ti Punch　39, 197

TYコブラー　TY Cobbler　246

ティキティキ・トムトム　Tiki-Tiki Tom-Tom　351

テイク・ツー　Take Two　339

デイジー・ブキャナン　Daisy Buchanan　347

ディジェスティフ　digestifs　77–78

テイスティング　tasting
　カクテルの――　cocktails　156–59, 161–67
　スピリッツの――　spirits　46–47

ディック・アンド・ジェーン　Dick and Jane　290

ディック・ブローティガン　Dick Brautigan　221

デイブのダイキリ　Dave's Daiquiri　343

デイリー神父、ビル　Dailey, Father Bill　39

デイル・クーパー　Dale Cooper　255

テイルスピン　Tailspin　197

テキーラ　tequila　59–60
　インフュージョンした――　infused　361–63

デグロフ、デイル　DeGroff, Dale　16, 256

デス・アンド・コー　Death & Co
　――が受賞した賞　awards won by　20
　――コラボ製品　collaborations　99
　――用語辞典　lexicon of　35–37
　――のある夜の営業　"typical" night at　30, 33–34
　――のオープン　opening of　17–19
　――のカクテルの作り方に関する考え方　drink-making philosophy of　10–11
　――の常連のお客様　regulars of　39, 53, 105, 126, 130, 151, 177, 185
　――のスタッフ　staff of　16–17, 20, 151
　――の創設　founding of　15–16
　――の店名の由来　naming of　16
　――のドアポリシー　door policy of　18
　――の法律上の問題　legal troubles of　19–20
　――のメニュー　menu of　179, 182

デス・フロム・アバブ　Death from Above　351

デッドパン・フィックス　Deadpan Fix　262

テナメント・ヤード　Tenement Yard　215

デビル・インサイド　Devil Inside　332

デメララ・シロップ　Demerara Syrup　357

デュティ・ブークマン　Dutty, Boukman　340

デラゴン、ジョン　Deragon, John　53

テリブル・ラブ　Terrible Love　255

デロッシ、ラビ　DeRossi, Ravi　15, 342

デンジャラス・リエゾンズ　Dangerous Liaisons　262

と

トゥエンティース・センチュリー　20th Century　197

道具　tools　110–124

トーステッド・アーモンド・ミルク　Almond Milk, Toasted　358

トーステッド・フェンネル・ソルト　Toasted Fennel Salt　364

トーマスのダイキリ　Thomas's Daiquiri　343

特製オリジナル・オルチャータ　House Horchata　366

特製オリジナル・オレンジ・ビターズ　House Orange Bitters　365

特製オリジナル・スイート・ベルモット　House Sweet Vermouth　365

特製オリジナル・ペイショーズ・ビターズ　House Peychaud's Bitters　365

ドクター・フィールグッド　Dr. Feelgood　262

ドス・ベシートス　Dos Besitos　246

ドックス・ドラム　Doc's Dram　263

ドック・ダネーカ・ロワイヤル　Doc Daneeka Royale　291

トッド、スウィーニー　Todd, Sweeney　340

トビーズ・サワー・チェリー・シュラブ　Toby's Sour Cherry Shrub　367

トビーズ・ライム・コーディアル　Toby's Lime Cordial　367

トミー・アンド・ザ・ロンデルズ　Tommy and the Ron-Dels　246

トム・コリンズ　Tom Collins　197

トム・ボム　Tom Bomb　215

ドラゴン・リリー　Dragon Lily　291

トラピーズ　Trapeze　291

ドランケン・スカル　Drunken Skull　291

ドランケン・ドードー　Drunken Dodo　347

ドランケン・パンチ　Drunken Punch　304

ドリー・ダガー　Dolly Dagger　323

トレンブリング・ベル　Trembling Bell　270

ドロレス・パーク・スウィズル　Dolores Park Swizzle　323

トロント　Toronto　199

ドンズ・スパイス#2　Donn's Spices #2　365

ドンズ・ミックス#1　Donn's Mix #1　366

ドント・シット・アンダー・ジ・アップル・ツリー　Don't Sit under the Apple Tree　277

な

ナイト・ウォッチ　Night Watch　222
ナイト・オウル　Night Owl　283
ナイフ、鋸歯付きの—　knives, serrated　122
ナインティーンス・センチュリー　19th Century　263
ナッツ・アンド・シェリー・パンチ　Nuts and Sherry Punch　305
ナツメグ　nutmeg　98
ナビゲーター　Navigator　347

に

ニッティグリティ　Nitty-Gritty　255

ね

ネイキッド・アンド・フェイマス　Naked and Famous　247
ネグローニ　Negroni　199
　　——のバリエーション　variations　334–36

の

ノース・ガーデン　North Garden　352
ノース・バイ・ノースウエスト　North by Northwest　292
ノットクワイトジョージア・ジュレップ　Not-Quite-Georgia Julep　315

は

パーク・ライフ・スウィズル　Park Life Swizzle　323
バースプーン　bar spoons　111–12
バーテンダーズ・チョイス　bartender's choice　182–83
ハートシェイプト・ボックス　Heart-Shaped Box　277
ハーブ（のガーニッシュ）　herb garnishes　96
パーフェクト・クライム　Perfect Crime　256
ハーブのインフュージョン　herb infusions　362
バーボネス・スウィズル　Bourbonnais Swizzle　323
バーボン　bourbon　63–65, 99
　　インフュージョンした——　bourbon, infused　361, 364
パールズ・ビフォー・スワイン　Pearls before Swine　319
ハイド・パーク・スウィズル　Hyde Park Swizzle　324
パイナップル・インフュージョン・フロール・デ・カーニャ・エクストラドライ・ホワイト・ラム　Pineapple-Infused Flor de Caña Extra-Dry White Rum　362
パイナップル・ジュース　pineapple juice　88
パイナップル（のガーニッシュ）　pineapple garnishes　96
ハイビスカス・シロップ　Hibiscus Syrup　357
ハウス・オブ・ペイン　House of Payne　335
ハウリン・アット・ザ・ムーン　Howlin' at the Moon　222
ハウル・オン・ザ・ヒル　Howl on the Hill　237
パカルト、F・ポール　Pacult, F. Paul　16, 65

バジル・インフュージョン・ドラン・ブラン・ベルモット　Basil-Infused Dolin Blanc Vermouth　362
バタビア・アラック　Batavia arrack　73
パッション・フルーツ・シロップ　Passion Fruit Syrup　357
パッシング・アデン　Passing Aden　237
バッチ　batches　35
バッファロー・ソルジャー　Buffalo Soldier　271
パディ・メルト　Paddy Melt　263
ハドリーズ・ティアズ　Hadley's Tears　238
パトワ・パンチ　Patois Punch　232
バナナ・コニャック　Banana Cognac　279
バナナ・シロップ　Banana Syrup　358
バナナ・チップ・インフュージョン・ゴスリングス・ブラック・シール・ラム　Banana Chip–Infused Gosling's Black Seal Rum　362
ハニーサックル　Honeysuckle　199
ハニーナッツ・チェリオ・インフュージョン・クリーム　Honey Nut Cheerio–Infused Cream　367
バニラ・シロップ　Vanilla Syrup　358
ハブ・アット・イット　Have at It　300
ハメット、ダシール　Hammett, Dashiell　16
バラ・インフュージョン・リレ・ロゼ　Rose-Infused Lillet Rosé　364
ハラペーニョ・インフュージョン・シエンブラ・アズール・ブランコ・テキーラ　Jalapeño-Infused Siembra Azul Blanco Tequila　361
パリジャン・シェーカー　Parisian shakers　114–15
ハリスコ・スウィズル　Jalisco Swizzle　324
ハリスン、シェリー　Harrison, Sheri　126
バルタザール・アンド・ブリムンダ　Baltasar and Blimunda　335
バレー・オブ・キングズ・パンチ　Valley of Kings Punch　305
パロマ　Paloma　199
ハンキーパンキー　Hanky-Panky　199
バンクス・オブ・アイラ　Banks of Islay　264
パンチ　punch　302–12
　　——の新しいレシピの開発法　developing new recipes for　179–80
　　——のための氷（パンチ・アイス）　ice for　102
バンパイア・ブルース　Vampire Blues　264
バンブー　Bamboo　200
バンブー　Bumboo　238
パンプキン・ピューレ　Pumpkin Puree　367

ひ

B. A. F.　B.A.F.　271
ビーズ・ニーズ　Bee's Knees　200
ピーチー・パチャクテク　Peachy Pachacuti　279
ピーツ・ワード　Pete's Word　264

PDT　PDT　11, 99
ピーファイブ・パンチ　P-Five Punch　305
ピエール・フェラン　Pierre Ferrand　69
ピスコ　pisco　68–69
　インフュージョンした――　infused　361, 363
ピスコ・インフェルノ　Pisco Inferno　347
ピスコ・サワー　Pisco Sour　200
ピスコ・パンチ　Pisco Punch　307
ヒスパニオラ　Hispaniola　238
ビターズ　bitters　85–86, 98, 365
ビターズ・ボトル　dasher bottles　120
ビター・フレンチ　Bitter French　292
ピックアデクロップ・パンチ　Pic-a-de-Crop Punch　307
ピット・ストップ・フリップ　Pit Stop Flip　319
ピニャ・コラーダ　Piña Colada　200
ピニャ・コラーダ・デコンストラクション　Piña Colada Deconstruction
239
ビペラ　Vipera　256
ビューラー、タイソン　Buhler, Tyson　156–57, 212, 244, 279, 299,
300, 305, 338, 339, 347
ビュ・カレ　Vieux Carré　200
ビリングスリー、シャーマン　Billingsley, Sherman　307
ビリングスリー・パンチ　Billingsley Punch　307
ビレッジ・トゥ・ビレッジ　Village to Village　247
ピロー・トーク　Pillow Talk　292
ピンク・エレファント　Pink Elephant　215
ピンク・フラッグ　Pink Flag　215
ピンク・レディ　Pink Lady　105, 201
ピンチェ・チボー　Pinche Chivo　249
ピンポン・カクテル　Ping-Pong Cocktail　201

ふ

ファラン、ブラッド　Farran, Brad　35, 127, 156–59, 172, 212, 222,
223, 231, 234, 235, 243, 246, 254, 260, 265, 276, 277, 299, 301, 303, 312,
347
ファンシーフリー　Fancy-Free　201
ファンシー・ホランド・ロワイヤル　Fancy Holland Royale　292
フィズ　fizzes　195, 207, 317–20
フィックス・ミー・アップ　Fix Me Up　264
フィッシュ・ハウス・パンチ　Fish House Punch　53
フィッツジェラルド　Fitzgerald　202
フィルのダイキリ　Phil's Daiquiri　343
ブークマン・ダイキリ　Boukman, Daiquiri　340
ブーミン・グラニー　Boomin' Granny　293
ブーヤ・カシャーサ　Boo-Ya Cachaça　232

ブールバーディエ　Boulevardier　126, 202
フェア・フォールト　Fair Fault　300
フェア・レディ　Fair Lady　293
フェイスフル・スコッツマン　Faithful Scotsman　271
フェイルセーフ　Fail-Safe　335
プエルトリカン・レーサー　Puerto Rican Racer　239
フェルネット・ブランカ　Fernet-Branca　78
フォー・イン・ハンド　Four in Hand　271
ふじリンゴ・インフュージョン・フェイマス・グラウス・スコッチ　Fuji
Apple–Infused Famous Grouse Scotch　362
縁取り　rims　148, 364
ブックハウス・ボーイズ・パンチ　Bookhouse Boys Punch　308
ブライアンのダイキリ　Brian's Daiquiri　343
ブラウン、ジャレド　Brown, Jared　53
ブラウン・ダービー　Brown Derby　202
ブラウン・ローズ　Blown Rose　265
フラキータ　Flaquita　293
ブラックベリー（のガーニッシュ）　blackberry garnishes　98
ブラック・マーケット・スリング　Black Market Sling　327
ブラック・マーケット・ブランデー　Black Market Brandy　284
ブラック・マーケット・マンハッタン　Black Market Manhattan　272
ブラック・マジック　Black Magic　284
ブラッド・アンド・サンド　Blood and Sand　202
ブラッドハウンド・パンチ　Bloodhound Punch　308
フラメンコ　Flamenco　202
ブランデー　brandy　68–71
プリークネス　Preakness　203
フリオ・ベルメホ　Bermejo, Julio　249
フリスコ・クラブ　Frisco Club　216
フリップ　flips　204, 317–20
プリティ・バード　Pretty Bird　216
プリマ・チャイナ　Prima China　256
フルーツのインフュージョン　fruit infusions　361–62
フルーツ・ブランデー　fruit brandy　71
ブルーベリー・シロップ　Blueberry Syrup　358
ブルー・ラン・スリング　Blue Run Sling　265
ブルックリン　Brooklyn　203
ブレイバーン・アップル・シロップ　Braeburn Apple Syrup　358
ブレイジング・サドルズ　Blazing Saddles　265
プレーズ・ブラッド　Pelée's Blood　232
フレーバーの組み合わせ　flavor combinations　174
フレッサ・ブラバ　Fresa Brava　249
プレッシャー・ドロップ　Pressure Drop　222
フレンチ75　French 75　203
フレンチ95　French 95　203

ブロークン・オース Broken Oath 256
フロール・デ・ハリスコ Flor de Jalisco 249
フロール・デ・ヘレス Flor de Jerez 155, 233
フロスト、ダグ Frost, Doug 16
プント・エ・メス Punt e Mes 79
　インフュージョンした—— infused 361

へ

ベイカー、チャールズ・H Baker, Charles H. 230
ベイク・スリング Vejk Sling 265
ベイ・シティ・ローラー Bay City Roller 332
ペカン・インフュージョン・バッファロー・トレース・バーボン Pecan-
Infused Buffalo Trace Bourbon 364
ベスパー Vesper 203
ヘッドストーン Headstone 352
ヘッド・スピン Head Spin 249
ペティコート Petticoat 216
ペトラスク、サッシャ Petraske, Sasha 131
ペニーロイヤル・インフュージョン・ヘイマンズ・オールド・トム・ジン
Pennyroyal-Infused Hayman's Old Tom Gin 362
ベネディクティン Bénédictine 76
ベラ・コーエン Bella Cohen 272
ベラ・ルナ Bella Luna 216
ベルジュ verjus 92
ベルジュラック・ミックス Bergerac Mix 366
ベルベット・ウォーホル Velvet Warhol 239
ベルベット・ファレナム Velvet Falernum 76
ベルモット vermouth 78–79
　インフュージョンした—— infused 361–64
ベンジャミン・バーカー・ダイキリ Benjamin Barker Daiquiri 340
ペンデニス・クラブ・カクテル Pendennis Club Cocktail 203
ペンデニス・ミックス Pendennis Mix 366

ほ

ホアキンのダイキリ Joaquín's Daiquiri 343
ポアリング pouring
　——（注ぐため）の道具 tools for 120
　——テクニック（注ぎ方） techniques for 131–32
ホイスト・ザ・カラーズ・パンチ Hoist the Colours Punch 308
ホイ・ポロイ Hoi Polloi 279
ホークスモア Hawksmoor 179
ボース、ジリアン Vose, Jillian 20, 30, 33, 34, 156–59, 170, 209,
213, 215, 217, 221, 234, 238, 249, 256, 257, 259, 262, 281, 283, 285, 286,
289, 293, 299, 298, 330, 339, 342, 346, 351, 352
ホーソーン・ストレーナー Hawthorne strainers 116–17

ポート・オーソリティ Port Authority 280
ポート・ワイン port 81
ホーベンクール・ダイキリ Jovencourt Daiquiri 340
干しブドウ・インフュージョン・ワイルド・ターキー・ライ Dried Currant-
Infused Wild Turkey Rye 362
ホステージ・シチュエーション Hostage Situation 222
ボストン・シェーカー Boston shakers 114
ボタニー・オブ・デザイア Botany of Desire 223
ホット・リップス Hot Lips 257
ボナール・ゲンチアナキナ Bonal Gentiane-Quina 82
ボビー・バーンズ Bobby Burns 204
ポルトープランス Port au Prince 204
ポルフィリアン・パンチ Porfirian Punch 309
ホワーリング・タイガー Whirling Tiger 266
ポワール・マンズ・コブラー Poire Man's Cobbler 280
ホワイト・ネグローニ White Negroni 177, 335
ホンシュウ・パンチ Honshu Punch 266

ま

マーティカ Martica 284
マール marc 68, 69
マイ・タイ Mai Tai 204
マイラ・ブレッキンリッジ Myra Breckinridge 324
マギー・スミス Maggie Smith 280
マザーズ・ルーイン・パンチ Mother's Ruin Punch 309
マッドスライド・フリップ Mudslide Flip 204
マティーニ Martini 205
マドリング muddling
　——する材料 ingredients for 89
　——のテクニック techniques for 147–48
　——の道具 tools for 123
マドルド・ミッション Muddled Mission 217
マニャニータ Mañanita 336
マラスキーノ・リキュール maraschino liqueur 76
マルガリータ Margarita 205
マルティネス Martinez 205
マロニー、トビー Maloney, Toby 115
マンハッタン Manhattan 205
　——のテイスティングと評価 tasting and evaluating 163, 165
　——のバリエーション variations 345–48
マンハッタン・トランスファー Manhattan Transfer 272

み

ミ・アマーロ Mi Amaro 348
ミーハン、ジム Meehan, Jim 11, 20

ミキシング容器　mixing vessels　113–15, 138
ミグ・ロワイヤル　Mig Royale　293
Mr. ポテト・ヘッド（の手法）　Mr. Potato Head method　36, 168–69, 326
ミス・ビヘイビン　Miss Behavin'　295
ミセス・ドイル　Mrs. Doyle　266
ミッドナイト・マウンテン　Midnight Mountain　301
ミッドナイト・マス　Midnight Mass　240
ミラー、ブライアン　Miller, Brian　10, 17, 19, 53, 140, 170, 185, 189, 215, 216, 221, 230, 231, 235, 238, 242, 246, 254, 256, 257, 261, 263, 266, 268, 270, 271, 272, 277, 284, 288, 291, 292, 295, 302, 308, 314, 317, 318, 323, 324, 329, 331, 332, 340, 343, 345, 347, 349,
ミント・ジュレップ　Mint Julep　205
ミント（のガーニッシュ）　mint garnishes　96

む

ムーチョ・ピチュ　Mucho Picchu　280
ムーン・カクテル　Moon Cocktail　223

め

メイ・フェア　May Fair　224
メインランド　Mainland　224
メープル・ジュレップ　Maple Julep　315
メキシカン・ファイアリング・スクワッド　Mexican Firing Squad　206
メキシジン・マティーニ　Mexi-Gin Martini　224
メスカル　mescal　59, 61–62
メランコリー・サマー　Melancholy Summer　301
メリディアン・ダイキリ　Meridian Daiquiri　341

も

モータル・エネミー　Mortal Enemy　217
モーニング・バズ　Morning Buzz　281
モスキート・コースト　Mosquito Coast　341
モスコー・ミュール　Moscow Mule　206
木工用のノミ　chisels, wood　122
モノンガヒーラ・ミュール　Monongahela Mule　267
モヒート　Mojito　206
モルフェオ　Morfeo　295

や

野菜の皮むき器　vegetable peelers　124
ヤマ・ブランカ　Yama Blanca　257

よ

洋梨（のガーニッシュ）　pear garnishes　96

ヨーマン・ウォーダー　Yeomen Warder　226
ヨーロピアン・ユニオン　European Union　226

ら

ライ・ウイスキー　rye　64, 99
　インフュージョンした――　infused　363
ライツ・アウト・パンチ　Lights Out Punch　310
ライト・アンド・デイ　Light and Day　226
ライト、ウィリアム　Wright, William　116
ライム・ジュース　lime juice　89
ラグビー・パンチ　Rugby Punch　310
ラケッティア・ジュレップ　Racketeer Julep　315
ラ・カンファレンシア　La Conferencia　353
ラジオ・デイズ　Radio Days　295
ラスティ・ネイル　Rusty Nail　206
ラスト・トレイン・トゥ・オアハカ　Last Train to Oaxaca　257
ラスト・フォー・ライフ・パンチ　Lust for Life Punch　312
ラスト・ワード　Last Word　207
ラズベリー（のガーニッシュ）　raspberry garnishes　98
ラズルダズル・パンチ　Razzle-Dazzle Punch　312
ラテン・クォーター　Latin Quarter　333
ラ・ドルチェ・ビータ　La Dolce Vita　272
ラ・バレンティーナ　La Valentina　250
ラ・ビーニャ　La Viña　272
ラビのダイキリ　Ravi's Daiquiri　342
ラ・フィー・ノワール・パンチ　La Fée Noir Punch　312
ラプサン・スーチョン・インフュージョン・シエンブラ・アズール・ブランコ・テキーラ　Lapsang Souchong–Infused Siembra Azul Blanco Tequila　363
ラベンダー・インフュージョン・バーンハイム・オリジナル・ウィート・ウイスキー　Lavender-Infused Bernheim Original Wheat Whiskey　362
ラ・ボンバ・ダイキリ　La Bomba Daiquiri　341
ラマゾッティ　Ramazzotti　78
ラム　rum　55–57, 99
　インフュージョンした――　infused　361–63
ラム・ジュレップ　Rum Julep　207
ラモス・ジン・フィズ　Ramos Gin Fizz　207
ラ・ロジータ　La Rosita　207
ラン・フォー・ザ・ローゼズ　Run for the Roses　295
ランブル　Ramble　217

り

リース、エリン　Reece, Eryn　158, 215, 224, 266, 271, 296, 298, 301, 328, 342, 346

リー、ドン　Lee, Don　53
リキュール　liqueurs　75-77
リゴドン　Rigadoon　217
リチャードソン、エリザベス・ハドリー　Richardson, Elizabeth Hadley　238
リトル・エンジン　Little Engine　267
リトル・キンダム　Little Kingdom　327
リトル・スパロー　Little Sparrow　284
リトル・バーディ　Little Birdy　281
リトル・ミス・アナベル　Little Miss Annabelle　281
リトレル、ジェイソン　Littrell, Jason　241, 242, 308, 345, 352
リブ・フリー・オア・ダイ　Live Free or Die　296
リメンバー・ザ・メイン　Remember the Maine　208
リリーズ・カーテル　Lily's Cartel　296
リリーワッカー　Lilywhacker　285
リレ・ブラン　Lillet blanc　82
リレ・ルージュ　Lillet rouge　82
リレ・ロゼ　Lillet rosé　82
　インフュージョンした——　infused　364
リンゴのガーニッシュ　apple garnishes　95
リンス　rinsing　148
リンババ・ダイキリ　Linbaba Daiquiri　341

る

ル・ジゴ・フリップ　Le Gigot Flip　320
ル・スブティーユ　Le Subtil　227
ル・バチュラー　Le Bateleur　227
ルキノズ・ディライト　Lucino's Delight　226
ルシアン・ゴーダン　Lucien Gaudin　208

れ

レーズン・バーン　Raisin Burn　320
レジェンド　Legend　285
レッド・アント　Red Ant　348
レッド・タイ・チリ・インフュージョン・リッテンハウス・ライ　Red Thai Chile–Infused Rittenhouse Rye　361
レ・ベール・モン　Les Verts Monts　286
レベル・レベル　Rebel Rebel　257
レモン・ジュース　lemon juice　89
レンジ・ライフ　Range Life　336

ろ

ローズ・ウォーター　rose water　92
ロス・アマルゴス　Los Amargos　250
ロス、サム　Ross, Sam　247

ロック、ペイパー、シザーズ　Rock, Paper, Scissors　240
ロドリゲス、フランキー　Rodriguez, Frankie　17, 30, 34
ロバート・ジョンソン・スウィズル　Robert Johnson Swizzle　324
ロブ・ロイ　Rob Roy　208

わ

ワイルド・ターキー・シングルバレル・バーボン　Wild Turkey Single-Barrel Bourbon　99
ワイン　wines
　アペリティフ・——　aperitif　81-82
　スパークリング・——　sparkling　287
　フォーティファイド・——　fortified　78-82, 298
ワンドリッチ、デビッド　Wondrich, David　16, 52, 53
ワン、ワン、ワン　One, One, One　329

[著者]

デビッド・カプラン David Kaplan
デス・アンド・コーの創立者兼共同所有者。美術大学で写真を専攻したのち、ナイトクラブ等でサービス業の経験を積む。2007年、ニューヨークにデス・アンド・コーを開店し、クラシックを踏襲しつつも独創的な工夫を加えたカクテルを提供。2010年、デス・アンド・コーは世界最大のカクテル・フェスティバル「テイルズ・オブ・カクテル」でワールズ・ベスト・カクテル・メニューを獲得し、その後も数々の賞を受賞。

アレックス・デイ Alex Day
デス・アンド・コーの元バーテンダーで、現在はデス・アンド・コーの共同所有者。ロサンゼルスのハニーカットとニューヨークのナイトキャップ・アンド151も、デビッドと共同で所有し、経営している。

ニック・フォーチャルド Nick Fauchald
編集者、著作家。雑誌『ワインスペクテーター』の編集者、WEBメディア『テイスティング・テーブル』の編集長等を経て、現在は料理書シリーズ「ショート・スタック・エディション」の発行人。そのかたわらで、様々な飲食関連のプロジェクトに関わっている。

[日本語版監修者]

岸 久 (きし・ひさし)
一般財団法人カクテル文化振興会理事長。「スタア・バー」のオーナー兼マスターバーテンダー。銀座の会員制老舗バーで修業中に、各種カクテル・コンペティション全日本大会で5回優勝。1996年、カクテル界で最も権威がある「IBA世界カクテルコンクール」のロングドリンク部門で日本人初の世界チャンピオンになる。2008年、卓越技術者として「現代の名工」をバーテンダーとして初めて受賞。2014年秋、黄綬褒章を受章。

[訳者]

二階堂行彦 (にかいどう・ゆきひこ)
翻訳家。おもな訳書に、キティ・ファーガソン『光の牢獄──ブラックホール』(ニュートンプレス)、ダイアン・アッカーマン『いのちの電話──絶望の淵で見た希望の光』(清流出版)、リチャード・ムラー『今この世界を生きているあなたのためのサイエンス (I・II)』、同『サイエンス入門 (I・II)』、同『エネルギー問題入門──カリフォルニア大学バークレー校特別講義』、デイヴ・アーノルド『パーフェクト・カクテル──ニューヨーク最先端バーのスーパーテクニック』(以上、楽工社) などがある。

DTP　　株式会社ユニオンワークス
編集協力　齋藤美帆

DEATH & CO
by David Kaplan, Nick Fauchald, Alex Day

Copyright © 2014 by David Kaplan
Photographs copyright © 2014 by William Hereford
Foreword copyright © 2014 by Toby Cecchini
Japanese translation published by arrangement with David Kaplan
c/o Straus Literary through The English Agency (Japan) Ltd.

原著注記　本書のレシピのなかには、生卵を使うものがあります。卵は生で使う場合、適切に加熱調理すれば殺菌されるはずのバクテリアが存在する危険性がつねにあります。そのため、必ず信頼できる食料品店でサルモネラ菌に汚染されていないことが保証された卵を買い、冷蔵庫で貯蔵してください。生卵に含まれるバクテリアを摂取した場合、健康上のリスクが生じるため、乳幼児や妊婦、高齢者、免疫不全の可能性のある人は、摂取を避けるようにしてください。著者および発行者は、本書に掲載されたレシピや情報を利活用した場合に生ずる有害な影響について、いっさい責任を負いません。

デス・アンド・コー
モダンクラシック・カクテル

2018年8月11日　第1刷

著者	デビッド・カプラン ニック・フォーチャルド アレックス・デイ
写真	ウィリアム・ヘレフォード
イラスト	ティム・トムキンソン
日本語版監修者	岸 久
訳者	二階堂行彦
発行所	株式会社 楽工社 〒190-0011 東京都立川市高松町3-13-22春城ビル2F 電話 042-521-6803 www.rakkousha.co.jp
印刷・製本	大日本印刷株式会社
装幀	水戸部 功

978-4-903063-84-3
本書の一部あるいは全部を無断で複写複製することは、法律で認められた場合を除き、著作権の侵害となります。